I0869464

ATLAS BÍBLICO PATMOS

JOHN D. CURRID
DAVID P. BARRETT

PATMOS

Atlas bíblico Patmos

Copyright © 2021 por Editorial Patmos

Copyright del texto © 2021 por John D. Currid

Publicado por Editorial Patmos,
Miami, FL. 33169

Todos los derechos reservados. Ninguna parte de esta publicación puede reproducirse, almacenarse en algún sistema que la pueda reproducir, ni transmitirse de forma alguna —por ejemplo, electrónica, mecánica, fotocopia, grabación— sin el permiso previo por escrito del editor. La única excepción son las citas breves en reseñas impresas.

Publicado originalmente en inglés con el título *Crossway ESV Bible Atlas*, por Crossway, un ministerio editorial de Good News Publishers, 1300 Crescent Street, Wheaton, Illinois 60187. © 2010 por Crossway.

Mapas por David P. Barrett (www.biblemapper.com)

Ilustraciones realizadas por Maltings Partnership (Derby, Inglaterra) bajo la dirección de Leen Ritmeyer.

Imágenes del terreno generadas a partir de datos digitales de elevación, proporcionados por CIAT (A. Jarvis, H. I. Reuter, A. Nelson, E. Guevara, 2006, Hole-filled seamless SRTM data V3, Centro Internacional de Agricultura Tropical [CIAT], disponible en http://srtm.csi.cgiar.org).

Mapas del promedio de temperaturas y lluvias en el Cercano Oriente, fueron generados a partir de los datos proporcionados por UNEP/DEWA/GRID-Europe (http://www.grid.unep.ch/data).

Diseño de portada e interior por Jimi Allen Productions

Traducido y editado por Grupo Scribere

Adaptación del diseño al español por Adrián Romano

El texto bíblico ha sido tomado de la versión Reina-Valera © 1960 Sociedades Bíblicas en América Latina; © renovado 1988 Sociedades Bíblicas Unidas. Utilizado con permiso. Reina-Valera 1960™ es una marca registrada de la American Bible Society, y puede ser usada solamente bajo licencia.

El texto bíblico de los libros apócrifos ha sido tomado de la versión DIOS HABLA HOY «DHH», 3RD EDITION. Dios habla hoy ®, Tercera edición © Sociedades Bíblicas Unidas, 1966, 1970, 1979, 1983, 1996. Usada con permiso.

El texto bíblico marcado «NVI» ha sido tomado de la versión de la Santa Biblia, NUEVA VERSIÓN INTERNACIONAL® NVI® © 1999, 2015 por Biblica, Inc.®

Usado con permiso de Biblica, Inc.® Reservados todos los derechos en todo el mundo.

ISBN: 978-1-64691-083-0

Categoría: Referencias

Impreso en Brasil | *Printed in Brazil*

RECONOCIMIENTOS DE FOTOGRAFÍAS

Las fotografías han sido utilizadas con permiso de:

Todd Bolen/BiblePlaces.com: 0-2, 0-3, 0-6, 0-8, 0-11, 0-13, 1-1, 1-3, 1-4, 2-2, 2-3, 2-4, 3-1, 3-2, 3-3, 3-4, 4-1, 4-3, 4-4, 5-1, 5-2, 5-4, 5-5, 5-6, 5-7, 6-1, 6-2, 6-4, 7-1, 7-4, 10-1, 10-2, 12-1, 12-2, 12-4, 12-5, 12-6, 12-9, 12-13, 12-16, 12-17, 12-19 (fotos 2-4, 3-1, 5-4, 12-9 cortesía del Museo Rockefeller) (fotos 0-11, 12-6 cortesía del Museo de Estambul)

John D. Currid: 0-4, 0-7, 0-9, 0-10, 0-12, 0-14, 0-15, 12-3, 12-7, 12-8, 12-10, 12-18

Michael Luddeni: contraportada (inscripción), 0-1, 2-1, 7-2, 8-1, 9-1

The British Museum: 6-3, 7-3, 7-5, 8-2 (©The Trustees of the British Museum. Todos los derechos reservados.)

iStockphoto: portada (pirámide), 1-2, 12-12, 12-14, 12-15

David Bivin/LifeintheHolyLand.com: 0-5, 4-2

The Barry J. Beitzel Photographic Collection: 11-1

Michael Luddeni/Oral Collins: 3-3

Michael Luddeni/Nelson Glueck School of Biblical Archaeology, Jerusalén: 5-3

William L. Krewson/BiblePlaces.com: 12-11

Getty Images: portada (aqueducts)

A: Marvin R. Wilson, maestro extraordinario, quien me inició en la senda de los estudios del Cercano Oriente

–John

A: Anisea, con el más profundo amor

–David

Los mapas en este *Atlas*
se pueden descargar en:

www.editorialpatmos.com/site/atlas
Contraseña: AtlasPatmos2021

CONTENIDO

ARTÍCULOS ESPECIALES

ILUSTRACIONES

MAPAS

MAPAS 3D

PRÓLOGO

COMO TODO ESTUDIANTE DE LA ESCRITURA muy pronto aprende, la Biblia no fue escrita de manera aislada. Sus libros se ubican en sitios geográficos específicos en el Cercano Oriente, durante épocas específicas de la historia, y estos factores influyen en gran medida en cómo sus libros deben entenderse e interpretarse. Al mismo tiempo, los autores de la Escritura a menudo asumían que sus audiencias ya entendían el contexto en el que se ubicaban sus mensajes (pues ese era también el contexto de las audiencias), por lo que no se molestaban en describir a plenitud estos detalles en sus libros.

Por supuesto, hoy vivimos en un contexto muy diferente —tanto geográfica como históricamente— al de la audiencia original de la Escritura. No podemos confiar en nuestra experiencia por sí sola, ni incluso en un estudio cuidadoso de la Escritura por sí mismo para ultimar estos detalles. En cambio, debemos buscar otros recursos que describan con precisión el trasfondo de la Biblia y ayuden a recrear su contexto en nuestras mentes. El *Atlas Bíblico Patmos* ha sido creado para este propósito.

El *Atlas Bíblico Patmos* se esmera en ofrecer a los estudiantes de la Biblia una amplia compilación de recursos de gran precisión, y atractivos desde el punto de vista estético, que presentan información geográfica e histórica de una manera fácil de usar y que no abrumará al lector con detalles técnicos innecesarios. Al incorporar y ampliar los mapas y otros recursos desarrollados originalmente para la *ESV Study Bible*, el *Atlas Bíblico Patmos* utiliza mapas, descripciones narrativas, fotografías, índices exhaustivos y recreaciones en 3D de objetos y sitios bíblicos para ayudar al lector a comprender mejor el mundo de la Biblia y el significado de la Escritura. Una mayor complementación de estos recursos estándares se ofrece en la Parte 3, con una colección única de mapas sumamente detallados de varias regiones bíblicas, como Egipto, Mesopotamia, Anatolia, Grecia e Italia.

Los mapas en este *Atlas* se pueden descargar en www.editorialpatmos.com/site/atlas, mediante el código de acceso AtlasPatmos2021.

El *Atlas Bíblico Patmos* también aprovecha los recientes e increíbles avances en las imágenes satelitales y en los sistemas de información geográfica. Las imágenes del terreno se han generado a partir de datos proporcionados originalmente por la NASA y el Servicio Geológico de los Estados Unidos (ver página de derechos de autor para obtener más información). Además, las ubicaciones precisas de la mayoría de los sitios antiguos se han confirmado al identificar sus ruinas, o la ciudad moderna correspondiente, a través de imágenes satelitales de alta resolución.

Este exhaustivo recurso nunca hubiera sido posible sin la ayuda de numerosas personas y organizaciones a quienes agradecemos. Deseamos reconocer a Lane Dennis, Al Fisher y Justin Taylor en Crossway; sin cuyo apoyo y guía este proyecto nunca se hubiera logrado. La pericia en diseño de mapas de Josh Dennis en Crossway fue inestimable, al igual que el trabajo editorial de Bill Deckard. Barry Beitzel sirvió como consultor geográfico para la mayoría de los mapas históricos, y su inmenso conocimiento en esta área fue en extremo útil. También estamos agradecidos a Todd Bolen, Michael Luddeni, Barry Beitzel y el Museo Británico por los recursos fotográficos facilitados. Valoramos mucho las ilustraciones y reconstrucciones en 3D de Maltings Partnership y Leen Ritmeyer. Todd Bolen también proporcionó gentilmente el mapa escaneado de Jerusalén Ordnance Survey[1] de Charles Wilson (1865), que se utilizó en la sección regional del atlas.

Oramos para que este recurso ayude a los lectores a ampliar su comprensión del mundo bíblico y, por ende, les ayude a crecer en su conocimiento de la Palabra de Dios.

1. [N. del traductor] «Ordnance Survey» se refiere a la «Agencia Cartográfica Nacional del Reino Unido».

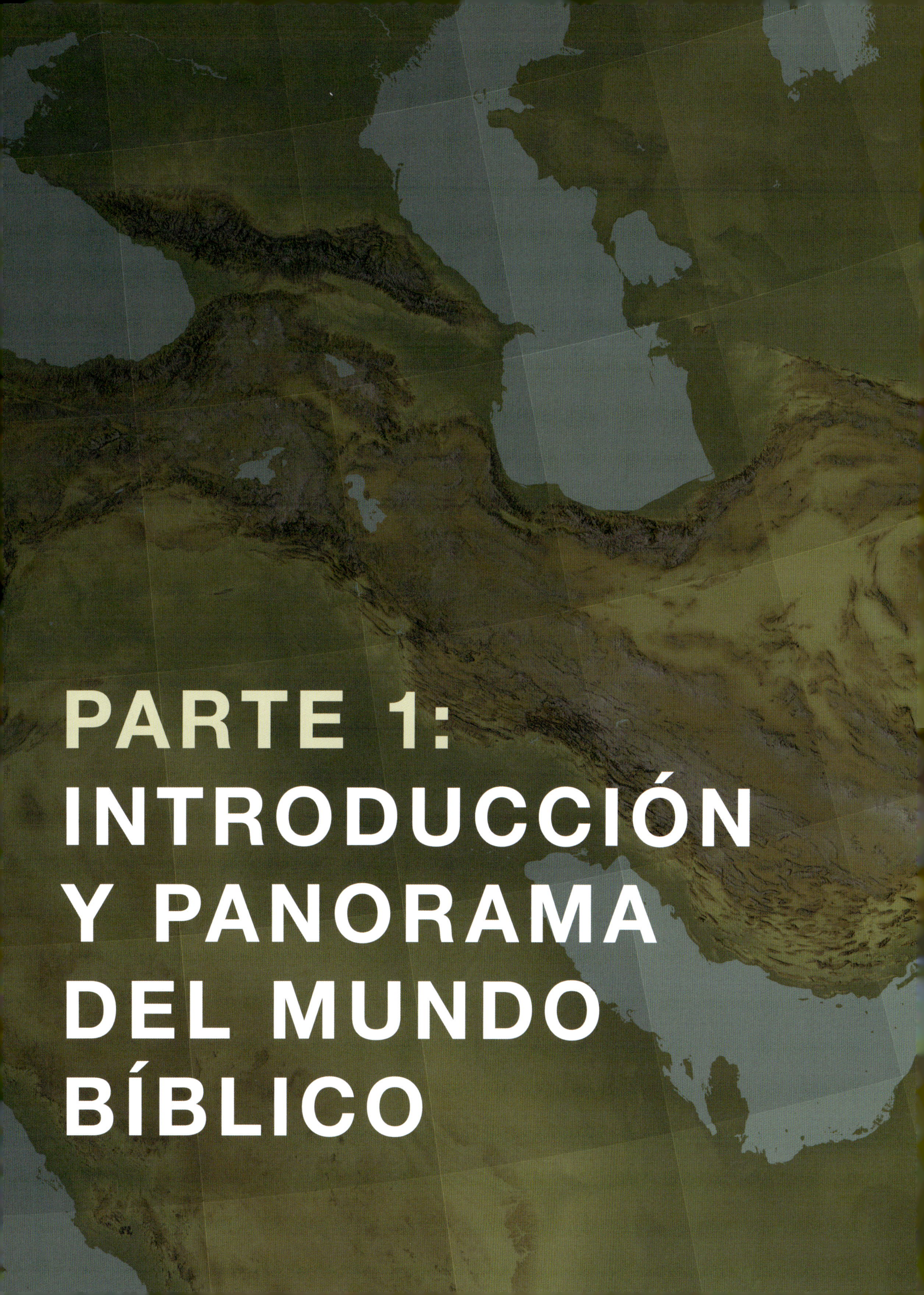

PARTE 1: INTRODUCCIÓN Y PANORAMA DEL MUNDO BÍBLICO

«... Paraos en los caminos, y mirad,
y preguntad por las sendas antiguas,
cuál sea el buen camino, y andad por él,
y hallaréis descanso para vuestra alma...».

Jeremías 6:16

LA UBICACIÓN DE LA TIERRA DONDE los israelitas se asentaron es importante, pues se encuentra en la encrucijada del antiguo Cercano Oriente, y sirve como puente terrestre entre Asia y África. En la antigüedad, se encontraba entre las dos grandes civilizaciones del Cercano Oriente: Egipto y Mesopotamia. Los asentamientos humanos se desarrollaron temprano en los valles fluviales de esas dos regiones, y la transición de las economías de recolección de alimentos a las economías agrícolas se puede observar en los registros arqueológicos del período Neolítico. Con el tiempo, se estableció el comercio entre los pueblos de la cuenca del río Nilo y entre aquellos pueblos de los valles de los ríos Tigris y Éufrates. Las rutas internacionales evolucionaron y conectaron las dos áreas. Dos grandes rutas internacionales enlazaban Egipto y Mesopotamia. Una de ellas pasaba directamente a través de la tierra de los israelitas, la otra se encontraba justo al este del río Jordán y bordeaba el intransitable desierto del este.

Mesopotamia, la tierra situada entre los ríos Tigris y Éufrates, albergó las grandes naciones de Babilonia y Asiria en los tiempos del Antiguo Testamento. El patriarca Abraham fue nativo de Mesopotamia (Gn. 11:31). Asiria fue la potencia que destruyó el reino del norte de Israel en el año 722 a. C. (2 R. 17:6). Babilonia hizo lo mismo con Judá, el reino del sur, en el 586 a. C. (2 R. 25).

Ningún reino en la antigüedad alcanzó la cúspide de la civilización humana como lo hizo Egipto. En campos como la medicina, la arquitectura

0-1. El río Tigris en Mesopotamia.

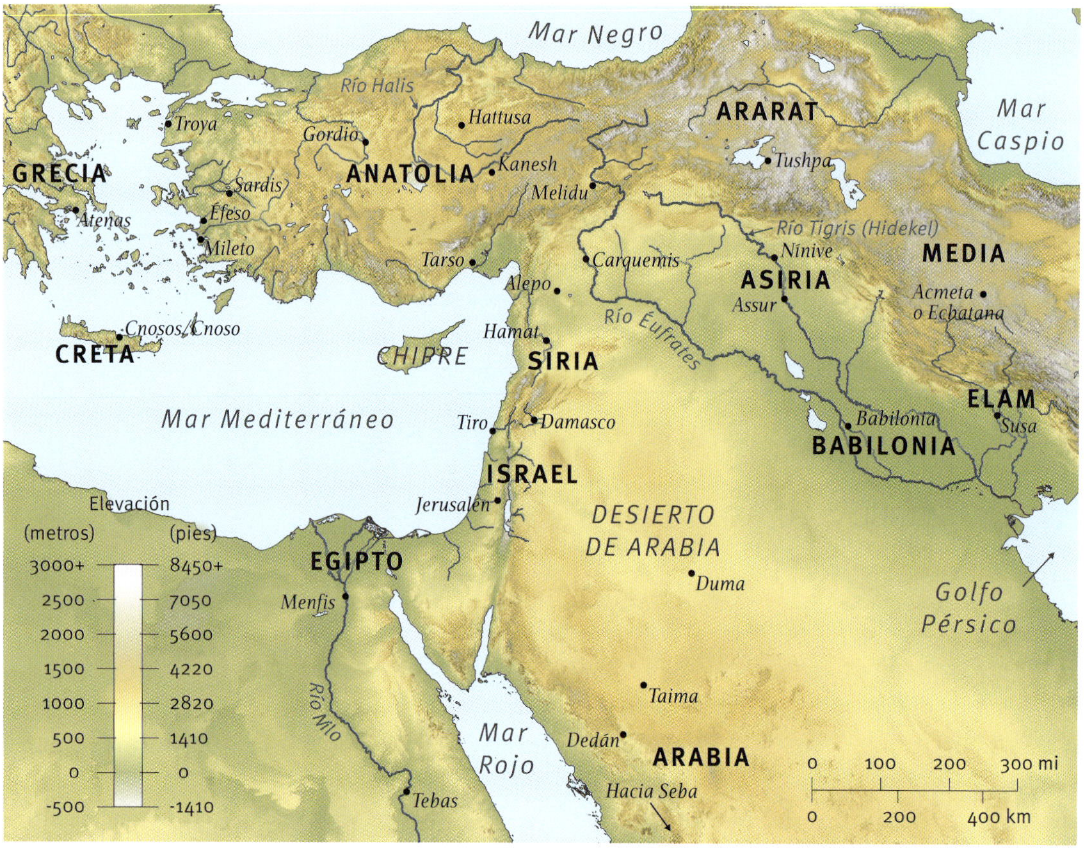

0-1. Principales regiones del antiguo Cercano Oriente.

y la literatura, los egipcios llegaron muchísimo más lejos que las otras naciones del antiguo Cercano Oriente. Egipto fue una tierra de vital importancia en las narrativas del Antiguo Testamento. José fue vendido y encarcelado en Egipto, aunque luego ascendió al poder. Los egipcios esclavizaron a los hebreos durante más de 400 años, hasta que la mano de Dios los liberó de forma milagrosa. Poco después de la muerte de Salomón, el faraón Sisac se convirtió en un incordio para los reinos divididos (1 R. 14:25).

La mayor parte del contacto entre estas dos grandes regiones —ya fuera por guerra o comercio— tuvo lugar en la tierra de Palestina. La clave para el poder en el antiguo Cercano Oriente era controlar Palestina, y en particular el sistema de carreteras que la atravesaba. A lo largo de la historia, esto se ha cumplido de igual modo. Cuando Napoleón intentó anexar el Medio Oriente a su imperio en 1799, fue detenido en el puerto palestino de Acre. El fracaso de las fuerzas alemanas en capturar el Medio Oriente durante la Primera Guerra Mundial se debió en parte a la aplastante derrota de los ejércitos del eje frente a T. E. Lawrence dentro de la topografía palestina.

0-2. El río Nilo. El historiador griego Heródoto llamó a Egipto «el don del Nilo».

REGIONES GEOGRÁFICAS NATURALES DE PALESTINA

Antes de analizar las regiones individuales de Palestina, debemos considerar la compacidad de la tierra. La tierra de Palestina es poco más o menos del tamaño del estado de Vermont. Sin embargo, en esta área relativamente pequeña encontramos una sorprendente variedad de características físicas diversas. Palestina es una tierra de contrastes

0-2. Regiones geográficas naturales de Palestina.

en cuanto a la geografía, la topografía, el clima y la vegetación. Por ejemplo, mientras que el mar Muerto está a unos 400 m (1.300 pies) por debajo del nivel del mar, la ciudad de Jerusalén está a unos 730 m (2.400 pies) por encima del nivel del mar, aunque está a solo 23 km (14 millas) del mar Muerto. Exploraremos las regiones geográficas individuales de la tierra de oeste a este (ver mapa 0-2, pág. 19).

La costa mediterránea

El litoral de Palestina contiene escasos puertos naturales. Por lo general, los israelitas y otros habitantes de la tierra no tomaban en cuenta la navegación; no eran conocidos por sus hazañas navales. Los fenicios, cuyo territorio se encontraba en la costa norte de Palestina, se hicieron famosos por su vida marítima y fundaron muchas colonias en todo el Mediterráneo, incluida Cartago en la costa norte de África. El rey Salomón estableció cierto comercio por vía marítima, pero esto fue desde Elot (Elat) en la costa del mar Rojo, y no desde el mar Mediterráneo (1 R. 9:26). Josafat, rey de Judá, intentó construir una flota en Ezión-geber para establecer comercio con Tarsis, pero «... las naves se rompieron, y no pudieron ir a Tarsis» (2 Cr. 20:37).

La costa mediterránea de Palestina se puede dividir en tres áreas. La primera es la llanura de Sharon, que se extiende desde la moderna ciudad de Haifa, en el norte, hasta la ciudad de Tel Aviv-Jaffa en el río Yarkon en el sur. Su carácter está determinado por tres crestas de arenisca, llamadas crestas Kurka, que se extienden de sur a norte. La zona tiene muchos ríos pequeños que hacen que gran parte de la tierra sea cenagosa. Carece de puertos naturales de aguas profundas. Por lo tanto, en el período romano, Herodes el Grande construyó un puerto artificial a lo largo de la llanura de Sarón lo llamó Cesarea en honor a su patrón, César Augusto (ver imagen 0-3). De este modo, el Imperio romano abrió el Mediterráneo al comercio a través del transporte marítimo y Cesarea se convirtió en la principal puerta de acceso desde Palestina hacia el oeste.

La segunda área costera es Filistea, que se extiende desde Tel Aviv/Jaffa en el norte hasta el torrente de Besor, al sur de Gaza. Esta zona consta principalmente de praderas, sin bosques. Esta fue el área de asentamiento de los antiguos filisteos, que incluía sus *pentápolis* (cinco ciudades capitales) de Ascalón, Asdod, Ecrón, Gat y Gaza.

La tercera y última región es la costa de Sinaí. Esta es una costa semiárida con muchas dunas de

0-3. La llanura costera cerca de Cesarea.

arena y pocas lluvias. A lo largo de la historia, su población ha sido escasa. Su importancia primordial en la antigüedad es que constituía el área por la cual corría la ruta del Gran Tronco; carretera esencial para el comercio y también para la incursión militar. La invasión de Israel y Judá dirigida por el faraón Sisac fue a través de esta ruta.

0-4. La Sefela, o región de las estribaciones, entre la región montañosa de Judá y la llanura costera de Filistea.

La Sefela

A unos 20 km (13 millas) de la costa mediterránea hacia el oriente está la Sefela, un área de transición entre las llanuras a lo largo de la costa y las montañas de la región montañosa central. Es una región de colinas onduladas en la que se observan numerosos valles amplios que penetran desde las llanuras occidentales (ver imagen 0-4). En la antigüedad, los valles anchos solían ser áreas de tránsito y de conflicto entre los pueblos de las sierras y de las planicies costeras. Por ejemplo, parte de la batalla entre el ejército de Josué y los cinco reyes de los amorreos ocurrió en la Sefela; fue allí donde el sol se detuvo en el valle de Ajalón para que las fuerzas israelitas pudieran tener tiempo para derrotar al enemigo (Jos. 10:12). Sansón mató a mil filisteos «... con la quijada de un asno...» (Jue. 15:16) en uno de estos valles que la atraviesan. David derrotó al gigante filisteo Goliat en uno de estos valles, el valle de Ela (1 S. 17:1-2).

La región montañosa central

Al este de la Sefela se encuentran las tierras altas centrales (ver imagen 0-5). Este espinazo montañoso se extiende de norte a sur por alrededor de 145 km (90 millas). Comienza en el extremo sur del valle de Jezreel, cerca del monte de Gilboa, y se prolonga en dirección sur hasta Samaria y los montes de Gerizim y Ebal. Desde allí se expande a Judea, hasta la ciudad de Hebrón. Al viajar desde el mar Mediterráneo hacia el interior, estas áreas

0-5. La región montañosa de Palestina fue el área principal del asentamiento israelita después de la conquista de Josué.

montañosas aparecen abruptamente. Desde el nivel del mar en el Mediterráneo hasta la ciudad de Jerusalén, la tierra se eleva 730 m (2.400 pies) en solo 56 km (35 millas).

Las tierras altas centrales desempeñaron un papel importante en la historia bíblica. Después de que Abraham entró en la tierra de Canaán, primero se detuvo en Siquem en las tierras altas del norte (Gn. 12:6). Abraham y su sobrino Lot estaban acampados entre las ciudades de Bet-el y Hai en la región montañosa cuando decidieron separarse y dividir la tierra (13:3). Tras apartarse uno del otro, Abraham se dirigió al área de Hebrón en las tierras altas del sur (v. 18). Abraham llevó a su hijo Isaac para sacrificarlo en el monte Moriah, que se identifica con Jerusalén, en la región montañosa central (Gn. 22:2; comp. 2 Cr. 3:1). David capturó la ciudad de Jerusalén, compró la era de Ornán jebuseo allí (1 Cr. 21:18-27) y concibió la construcción del templo de Dios en el lugar. Jerusalén se convirtió en la ciudad capital del reino unido; y del reino de Judá, en el sur, tras la división. Jesús, el Hijo de Dios, nació en las colinas del sur de Judea, y aunque pasó gran parte de su vida en Galilea, regresó a las colinas que rodean Jerusalén para llevar su trabajo y ministerio al punto culminante. Su crucifixión, muerte y resurrección ocurrieron en Jerusalén, donde apareció también a muchos de sus discípulos. Y desde la cima del monte de los Olivos ascendió en gloria para sentarse a la diestra del Padre. Samaria, capital del reino del norte de Israel, estaba ubicada en las tierras altas de Samaria. Omri fundó la ciudad a mediados del siglo IX a. C., y su hijo Acab la hizo infame al casarse con Jezabel, adoradora de Baal, princesa de Tiro (1 R. 16:29-34). Fenicia ejerció gran influencia en la cultura material del reino del norte, y el comercio entre ambas áreas fue muy dinámico. Su influencia religiosa pagana sobre Israel también fue enorme, lo cual encendió la ira del profeta Elías (1 R. 17–18). Según los Libros de 1–2 Reyes, no hubo ni un solo rey bueno en Samaria. El ejército asirio destruyó la ciudad el 722 a. C.

El valle del Rift

Al este de las tierras altas hay una caída precipitada hacia el valle del Rift, una gran e imponente falla que corre de norte a sur desde Asia Menor y a través de África. Parte de esa gran falla terrestre es el valle del Jordán, que desciende desde el monte Hermón, en el norte, hasta el mar Muerto en el sur. El valle del Jordán se puede dividir en cuatro partes:

1. *El alto Jordán.* El pico del monte Hermón está a 2,8 km (9.200 pies) sobre el nivel del mar. La cima de esta montaña suele estar cubierta de nieve. La fusión de esa nieve junto con los manantiales de agua dulce al pie del monte Hermón abastecen de agua al valle del Rift y forman la cabecera del alto Jordán. Este río fluye hacia el sur hasta que desemboca en el mar de Galilea, cerca de la ciudad de Betsaida, que aparece en el Nuevo Testamento.

En varios textos bíblicos se entendía que el monte Hermón era el punto norte de la tierra de la promesa (ver Jos. 12:1). No obstante, esta región era una zona fronteriza en los tiempos del Antiguo Testamento y albergaba solo dos ciudades principales: Dan y Hazor. Hazor fue destruida en la campaña de Josué en el norte (Jos. 11:10-11). Salomón convirtió a Hazor en una de sus principales ciudades de almacenamiento (1 R. 9:15). Jeroboam puso uno de sus becerros de oro en la ciudad de Dan (1 R. 12:28-30). Ambos sitios han sido objeto de excavaciones arqueológicas significativas. Durante el período del Nuevo Testamento, Pedro hizo su famosa confesión de fe en Cesarea de Filipo, que está al lado de Dan (Mt. 16:13-20).

2. *El mar de Galilea.* El mar de Galilea en realidad es un lago que mide 20 km (13 millas) de largo y 13 km (8 millas) de ancho. Su superficie es de 207 m (680 pies) por debajo del nivel del mar, y en un punto alcanza una profundidad de 45 km (145 pies). En el Antiguo Testamento era conocido como el mar de Cineret, y solo aparece en descripciones de fronteras (p. ej. Jos. 12:3; 13:27). El mar de Galilea no juega un papel significativo en ninguna narrativa del Antiguo Testamento. Sin embargo, en el período del Nuevo Testamento, el lago fue un escenario fundamental para el ministerio de Jesús en Galilea. El ministerio de enseñanza, predicación y sanidad de Jesús se centró principalmente en las costas norte y oeste del mar y en las ciudades de Betsaida (Mr. 6:45), Corazín (Lc. 10:13), Capernaum (Mt. 4:13) y Magdala (también llamada Magadán; Mt. 15:39). Varios de sus discípulos eran pescadores de estas aldeas (Juan 1:44).

Jesús caminó sobre las aguas del mar de Galilea (Marcos 6:45-52), y calmó una tormenta mientras cruzaba el lago en bote (Mr. 4:35-41).

3. *El bajo Jordán.* El río Jordán irrumpe desde el extremo sur del mar de Galilea y fluye hacia el mar Muerto, una distancia de aproximadamente 105 km (65 millas). En ese trayecto, el río desciende unos 185 m (600 pies) de altitud. Es probable que este descenso sea la razón del nombre del río, pues en hebreo, el nombre «Jordán» significa «el que baja». Cuando el río se aproxima a su final en el mar Muerto, su descenso es más abrupto, aproximadamente 12 m por 1,5 km (40 pies por milla), de modo que el agua se precipita hacia el mar Muerto. La superficie del mar Muerto es de 400 m (1300 pies) por debajo del nivel del mar. El río Jordán no es una línea recta desde el mar de Galilea hasta el mar Muerto; más bien, zigzaguea en un trayecto serpentino (ver imagen 0-6). El Jordán no es ni ancho ni profundo, y aunque las medidas varían de un lugar a otro, el río tiene un promedio de 30 m (100 pies) de ancho y unos 2 m (7 a 8 pies) de profundidad.

En los tiempos del Antiguo Testamento, el bajo Jordán era la demarcación oriental de la tierra prometida. Los israelitas entraron a esta tierra a través del río, cuando Dios lo dividió milagrosamente de la misma forma en que había abierto el mar Rojo (Jos. 3:14-17). Más tarde el profeta Elías apartó las aguas del río y caminó a través de él; luego fue llevado al cielo en un torbellino (2 R. 2:6-14). Naamán, el comandante del ejército sirio,

0-7. El mar Muerto, llamado así porque su alto contenido de sal lo hace inhabitable para cualquier forma de vida marina.

0-6. El valle del río Jordán. Es parte del gran valle del Rift que se extiende desde el mar de Galilea en el norte hasta África en el sur.

fue sanado en el río Jordán (2 R. 5:13-14). En tiempos del Nuevo Testamento, Jesús fue bautizado por Juan en el río Jordán (Mr. 1:4-11), y allí Juan profetizó que el tiempo del Mesías estaba cerca (Juan 1:24-28).

4. *El mar Muerto.* La superficie del «mar salado» bíblico (ver imagen 0-7) se encuentra en el punto más bajo en la tierra, a 400 m (1.300 pies) por debajo del nivel del mar. Su punto más profundo está en la mitad norte del mar, donde se sumerge otros 400 m (1.300 pies) hasta el fondo. El mar tiene 80 km (49 millas) de largo y 13 km (8 millas) de ancho. No tiene desagüe; el agua sale únicamente por evaporación. Este proceso puede ser bastante rápido. En verano, el mar puede perder hasta 25 mm (una pulgada) en un día. La concentración de sal en el mar Muerto es siete veces más densa que el agua de mar, lo que hace imposible la vida vegetal y marina. En la antigüedad, la sal y el alquitrán se acumulaban allí y solo unos pocos asentamientos fueron capaces de sobrevivir en las orillas del mar Muerto.

Las ciudades de Sodoma y Gomorra estaban ubicadas en la región del mar Muerto (Gn. 19:23-26). Fue aquí donde la esposa de Lot se convirtió en una estatua de sal, justo como la región salobre que la rodeaba. En las orillas occidentales del mar hay algunos cañones con manantiales. El más famoso de estos es Engadi, donde David se escondió del rey Saúl y le perdonó la vida al rey en una cueva (1 S. 24:1-7). En el siglo II a. C., una secta separatista se estableció a lo largo de la costa occidental del mar Muerto, en Qumrán. Aquí esperaban la venida del Mesías. Copiaron numerosos textos, muchos del Antiguo Testamento, y los escondieron en cuevas. En Masada, en la orilla occidental del mar Muerto, el último remanente de zelotes judíos resistió durante siete años contra la poderosa Décima Legión Romana.

Transjordania

La última región a considerar, al movernos de oeste a este, es la tierra «... al otro lado del Jordán al oriente...» (Jos. 13:8; 18:7). El nombre «Transjordania» tiene su origen desde la perspectiva de alguien que está parado en la tierra de la promesa y mira por encima del río Jordán a la tierra «más allá» o al otro lado. Esta fue una región importante en la historia bíblica. Durante el éxodo y en sus posteriores andanzas por el desierto, los israelitas se acercaron a la tierra prometida a través de Transjordania y acamparon en los campos de Moab, antes de cruzar el Jordán y conquistar la tierra de Canaán. Por aquel tiempo, los israelitas habían capturado parte de la tierra de Transjordania y conocieron los ricos pastizales de la región. Las tribus de Rubén, Gad y la media tribu de Manasés reclamaron partes de la tierra como heredad (Jos. 13).

Durante el tiempo en que el pueblo de Dios vagó por el desierto a través de Transjordania, las poblaciones no israelitas lo atacaron y hostigaron repetidamente (Nm. 21). Los principales grupos en conflicto con los israelitas fueron los edomitas, los moabitas y los amonitas. Todos estos pueblos estaban relacionados con los hebreos: los edomitas descendían de Esaú, el hermano de Jacob / Israel (Gn. 25:30), y los moabitas y amonitas descendían de Lot, el sobrino de Abraham (19:37-38). Después de la conquista y el asentamiento de las tribus israelitas, estos pueblos continuaron su oposición (p. ej. Jue. 3:12-30). No obstante, aun en medio de tal conflicto, estos pueblos paganos no se quedaron sin esperanza. El profeta Amós profetizó que vendría un día en el que habría un «... remanente de Edom...» que sería llamado por el nombre del Señor (Amós 9:11-12, NVI). Rut la moabita se convirtió en parte del pueblo del pacto, fue la bisabuela del rey David y, por lo tanto, se incluyó en la línea genealógica del Señor Jesús (Rut 4:13-17; Mt. 1:5).

Transjordania puede dividirse en cinco regiones. Para su análisis nos moveremos de norte a sur.

1. *Basán.* Durante toda la antigüedad, Basán era identificada generalmente con la región al norte del río Yarmuk; el alto Jordán la separaba de Galilea. Era bien conocida en la antigüedad como un área de ricos pastizales (Ez. 39:18). Amós comparó a las damas glotonas de Samaria con las «... vacas de Basán...» (Amós 4:1). Durante el éxodo, los israelitas capturaron esta tierra cuando derrotaron a Og, rey de Basán (Nm. 21:31-35). El área fue asignada a la media tribu de Manasés, que se estableció en el lugar junto con muchos otros israelitas hasta la destrucción del reino del norte de Israel en el 722 a. C. Basán fue un área de reiterados conflictos debido a que se encontraba entre la tierra de la

promesa al suroeste y Siria al noreste. Por ejemplo, el rey israelita Acab derrotó a los sirios en Basán (1 R. 20:13-34).

2. *Galaad.* Galaad se encuentra al este del río Jordán, entre el río Yarmuk en el norte y el río Jaboc en el sur. En la antigüedad, la región era famosa por su producción agrícola y, específicamente, por sus especias y medicinas (Gn. 37:25; Jer. 46:11). Su reputación dio lugar al proverbio: «¿No hay bálsamo en Galaad?» (Jer. 8:22). La media tribu de Manasés se estableció aquí; así como en Basán. En este sitio ocurrieron numerosos acontecimientos bíblicos, especialmente durante el tiempo de la monarquía unida. En 1 Samuel 11, Saúl rescató la ciudad de Jabes de Galaad de los amonitas invasores. Los hombres de Jabes de Galaad luego rescataron los cuerpos de Saúl y Jonatán del muro de Bet-seán y los enterraron en su ciudad (1 S. 31:11-13). David finalmente recuperó los cuerpos de Jabes de Galaad y los hizo enterrar en la tierra de Benjamín (2 S. 21:12-14).

3. *Amón.* La tierra de los amonitas se ubica generalmente al sur del río Jaboc en el lado oriental del río Jordán. Es difícil precisar límites exactos porque el territorio se expandía o reducía continuamente según el poderío militar de los amonitas. La capital de Amón fue Rabá (Ammán moderno, Jordania), ubicada en el manantial que alimentaba el río Jaboc. El área de la ciudad capital era fácil de defender debido a sus valles hondos y su cómodo acceso a las fuentes de agua. Los amonitas se opusieron a la incursión de Israel en Transjordania durante el éxodo. Sin embargo, los israelitas conquistaron la tierra entre los ríos Jaboc y Arnón, que pertenecía a Sehón (Nm. 21:21-30). La tribu de Gad colonizó la parte norte de la tierra entre los dos ríos y la tribu de Rubén, la parte sur. Después de la conquista y el asentamiento hubo muchos conflictos entre Israel y Ammón (ver, p. ej. Jue. 11; 1 S. 11; 2 S. 10:1-5).

4. *Moab.* El corazón del territorio moabita se localizaba al sur del río Arnón. En este territorio llueve poco, y su economía en la antigüedad dependía principalmente del pastoreo. En su desplazamiento a la tierra prometida, Israel pasó por Moab y no enfrentó ninguna oposición militar de los moabitas. Al parecer, los moabitas eran militarmente débiles en aquel momento, y fue Sehón quien conquistó las tierras que habían poseído al norte del Arnón (Nm. 21:26). Sin embargo, Balac, el rey de Moab, le pidió al profeta Balaam que maldijera a los israelitas en su campamento (Nm. 22–24). Antes de entrar a la tierra prometida, los hebreos cayeron en los caminos idólatras de los moabitas (Nm. 25:1-9). Durante el período de los jueces, Noemí y su familia pudieron sobrevivir en Moab cuando la tierra de Israel padeció hambruna (Rut 1). En el siglo IX a. C., Mesha, rey de Moab, pagó tributos de 100.000 corderos y 100.000 carneros a Acab, rey de Israel. Sin embargo, después de la muerte de Acab, Mesa se rebeló contra Israel (2 R. 3:4-5). Este incidente también fue registrado por los moabitas en la Piedra Moabita.

5. *Edom.* El área principal del asentamiento edomita estaba al sur del arroyo Zered en una cresta alta y estrecha de 120 km (75 millas) de largo y unos pocos kilómetros de ancho. Al este de la cresta se encuentra el desierto y al oeste está el Arabá, región escarpada y árida en extremo al sur del mar Muerto. Los edomitas eran esencialmente seminómadas y desarrollaron una extensa red comercial en el desierto. Cuando Israel intentó cruzar el territorio edomita, los edomitas se negaron a darle salvoconducto (Nm. 20:14-21). Los edomitas también ayudaron a los babilonios cuando estos destruyeron Jerusalén en 586 a. C.; capturaban a los judíos que huían y los entregaban a los babilonios. Abdías profetizó que los edomitas pagarían por maltratar a los israelitas y, a menos de cien años de la profecía, Edom quedó en ruinas.

Ahora consideraremos las diversas regiones de la tierra de Palestina, de norte a sur.

Galilea

Galilea consiste en valles y cordilleras que se alternan y que van de este a oeste. Se puede dividir en dos regiones:

1. *Alta Galilea / del norte.* Esta área tiene un terreno accidentado y escabroso, con montañas que alcanzan los 1,2 km (4000 pies) o más. En tiempos antiguos, la alta Galilea era una zona fronteriza que albergaba una escasa población. Josué conquistó la región durante la campaña del norte (Jos. 11:6-15), y luego fue colonizada por las tribus de Dan y Neftalí. En la antigüedad aquí se localizaban pocas ciudades de importancia, excepto Dan y Hazor.

2. *Baja Galilea / del sur.* El terreno de esta región es menos imponente que el de la alta Galilea; las colinas aquí alcanzan solo 0,6 km (2000 pies). Numerosos valles se extienden de este a oeste a través del área (ver imagen 0-8), lo que permite que el tránsito y el transporte sean fáciles. El sur de Galilea contiene la mayor extensión de valles fértiles en toda Palestina, incluido el exuberante valle de Jezreel. Después de la captura inicial por parte de los ejércitos israelitas durante la conquista, esta área se convirtió en una zona de gran lucha y conflicto entre Israel y los cananeos. Este conflicto se celebra en el Cántico de Débora (Jue. 5:1-31). En esta zona ocurrieron un gran número de acontecimientos bíblicos durante el período del Nuevo Testamento: el anuncio angelical del nacimiento de Jesús fue dado a María en «... una ciudad de Galilea, llamada Nazaret...» (Lc. 1:26). Jesús predicó por primera vez en la sinagoga de esa ciudad (Lc. 4:15-21). El primer milagro registrado de Jesús ocurrió en una boda en Caná «... de Galilea...» (Juan 2:1-11) y resucitó al hijo de una viuda en Naín (Lc. 7:11-17).

El desierto de Judea

Los vientos de invierno traen lluvia del mar Mediterráneo a las laderas occidentales de las montañas de Judea en la zona montañosa central. Las montañas actúan como una pared contra la lluvia, que continúa hacia el este; por lo cual hay una fuerte disminución en las precipitaciones en las laderas orientales de las montañas de Judea. Además, la cubierta del suelo de las laderas orientales es de piedra caliza senoniana y no retiene la humedad. Esta área es un desierto de colinas áridas (ver imagen 0-10). El agua disponible en este desierto proviene de los *uadis*, cauces estacionales que traen el agua de lluvia invernal a la zona (ver imagen 0-9). El Wadi Qelt es especialmente digno de mención y es paralelo a parte del antiguo camino de Jerusalén a Jericó. Incluso hoy en día, los nómadas del desierto llamados *beduinos*, viajan a través del desierto de Judea en busca de forraje y agua para sus rebaños.

Dos acontecimientos significativos al comienzo del ministerio de Jesús estuvieron relacionados con el desierto de Judea. El primero fue su bautismo. La palabra de Dios vino a Juan el Bautista «... en el desierto. Y él fue por toda la región contigua al Jordán, predicando el bautismo del arrepentimiento para perdón de pecados» (Lc. 3:2-3). Jesús vino a Juan el Bautista en el desierto y allí fue bautizado como una manera de identificarse con su pueblo en su

0-8. La región de Galilea, con sus colinas ondulantes y fértiles valles.

necesidad de limpiarse del pecado. Inmediatamente después de su bautismo, Jesús fue guiado por el Espíritu Santo «al desierto» para ser tentado por el diablo durante 40 días. Allí Jesús fue capaz de vencer la tentación y, de este modo, demostró que era verdadera y exclusivamente el Hijo de Dios (Lc. 4:1-13).

Jesús también utilizó el desierto de Judea en sus enseñanzas. El escenario de la parábola del buen samaritano fue el camino de Jerusalén a Jericó, que atravesaba este desierto y tenía muy mala fama por lo peligroso que resultaba transitar por él, debido al bandolerismo. De hecho, David había huido de Saúl a este desierto con unos 400 hombres. «Y se juntaron con él todos los afligidos, y todo el que estaba endeudado, y todos los que se hallaban en amargura de espíritu» (1 S. 22:2; 23:14-15).

0-9. Un *uadi* es un lecho de río en el desierto con flujo de agua estacional.

El Neguev

El Neguev (o Néguev) es la región geográfica natural al extremo sur de Palestina. En la época del Antiguo Testamento, el Neguev abarcaba desde la tierra al sur de la zona montañosa de Judea hasta el oasis de Cades-barnea, e incluía la región oriental y occidental de Beerseba. La mayor parte de la zona es desierto montañoso, difícil para el asentamiento humano. La vegetación es escasa y por lo general se encuentra cerca de los lechos de los *uadis*. Es un paisaje hostil. Las precipitaciones son mínimas y ocurren mayormente durante el invierno. Beerseba, al norte del Neguev, recibe unas 8 pulgadas (20 cm) de lluvia al año y el sur del Neguev puede llegar a recibir tan poco como 1 pulgada (2,5 cm) por año. Existe un oasis ocasional en el Neguev, así como en Cades-barnea, donde los israelitas pasaron parte de sus 40 años de deambular por el desierto.

0-10. El desierto de Judea, donde Jesús fue tentado por el diablo.

0-3. Promedio de temperaturas en el Cercano Oriente

Enero

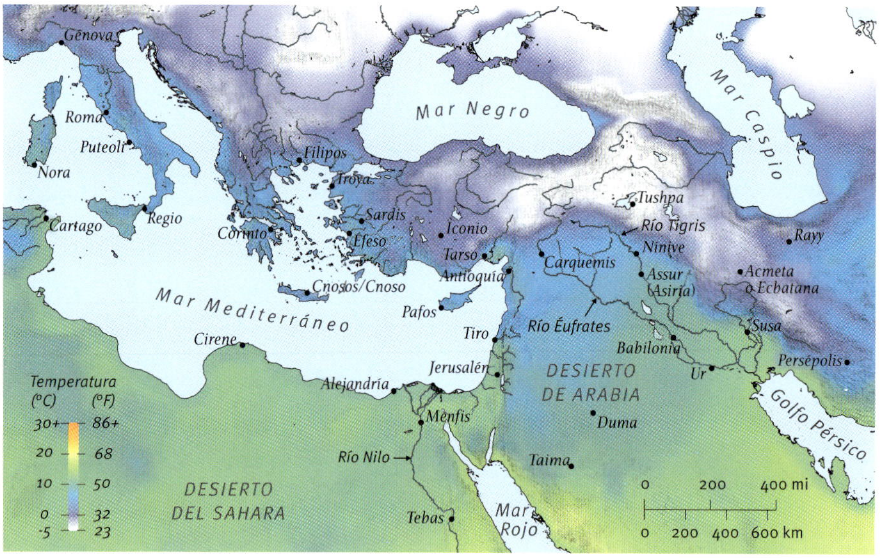

Marzo

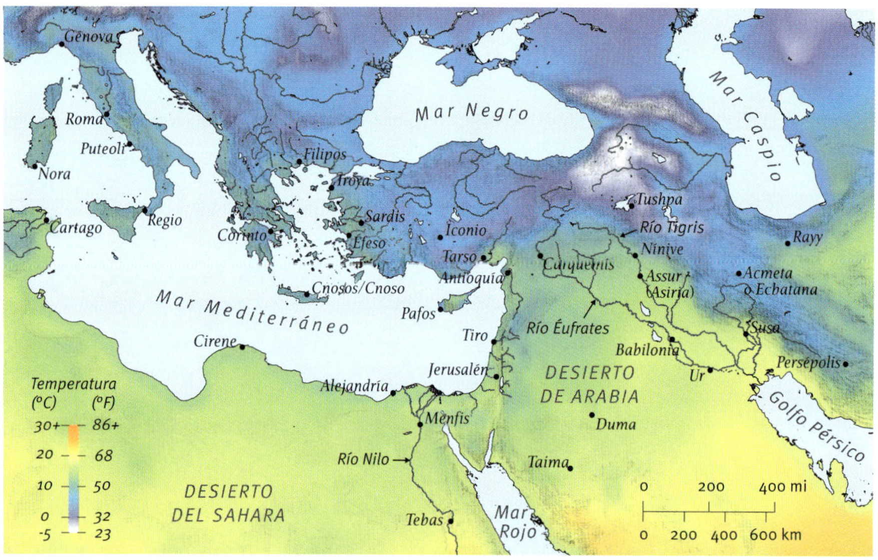

Mayo

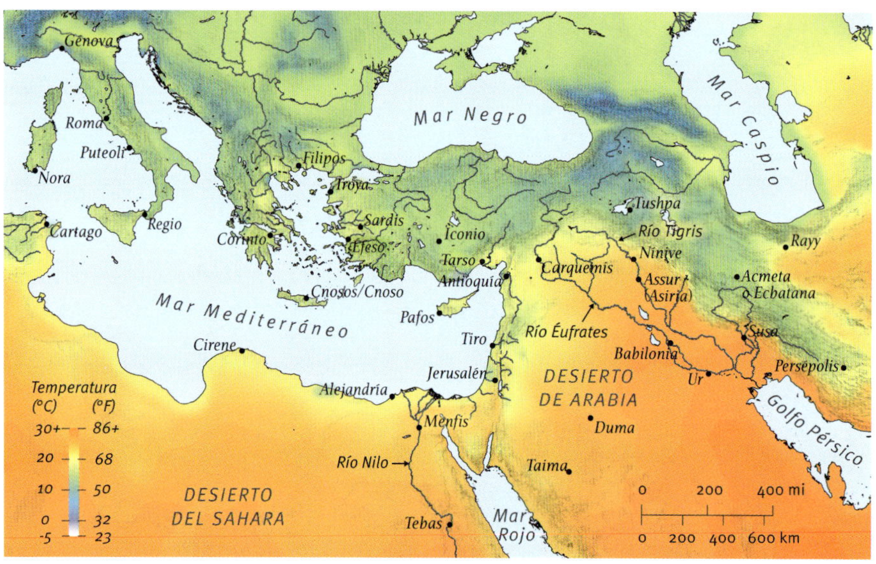

Julio

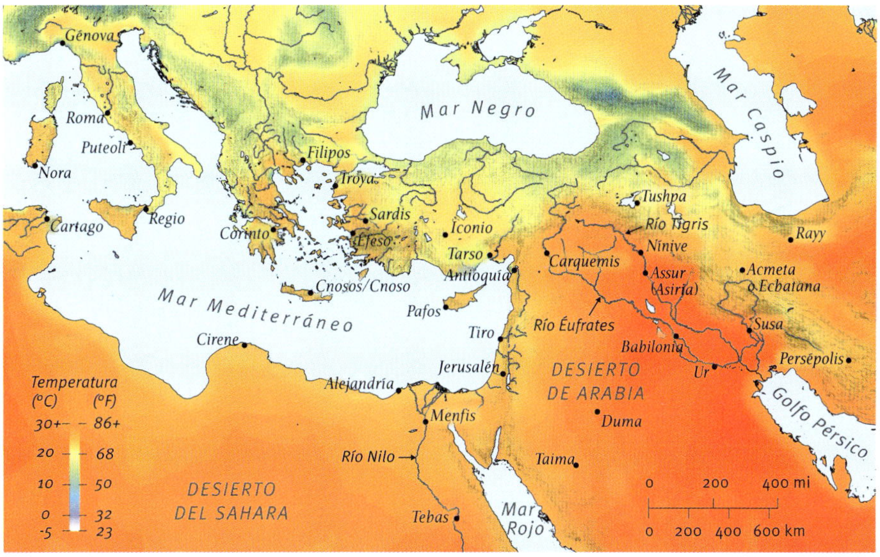

Septiembre

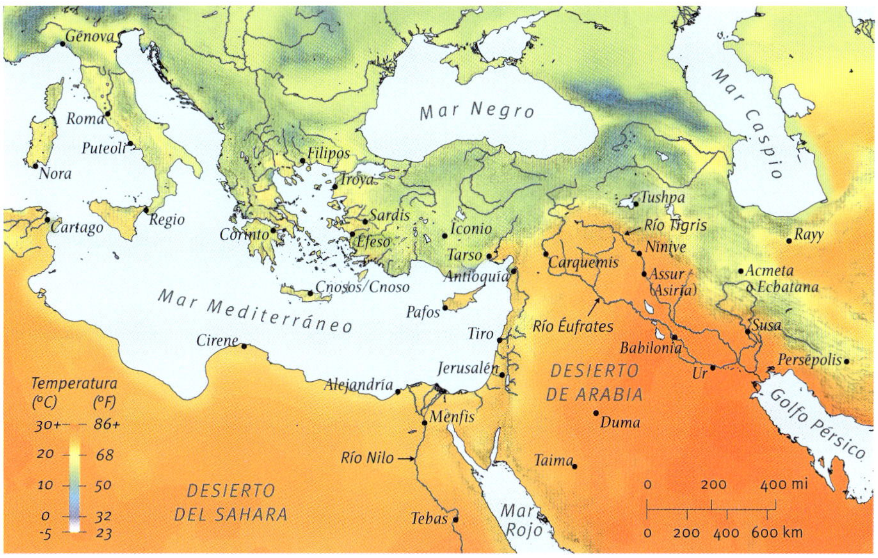

Noviembre

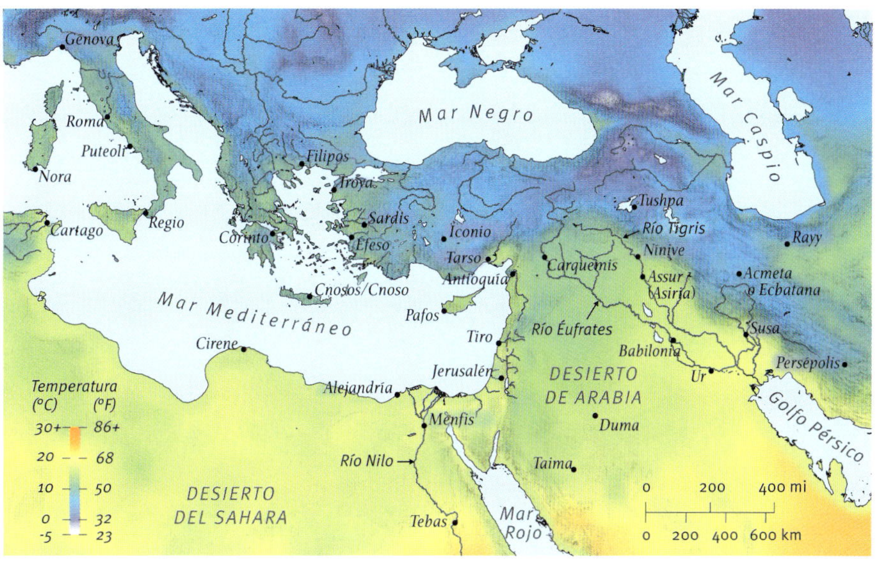

0-4. Promedio de lluvias en el Cercano Oriente

Enero

Marzo

Mayo

Julio

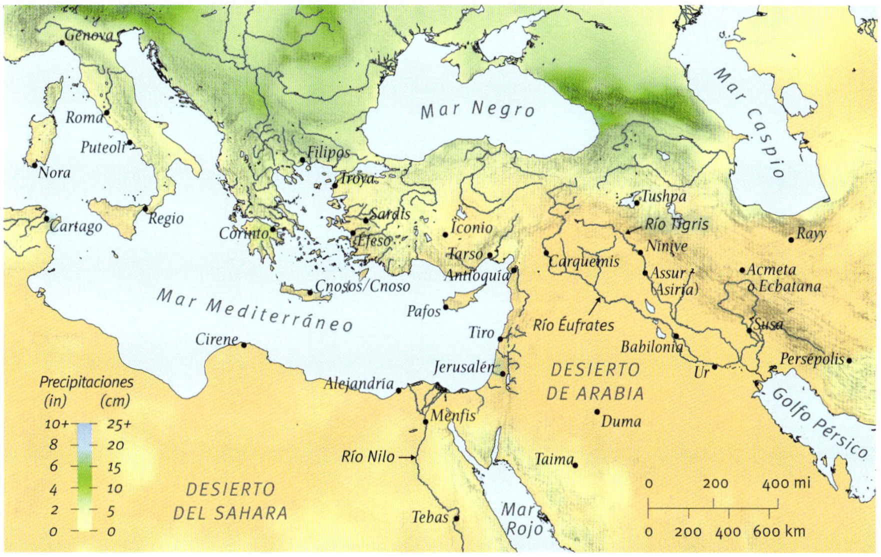

Septiembre

Noviembre

Los patriarcas pasaron la mayor parte de su vida en el Neguev. Abraham hizo un pacto con Abimelec en Beerseba (Gn. 21:32). Isaac vivió en el Neguev la mayor parte de su vida (24:62). Desde allí, Moisés envió espías para examinar la tierra prometida (Nm. 12:16–13:3). David huyó de Saúl al Neguev y los filisteos le dieron refugio. Aquis, rey de Gat, le dio a David la ciudad de Siclag, en el Neguev, y desde allí David hizo campaña contra los amalecitas y otros grupos que habitaban en la parte sur del Neguev (1 S. 27:1-8). Después de derrotar a los profetas de Baal en el monte Carmelo, el profeta Elías huyó a Beerseba, lejos de la ira de Jezabel (1 R. 19:1-3). De allí fue a Horeb, el monte de Dios, en el desierto de Sinaí (v. 8).

CLIMA Y VEGETACIÓN DE PALESTINA

La tierra de la Biblia es en verdad una tierra de contrastes, y esto se confirma con creces mediante un estudio de su clima y vegetación. Ambos factores demuestran cuán drásticos pueden ser los contrastes de esta región.

0-5. Promedio anual de lluvias en Palestina

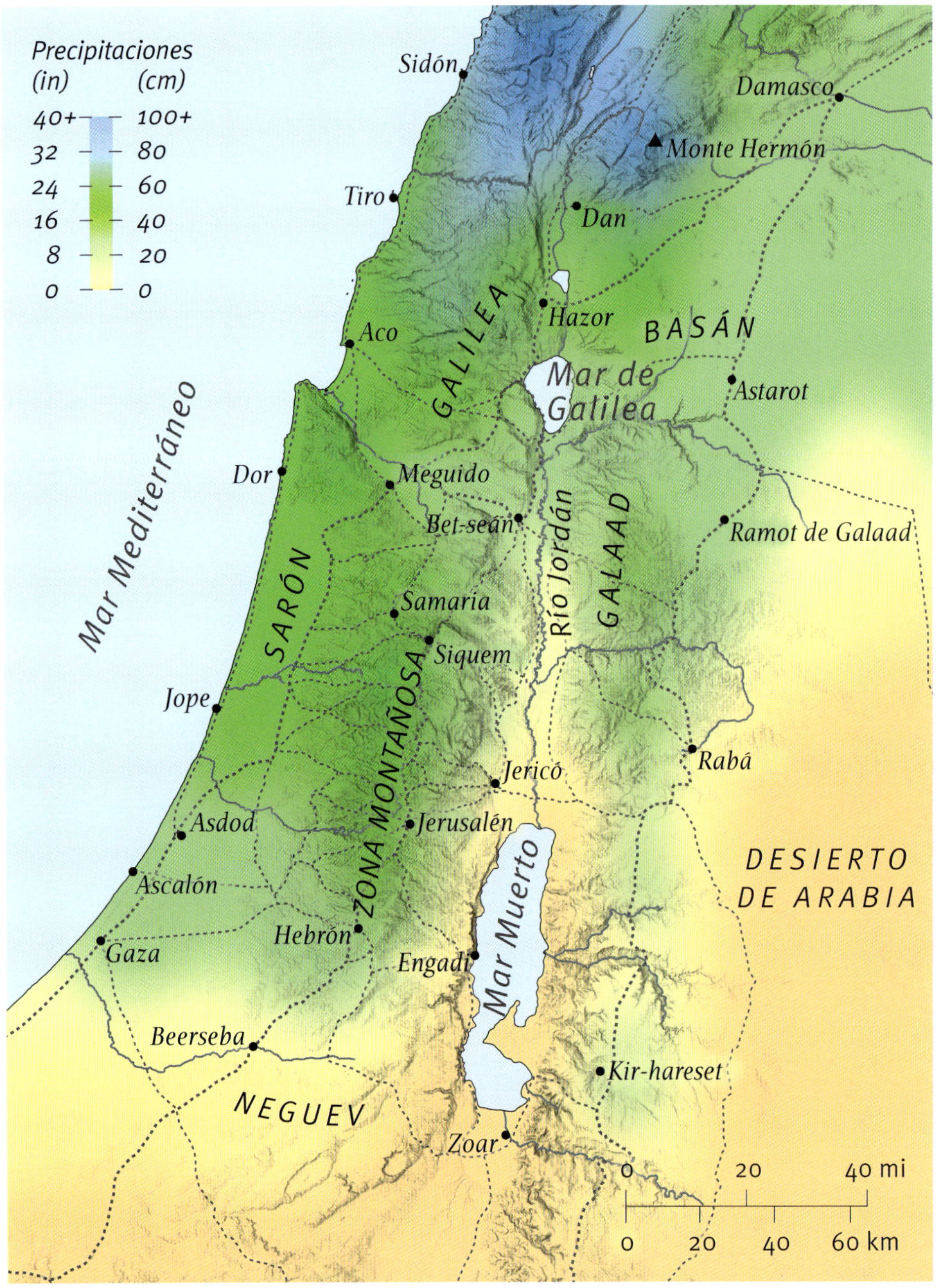

Clima

El clima se puede definir como las condiciones predominantes de la temperatura, la precipitación y la presión de aire en un área determinada (ver mapas 0-3 y 0-4, pp. 28-31). Palestina es una región de transición climática que consta de cuatro zonas meteorológicas predominantes.

1. *Zona mediterránea (húmeda).* Esta región incluye la costa y las áreas montañosas que se extienden desde Judea hasta el norte de Palestina. Caracterizada como una zona húmeda subtropical, tiene un promedio de 14 pulgadas (35 cm) de precipitaciones al año. Debido a sus precipitaciones relativamente abundantes, es un área de muchos bosques, donde los principales árboles son los terebintos y las encinas. La mayoría de las regiones de Palestina se encuentran en la zona climática mediterránea.

2. *Zona irano-turánica (planicie árida [meseta]).* En esta zona están incluidas las áreas del Neguev de Palestina, sobre todo alrededor de Beerseba. Esta región recibe menos precipitaciones que la zona mediterránea, con un promedio de 6 a 12 pulgadas (15 a 30 cm) al año. Formas de vegetación más bajas sobreviven en esta área. Históricamente se ha caracterizado como una región de nomadismo y de simple cultivo seco.

3. *Zona saharo-síndica (desierto).* Esta zona climática contiene las áreas desérticas de Palestina que comienzan en el sur del Neguev y avanzan más hacia el sur. Es parte de una importante zona árida subtropical que incluye los desiertos de Arabia y del Sahara. Estas regiones áridas solo reciben de 2 a 6 pulgadas (5 a 15 cm) de precipitaciones al año. Todos los cultivos dependen por completo de la irrigación.

4. *Zona sudano-decania (oasis).* Estos oasis aparecen en su mayoría alrededor de las orillas del mar Muerto. Las áreas son zonas climáticas pequeñas y aisladas que sostienen altas temperaturas y mantienen fuentes de abundante agua dulce. Jericó y Engadi son excelentes ejemplos de oasis en Palestina. La vegetación más prominente es el azufaifo loto.

La ubicación de Palestina dentro de estas cuatro zonas da lugar a marcadas variaciones climáticas en una pequeña región. La distancia entre Jerusalén y Jericó es de apenas 23 km (14 millas), pero las diferencias climáticas son enormes. Jerusalén recibe 21 pulgadas (53 cm) de lluvia al año y tiene una temperatura promedio de 18 °C (64 °F), mientras que Jericó solo recibe 6 pulgadas (15 cm) de precipitación y tiene una temperatura promedio de 25 °C (77 °F). No es de extrañar que el rey Herodes el Grande construyera un palacio de invierno en Jericó. Allí podía disfrutar de un clima agradable durante los meses fríos y lluviosos y al mismo tiempo nunca estaba lejos de su capital principal en Jerusalén. Como padecía de paranoia por la posible conspiración en los palacios, Herodes nunca quiso alejarse de los centros de gobierno. En Jericó podía tener comodidad y controlar el gobierno.

Palestina tiene dos estaciones bien definidas: una estación seca en verano y una estación lluviosa en invierno (ver ilustración). El verano se caracteriza por altas temperaturas, constantes brisas del oeste y condiciones de sequía casi total. Las tormentas de verano son muy escasas. El clamor de Samuel por una fuerte tormenta eléctrica en el tiempo de la siega enfatiza la poca frecuencia de tal hecho (1 S. 12). La estación árida por lo general comienza con la entrada o llegada de los vientos cálidos del desierto llamados *jamsin*. Estos vientos secan el paisaje palestino.

La temporada de invierno en Palestina es mucho menos predecible. La mayor cantidad de precipitación cae durante esta estación. La Biblia describe este fenómeno como que Dios da «... la lluvia de vuestra tierra a su tiempo, la temprana y la tardía...» (Dt. 11:14). Las precipitaciones pueden ocurrir en forma de granizos o nieve en las zonas montañosas (ver Sal. 68:14). La cantidad de lluvia por lo general aumenta a medida que uno se traslada de sur a norte.

El clima —en especial las precipitaciones— es quizás el factor físico más importante que influye en la actividad humana en Palestina. Los patrones de asentamiento están vinculados principalmente al clima y a las fuentes de agua. El Neguev, las zonas desérticas y el mar Muerto (con sus escasas precipitaciones) han servido como regiones de asentamiento temporal para las poblaciones seminómadas que practican formas rudimentarias de agricultura.

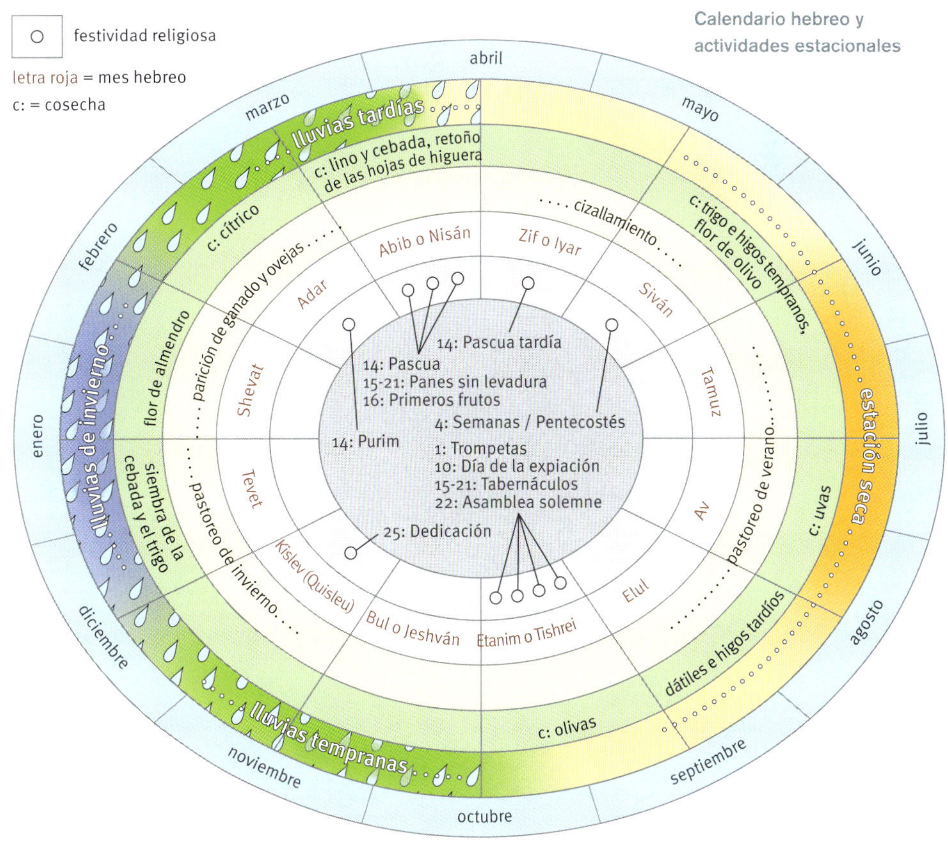

Calendario hebreo y actividades estacionales

El cinturón climático del norte tiene un carácter de asentamiento diferente por completo, en parte debido a su clima más templado y a la mayor abundancia de precipitaciones. Históricamente, el norte ha contenido más asentamientos y centros permanentes de actividad agrícola. A lo largo de su historia, esta zona norte ha sido más poblada que el sur.

El contraste entre el desierto y la tierra cultivada ha dado lugar a muchos conflictos entre los pueblos que habitan en esas diferentes regiones. Los habitantes del desierto, como los amalecitas y los madianitas, demostraron ser los enemigos más peligrosos de Israel. El pueblo de Dios, que vivía principalmente en las regiones montañosas y que por lo general se dedicaba a la agricultura, parecía estar siempre en conflicto con los pueblos de la frontera. Saúl, por ejemplo, pensó que era tan necesario proteger las fronteras de Israel de la invasión del desierto que organizó una gran campaña militar contra las tribus que habitaban allí (1 S. 14:47-48).

El clima ha determinado en gran medida la economía de la tierra de la Biblia. En la antigüedad, la agricultura era la base de la economía de Palestina (ver mapa 0-7). Las áreas que recibían suficientes precipitaciones tenían la capacidad de sostener la agricultura de forma natural y, por tanto, tenían una ventaja agrícola significativa. El Israel bíblico estaba habitado en su mayoría por un pueblo de las tierras altas que residía en las montañas de Judea y Samaria. Debido a que esas regiones reciben precipitaciones considerables y tienen suelos fértiles, pueden sostener una capacidad agrícola importante. Esta región produce cereales y frutales caducifolios. Estas ventajas le permitieron a Israel desarrollar una economía basada principalmente en la agricultura.

0-6. Economía del antiguo Cercano Oriente

0-7. Economía de la antigua Palestina

Vegetación

El clima, la topografía y los suelos son los factores principales para determinar la vegetación o geografía de las plantas. El clima proporciona condiciones de temperatura y de precipitaciones favorables o desfavorables, como el agua necesaria para el crecimiento de las plantas. La topografía ofrece condiciones adecuadas en la tierra para las asociaciones de plantas específicas; y los suelos aportan los nutrientes. Palestina es una tierra de muchos contrastes en su flora.

En la tierra de la Biblia se pueden distinguir cuatro distritos de tipos de plantas o asociaciones. Estos distritos se corresponden con las cuatro zonas climáticas previamente analizadas.

1. *Flora mediterránea (zona húmeda).* Esta zona es la más grande de los distritos de vegetación en Palestina y recibe en promedio 14 pulgadas (35 cm) de precipitaciones al año. Las plantas en la zona mediterránea se distribuyen en dos paisajes terrestres muy divergentes: las regiones montañosas y las áreas costeras. En los tiempos bíblicos, la región montañosa se caracterizaba por ser un distrito climático de maquis de hojas perennes (maleza) y bosques. En estas colinas se encontraba una extensa vegetación de arbustos con árboles de tamaño normal dispersos como la encina, el terebinto y el pino de Jerusalén. Muchos de los árboles han desaparecido por causa de la deforestación, pero se preservan escasos remanentes de los maquis de hojas perennes en áreas como el monte Carmelo.

Los valles y las zonas costeras de Palestina tienen plantas más pequeñas que las que existen en las regiones montañosas. Estas áreas están tipificadas por un denso tapiz de arbustos pequeños y de algarrobos dispersos.

2. *Vida vegetal de la zona irano-turánica (planicie árida).* Al recibir tan solo entre 6 y 12 pulgadas (15 a 30 cm) de precipitaciones al año, este distrito solo puede mantener una escasa cubierta de vegetación. La maleza baja o los arbustos enanos son característicos de esa asociación de plantas. Esta forma de vida vegetal se centra principalmente en la región de Beerseba.

3. *Flora de la zona arábiga (desierto).* Este distrito abarca las regiones desérticas de Palestina e incluye la zona del mar Muerto, el desierto de Judea, la mayor parte del Neguev y de la meseta del Sinaí. Contiene vegetación desértica cuya cubierta vegetal es escasa. Muchas áreas son estériles. La mayor concentración de vegetación aparece en los lechos de los *uadis* donde las plantas se desarrollan por la crecida de las aguas durante el invierno.

4. *Vegetación sudanesa (oasis).* Esta área incluye más de 40 tipos de plantas que necesitan altas temperaturas y abundante agua. Los oasis en Palestina (Engadi, Jericó, etc.) proporcionan el tipo de ambiente necesario para esta variedad de vida vegetal. Como se mencionó anteriormente, el azufaifo loto es la planta más importante de este distrito.

La agricultura era la base de la mayoría de las economías de la antigüedad en Palestina (ver mapas 0-6 y 0-7, pp. 34, 35). Israel, ubicado de manera principal en las regiones montañosas de la zona climática y floral del Mediterráneo, era una sociedad agraria. En contraste con las personas que vivían en el Neguev y el Sinaí, los hebreos utilizaban poca irrigación para la agricultura, ya que las precipitaciones eran lo suficientemente abundantes como para desarrollar la agricultura natural. La Escritura describe de manera específica la bendición de Israel respecto a esto: «La tierra a la cual pasáis para tomarla es tierra de montes y de vegas, que bebe las aguas de la lluvia del cielo; tierra de la cual Jehová tu Dios cuida...» (Dt. 11:11-12).

La Biblia también describe los productos agrícolas cultivados por los israelitas en las zonas montañosas. Estos incluían productos hortícolas, así como cereales. «Porque Jehová tu Dios te introduce en la buena tierra, tierra de arroyos, de aguas, de fuentes y de manantiales, que brotan en vegas y montes; tierra de trigo y cebada, de vides, higueras y granados; tierra de olivos, de aceite y de miel» (Dt. 8:7-8).

Los israelitas cosechaban gran cantidad de cultivos. En el sitio israelí de Gezer, los arqueólogos descubrieron una tablilla de barro con escritura hebrea que describía el año agrícola básico (ver imagen 0-11). En ella está plasmado lo siguiente:

Dos meses de cosecha de olivas.
Dos meses para plantar grano.
Dos meses de siembra tardía.
Un mes de corte de lino.
Un mes de cosecha de cebada.

Un mes de cosecha y festivales.
Dos meses para cuidar las vides.
Un mes de cosecha de fruta de verano.

Si bien la gran cantidad de precipitaciones en las montañas de Judea y Samaria era una ventaja para la agricultura israelita, el terreno escarpado resultaba un problema. En su estado natural, las abruptas pendientes de la mayoría de las regiones montañosas hacen que el cultivo sea prácticamente imposible. El agua corre por las laderas de las montañas y erosiona el suelo. Como consecuencia, la cubierta del suelo en estas zonas es poco profunda en extremo. Además, la zona se caracteriza por tener un suelo particularmente rocoso. Estos factores hicieron de las tierras altas una región difícil para la agricultura en la antigüedad.

Sin embargo, los hebreos establecieron condiciones agrícolas favorables, continuas y extensas en las laderas al desarrollar el cultivo en terrazas. El cultivo en terrazas es un sistema hecho por el hombre en el cual las laderas de las montañas se

0-11. El calendario de Gezer es una tablilla de piedra caliza que contiene un texto instructivo de un calendario agrícola escrito en hebreo (siglo X a. C.).

0-12. Utilizada por primera vez en la Edad del Hierro, el cultivo en terrazas es una técnica agrícola usada para transformar pendientes continuas en una serie de superficies niveladas. En las terrazas se cultivan frutas y granos.

transforman en una serie de superficies horizontales y llanas (ver imagen 0-12). El cultivo en terrazas tiene tres funciones: prevenir la erosión, aumentar la acumulación de agua y suelo y eliminar las piedras del terreno al usarlas como muros de la terraza. De esta manera, los israelitas podían utilizar tierras que antes tenían un valor agrícola limitado. Tanto los cultivos frutales como los cereales caducifolios prosperaron en estas zonas de laderas.

Para tener más tierra para la agricultura, los israelitas talaron árboles en las zonas montañosas. El Libro de Josué explica: «Y los hijos de José hablaron a Josué, diciendo: "¿Por qué nos has dado por heredad una sola suerte y una sola parte, siendo nosotros un pueblo tan grande, y que Jehová nos ha bendecido hasta ahora?". Y Josué les respondió: "Si sois pueblo tan grande, subid al bosque, y haceos desmontes allí en la tierra [...]. aquel monte será tuyo; pues, aunque es bosque, tú lo desmontarás..."» (Jos. 17:14, 15, 18).

Otra innovación importante en la agricultura fue la introducción de la almazara o prensa, usada para la fabricación de aceite de oliva. Los descubrimientos arqueológicos de las prensas de aceite en los sitios israelíes de Bet-semes, Dan, Gezer y Tell Beit Mirsim demuestran que dichas prensas se utilizaban de manera generalizada antes del siglo VIII a. C.

Algunos israelitas habitaban zonas desérticas que requerían irrigación. Los arqueólogos han descubierto la evidencia de que los campesinos hebreos crearon diques en terraza para el cultivo en el desierto con el fin de controlar mejor el limitado suministro de agua. Los israelitas desarrollaron o adoptaron técnicas agrícolas diversificadas para cultivar áreas que hasta entonces habían sido escasamente pobladas.

ACTIVIDAD SÍSMICA

Durante la antigüedad, el valle del Rift fue una zona de fallas. Esta actividad sísmica (ver mapa 0-8) se corrobora sobre todo en las áreas alrededor del mar de Galilea y el mar Muerto por numerosas fuentes termales de minerales. Según Efraim Orni y Eliseo Efrat, estas fuentes «suben a través de grietas en la roca desde una gran profundidad, y se enriquecen durante el recorrido con azufre, magnesio, bromo, yodo radiactivo y otras sales disueltas».[1] Sin embargo, en la antigüedad los terremotos eran escasos en el valle del Rift; eran más frecuentes en las colinas y mesetas a ambos lados del valle.

El estudio geológico de la actividad sísmica es importante para los eruditos modernos en su intento de comprender y reconstruir el pasado. Por ejemplo, los arqueólogos han estado buscando el sitio de Betsaida, un estratégico poblado pesquero

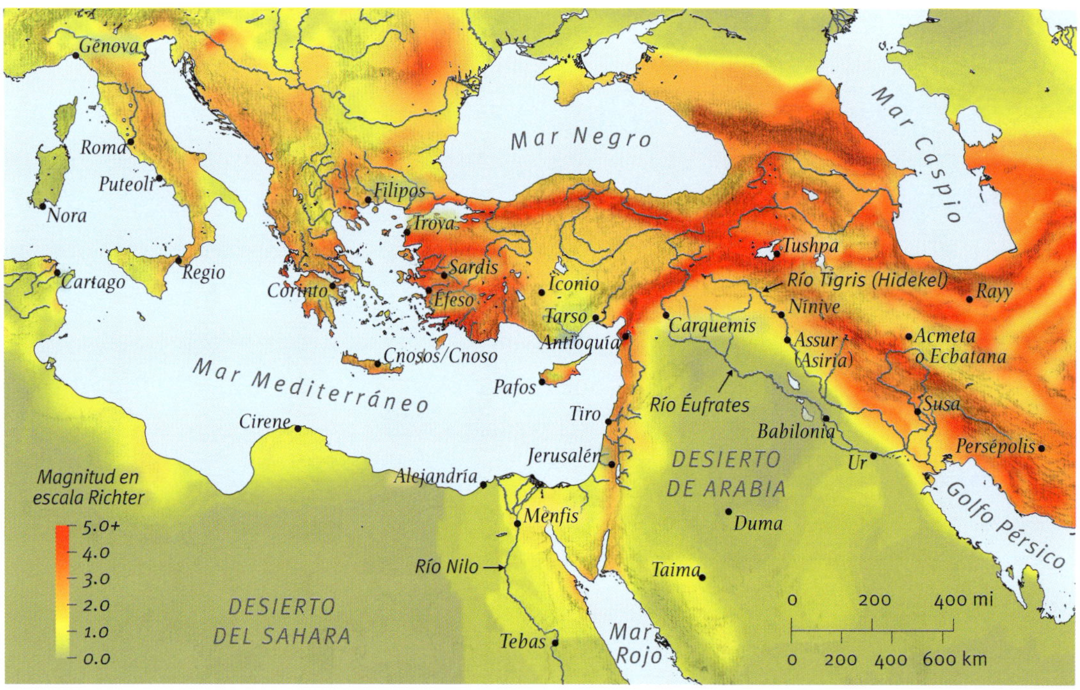

0-8. Actividad sísmica en el Cercano Oriente (el sombreado en el mapa representa la máxima actividad sísmica registrada).

1. *Geografía de Israel* (Programa israelí para las traducciones científicas, 1964), 70.

0-13. Restos de la Vía Egnatia, una carretera romana que pasaba por Filipos y otras ciudades de la antigua Macedonia.

del Nuevo Testamento en el mar de Galilea. Un buen prospecto para la identificación del sitio es el montículo de et-Tell. El problema es que et-Tell hoy se encuentra a 2 km (1,25 millas) del mar de Galilea. ¿Cómo podía ser un poblado pesquero si está tan lejos del mar? Los geólogos han resuelto el problema al descubrir que una combinación de procesos sirvió para reubicar a et-Tell de la costa actual del mar de Galilea: 1) un retroceso del nivel de agua desde el sitio; 2) actividad sísmica que ocasionó fallas que elevaron y alejaron el sitio del mar; y 3) extensión de la línea costera cerca del sitio como resultado de la sedimentación producto de las inundaciones repentinas del Jordán y otros ríos cercanos. Está claro que en los tiempos del Nuevo Testamento et-Tell se encontraba en la orilla del mar de Galilea, y es probable que se identifique con la aldea de Betsaida de aquella época.

CAMINOS Y RUTAS

Hasta la época romana, en el Cercano Oriente no se prestó mucha atención a la construcción y el mantenimiento de los caminos y las carreteras. Durante el período de la República, las autoridades romanas comenzaron la construcción de un vasto sistema de carreteras que hizo posible la comunicación entre Roma y varias partes del imperio, incluyendo Palestina (ver imagen 0-13). Por ejemplo, el historiador romano Plutarco describe la construcción de caminos que Gayo Graco llevó a cabo en el siglo II a. C.:

> Se planeó que sus caminos atravesaran el país en línea recta, parte de la superficie era de piedras revestidas y parte de gravilla apisonada. Se rellenaron las depresiones, todos los canales o barrancos que cruzaban la línea de carretera fueron nivelados a la misma altura, de manera que toda la obra presentaba un aspecto hermoso y simétrico. (*Gayo Graco 7*)

No se conocen mapas de carreteras anteriores a la época romana, por lo que es difícil determinar la ruta de las carreteras en Palestina antes de esta etapa.

Para los períodos preromanos, dependemos principalmente de fuentes literarias extrabíblicas, tales como textos egipcios para complementar la Biblia. Sin embargo, debido a la escasez de evidencia, aún a partir de estos recursos, las rutas de viaje en los tiempos bíblicos pueden dividirse en dos grupos básicos: 1) carreteras internacionales; y 2) caminos regionales o locales.

Carreteras internacionales

Durante los períodos prerromanos habían dos carreteras internacionales principales a través de Palestina (ver mapa 0-10, p. 41). La primera, a menudo llamada la ruta del Gran Tronco, unía Egipto con casi cada parte del Levante (los países de la costa este del mar Mediterráneo). Se extendía desde Menfis, el trascendental centro religioso, político y económico de Egipto Medio, hasta Pi-Ramsés, una ciudad que probablemente pueda identificarse con Tell el-Daba, a unos 27 km (17 millas) al suroeste de Tanis. Desde allí, la ruta se dirigía a Sile (Tell Abu Sefa) en la región delta del Bajo Egipto. La carretera continuaba a lo largo de la costa del mar Mediterráneo hasta llegar a Gaza, una ciudad en la llanura costera de Palestina. La Biblia se refiere a esta sección como el «camino de la tierra de los filisteos» (Éx. 13:17). Los egipcios lo llamaban el «camino de Horus».

La ruta del Gran Tronco en Palestina iba hacia el norte a lo largo de la costa hasta que alcanzaba el Paso de Aruna donde giraba ligeramente al noreste hacia la ciudad de Meguido. Desde allí se dividía en tres ramas: 1) una se dirigía directamente hacia el este a Bet-seán; 2) la segunda continuaba hacia el norte a lo largo de la costa hasta Acre y apuntaba hacia el norte; y 3) la rama final se dirigía al mar de Galilea, al norte de Hazor y finalmente a Damasco.

La ruta del Gran Tronco era una vía importante para el intercambio y el comercio entre Egipto y Mesopotamia, pero más allá de eso, constituía una arteria principal para las campañas militares y las conquistas durante toda la historia del antiguo Cercano Oriente. Cuando Tutmosis III (1479-1425 a. C.) invadió Palestina, la ruta que tomó fue desde Sile hasta Gaza, luego a Meguido. Ramsés II (1290-1224 a. C.) y Sheshonq I (945-924) tomaron la misma ruta en campañas militares posteriores.

La segunda ruta principal se llama la Carretera del Rey. Aunque no es tan importante como la ruta del Gran Tronco para viajar entre Egipto y Siria, fue vital debido a la gran cantidad de caminos que conducen a Arabia que se ramificaban desde allí. Su extensión sur comenzaba en la zona de Elat o Ezión-geber, en el extremo norte del golfo de Áqaba, y se extendía hacia el norte a lo largo de la región montañosa de Transjordania a través del antiguo Edom o Moab. La ruta pasaba por los pueblos de Bosra, Dibón, Hesbón, y Rabá (Amón) (actual Amán, Jordania). Desde allí continuaba hacia el norte a través de la antigua Galaad y Basán,

0-9. Rutas principales en el antiguo Cercano Oriente

0-10. Rutas principales en la antigua Palestina.

y llegaba finalmente a Damasco. Los egipcios usaban con frecuencia esta ruta en la Edad Media y del Bronce. Tres listas topográficas de los reinados de Tutmosis III, Amenofis III (1391-1353 a. C.), y Ramsés II, ofrecen una descripción de la ruta. Los israelitas en su salida de Egipto, y guiados por Moisés, utilizaron parte de esta carretera (Nm. 20:17; 21:22).

Caminos regionales o locales

Las carreteras, los caminos y las rutas regionales y locales son muy difíciles de determinar o trazar antes del período prerromano. Ellas existían, sin duda, pero ofrecer cualquier detalle es prácticamente imposible. El uso de la palabra hebrea *dérek* en ocasiones puede implicar la localización de un camino. Por ejemplo, en Deuteronomio 3:1, el autor bíblico explica que después que los israelitas habían destruido la mayor parte del reino de Sehón, ellos volvieron y subieron camino *[dérek]* de Basán. En otro ejemplo, Jacob relata que sepultó a Raquel «en el camino *[dérek]* de Efrata, que es Belén» (Gn. 48:7). Las rutas exactas de estos caminos se desconocen.

Uno de los caminos locales principales en Palestina, que tenía mucho tráfico en los tiempos bíblicos, era el Camino de la Colina o «columna vertebral» que se extendía desde Siquem en el norte hasta Hebrón en el sur (ver mapa 0-10). Cuando Abraham entró por primera vez en la tierra de Canaán, se estableció por un corto período en Siquem (Gn. 12:6). Pronto se trasladó a Hebrón, hacia el sur (13:18), probablemente a lo largo de esta «columna vertebral». Esta parece haber sido una ruta de uso común de los patriarcas (35:27).

En la literatura egipcia aparece evidencia que ayuda a definir las rutas regionales durante el período prerromano en Palestina. Por ejemplo, cuando los israelitas salieron de Egipto para ir al desierto de Sinaí, parece que utilizaron un camino principal usado por las expediciones mineras egipcias durante los reinos Medio y Nuevo (c. siglos XX-XII a. C.). Algunas de las campañas militares de los faraones egipcios, como Tutmosis III, también emplearon los caminos regionales a través de Palestina y, por tanto, pueden aportar cierta dirección general.

LA ARQUEOLOGÍA Y LA BIBLIA

Definición de arqueología

La arqueología puede definirse como el estudio sistemático de los restos materiales del comportamiento humano en el pasado. Incluye documentos escritos y objetos de la vida cotidiana, a menudo conservados en condiciones precarias o en ruinas. En realidad, como bien señalara Stuart Piggot: «La arqueología es la "ciencia de la basura"». De hecho, los arqueólogos dedican su tiempo y esfuerzos a montones olvidados de antiguos desechos: cazuelas rotas, edificios en ruinas y documentos destrozados.

Propósito y objetivo de la arqueología

El objetivo de la arqueología es *descubrir, documentar, observar y preservar los restos enterrados de la antigüedad y usarlos para ayudar a reconstruir la vida antigua.* La arqueología es solo una de las tantas disciplinas que contribuyen al entendimiento de las épocas y las costumbres antiguas. Otros campos, como la historia, la literatura, la lingüística, la paleografía, la epigrafía y la numismática también se dedican a la recuperación de antigüedades. La arqueología solo puede ilustrar una parte de la imagen; lo que aporta no es exhaustivo. Por ejemplo, el sitio de Meguido ha sido excavado en gran manera desde finales del siglo XIX; sin embargo, solo una parte ha sido desenterrada. Lo que la arqueología proporciona para la reconstrucción de la vida antigua en Meguido es poco sistemático y fragmentado. Por tanto, no se debe esperar que se presente una imagen completa solo a través de la arqueología.

La arqueología en las tierras bíblicas ha sido irregular. Comenzó a mediados del siglo XIX con pioneros occidentales que viajaban a caballo por la tierra de Palestina, con brújula en mano, intentando identificar y marcar sitios antiguos de tiempos bíblicos. El trabajo de excavación real no comenzó en verdad hasta finales de ese siglo y, desafortunadamente, gran parte del trabajo no era más que una mera búsqueda de tesoros. A menudo, el propósito era solo recuperar tantas reliquias valiosas como se pudiera, y en el menor tiempo posible. Los primeros arqueólogos no dudaban en usar pólvora para abrir con explosivos una pirámide o cripta. Los cazadores de momias en Egipto literalmente se abrían paso a través de abundancia de ataúdes desechados para alcanzar su presa. Mucho ha cambiado desde esos primeros días. Hoy en día la excavación es sistemática, científica y multidisciplinaria (ver imagen 0-14).

Gran parte de la arqueología en la tierra bíblica se centra en sitios que han estado ocupados por cientos e incluso miles de años. El sitio de Meguido, mencionado antes, tiene restos ocupacionales que datan del período Neolítico (c. 5000 a. C.) hasta el período persa (siglos IV y V a. C.). A los asentamientos como Meguido se les llama *tells.* Estos son

0-14. Excavaciones en el sitio filisteo de Ascalón junto al mar Mediterráneo.

montículos artificiales, en los que cada piedra ha sido depositada allí por diseño. Los primeros colonos llegaban a un área y construían allí, usualmente por tres razones: defensa, una fuente de agua confiable y una fuente de alimento segura. Cuando el primer asentamiento era destruido por causas diversas, los siguientes constructores por lo general edificaban uno nuevo justo encima de los escombros anteriores. Después de cada asentamiento, el montículo se hacía más alto y, por tanto, aumentaba su valor estratégico. Un *tell*, entonces, es como un pastel de capas en el que cada capa se colocó de forma secuencial; la última es el período más moderno. El objetivo del arqueólogo es desmontar de manera inversa las capas del *tell*, y luego reconstruir la historia y la cultura de las personas que vivieron allí. En otras palabras, la tarea del arqueólogo es desenterrar la historia que está oculta en el montículo.

Mediante la excavación se descubren tres categorías principales de restos: alfarería, arquitectura y pequeños hallazgos. De los tres, la alfarería tiene una importancia especial para la arqueología debido a su *durabilidad y mutabilidad*. La alfarería se encuentra en cada capa del sitio por su durabilidad, y cada capa tiene su propia alfarería distintiva y típica. Al comparar la alfarería de diferentes sitios, los arqueólogos pueden obtener una secuencia y orden de datación para esos lugares (ver imagen 0-15).

Relación de la arqueología con las disciplinas bíblicas

En la actualidad, el mayor dilema que enfrenta la arqueología es la cuestión de la motivación para la excavación. ¿Cuál es el propósito de cavar en la tierra de la Biblia? ¿Cuál es la relación de los estudios bíblicos con la arqueología? ¿Qué lugar tienen las disciplinas científicas en la arqueología? ¿Hay lugar para la «arqueología bíblica» hoy en día?

Históricamente, la arqueología ha sido labor de los biblistas. Muchos de los pioneros del siglo XIX eran hombres con una formación en estudios bíblicos, así como una motivación hacia ellos. Edward Robinson (1794-1863), a menudo apodado «el padre de la topografía científica y la arqueología

0-15. Restos excavados de alfarería en Tell er-Ras.

de Palestina», había cursado estudios de hebreo y del Antiguo Testamento. Los primeros excavadores sistemáticos de Palestina fueron especialistas en Biblia, como William F. Albright, Nelson Glueck y G. E. Wright. Sin embargo, en la segunda mitad del siglo XX hubo un fuerte llamado a la separación distintiva entre los estudios bíblicos y la investigación arqueológica. Algunos sostenían la opinión, y aún la sostienen hoy, de que la relación entre ambas disciplinas es en gran medida artificial. Tienen que separarse. El argumento es que la arqueología ha sido por mucho tiempo la hermana débil de los estudios bíblicos, y ahora es tiempo de que se sostenga por sí misma como una disciplina científica. La arqueología ha vivido durante muchos años bajo la sombra de los estudios bíblicos. Sin embargo, esta desconexión es peligrosa. El riesgo, por supuesto, está en «tirar las frutas frescas con las pochas». Es natural que las dos disciplinas trabajen mano a mano porque son una fuente recíproca de conocimiento y descubrimiento.

En la otra parte de la cuestión están aquellos que integran los dos campos para probar la Biblia. No obstante, se puede plantear que esta posición es de igual modo peligrosa. No es el propósito de la arqueología probar la Biblia. La Escritura es la Palabra de Dios, por tanto, es verdad y no necesita ser probada. La Biblia se sostiene bien sobre su propio mérito. Parafraseando a C. S. Lewis: ¡tratar de probar la verdad de la Biblia es como intentar defender a un león!

En la actualidad, se necesita buscar un equilibrio adecuado entre la arqueología y los estudios bíblicos. El verdadero propósito de la arqueología es arrojar luz sobre el escenario de la Escritura. Ayuda a entender los contextos históricos y materiales en los que tuvieron lugar los acontecimientos de la Biblia. De este modo, la arqueología ofrece un «escenario vivo» *(Sitz im Leben)* para los textos bíblicos. En ese sentido, la arqueología puede ser una herramienta de confirmación. Y es importante entender que existe una convergencia frecuente de evidencia textual y arqueológica. Ambas caminan mano a mano.

Un buen ejemplo de cómo la arqueología ilumina y confirma la Biblia es el caso del faraón egipcio Sisac y su invasión a las tierras de Israel y Judá a fines del siglo X a. C. Este ataque se menciona en el Antiguo Testamento en 1 Reyes 14:25-26; el texto declara: «Al quinto año del rey Roboam subió Sisac rey de Egipto contra Jerusalén, y tomó los tesoros de la casa de Jehová, y los tesoros de la casa real, y lo saqueó todo...». Fuentes extrabíblicas confirman que este ataque tuvo lugar y brindan un entendimiento más amplio del hecho en comparación con lo que se menciona en la Biblia. En el templo de Amón en Karnak, Sheshonq I (Sisac) construyó el pórtico de los bubastitas. En él aparece un relieve de la invasión de Sisac a Palestina (ver foto 6-4, p. 149). El relieve consiste en una serie de filas que contienen los nombres de varios lugares en la ruta de campaña que fueron capturados o destruidos.

Una conclusión que puede extraerse del pórtico de los bubastitas es que la invasión de Sisac a Palestina incluyó más de una campaña contra Jerusalén; fue dirigida contra los reinos de Israel y Judá. Otro aspecto importante es que Jerusalén no se menciona en el relieve. ¿Por qué no? Es probable que no aparezca porque no fue capturada. El rey Roboam de Judá eludió la captura de Jerusalén pagando un gran tributo a los egipcios, como se registra en 1 Reyes 14:25-26.

La arqueología ofrece aún más evidencias de esta invasión, así como una mejor perspectiva. Uno de los lugares mencionados en la lista como capturado o destruido por Sisac es la ciudad de Meguido. En el sitio de Meguido, los excavadores desenterraron una estela de Sisac que incluye dos títulos comunes para él. Los faraones usualmente colocaban estelas como esta para reivindicar una región como estado vasallo. (El término «estela» puede referirse a cualquier losa de piedra o madera con una inscripción tallada). Además, hay una capa de destrucción en Meguido que puede asociarse con la campaña de Sisac (los excavadores la llamaron Meguido VA-IVB). Más evidencia que apoya esta asociación aparece en el sitio de Ta'anach, donde una enorme capa de destrucción cubrió el lugar. La alfarería sellada debajo de la destrucción es la misma de Meguido VA-IVB. Taanach también se menciona como una ciudad subyugada en el relieve del pórtico de los bubastitas. Es realmente fascinante relacionar las capas de destrucción en Taanach y Meguido con la campaña de Sisac de finales del siglo X a. C.

La arqueología complementa las fuentes escritas hebreas y egipcias en relación con el acontecimiento histórico de la invasión de Sisac a Israel y Judá. Al unir estas fuentes aisladas, se aprecia una imagen más completa del acontecimiento. Y esta convergencia no es única: los autores bíblicos sitúan sucesos como las invasiones de Senaquerib y Nabucodonosor en su propio marco y escenario cronológicos. (2 R. 18:13; 19:16; 2 Cr. 32:1-22 y 2 R. 24:1-10; 1 Cr. 6:15). Estos acontecimientos son confirmados y completados por textos contemporáneos del antiguo Cercano Oriente: el Prisma de Senaquerib para la primera campaña y las Cartas de Laquis para la posterior (ver pp. 165 y 174). El trabajo de excavación también ha revelado numerosas capas de destrucción en sitios de Judea que reflejan ambas campañas.

Gran parte de la crítica textual, tanto en estudios bíblicos como en arqueología, se acerca a la evidencia material con desconfianza. Por ejemplo, los arqueólogos descubrieron una inscripción en Tel Dan que data del siglo IX a. C. y que menciona «la casa de David» (ver «La inscripción de Tel Dan» p. 130). Algunos de estos especialistas, que creen que David nunca existió, han lanzado la acusación de que los arqueólogos colocaron la inscripción en el área de excavación, y que es falsa. Esta es una respuesta provocativa e inapropiada. Es un intento claro de *deconstruir* la historia antigua y el escenario de vida en la antigüedad en lugar de reconstruirlos. Nuestro objetivo debe ser lograr una armonización en la cual los estudios bíblicos, la arqueología y otras disciplinas se unan para recuperar y comprender la forma en que las personas vivían en la época y los territorios de la Biblia.

En cuanto al estudio arqueológico sobre la confiabilidad histórica de la Biblia, ¿cuál ha sido el resultado de muchas décadas de investigación arqueológica? La respuesta es sencilla: la arqueología ha apoyado y confirmado el registro bíblico una y otra vez, y muchos de esos ejemplos se mencionan en la narrativa de este atlas.

0-11. Estados políticos actuales del Cercano Oriente

0-12. Estados políticos actuales y sitios arqueológicos de Palestina

Por razones de uniformidad, donde proceda, se coloca primero el nombre arábico moderno.

Abreviaturas:
Kh.: *Khirbet*, «ruina»; T.: *Tel* (hebreo), *Tall* (arábico), «montículo».

0-12. Mapa A

0-12. Mapa B

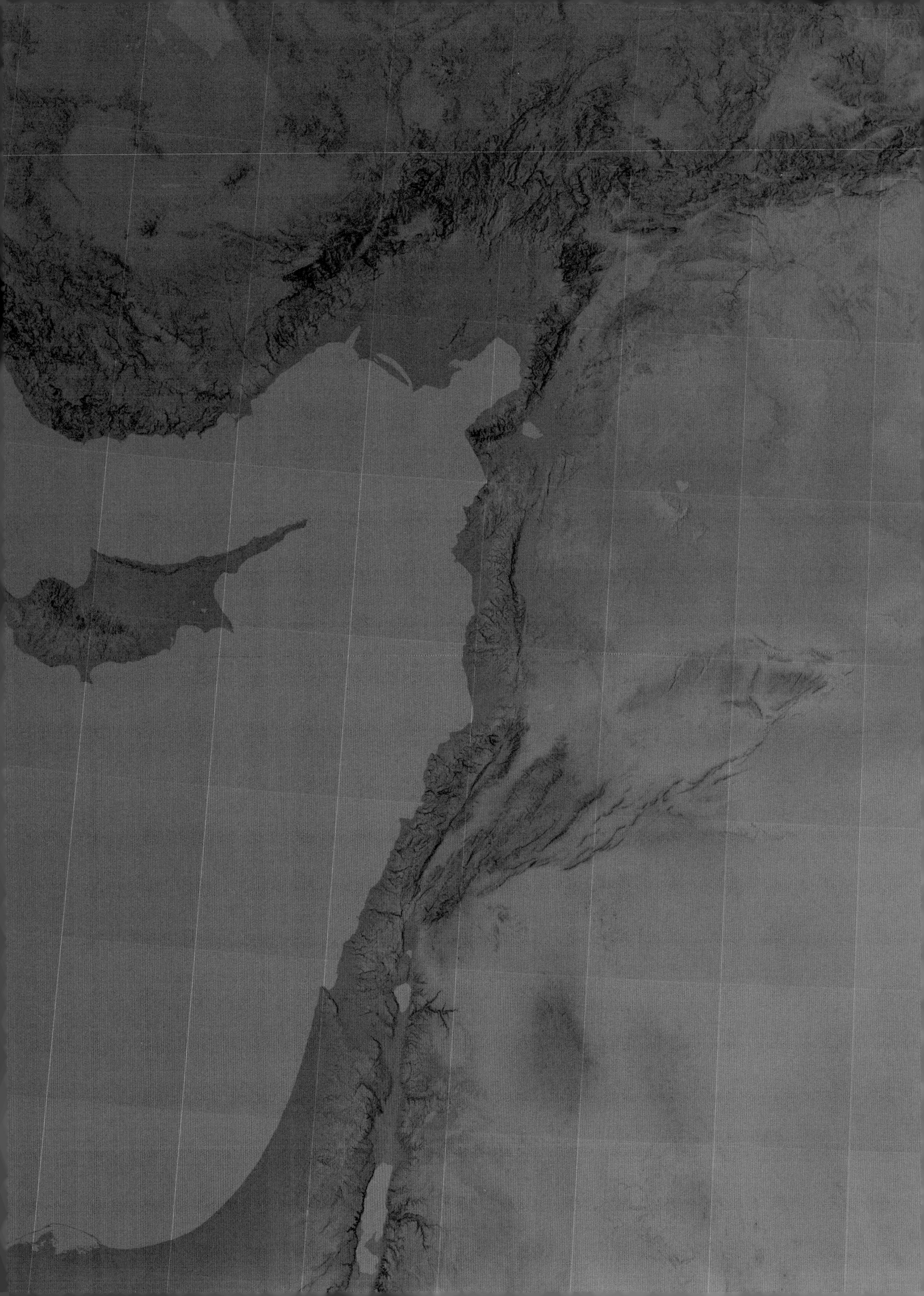

PARTE 2: GEOGRAFÍA HISTÓRICA DEL MUNDO BÍBLICO

CAPÍTULO I

ANTES DE ABRAHAM

EN EL PRINCIPIO

Desde el comienzo, los humanos han reflexionado sobre el origen, el funcionamiento y el significado del universo. Por ejemplo, en Mesopotamia, la *Epopeya de Gilgamesh* (c. 2000 a. C.) cuenta la historia de un rey llamado así y su búsqueda por entender el cosmos. El texto describe cómo Gilgamesh reacciona ante la muerte de un amigo y toma conciencia de su propio fin: «Me entró miedo a la muerte, y por eso ahora vago errante por la estepa. Lo que le sucedió a mi amigo se me hizo insoportable, así que un largo camino recorro en la estepa. ¿Cómo voy a guardar silencio? ¿Cómo voy a quedarme callado? Mi amigo, a quien amaba, ha vuelto al barro; Enkidu, mi amigo, a quien amaba, ha vuelto al barro. ¿No seré como él, y yaceré también, para nunca más levantarme, durante toda la eternidad?». Gilgamesh recorre la tierra en un intento de descubrir el significado del universo, el significado de la vida y la muerte y el secreto de la inmortalidad. Desde la edad antigua hasta hoy, las personas han buscado respuestas a estas mismas preguntas de manera individual y colectiva. ¿Quiénes somos? ¿De dónde venimos? ¿Cuál es el origen del universo?

Génesis 1:1 afirma: «En el principio creó Dios los cielos y la tierra». Esta es una proclamación del origen del universo. En los siguientes 11 capítulos de Génesis, el autor describe el comienzo de muchas cosas, como la raza humana, el pecado, la agricultura, las ciudades, y así sucesivamente. Otras culturas del antiguo Cercano Oriente, en particular de Egipto y Mesopotamia, tienen diferentes relatos sobre cómo comenzó el universo. Debido a que gran parte del período descrito en Génesis 1–11 precedió a la invención de la escritura, los historiadores a menudo se refieren a él como la protohistoria o la prehistoria. Una buena parte de nuestro conocimiento sobre este período protohistórico proviene de la investigación arqueológica. Al llegar a este punto, es conveniente mostrar la cronología de los períodos prehistóricos, tal como los definieron los arqueólogos, y luego hacer una breve descripción de las reliquias y las ruinas de cada período, según los descubrimientos de la arqueología.

PALEOLÍTICO (ANTERIOR AL 10 000 A. C.)

Según los arqueólogos, el Paleolítico se puede definir como un período en el que las personas se dedicaban a la caza y la recolección. En otras palabras, no producían sus propios alimentos mediante el pastoreo ni la agricultura. Las moradas de esa época eran principalmente cuevas y las herramientas que se utilizaban eran de piedra. Al final del período

Un huerto en Edén

En Génesis 2:8, el escritor dice que «Jehová Dios plantó un huerto en Edén, al oriente; y puso allí al hombre que había formado». Inmediatamente después de la creación de la humanidad, Dios planta «un huerto en Edén». Tenga en cuenta que el texto no dice «huerto del Edén». Al parecer, Edén era una zona geográfica más amplia que el lugar ocupado por el huerto. Además, «al oriente» probablemente se refiere a la parte oriental de la región llamada Edén. El significado del nombre «Edén» es poco claro. En acadio una palabra similar significaba «llanura» o «páramo». Los textos cananeos usaban la palabra para referirse a un área bien irrigada y fértil. En hebreo, «Edén» puede estar relacionada con un término que significa «lujo» o «deleite». Debido a ese posible significado, la Septuaginta (traducción griega del Antiguo Testamento) convirtió el término en *paradeison*, del cual se deriva nuestra palabra «paraíso».

La forma de regar el huerto era mediante un río que fluía a través de él. Después de irrigar el huerto, el río salía y se dividía en cuatro «brazos» (Gn. 2:10). Esa palabra en hebreo significa en realidad «afluente de cabecera», de modo quc cuando el río se separó se dividió en cuatro cabeceras que eran las fuentes de los cuatro grandes ríos identificados en el texto. El nombre dado al primer río era Pisón, y fluía alrededor de toda la tierra de Havila. Su ubicación es incierta, aunque se han hecho muchas sugerencias; varios autores argumentan que debe estar ubicado en Mesopotamia, Egipto, India ¡o incluso en Australia! La palabra «Havila» se menciona varias veces en la Biblia. Su siguiente aparición después del relato del Edén es en Génesis 10:7, donde Havila es uno de los hijos de Cus. Otro Havila aparece en la misma genealogía como hijo de Joctán (Gn. 10:29). En otros dos casos, Havila se usa para mencionar un área geográfica y es probable que se refiera a una zona cerca de Egipto (Gn. 25:18; 1 S. 15:7). La ubicación del segundo río, Gihón, también es desconocida. El texto afirma que rodea toda la tierra de Cus. Los estudiosos no están de acuerdo en si «la tierra de Cus» se refiere a un área de Mesopotamia o a una región de Etiopía. La Biblia normalmente menciona a «Cus» como una región en el nacimiento del río Nilo (Gn. 10:6; Is. 11:11; 18:1; Sal. 68:31 [NVI]). Es posible que los dos ríos, el Pisón y el Gihón, representen lo que conocemos hoy como el Nilo Azul y el Nilo Blanco. El problema es que el nombre «Cus» también está ligado de modo inequívoco a Mesopotamia en la tabla de las naciones (Gn. 10:8-12). En ese pasaje, Cus es identificado como el padre de Nimrod, quien se dice que fundó numerosas ciudades en Mesopotamia. Algunos estudiosos proponen que «Cus» es la persona que dio su nombre a los «casitas», quienes gobernaron en Babilonia durante el segundo milenio a. C. De ser así, algunos comentaristas concluyen que el río Gihón se ubicaría en Mesopotamia. El tercer y cuarto ríos que fluyen del Edén son el Hidekel (Tigris) y el Éufrates. Estas fueron, por supuesto, las principales áreas de asentamiento en Mesopotamia.

1-1. El huerto de Edén (Génesis 2:4–3:24; Ezequiel 31:1-18). Génesis describe la ubicación del Edén en relación con la convergencia de cuatro ríos. Aunque dos de los ríos son desconocidos (el Pisón y el Gihón), la identificación casi universal de los otros dos ríos como el Tigris (Hidekel) y el Éufrates sugiere una posible ubicación del Edén en sus extremos norte o sur.

Entonces, ¿dónde estaba el huerto en el Edén? Nadie lo sabe con certeza (ver mapa 1-1). Muchos sugieren que estaba en Mesopotamia; algunos creen que puede haber estado situado en las montañas de Armenia, donde se encuentran las cabeceras del Tigris (Hidekel) y el Éufrates. Otros argumentan que estaba en el sur de Mesopotamia donde esos dos ríos desembocan en el golfo Pérsico. Hay quienes ofrecen otra alternativa, que el Edén estaba en Canaán: los dos ríos, el Pisón y el Gihón, eran el Nilo Azul y el Nilo Blanco en Etiopía, y el Hidekel (Tigris) y el Éufrates estaban situados en Mesopotamia. En medio de ellos estaba la tierra de Canaán.

(Paleolítico superior) se produjeron grandes cambios. Comenzaron a aparecer los campamentos estacionales para la caza; uno de ellos, encontrado en Ksar Akil, habría sido ocupado por entre 25 y 30 personas. Aquí se identificó el uso de una amplia variedad de alimentos, así como muchas herramientas y fogones. Durante este período también aparecieron por primera vez pequeños asentamientos con edificaciones muy sencillas. Las prácticas funerarias deliberadas también comenzaron en ese momento.

PERÍODO EPIPALEOLÍTICO (10 000-8000 A. C.)

Aunque existe un debate sobre cuándo ocurrió la domesticación de plantas y animales, las evidencias parecen indicar que fue durante el período Epipaleolítico o «Natufiense». La vida se centraba en un lugar y no en grupos que se movían de un sitio a otro. Por ejemplo, en el asentamiento de Ain Mallaha, los arqueólogos determinaron que vivían entre 200 y 300 personas. Se encontraron casas primitivas con paredes recubiertas con mortero de cal y pisos pavimentados. Había formas complejas de enterramiento en el lugar. Durante este período, hicieron su primera aparición los instrumentos cortantes en forma de hoz y las personas consumían una amplia variedad de alimentos, incluidos los granos silvestres. Debido a esta transición hacia la agricultura y la ganadería, muchos consideran que este es el período en que realmente comenzaron los asentamientos permanentes.

PERÍODO NEOLÍTICO (8000-4000 A. C.)

El proceso de sedentarización que se inició al final del período Natufiense continuó en el período Neolítico. Los asentamientos se hicieron más grandes y más complejos. Un buen ejemplo de esta «urbanización» lo encontramos en el yacimiento de Jericó, en el que grandes excavaciones descubrieron importantes restos del período Neolítico. Los arqueólogos normalmente dividen el Neolítico en tres períodos: Neolítico precerámico A, Neolítico precerámico B y Neolítico cerámico. Examinaremos los restos encontrados en Jericó en cada uno de estos períodos.

Neolítico precerámico A

Durante esta primera fase del período Neolítico, Jericó fue uno de los mayores asentamientos que se han encontrado. Allí se produjo un gran aumento de la población y el asentamiento llegó a ocupar 4 hectáreas (10 acres). La arqueóloga Kathleen Kenyon estimó que unas 2000 personas vivían en Jericó durante este período. Aquí se descubrió la fortificación más antigua que se conoce: se trata de una torre circular de piedra que se levantaba a unos 9 metros (28 pies) de altura. Contenía una

1-1. Esta torre circular de piedra en Jericó originalmente era una construcción independiente que más tarde se unió a la muralla de la ciudad. Es la estructura de fortificación más antigua que se conoce en el mundo y data de c. 7000 a. C.

escalera interior con 22 peldaños que conducían de una puerta inferior a una abertura en la parte superior de la estructura (ver imagen 1-1). Más adelante, en este período, la torre se unió a una muralla de la ciudad de aproximadamente 1,5 m (5 pies) de ancho y 4 m (13 pies) de alto. Cerca de la torre se desenterraron casas circulares de ladrillos de barro; algunas de ellas mostraban agujeros para el soporte de un techo. Hay evidencia de agricultura en el emplazamiento y Kenyon sostiene que los habitantes empleaban técnicas de irrigación.

Neolítico precerámico B

El período Neolítico precerámico B, en Jericó, tenía una apariencia menos defensiva que el Neolítico precerámico A. No había muros de fortificación en el emplazamiento. Sin embargo, la arquitectura de los edificios durante este período era mucho más compleja que en la etapa anterior. Las casas ahora eran rectangulares, en lugar de circulares, y sus paredes estaban enlucidas y mostraban un acabado brillante con pintura ocre rojo. Los pisos eran de yeso duro y las casas se construían alrededor de patios con fogones. Había varias habitaciones en cada casa, y muchas de ellas tenían pilares y bases para sostener los techos. Las edificaciones estaban construidas con ladrillos en forma de huso a los que se les hacía impresiones con los pulgares para mantener el mortero unido firmemente. La industria de herramientas de esta época mejoró con respecto al Neolítico precerámico A. El período anterior muestra un conjunto de implementos rudimentarios, mientras que en este período son de mayor calidad. La aparición de la turquesa tal vez indica que había algún tipo de comercio entre Jericó y otras áreas.

Un hallazgo muy interesante de este período fue una serie de cráneos enyesados y modelados que habían sido enterrados debajo de los pisos de las casas. Nadie sabe con certeza qué propósito tenían, pero quizás reflejan algún tipo de adoración de los antepasados.

Neolítico cerámico

El Neolítico cerámico fue una época de retroceso en todo el antiguo Cercano Oriente. Los restos arquitectónicos de los yacimientos son rudimentarios y

La alfarería

Durante el Neolítico, la alfarería hizo su primera aparición en el antiguo Cercano Oriente. La alfarería es una herramienta muy valiosa para el arqueólogo. Es el medio más básico y útil para elaborar una cronología. No solo ayuda a determinar la datación de las capas de un yacimiento individual, sino que el arqueólogo puede comparar la alfarería recolectada en varios sitios para establecer una secuencia de datación relativa para una región. ¿Qué tiene la alfarería que la hace tan valiosa en este sentido?

Primero, la alfarería es duradera. Aunque las vasijas son frágiles y se rompen con facilidad, los tiestos son prácticamente indestructibles. No se descomponen, ni se oxidan, ni se queman, ni se corroen, ni se evaporan ni se funden. La alfarería se encuentra en todas las capas de un yacimiento porque es duradera. Segundo, la alfarería se transforma. Es decir, si bien las características de las vasijas de cerámica, como el diseño y la forma, se estandarizan notablemente durante un período dado en una región, estos rasgos cambian a intervalos frecuentes. En otras palabras, cada época tiene su propia alfarería distintiva y típica. Los arqueólogos pueden datar cualquier nivel o estrato de un yacimiento por el tipo de alfarería que aparece en él. Entre los elementos de la alfarería que ayudan a distinguir un período de otro están la forma, la decoración, la composición del material y el método de fabricación.

En las excavaciones a veces se descubren tiestos con inscripciones. Estos se denominan «óstracos» (el singular es «ostracon»). Las inscripciones normalmente están hechas con tinta y son cortas, desde unas pocas palabras hasta varias líneas. Algunas de ellas parecen haber sido escritas en tiempos de crisis, cuando otros materiales de escritura no estaban disponibles. Tal vez los óstracos más conocidos que se han encontrado en Palestina son las Cartas de Laquis, de la época de la destrucción de Judá por Nabucodonosor en el año 586 a. C. (ver «Cartas de Laquis», p. 174). Los numerosos óstracos encontrados en Samaria, la capital del reino del norte, Israel, también son de gran importancia.

de mala calidad. Muchos de los asentamientos del Neolítico precerámico quedaron deshabitados. Algunos arqueólogos sostienen que Palestina fue mayormente abandonada en esa etapa debido a cambios climáticos o a alguna otra fuerza natural.

Por otro lado, es posible que no haya habido un éxodo, sino más bien un abandono de la vida sedentaria para regresar al pastoralismo. Jericó se encontraba ocupado durante este período, pero el asentamiento era pequeño y estaba en decadencia con respecto a los períodos anteriores. Aunque la etapa se caracterizó por un deterioro general, no deja de ser importante. La alfarería comenzó a usarse en esta fase final del Neolítico, y su importancia para la reconstrucción de la cronología y la vida en el antiguo Cercano Oriente no puede ser subestimada.

EDAD DEL COBRE (4000-3200 A. C.)

En la Edad del Cobre se produjeron algunos cambios muy importantes a partir de la anterior «edad oscura» del Neolítico cerámico. Hubo un aumento de la población en todo el antiguo Cercano Oriente y aparecieron más y mayores asentamientos. El primer uso conocido del metal para herramientas y armas ocurrió en ese momento; se han descubierto sitios para la fundición de cobre. Los asentamientos se especializaban en diversos oficios; por ejemplo, algunas aldeas se dedicaban a la fundición de cobre y otras trabajaban solamente el marfil. La alfarería de la época era en su mayor parte modelada a mano, aunque hay alguna evidencia del inicio de la fabricación de cerámica con el modelado a torneta o «torno lento». El

1-2. Tabla de las naciones, c. 2200 a. C. (Génesis 10:1-32). Muchos de los grupos de pueblos mencionados en Génesis 10 pueden ser identificados con relativa certeza. En general, los descendientes de Cam se asentaron en el norte de África y en la costa oriental del Mediterráneo, los descendientes de Sem en Mesopotamia y Arabia, y los descendientes de Jafet en Europa y Asia Menor.

comercio se hizo más intenso en todo el antiguo Cercano Oriente.

En Palestina, la mayoría de las poblaciones de la Edad del Cobre vivían en zonas más áridas. Cerca de Beerseba, se han desenterrado tres yacimientos de este período que se denominan el «grupo Beerseba». Los sitios son Abu Mater, Khirbet Beitar y Safadi. Parecen ser representativos de la época y cada uno se especializaba en un oficio. Había pruebas claras de comercio con Egipto: en Abu Matar se desenterraron cuentas hechas de conchas del río Nilo. Los santuarios sagrados se hicieron más comunes en este período. Cerca de Engadi, junto al mar Muerto, se encontró un santuario de habitaciones alargadas rodeado por una muralla sagrada. En el interior del templo se descubrió una *favissa*, un pozo sagrado donde se enterraban los objetos rituales utilizados allí. En una cueva cercana al emplazamiento, se encontraron 400 objetos de cobre que tal vez pertenecían al templo. Se le llamó «Cueva del tesoro» y muchos de los objetos eran piezas rituales o ceremoniales.

EDAD DEL BRONCE ANTIGUO (3200-2200 A. C.)

La Edad del Bronce Antiguo se caracterizó por la urbanización, un cambio de la vida en aldeas a la vida en ciudades. En esta época aparecieron más asentamientos que en cualquier momento anterior, y estaban fortificados. La producción agrícola completamente desarrollada, tanto de frutas como de vegetales, también se convirtió en una parte importante de la vida en el antiguo Cercano Oriente. Se ha constatado la existencia de una dinámica red de comercio internacional, especialmente entre Palestina y Egipto. Esta fue la época de los primeros grandes imperios del antiguo Cercano Oriente, con grandes estados que surgieron en Egipto y Mesopotamia (la región entre los ríos Tigris [Hidekel] y Éufrates; ver mapa 1-3).

Egipto

Antes del año 3100 a. C., la situación política en Egipto es poco clara. Al parecer existían dos reinos separados: uno al norte (Bajo Egipto) en el delta del Nilo (en la ciudad de Pe) y otro al sur

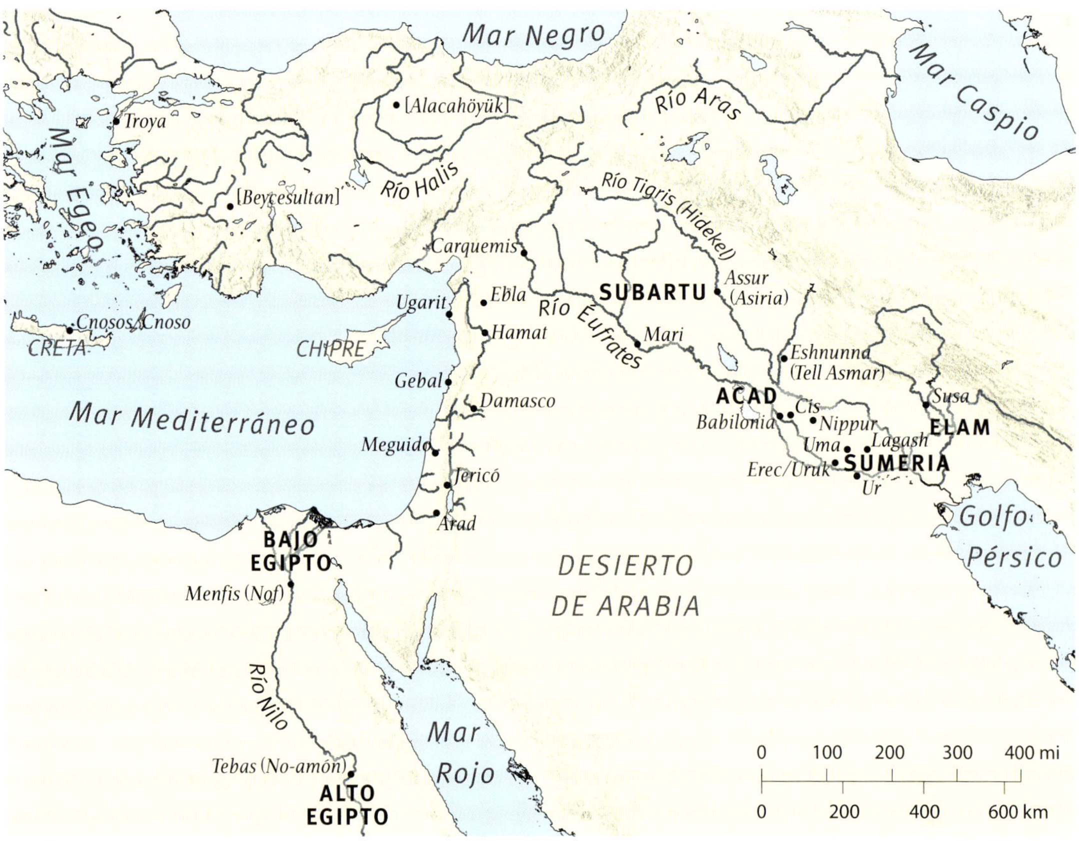

1-3. El Cercano Oriente durante la Edad del Bronce Antiguo, 3200-2200 a. C. En el antiguo Cercano Oriente, la Edad del Bronce Antiguo se caracterizó por la urbanización, la producción agrícola y el comercio internacional. Complejas y poderosas civilizaciones florecieron alrededor de los ríos Nilo, Tigris (Hidekel) y Éufrates.

(Alto Egipto) en el valle del Nilo (en Nejen). Esta dualidad política persistió a lo largo de la historia egipcia a través de diferentes símbolos políticos y religiosos: la corona norteña y la sureña, la representación del norte por la diosa áspid Uadyet y la del sur por la diosa buitre Nejbet. A Egipto se lo llamaba a menudo las dos tierras.

El período Arcaico. Las dos primeras dinastías de Egipto abarcaron desde el año 3100 hasta el 2700 a. C., y sabemos muy poco sobre ellas. Conocemos que fue un período de unificación de los dos reinos. El primer gobernante probablemente fue Horus Escorpión II. Se ha encontrado una cabeza de maza ceremonial de ese rey. Esta conmemora sus victorias sobre enemigos que pueden haber incluido a los egipcios nativos de la zona del delta del Nilo. Uno de los grabados en la cabeza de maza representa a Horus Escorpión II con la corona del Alto Egipto mientras abre un canal de irrigación, lo cual era un deber común del rey. Es probable que el siguiente gobernante fuera Narmer. Se ha descubierto una paleta de este rey: en una cara aparece con la corona del Alto Egipto en una pose victoriosa sobre los conquistados habitantes del delta del Nilo, y en la otra cara lleva la corona del Bajo Egipto en procesión ante sus enemigos asesinados. Narmer se identifica a menudo con Menes, fundador de la dinastía I de Egipto.

Aparte de la unificación, no se sabe prácticamente nada de la naturaleza política de las dos primeras dinastías, aunque los nombres de los faraones se han verificado en monumentos contemporáneos. Sin embargo, sabemos que casi todas las instituciones sociales, políticas, religiosas y culturales que identifican a la civilización egipcia se originaron durante este Período arcaico. Las excavaciones de tumbas de esta época en Saqqara y Abidos han proporcionado gran parte de los restos materiales de la época.

El Imperio Antiguo. Este período incluye las dinastías de la III a la VI (2700-2180 a. C.). Las figuras principales de la dinastía III fueron Djoser y su arquitecto Imhotep. Construyeron el complejo de la pirámide escalonada en Saqqara. Esa pirámide y su templo fueron las primeras edificaciones exclusivamente de piedra en la historia de Egipto. Luego Imhotep fue deificado por los egipcios y se le dio mucho crédito como un hombre sabio que ayudó en el desarrollo de la escritura, la medicina y las matemáticas. Los relieves de la época de Djoser y sus sucesores indican que la minería de la turquesa y el cobre comenzó en el Sinaí durante este período.

La dinastía IV (2620-2480 a. C.) fue la culminación de la construcción de las pirámides en Egipto con los grandes monumentos construidos en Guiza por Keops, Kefrén y Micerino (ver imagen 1-2). Poco se sabe de los acontecimientos históricos durante esta dinastía, pero está claro que el gobierno se centró en el faraón y la familia real. La sucesión real hereditaria era la norma. El faraón

1-2. Las pirámides de Guiza en Egipto. Las tres pirámides y sus edificios exteriores datan del siglo XXVI a. C.

tenía autoridad absoluta sobre la ley; su palabra era ley. También tenía el control del ejército, la economía y los impuestos. Y, lo más importante, era considerado un dios. Cada faraón de este período tenía un «nombre de Horus» por el cual eran identificados como la forma terrenal de ese dios. Las pirámides de Guiza eran tumbas reales para que el dios / faraón continuara su existencia en la otra vida.

La construcción de estas pirámides fue un gran logro organizativo. Por ejemplo, la gran pirámide de Guiza medía 230 m (756 pies) cuadrados, 147 m (481 pies) de altura y cubría 5,26 hectáreas (13 acres) de tierra. Llevó menos de 20 años construirla, y la mayor parte del trabajo se realizó durante los tres meses del año en que el Nilo se inundaba, cuando los trabajadores podían usar el río para transportar las piedras desde la cantera hasta la obra. Se ha estimado que para terminar la pirámide en 20 años fue necesario transportar 1.000 bloques *al día* en cada período de tres meses. Es posible imaginar la organización que se necesitaba para alimentar a los trabajadores, alojarlos, mantenerlos trabajando en equipo, etc. El historiador egipcio Manetón afirma que en las pirámides trabajaron unas 100.000 personas de una población egipcia de entre 1 y 2 millones de habitantes. Además, cada pirámide tenía estructuras adicionales como templos donde se podía adorar al faraón muerto. Las tumbas de la familia real y los altos funcionarios de la corte también se encontraban junto a las pirámides. Las pirámides son en cierto sentido simbólicas de la centralidad del faraón en la sociedad egipcia de la época.

La dinastía V (2480-2340) se caracterizó por el predominio del culto solar en Heliópolis. Userkaf, el primer faraón de la dinastía, donó unas 13.355 hectáreas (33.000 acres) de tierra al culto de Ra. El nombre Ra se convirtió en parte común de los nombres de los faraones: Sahura, Dyedkara Isesi, etc. Fue también en esta etapa que el faraón comenzó a ser llamado «hijo de Ra». Los Textos de las Pirámides aparecieron por primera vez al final de esta dinastía, durante el reinado de Unis, y continuaron en la dinastía VI. Los Textos de las Pirámides eran conjuros mágicos que posibilitaban el bienestar del rey en el más allá. Eran los textos religiosos más antiguos del antiguo Egipto. Además, a partir de esta dinastía aparecieron los relieves detallados y las escenas pintadas en las tumbas, que proporcionaban descripciones extraordinariamente vívidas de la vida cotidiana de la época.

Los acontecimientos políticos de la dinastía VI (2340-2180) no se conocen bien. Varios de sus faraones gobernaron durante largos períodos: Meryra Pepy durante 49 años y Neferkara Pepy durante 94 años. No hay razón para cuestionar la extraordinaria duración de este último reinado. Varios documentos dan testimonio de ello. Neferkara Pepy se convirtió en faraón a la edad de cinco años como corregente con su madre. La dinastía terminó con una serie de gobernantes débiles y el colapso generalizado de la autoridad del gobierno central. El debilitamiento de Egipto en ese momento quizás se debió a tres factores: 1) el poder de Egipto se descentralizó, es decir, la autoridad pasó del faraón a poderosos nobles que se erigieron en gobernantes de extensas regiones; 2) el norte de Egipto, en particular, sufrió numerosas incursiones de pueblos asiáticos; y 3) es probable que al final de la dinastía se produjeran sequías catastróficas, lo que ayudó a la desaparición de una autoridad central ya debilitada.

El primer Período Intermedio (2180-2040 a. C.). La mayor parte de este período se caracterizó por las luchas internas y la división de Egipto. El período abarcó las dinastías de la VII a la XI. Egipto fue gobernado desde Heracleópolis en las dinastías IX y X y desde Tebas durante la dinastía XI. Estas dinastías fueron iniciadas por gobernadores provinciales («nomarcas») y nobles que se autoproclamaron reyes y lograron obtener cierto apoyo de la población. Los gobernantes cambiaron con frecuencia y esta etapa no produjo reyes sobresalientes. Quizás el mayor problema de la época para Egipto fue la migración de asiáticos hacia la parte norte del país.

Mesopotamia

Los sumerios. El grupo dominante en Mesopotamia durante el III milenio a. C. fueron los sumerios. No se conoce con certeza su lugar de origen, aunque al parecer ya se habían establecido en la región hacia el año 5000 a. C. Los sumerios dominaron el paisaje político de Mesopotamia desde 3500 hasta 2350 a. C. La edad de su supremacía se divide en cuatro períodos: Uruk (3500-3000 a. C.), Jemdet Nasr (3000-2650), Dinástico arcaico (2650-2500), y la Primera dinastía de Ur (2500-2350). Consideraremos estos cuatro períodos en ese orden.

Probablemente el acontecimiento más importante del período de Uruk fue la invención de la escritura. Como las tablillas más antiguas que poseemos fueron escritas en sumerio, se les ha atribuido a ellos la invención de la escritura. La primera escritura fue pictográfica (es decir, un dibujo que representa una acción), luego ideográfica (un símbolo que representa una idea) y, finalmente, silábica (un símbolo que representa el sonido de una consonante y una vocal juntas). Casi todos los textos sumerios fueron escritos en cuneiforme, o sea, con caracteres en forma de cuña grabados en tablillas de arcilla con un estilete o punzón de junco. En este período también surgió el sello cilíndrico, que se encuentra a lo largo de la historia de la antigua civilización mesopotámica y es una reliquia importante en la reconstrucción de las ideas culturales y religiosas. Además, el desplazamiento poblacional de la aldea a la ciudad templo comenzó en este período, y la cultura sumeria comenzó a convertirse en una «economía de templo». Una economía de templo era aquella en la que el dios lo poseía todo; en otras palabras, todas las propiedades pertenecían a la deidad. Su morada era el templo de la ciudad y toda la sociedad sumeria se centraba en el templo. En Uruk, dos templos dominaban el paisaje urbano: uno dedicado al dios Anu y el otro a Inanna. El templo de Anu fue edificado sobre una terraza construida con ladrillos de barro y fue un precursor del posterior zigurat característico de la arquitectura religiosa mesopotámica (ver imagen 2-1, p. 65; e ilustración, p. 66).

El período Jemdet Nasr tuvo lugar en el primer cuarto del III milenio a. C. Gran parte de las innovaciones culturales que comenzaron en la etapa de Uruk continuaron en este período. Por ejemplo, la escritura, inventada en el período de Uruk, evolucionó de la forma pictográfica a la forma ideográfica. Los metales se comenzaron a utilizar más ampliamente y se introdujo el bronce en la fabricación de herramientas y armas.

El siguiente período, el Dinástico Arcaico, se caracterizó por el aumento de la urbanización en Mesopotamia. Las ciudades también comenzaron a estar fuertemente fortificadas; por ejemplo, Uruk tenía una muralla exterior de unos 10 km (6 millas) de largo con 900 torres. La escritura también se desarrolló significativamente y pasó de la forma ideográfica a la silábica. Antes de esta época, la mayoría de los escritos simplemente dejaban constancia de ventas y transacciones comerciales, pero aquí la literatura se tornó muy variada e incluyó historias religiosas, edictos reales, etc. La estructura social de los sumerios comenzó a cambiar durante este período. Ya no se basaba únicamente en la economía de templo; el rey comenzó a ser tan importante como el sacerdote.

Muchas ciudades florecieron durante la primera dinastía de Ur. Entre ellas, Nippur, Lagash y Mari. Sin embargo, Ur parece haber sido la ciudad más importante de la época, además de tener el poder político y el liderazgo en Sumeria. El esplendor de Ur se confirma con las excavaciones realizadas en las tumbas reales de este período, las cuales contenían grandes riquezas como los adornos de oro de la reina Shubad. Las tumbas también incluían enterramientos masivos de sirvientes que acompañaban a su soberano en la vida después de la muerte. Hacia el final de la primera dinastía de Ur comenzó una etapa de resquebrajamiento de la autoridad en toda Sumeria, hasta el punto de que el gobierno pasó a manos del sacerdocio. Sin embargo, hubo un último florecimiento; en la ciudad de Uma surgió un líder llamado Lugalzagesi. Parece haber sido el primer gran conquistador, pues llevó a cabo su idea de unificar a toda Sumeria bajo un solo gobernante. Primero conquistó Lagash y varias ciudades más, luego hizo de Uruk la capital de su reino. Sin embargo, esto no fue duradero, pues un nuevo poder comenzó a imponerse: los acadios bajo el gobierno de Sargón I de Acad.

El Imperio acadio (2350-2150 a. C.). Los semitas se habían asentado en Mesopotamia durante siglos, pero en este momento de la historia los príncipes semitas se hicieron fuertes y cambiaron el curso de los acontecimientos en la región. El fundador del Imperio acadio fue el semita Sargón I. Había sido copero del rey de Kish, pero derrocó a su amo y luego marchó con sus fuerzas contra Uruk. Sargón derrotó a Lugalzagesi, que en ese momento era el soberano de Sumeria, y procedió a conquistar Ur, Lagash, Uma y finalmente toda Sumeria, incluso hasta el golfo Pérsico. Fundó su capital en la ciudad de Agadé, la única ciudad real de la antigua Mesopotamia cuyo emplazamiento todavía permanece sin identificar. Sargón expandió su reino con varias campañas militares contra Elam, al este, y Siria, al oeste. Su reinado fue glorioso y duró no menos de 55 años. Después de la muerte de Sargón, su hijo Rimush tuvo que reprimir varias revueltas en el reino; fue asesinado al cabo de nueve años y su hermano Manishutusu mantuvo unido el imperio durante otros quince años. Luego, Naram-Sin, nieto de Sargón, tomó las riendas del imperio. Fue el último gran monarca de la dinastía acadia. Su reinado de más de 35 años estuvo lleno de operaciones militares y grandes victorias para su ejército. Cuando murió (c. 2250 a. C.), el imperio comenzó a desmoronarse en las fronteras;

1-4. Canaán durante la Edad del Bronce Antiguo, 3200-2200 a. C. Durante la Edad del Bronce Antiguo, Canaán parece haber experimentado muchos de los mismos cambios que el resto del Cercano Oriente. Estos cambios incluían el aumento de la urbanización, la producción agrícola (especialmente vino y aceite de oliva) y el comercio internacional (principalmente con Egipto).

aunque el imperio duró casi otro siglo, los gobernantes de Acad se tornaron cada vez más débiles. Al final, los gutis, provenientes de los montes Zagros, invadieron Mesopotamia. Gobernaron el territorio durante un siglo (2150-2050 a. C.) y este fue un período oscuro de estancamiento cultural.

Siria-Palestina

Los arqueólogos dividen normalmente la Edad del Bronce Antiguo en Siria-Palestina en cuatro períodos: Bronce Antiguo I, II, III y IV. Discutiremos de manera breve la naturaleza y las características de los hallazgos de cada uno de estos períodos.

Bronce Antiguo I (3200-2800 a. C.). Como en el resto del antiguo Cercano Oriente, este período en Siria-Palestina se caracterizó por la urbanización. Hubo un cambio de la vida en la aldea a la vida en la ciudad y se fundaron muchos más asentamientos. También vemos el comienzo de un dinámico comercio internacional entre esta zona y el resto del antiguo Cercano Oriente, en particular con Egipto. La agricultura totalmente desarrollada comenzó en este momento en el mundo mediterráneo y Palestina se convirtió en un importante centro internacional de producción de vino. En cuanto a la alfarería, los hornos y el torno de alfarero estaban en pleno uso en ese momento.

Bronce Antiguo II (2800-2600 a. C.). Sobre la base de la urbanización del Bronce Antiguo I, los asentamientos en este período se hicieron cada vez más grandes. Por ejemplo, Hai tenía 11 hectáreas (27 acres) y Arad entre 9,3 y 10 hectáreas (entre 23 y 25 acres). Las ciudades en este período se volvieron bastante complejas. Una ciudad típica para esa época era Arad (ver imagen 1-3). Incluía una ciudad más baja y otra más alta. La ciudad baja estaba rodeada por una gruesa muralla (de 2 m [8 pies] de espesor) con torres semicirculares espaciadas cada 20-24 m (65-80 pies) a lo largo de ella. La longitud de la muralla era de aproximadamente 1 km (0,62 millas). En su interior había una calle que circundaba la mayor parte del lugar; no había edificios adosados a la muralla exterior. El barrio de las familias tenía casas rectangulares con una estructura de «habitación apaisada», es decir, casas que tenían una entrada en uno de sus lados más largos, con bancos en el interior de la estructura, y que estaban construidas alrededor de un patio. Los edificios públicos incluían un palacio, un mercado y una estructura con dos templos idénticos. Estos dos templos compartían una misma pared. Se cree que uno de los templos era para una deidad femenina y el otro para una deidad masculina. Además, en este período había un amplio comercio entre Palestina y Egipto, en el sur, y con Gebal en el norte. Palestina tenía mucho que ofrecer: brea, cedro, vino, aceite de oliva, cobre y turquesa.

Bronce Antiguo III (2600-2350 a. C.). Una evidente prosperidad caracterizó a Palestina durante el período del Bronce Antiguo III. Se crearon nuevos asentamientos como Tell el-Hesi. Aparecieron

1-3. Parte de la ciudad cananea de Arad en el Neguev, de la Edad del Bronce Antiguo. Era una ciudad bien planificada, construida de manera tal que maximizaba su capacidad para recoger y acumular el agua de lluvia.

1-4. Altar circular de piedra en Meguido, hacia el año 2500 a. C. Originalmente estaba solo, pero más adelante se unió a un templo de dos habitaciones.

nuevos tipos de alfarería: la más impresionante fue la cerámica Khirbet Kerak, bellamente pulida de un color rojinegro.

Bronce Antiguo IV (2350-2200 a. C.). Un gran cambio cultural marcó el final del período del Bronce Antiguo III. Muchas de las ciudades de Palestina quedaron deshabitadas durante los períodos del Bronce Antiguo IV y el Bronce Medio I (2200-2000 a. C.). Los principales asentamientos como Beit She'an, Siquem, Hai, Gezer y Jazor estaban desocupados en ese momento, y otros, como Meguido, Jericó y Tell Beit Mirsim muestran a lo sumo escasos restos de esa etapa. En general, los períodos del Bronce Antiguo IV y del Bronce Medio I en Palestina no fueron de carácter urbano. La mayoría de los asentamientos parecen haber estado ubicados en las zonas periféricas de Palestina, es decir, en las regiones del Neguev, Transjordania y el valle del Jordán. No se sabe por qué se produjo esto, aunque a menudo se ha sugerido que las transformaciones climáticas fueron el catalizador de este cambio. En cualquier caso, a finales del III milenio, la población se desplazó de la vida urbana hacia un creciente nomadismo.

CAPÍTULO 2

EL MUNDO DE LOS PATRIARCAS

EL BRONCE ANTIGUO IV Y EL BRONCE Medio I, período (2350-2000 a. C.), fue en términos generales un momento de declive cultural y material en el antiguo Cercano Oriente. En Egipto, esta fue la época del primer Período Intermedio (2180-2040 a. C.), en el que se dividió la tierra: desde Heracleópolis la gobernaban las dinastías IX y X, mientras que desde Tebas lo hacía la dinastía XI. Esta doble soberanía era débil y ejercía poca influencia en el panorama político del país. Por doquier abundaba la pobreza. En Mesopotamia, los guteos habían invadido la mayor parte del territorio y marcaron el comienzo de una prolongada edad oscura. En Siria-Palestina, la desurbanización sucedió con una venganza porque la mayoría de las personas se mudaron a las zonas climáticas marginales donde existía más nomadismo.

Algunos historiadores han tratado de ubicar a los patriarcas de Israel en este período. Argumentan que fue un interludio seminómada, lo cual encaja con sus migraciones. De hecho, creen que se trató de una época de caravanas de burros en áreas como Canaán y que Abraham era uno de estos mercaderes. Los primeros levantamientos de la Transjordania indican que allí floreció una cultura material. Dicho escenario encaja con un texto como Génesis 14 en el que Abraham luchó contra varios reyes del área. El mayor problema con esta reconstrucción es que muchos de los centros principales asociados con los patriarcas no fueron ocupados durante este período: Siquem, Hebrón, Beerseba y Dotán no han producido ningún resto del Bronce Medio I. Bet-el no era más que un campamento por aquel entonces. La falta de cultura material en el período es una prueba concluyente de que este no fue el tiempo de los patriarcas israelitas. Hacia el final del Bronce Medio I y en el período del Bronce Medio II (2000-1550 a. C.), se produjo una reurbanización a gran escala en todo el antiguo Cercano Oriente. Muchos eruditos ubican a Abraham, Isaac y Jacob, progenitores del pueblo de Israel, en esta época; y aunque ninguna fuente extrabíblica del período los menciona, sus historias en Génesis 12–50 reflejan con precisión el lapso del Bronce Medio II. El descubrimiento de miles de tabletas de los niveles del Bronce Medio II en Mari, al oeste de Mesopotamia, es una evidencia contundente a favor de esta fecha. Las tablillas de Mari describen un ambiente bastante parecido al de Génesis y la era patriarcal. Ambos ilustran una sociedad dimórfica: a saber, existe una dicotomía social entre los jefes tribales, como Abraham, y los centros urbanos poderosos. Los textos de Génesis y de Mari evidencian la costumbre de los intercambios económicos entre los habitantes de la ciudad y los nómadas, el concepto de «extranjeros residentes» y la práctica común de acampar en las cercanías de las zonas urbanas. Asimismo, las estructuras sociales en ambas literaturas se organizan en tres niveles: familia extendida, clan y tribu. Se observan otras costumbres bastante similares, como el censo, el derecho de sucesión, los pactos y la preeminencia de las genealogías. En los registros literarios de cada cultura aparecen los mismos nombres personales y de territorios: por ejemplo, Harán y Nacor. El *Sitz im Leben* o «contexto específico» de la vida del Bronce Medio II coincide con los relatos de Génesis del período patriarcal.

EGIPTO

El Imperio Medio (2040-1640 a. C.)

La dinastía XI de Egipto comenzó en la ciudad de Tebas en la segunda mitad del siglo XXII a. C., con Intef, el primero de los tres reyes en sucesión. Fue el período de la doble monarquía entre Tebas y Heracleópolis. Durante los reinados de Intef II e Intef III, las dos ciudades guerrearon abiertamente para decidir quién gobernaría todo el país. El rey más importante de esta dinastía fue Mentuhotep (I o II, en dependencia del escritor, 2061-2010 a. C.), que reunió a Egipto bajo un único régimen al derrotar a la dinastía heracleopolitana en el norte. El rey Mentuhotep cedió a los tebanos todas las posiciones prominentes en el gobierno, luego intentó asegurar las fronteras de Egipto y reanudar las actividades comerciales y arquitectónicas en toda la nación. Los siguientes y últimos dos reyes de la dinastía XI también se llamaron Mentuhotep y bajo sus mandatos proliferaron las obras de construcción. Gobernaron desde Tebas y abrieron rutas comerciales, sobre todo, el acceso y la travesía por el mar Rojo.

El final de la dinastía es oscuro y tampoco se sabe a ciencia cierta cómo Amenemhat I llegó a ser el primer rey de la dinastía XII. Esta (1991-1783 a. C.), fue un tiempo de recuperación del débil primer Período Intermedio. El fundador de la dinastía, Amenemhat I (1991-1962 a. C.), trasladó la capital de Tebas a Ity-tauy, 32 km (c. 20 millas) al sur de Menfis. Continuó el trabajo de expansión egipcia hacia el sur al conquistar gran parte de Nubia, por lo menos hasta la segunda catarata del Nilo. Los últimos 10 años de su reinado fueron una corregencia con su hijo Sesostris I (1971-1926 a. C.), una innovación en el gobierno monárquico en Egipto. Al parecer, Amenemhat I fue asesinado mientras su hijo dirigía una campaña militar hacia el sur. Ambos reyes hicieron grandes aportes a Egipto lo que provocó un renacimiento en la región.

El rey Sesostris III (1878-1841 a. C.) fue la figura de más reputación durante la dinastía XII. Debe su fama a sus campañas en Nubia, en las que extendió más al sur el gobierno de Egipto. Sesostris III también realizó maniobras en Palestina, aunque no hay pruebas de que quisiera conquistar el área y someterla al dominio egipcio; sin embargo, fue el comienzo de un período de enorme influencia egipcia allí. Los textos de execración, que comienzan en este reinado, atestiguan el interés egipcio en toda la zona de Siria y Palestina. Sesostris III, además, centralizó el poder político de Egipto en la monarquía. Antes de su reinado, los gobernadores provinciales (nomarcas) habían aumentado su riqueza e influjo, pero el rey los despojó de su poderío.

Al parecer, Egipto se mantuvo próspero y estable durante los reinados finales de la dinastía XII. Un hecho revelador es que su último gobernante fue una mujer, la reina Neferusobek (1787-1783 a. C.). La presencia de una fémina en el trono quizás indicaba que la familia real se estaba extinguiendo, y constituía el precedente de la dinastía XIII, en la que al menos 60 reyes gobernaron en un lapso de apenas 150 años (1783-1640 a. C.). Resulta curioso que esta vertiginosa rotación de monarcas no pareció afectar la estabilidad de Egipto. No existen evidencias de debilidad ni de desorden interno. Pareciera que el verdadero poder del país descansaba sobre los *visires*, es decir, los más altos funcionarios en Egipto, cercanos al rey. Sin embargo, las presiones externas eran otro asunto. Este fue un período en que muchos inmigrantes llegaron a Egipto desde Palestina y algunos de ellos ocuparon los niveles más bajos de la sociedad egipcia. Fueron las primeras oleadas de asiáticos que de modo gradual propiciaron el dominio extranjero en Egipto durante el segundo Período Intermedio.

Segundo Período Intermedio (1640-1550 a. C.)

Al final de la dinastía XIII, un grupo extranjero llamado los hicsos usurpó gran parte del poder en Egipto. El término «hicsos» es una traducción griega de una frase egipcia que significa «gobernantes extranjeros». Hay mucho desacuerdo en cuanto a los métodos que usaron para tomar el control. Varios egiptólogos creen que la dominación de los hicsos se produjo como resultado de la gran cantidad de asiáticos que se infiltraron en el país durante la dinastía XIII. Otros argumentan que invadieron la nación *en masa*. De todas formas, los hicsos, la dinastía XV de Egipto, gobernaron gran parte de las tierras desde su capital, Avaris, en el delta del este. Pero su gobierno no incluía a todo Egipto. En Tebas, la dinastía XVII, una línea de egipcios nativos, ejercía soberano dominio sobre el valle del Nilo desde la primera catarata al norte de el-Qusiya. En el sur, los gobernantes nubios conquistaron el área de la Baja Nubia, que había estado en manos de los reyes egipcios de las dinastías XII y XIII. Estas tres divisiones principales parecen haber estado en paz unas con otras durante al menos un siglo. Sin embargo, hacia finales del período, los tebanos se alzaron en armas para expulsar a los hicsos de Egipto. Una estela de Kamose (1555-1550 a. C.), el último rey de la dinastía XVII, describe las incursiones de sus fuerzas contra Avaris y la incautación de mucho tributo. Él fue probablemente el primer rey en dar pasos decisivos para la expulsión de los hicsos. Después de su muerte y durante el Imperio Nuevo (1550-1070 a. C.), empezó el surgimiento de un Egipto unificado.

MESOPOTAMIA

La dinastía III de Ur (2050-1950 a. C.)

La invasión de los guteos a Mesopotamia sumió la región en un largo período oscuro. Durante todo un siglo (2150-2050 a. C.) la tierra languideció bajo el gobierno feroz y despótico de estos semibárbaros de los montes Zagros. Sin embargo, Utuhegal de Uruk logró expulsarlos, aunque no disfrutó de su victoria por mucho tiempo porque su vasallo Ur-nammu de Ur se rebeló y se proclamó «rey de Sumer y Acad». Ur-nammu estableció la dinastía III de Ur, que duró un siglo y tuvo cinco reyes. El período fue un renacimiento sumerio en el cual los gobernantes intentaron, con éxito, revivir la cultura bajo este poder. El gobierno se mantuvo estable: la sucesión fue fácil porque los cinco gobernantes provenían de la misma familia. En la etapa, ambas áreas, la económica y la política, alcanzaron un alto desarrollo a la vez que hubo un aumento del comercio y la diplomacia entre Sumer y otras regiones. Los programas de construcción a gran escala dominaron el funcionamiento interno de Mesopotamia.

Ur-nammu no era expansionista, pero disfrutaba de los proyectos arquitectónicos. En Ur, por ejemplo, construyó el gran zigurat, que tenía 80 pies (24 m) de altura y siete niveles (ver imagen 2-1; e ilustración en la página siguiente). En ese momento Ur contaba con una población de c. 24.000 personas en un área de 150 acres (60 hectáreas). El código de ley de Ur-nammu es el más antiguo que se conoce de Mesopotamia.

2-1. El gran zigurat en Ur. Los zigurats se encuentran en toda la historia de la antigua Mesopotamia (ver también la imagen 2-1).

Los zigurats

Los zigurats son templos monumentales en forma de torres que se encuentran en toda la zona de la antigua Mesopotamia. Por lo general, los construían con barro seco y ladrillos de paja que juntaban con betún como mortero. Las escaleras conducían a la parte superior de las estructuras, en cuya cima se hallaba un pequeño templo o altar. La siguiente ilustración muestra el gran zigurat de Nanna en Ur, que se construyó durante el reinado de Ur-nammu (c. 2113-2095 a. C.). Su área cubría unos 150 x 200 pies (46 x 61 m) y su altura era de unos 80 pies (24 m). Es una creencia común que la construcción que aparece en el episodio de la torre de Babel (Gn. 11:1-9) es una estructura similar a esta. El texto indica que los constructores de Babel habían descubierto el proceso de fabricación de ladrillos de barro y que emplearon «asfalto en lugar de mezcla» (v. 3). Con dicha invención, los constructores dijeron: «... Vamos, edifiquémonos una ciudad y una torre, cuya cúspide llegue al cielo...» (v. 4).

Shulgi, el hijo de Ur-nammu, lo sucedió en el trono y gobernó durante casi 50 años. A diferencia de su progenitor, logró expandir de forma considerable el área de su soberanía e incluir a Assur, Edom, Mari y quizás Ebla y Biblos (Gebal). Otros muchos conflictos tuvieron lugar durante los reinados de los últimos tres reyes de la dinastía: Amar-sin, Shu-sin e Ibbi-Sin, a quien los elamitas llevaron al exilio y luego destruyeron completamente la ciudad de Ur, hecho que puso fin a la unidad del reino de Sumer y Acad.

Los amorreos (1950-1800 a. C.)

Tras el colapso de la dinastía III de Ur, la reaparición de las ciudades-estado en Mesopotamia tuvo lugar durante el liderazgo de los elamitas y, principalmente, de los amorreos. Estos últimos eran semitas que se adentraron en la tierra desde el desierto sirio-árabe al oeste de Mesopotamia. Primero se atrincheraron en la ciudad de Mari y luego capturaron el área de Isin. Desde allí sometieron todo el sur de Mesopotamia hasta la ciudad de Ur. Otros amorreos establecieron un principado en Larsa, que se convirtió en rival de la ciudad de Isin. De esta forma, los amorreos dominaron la mayor parte de Mesopotamia durante 150 años.

En los albores del siglo XVIII a. C., parecía que los elamitas estaban a punto de conquistar dicha región y expulsar a los amorreos. A principios de siglo subyugaron a Larsa; desde esa ciudad estratégica, y bajo el gobierno de Rim-Sin, comenzaron a derrotar ciudades vecinas como Uruk e Isin. Pero justo cuando Rim-Sin tenía en sus manos la unificación

El Código de Hammurabi

El código de la ley mosaica que aparece en los Libros de Éxodo y Deuteronomio no es el más viejo del antiguo Cercano Oriente. Se han encontrado otros en Mesopotamia que anteceden por siglos a la legislación mosaica. El más conocido de ellos es el Código de Hammurabi, que lleva el nombre de su autor, el cual reinó en Babilonia (1792-1750 a. C.). Sin embargo, existen otros de más antigüedad, como el Código de Lipit-Ishtar y el Código de Eshnunna, que datan del siglo XIX a. C.

El Código de Hammurabi abarca una serie de decisiones soberanas, inscritas y acopiadas con esmero para que los jueces de las generaciones futuras pudieran utilizarlas. De hecho, reflejan una tradición de siglos de ley común mesopotámica. Hammurabi ordenó que se esculpieran copias de la ley en estelas y que se colocaran en templos a lo largo del imperio. Se han desenterrado varios fragmentos de estos códigos de ley en toda Mesopotamia. Poseemos fragmentos de copias del código desde el siglo XVIII hasta el VI a. C. Por lo tanto, se distribuyó ampliamente y tuvo un impacto duradero en la nación. Se encontró una estela completa que mide unos 8 pies (2,4 m) de altura. Vemos una escena tallada en su parte superior que representa a Hammurabi mientras hace una plegaria a Samas, el dios del sol, quien está sentado en un trono. El resto de la estela está inscrito con el código de ley en tres partes:

Prólogo: esta primera sección explica el propósito del código de ley. Lo escribe el propio Hammurabi y reza: «Anum y Enlil me designaron a mí, Hammurabi, el exaltado príncipe, temeroso de dios, para lograr el imperio de la justicia en la tierra [...] para destruir al malvado y al perverso, para evitar que el fuerte oprima al débil». Es un documento humanista y benefactor que se encarga en lo esencial del funcionamiento de la sociedad humana. La teología y la relación del ser humano con los dioses no es su tema central. El resto de esta parte esboza la grandeza y los hechos portentosos de Hammurabi.

Leyes: un listado de 282 artículos forma la parte central del código. Su contenido aborda una gran cantidad de cuestiones de índole social como la delincuencia, el comercio, el matrimonio, la familia, la propiedad, los salarios, la esclavitud y los problemas legales.

Epílogo: de nuevo se describe al detalle la grandeza de Hammurabi. Esta sección también proporciona una lista de sanciones, es decir, castigos divinos contra cualquier persona que dañe o altere los «decretos de justicia que Hammurabi, el rey sabio, estableció».

Algunos han argumentado que la legislación mosaica tiene sus raíces en las leyes mesopotámicas como el Código de Hammurabi. Sin embargo, no hay evidencia que vincule directamente la ley hebrea con mesopotámica, por lo que no hay razón para creer que los israelitas tomaron prestados dichos códigos. Existen, sin dudas, ciertos parecidos entre las legislaciones, pero puede explicarse por la escasa variedad de delitos y las consecuentes formas de castigo. Las diferencias entre ellos, además, son abundantemente visibles: por ejemplo, el Código de Hammurabi no enfatiza para nada en los principios éticos ni espirituales, mientras que estos son el fundamento mismo de la ley mosaica. La Biblia enfatiza asimismo el deber de cuidar al pobre, a la viuda y al extranjero. Las distinciones de clase son de vital importancia en el Código de Hammurabi, pero la ley hebrea enseña que cada persona es igual ante las leyes. El código mesopotámico valora, a todas luces, de forma diferente la vida humana. A grandes rasgos, estas son las disparidades que indican que la ley hebrea era distinta y, de hecho, superior a la ley mesopotámica.

de Mesopotamia, Hammurabi, un amorreo de Babilonia, se la arrebató de un golpe.

Los babilonios (1800-1595 a. C.)

A principios del siglo XVIII a. C., la ciudad de Babilonia se convirtió en el centro de un reino que pronto incluiría la mayor parte de la Mesopotamia central y meridional. El gobernante más importante de esta dinastía babilónica fue Hammurabi (1792-1750 a. C.). Participó en una serie de batallas prolongadas contra reyes extranjeros y gobernantes nativos de las ciudades-estado antes de que pudiera reunir una gran parte de Mesopotamia bajo su gobierno. Esta última consolidación se produjo hacia el final de la tercera década de su reinado; en 1763 atacó a Larsa, capturó a su rey, Rim-Sin, y luego llevó a cabo una empresa militar contra Mari. Así, al término de su reinado, Hammurabi tenía la mayor parte de Mesopotamia bajo el dominio de Babilonia. Sin embargo, este hombre era más que un guerrero: no solo logró unificar Mesopotamia, sino que también llevó a cabo un sinnúmero de reformas sociales; una de ellas, el famoso código de ley que lleva su nombre.

Los sucesores de Hammurabi no estuvieron a su altura. Gradualmente, el poderío de Babilonia comenzó a debilitarse a causa de la política interna, las revueltas y las invasiones de grupos externos como los kasitas de las montañas de Luristán. El deterioro llegó a tal extremo que durante el gobierno de Samsu-ditana, el último rey de la dinastía, el rey hitita Mursilis I conquistó Babilonia en el 1595 a. C.

PALESTINA, BRONCE MEDIO II (2000-1550 A. C.)

El bronce medio II fue una etapa de reurbanización en Palestina. Los lugares que habían sido abandonados durante el período del Bronce Antiguo IV-Bronce Medio I. volvieron a repoblarse, incluidos sitios importantes como Hazor, Meguido y Siquem. Además, se establecieron muchos nuevos asentamientos. Cada región experimentó un alza en los asentamientos, excepto en las zonas desérticas del Neguev y el Sinaí. Según las encuestas de sitios, hubo más de 400 asentamientos en las áreas desérticas en el Bronce Antiguo IV-Bronce Medio I, pero menos de 20 en el Bronce Medio II. El origen de esta reurbanización es incierto, aunque se ha demostrado que los amorreos, quienes habían capturado gran parte de Mesopotamia en ese momento, también se dirigieron a Palestina.

Aunque había muchos más asentamientos en el Bronce Medio II de Palestina, estos eran relativamente más pequeños que los de períodos anteriores. Sin embargo, se levantaron grandes fortificaciones defensivas en esta etapa. Por ejemplo, Hazor, el enclave más grande del período, 70-80 hectáreas (180-200 acres), tenía una acrópolis y una ciudad más baja, ambas bastante fortificadas. Sus constructores crearon enormes terraplenes que sirvieron de cimientos para las murallas de la ciudad y que elevaron el nivel de estas muy por encima del área circundante. Los muros protectores eran enormes, c. 25 pies (8 m) de ancho y 30 pies (9 m) de alto. Los terraplenes se convirtieron en una característica común de los sitios del Bronce Medio II como Tel Dan, Siquem y Ascalón. Otro tipo de fortaleza que comenzó a emplearse en aquel entonces fue el *glacis*, una pendiente sólida y artificial a todo lo largo del exterior de las murallas citadinas, que se extiende desde una zanja en la parte inferior hasta la parte superior de las murallas. El propósito de ese tipo de estructura era evitar que un ariete u otra máquina de asedio penetrara las murallas de la ciudad. A veces, el *glacis* también tenía el fin estructural de hacer más ancho un montículo y mantenerlo unido. La mayoría de urbes del Bronce Medio II poseían

2-2. Una puerta de ladrillos de barro en forma de arco bastante conservada en Tel Dan (siglos XIX-XVIII a. C.). Es el primer ejemplo de arco abovedado.

un *glacis*. Los fosos secos en Aczib y Aco, que ayudaron a prevenir los ataques directos de las máquinas de asedio, también aparecieron en este período.

Asimismo, por esta época se introduce un nuevo tipo de puerta de la ciudad; contaba con varias cámaras de acceso con una amplia rampa hacia ella y un pasadizo que la atravesaba. Se diseñó para facilitar el paso de caballos, carros y otros medios de transporte. En Tel Dan, se descubrió una puerta arqueada de ladrillos de adobe conservada en su totalidad (ver imagen 2-2). Es el primer ejemplo encontrado de esta técnica de construcción. Ese tipo de puerta era militarmente superior a las de enlaces normales, con techos planos sostenidos por maderas inflamables.

Muchos de los asentamientos bastante fortificados en Palestina fueron destruidos al final del período de Bronce Medio II. Se desconoce quién provocó tal devastación, aunque hay quienes creen que fueron los hicsos. El vocablo «hicsos», como ya hemos visto, es un término egipcio que se refiere a grupos de asiáticos que se infiltraron y controlaron Egipto durante el período del Bronce Medio II (dinastía XV). Kamose los expulsó de Egipto en el (1555-1550 a. C.). Al ser echados de allí penetraron en Palestina, y con frecuencia se piensa que dicha «invasión» fue la que destruyó los sitios palestinos de esa época. Por eso algunos eruditos se refieren al Bronce Medio II como la edad de los «hicsos».

LOS VIAJES DE LOS PATRIARCAS

La descripción del estilo de vida de los patriarcas en Génesis 12–50 concuerda con lo que sabemos sobre el período del Bronce Medio II. Fue un momento de reurbanización, pero también de una de las grandes migraciones de personas en todo el antiguo Cercano Oriente, en particular de los amorreos. Los patriarcas eran, en su mayoría, *pastores*. El pastoreo es una categoría de vida, es decir, define los medios de subsistencia. Eran guardianes de rebaños y manadas; también, *seminómadas*. No eran sedentarios, sino que hacían movimientos estacionales con sus ganados para encontrar agua potable, suficiente forraje y buenas condiciones climáticas. Aunque se asentaban periódicamente en un área durante un tiempo e incluso sembraban y cultivaban (Gn. 26:12), los patriarcas vivían en tiendas de campaña y, por lo tanto, se mudaban con rapidez cuando era necesario. No vivían en ciudades: por lo general acampaban fuera de ellas.

Los viajes de Abraham

Según Génesis 11:27-28, el patriarca hebreo Abraham era nativo de Ur de los caldeos. La ubicación de la Ur abrahámica ha sido un tema de debates. Algunos eruditos sostienen que esta Ur no era la conocida en el sur de Mesopotamia, es decir, la ciudad central de la dinastía III de Ur (2050-1950 a. C.), sino que debe identificarse con una Ur ubicada en algún lugar en el noroeste de Mesopotamia. Sin embargo, la evidencia de una Ur del norte es débil y se puede argumentar con solidez la existencia de otra en el sur. Desde Ur, la familia de Abraham probablemente viajó a Harán a lo largo de las orillas del río Éufrates. Esta fue una ciudad importante en el II milenio a. C. Ya en el siglo XIX a. C., Harán se menciona en los textos Kultepe como una encrucijada y centro cultural de renombre. Es posible que los comerciantes asirios los compusieran porque conocían tales asuntos.

Desde Harán, Abraham y sus parientes viajaron al suroeste a la tierra de Canaán. No se sabe con exactitud la ruta de su periplo. Cuando llegó al lugar, lo primero que hizo fue establecer un campamento cerca de Siquem (Gn. 12:6; ver el mapa 2-1).

2-1. Abraham viaja a Canaán, c. 2000 a. C. (Génesis 12–50). Las historias de Abraham y su familia ocurren en el antiguo Cercano Oriente en algunas de las naciones más antiguas del mundo, entre ellas: Egipto, Asiria, Babilonia y Elam. Abram (más tarde llamado Abraham) nació en Ur, una ciudad poderosa en el sur de Babilonia. Su padre, Taré, finalmente condujo a la familia hacia la tierra de Canaán, pero decidió establecerse en Harán (ver Gn. 11:27-31). Después de la muerte de Taré, el Señor llamó a Abram para que fuera «a la tierra que te mostraré» (Canaán), que prometió dar a los descendientes del patriarca.

2-3. El sitio de Beerseba, donde Abraham cavó un pozo y pactó con Abimelec (Gn. 21:22-34).

Hoy es el moderno Tel Balata, que se encuentra en la región montañosa central a unos 64 km (40 millas) al norte de Jerusalén. La excavación en el sitio ha desenterrado un período trascendental de asentamientos que comenzó alrededor del 1900 a. C. y se extendió hasta mediados del siglo XVI a. C. (Bronce Medio II). Siquem era un centro de envergadura en ese momento, así lo confirman los textos de execración egipcios y la inscripción de Sebek-khu (ambos del siglo XIX a. C.).

Abraham no se estableció allí; viajó hacia el sur en la región montañosa hacia un área cerca de Bet-el (Gn. 12:8-9), zona que se encontraba en un cruce fundamental de pasajes de norte a sur y de este a oeste a través de las tierras altas centrales de Canaán. Era una ciudad cananea floreciente durante el período del Bronce Medio II, y la defendía un imponente muro exterior de 11 pies (3,5 m) de espesor y cuatro complejos de puertas bien fortificadas. Se

La ciudad de Ur

La antigua ciudad de Ur se halla a 186 millas (300 km) al sureste de la moderna Bagdad, en un recodo del curso original del río Éufrates. Las excavaciones más notables se hicieron en el sitio en 1922-1934 bajo la dirección de Sir Leonard Woolley. Ur se convirtió en una ciudad importante en Mesopotamia cerca del final del tercer milenio a. C. Su gobernador, un hombre llamado Ur-Nammu (c. 2113-2095 a. C.), la convirtió en una gran urbe. Tomó los títulos de «rey de Ur, y rey de Sumer y Acad». Así se fundó la dinastía III de Ur (2050-1950 a. C.). El período fue de gran paz y abundancia, el punto clímax de la ciudad durante su existencia. Este diagrama representa la III dinastía de Ur, e incluye un palacio central y un complejo de templos, el último de los cuales tiene como centro el Zigurat de Ur-Nammu, que está dedicado al dios de la luna, Nanna. Ur fue el sitio de nacimiento del patriarca hebreo Abraham (Gn. 11:27-32). El siguiente plano representa la ciudad como él debió conocerla.

descubrió un gran santuario justo dentro de la muralla de la ciudad. Abraham no acampó en Bet-el, sino que permaneció fuera de la ciudad. Desde allí se dirigió al sur, hacia el Neguev («tierra seca»), la región árida de la estepa del sur de Canaán, de hecho, alrededor de Beerseba (ver imagen 2-3). Es una zona que históricamente se ha caracterizado por su nomadismo y rudimentario cultivo en seco.

En Génesis 12:10-20, Abraham huyó a Egipto a causa de una hambruna en Canaán y decidió asentarse allí. Un viajero tenía una posición intermedia entre ser oriundo y extranjero, así que sus privilegios dependían solo de la hospitalidad de los nativos de la región. Por eso su estatus legal no era seguro. A la postre, faraón lo expulsó y el patriarca se fue con muchos bienes, incluyendo ovejas, vacas, burros, sirvientes y camellos. La referencia a estos últimos (Gn. 12:16) no es anacrónica. Estudios recientes indican que desde fechas tempranas esos animales se domesticaban en el Medio Oriente; aparecieron alrededor del 2700 a. C. en la región del Golfo Pérsico y en 2500 a. C. en la meseta iraní.

Desde Egipto, Abraham regresó por donde había venido: viajó a través del Neguev, a la región montañosa, y luego acampó en Bet-el. Más tarde, movió su tienda cerca de Hebrón (Gn. 13:18), enclave que se encuentra aproximadamente a 20 millas (32 km) al sur de Jerusalén en las tierras altas de Judea. Fue un importante asentamiento durante el período del Bronce Medio II, que abarcaba entre 6 a 7 acres (2 o 3 hectáreas); estaba fortificado y contenía varias edificaciones de gran tamaño. En el sitio se desenterró una tableta cuneiforme del Bronce Medio II, testigo del papel de la ciudad como centro administrativo de un reino local.

Es probable que las jornadas abrahámicas desde la región montañosa central hasta el Neguev y viceversa fueran estacionales, de acuerdo con los cambios del clima, la disponibilidad de tierras de pastoreo y el acceso a fuentes de agua para sus rebaños. Sin embargo, el texto de Génesis menciona algunos incidentes en los que el patriarca se desvió y viajó fuera de los límites de dicha migración estacional. Por ejemplo, en Génesis 13, Lot, su sobrino, se mudó a la ciudad de Sodoma, donde se estableció. Era una de las cinco ciudades de la llanura, que también incluía a Gomorra, Adma, Zeboim y Zoar.

2-2. La batalla en el valle de Sidim, c. 2000 a. C. (Gn. 14:1-12). Cuando cinco de las ciudades cananeas se rebelaron contra sus cuatro gobernadores mesopotámicos, estos cuatro reyes dirigieron una campaña para reafirmar su control sobre la región. La campaña culminó en un enfrentamiento en el valle de Sidim y allí capturaron y se llevaron a Lot. Cuando le contaron el suceso a Abram, él y sus hombres persiguieron a los cuatro reyes hasta Dan, donde recobraron a Lot y fueron tras las fuerzas que huían hasta Hoba, al norte de Damasco.

2-A. Vista de las ciudades de la llanura de Hebrón. Cuando Abraham estaba en Hebrón, el Señor le dijo que, por la maldad de las ciudades de la llanura, las destruiría; así que a la mañana siguiente el patriarca salió y miró hacia el lugar donde las ciudades estaban asentadas (probablemente a lo largo del borde oriental del valle del mar Muerto). Vio humo que salía del valle (como se muestra aquí), algo que confirmaba la destrucción de las ciudades (Gn. 19:27-29; Dt. 29:23).

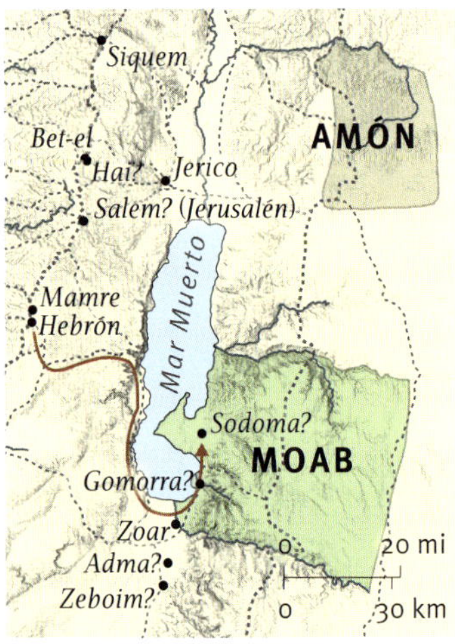

2-3. La destrucción de Sodoma y Gomorra, c. 2000 a. C. (Gn. 19:1-29; Dt. 29:23; Is. 13:19; Mt. 10:15; 11:23-24) A petición de Abraham, el Señor salvó a Lot y su familia de la destrucción que vino sobre Sodoma y Gomorra. Con posterioridad, las dos hijas de este, temerosas de que el aislamiento provocara el fin de su línea familiar, emborracharon a su padre para concebir hijos de él. Cada una tuvo un hijo, precursores de los moabitas y los amonitas.

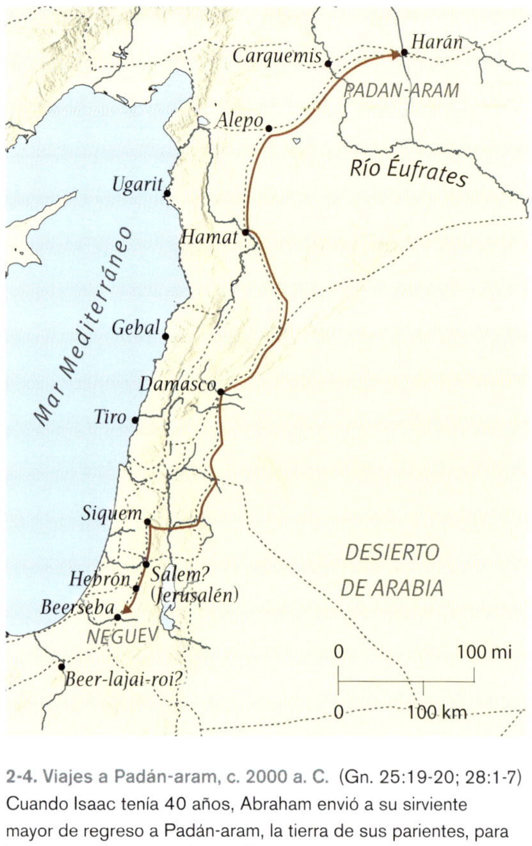

2-4. Viajes a Padán-aram, c. 2000 a. C. (Gn. 25:19-20; 28:1-7) Cuando Isaac tenía 40 años, Abraham envió a su sirviente mayor de regreso a Padán-aram, la tierra de sus parientes, para buscarle una esposa a Isaac. El criado encontró a Rebeca, la nieta de Nacor, hermano de Abraham y se la trajo a aquel, que vivía en el Neguev. Más tarde, Jacob haría el mismo viaje cuando huyó de su hermano Esaú.

Génesis 14 registra que cuatro reyes del norte y sus ejércitos las atacaron. Una de las batallas ocurrió entre estas dos coaliciones en el valle de Sidim (ver mapa 2-2). Las fuerzas del norte capturaron y secuestraron a Lot. Abraham las persiguió hasta la ciudad de Dan y allí recuperó a su pariente. Luego hostigó a los enemigos más allá de Damasco.

Se desconocen las ubicaciones exactas de las cinco ciudades. Sin embargo, los nombres de los cinco reyes coinciden con el tiempo y se han encontrado en el material textual del período. Por ejemplo, Génesis 14:1 menciona a Tidal, rey de Goim, y es probable que su nombre se identifique con Tudalía, un apelativo real de la dinastía hitita que floreció en el segundo milenio a. C. Ese nombre no se usó en el antiguo Cercano Oriente después del 1700 a. C.

Los viajes de Isaac

Parece ser que el patriarca Isaac se contentó con llevar una existencia nómada. Cuando se marchó por su cuenta, el texto revela que «... habitaba en el Neguev» (Gn. 24:62). Acampó cerca de un sitio llamado Beer-lajai-roi, que significa «pozo del viviente que me ve»; recibe su nombre de un incidente previo que narra cómo el ángel del Señor se le apareció a Agar cerca de un manantial cuando huía de Sara, su ama (Gn. 16:14).

Isaac también solía acampar cerca de Beerseba (Gn. 26:23-25). Incluso cuando hubo una hambruna en la tierra no abandonó el Neguev, sino que emigró a Gerar, también localizada en esa región, más cerca de la llanura costera (Gn. 26:1-17).

Isaac no fue a Egipto para librarse de la hambruna, igual que su padre Abraham, ni se mudó a Harán para buscar esposa como lo hizo su hijo Jacob. Vivió siempre en el Neguev.

Los viajes de Jacob

Los dos hijos de Isaac, Jacob y Esaú, también pasaron sus primeros años como nómadas en el Neguev. Sin embargo, después de que Jacob le robó la primogenitura y la bendición a Esaú, huyó del Neguev para librarse de la ira de su hermano. Se fue de Beerseba y partió hacia Harán, región en que su padre había dejado a Taré y gran parte de su familia antes de llegar a la tierra de Canaán. En su camino, Jacob hizo una parada y acampó cerca de Bet-el (Gn. 28:19). Allí tuvo un sueño y recibió las promesas del pacto de Dios. El trecho de Beerseba a Bet-el era una ruta de viaje muy usada a través de Canaán conocida como la «columna vertebral», que se extendía por las tierras altas de norte a sur. Era el trayecto por el cual Abraham había viajado a Beerseba y en el que Jacob repetía el viaje de su abuelo al salir de Harán.

Según Génesis 29:1, Jacob continuó su viaje desde Bet-el y llegó «... a la tierra de los orientales». Esta es una descripción vaga y general que la Biblia emplea para las tierras al este de Canaán (ver Gn. 25:6). Jacob llegó a Harán (Gn. 29:4-8) y, después de unos 14 años en los que trabajó para Labán, por sus dos esposas, hizo planes para huir de él y regresar a la tierra de Canaán (ver mapa 2-5).

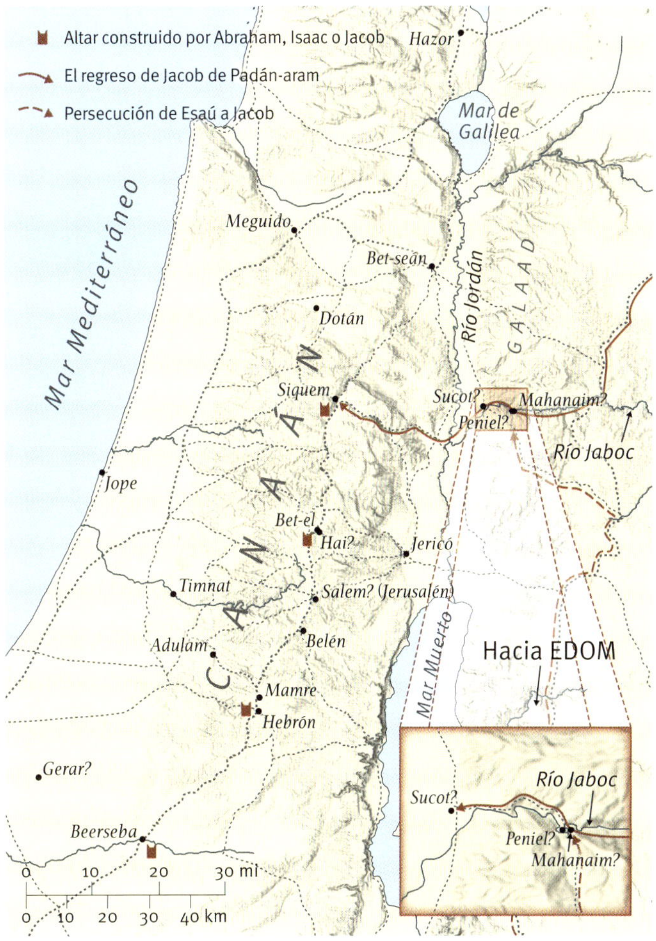

2-5. Jacob regresa a Canaán, c. 1900 a. C. (Gn. 31:3–35:21). Después de adquirir riquezas en Padán-aram, Jacob regresó a Canaán. Llegó a Mahanaim, envió a su familia delante de él y cruzó el Jaboc solo. Allí luchó con un hombre misterioso hasta la mañana y llamó al lugar Peniel (también llamado Penuel). Jacob luego se encontró con su hermano Esaú, quien había venido de Edom para reunirse con él. Tras la reconciliación de ambos, Esaú regresó a Edom, mientras que Jacob prosiguió hacia Canaán.

Sigilosamente, Jacob tomó a su familia y sus posesiones y huyó de Harán. Génesis 31:21 relata que primero cruzó el río Éufrates y que de allí se mudó a la región montañosa de Galaad, zona de Transjordania situada al sursudeste del mar de Galilea. Parece que planeaba usar la ruta transjordana hacia el Neguev y específicamente hacia Beerseba. En su tránsito hacia Harán, Jacob había tomado la ruta normal a través del área montañosa de Canaán, es decir, a lo largo de la «columna vertebral»; ahora iba por un sendero diferente, quizás para mantener la distancia entre él y Labán; pero este lo persiguió hasta Galaad (Gn. 31:22-23). Los dos hombres hicieron un pacto en Mizpa. En fragmentos posteriores de la Escritura, existe un sitio importante llamado Mizpa de Galaad (Jue. 10:17; 11:11, 29), que quizás era el mismo lugar que lleva el nombre de este relevante suceso en la vida de Jacob.

En Mahanaim, Jacob le envió mensajeros a Esaú en el campo de Edom para hacer las paces. La ubicación de Mahanaim es incierta, aunque claramente se encontraba en el río Jaboc en Galaad. Fue una ciudad importante en la historia israelita posterior. La designaron como ciudad de los levitas en el territorio de Gad (Jos. 21:38). Allí nombraron rey a Is-boset, hijo de Saúl (2 S. 2:8-9). Fue cerca de esta ciudad que David derrotó al ejército de Absalón (2 S. 17–18). Uno de los 12 oficiales principales de Salomón residió en ella (1 R. 4:14). También allí, en el río Jaboc, Jacob luchó con un ángel y, después del suceso, llamó al lugar Peniel, que significa «el rostro de Dios».

2-4. Un ídolo típico de la antigua Palestina.

Luego de la reunión entre Jacob y Esaú, los dos hermanos se separaron. El último regresó a Edom en el sur, y el primero viajó al oeste, a Sucot, que quizás sea la actual Tell Deir Alla, un sitio ubicado al oeste de Peniel en el lugar donde el río Jaboc fluye a lo largo del valle del Jordán. Desde allí, Jacob entró a Canaán y fue a Siquem, en medio de las tierras altas de Canaán; prosiguió hasta Bet-el y luego a Hebrón, donde vivía Isaac (Gn. 35:27-29). La ruta de Siquem a Bet-el, y a Hebrón, es la «columna vertebral» en la región montañosa de Canaán.

José en Egipto

Durante el Bronce Medio II, el límite oriental de Egipto estaba protegido por un enorme canal que se extiende desde Pelusio, en el mar Mediterráneo, hasta el lago Timsah, al este de Wadi Tumilat. El canal mide 65 pies (20 m) de ancho en la parte inferior y 230 pies (70 m) de ancho, en el nivel de la superficie. Las zanjas de riego diagonal pueden observarse en sus secciones del norte, lo que indica que se utilizó, en cierta medida, para el riego. Sin embargo, su función principal parece haber sido la defensa y la contención: mantener a los asiáticos a distancia y contener a los esclavos. El canal tal vez se construyó durante el primer Período Intermedio (2180-2040 a. C.) o en el Imperio medio (2040-1640), cuando los asiáticos fueron especialmente problemáticos para Egipto. Fue en este tiempo cuando los asiáticos cruzaron el desierto del Sinaí hacia Egipto para comerciar o escapar de las frecuentes hambrunas en Siria-Palestina. Amenemhat I (1991-1962 a. C.) ordenó que se construyera y se alineara una red de fortalezas egipcias en la frontera oriental del país para controlar la migración asiática.

Dicha migración hacia Egipto fue el escenario de la historia de José (Gn. 37–50). En un ataque de celos y rabia, sus hermanos lo vendieron por 20 siclos a una caravana ismaelita que pasaba por allí, ese era el precio común de mercado para un varón de entre 5 y 20 años por aquel entonces. En el Código de Hammurabi, el valor de un esclavo era también de 20 siclos (Leyes 116, 214, 252). Los comerciantes asiáticos lo llevaron a Egipto y se lo vendieron a Potifar, un oficial de faraón (Gn. 37:36; ver mapa 2-6). Durante el Imperio medio hubo un importante sustrato de esclavos extranjeros en Egipto, muchos de los cuales llegaron como botín de guerra; pero también existió un gran comercio de este tipo. Eran tantas las personas que provenían de Asia que la palabra genérica egipcia para «asiático» se convirtió en sinónimo del término «esclavo».

Tras su rápido ascenso a supervisor de la casa de Potifar, la esposa de este lo acusó sin merecerlo de abusar sexualmente de ella y lo encarcelaron. Dicha práctica era un castigo desconocido en los códigos legales del antiguo Cercano Oriente, e incluso en la legislación bíblica. Sin embargo, está bien documentada en escritos egipcios y, por lo tanto, la historia refleja con exactitud la cultura del antiguo Egipto. La literatura de este país también incluye el relato de una falsa acusación de adulterio, llamada «La historia de los dos hermanos», en la que uno acusa al otro de forzar a su esposa desde el punto de vista sexual. En realidad, ella era quien mentía, pero culpa a su cuñado. El final es diferente al del relato de José: el esposo descubre al verdadero culpable y los mata a ambos, hermano y esposa.

Luego de un largo período en la cárcel, José fue puesto en libertad y ascendió a una posición prominente en Egipto. Obtuvo el cargo gracias al don que Dios le había concedido de interpretar sueños. Explicó los sueños de faraón y predijo un tiempo de hambruna, de tal manera que los egipcios pudieron prepararse. Ya desde fechas tempranas del Imperio medio, los egipcios creían que los sueños eran el medio que los dioses utilizaban para revelar el futuro a los humanos. De hecho, recogían por escrito los presagios de los sueños. La estructura y el contenido de los augurios de ensoñaciones son muy similares a los relatos de los sueños en la historia de José.

2-6. José y sus hermanos, c. 1800 a. C. (Gn. 37:1-36). Jacob envió a José desde Hebrón hacia el norte, a Siquem, para encontrar a sus hermanos que estaban apacentando allí el rebaño de su padre. Cuando llegó, supo que habían ido a Dotán, adonde se dirigió y los halló. Sus hermanos lo arrojaron en un pozo y luego lo vendieron a unos comerciantes ismaelitas de especias que, desde Galaad, se dirigían a Egipto. Estos hombres se lo llevaron y lo vendieron a Potifar, capitán de la guardia de faraón.

Es inevitable pensar que él en verdad había derrotado a los egipcios en su propio terreno. Al predecir la hambruna, José ascendió a la posición de visir o primer ministro de Egipto, un rango solo superado por el faraón en el poder. Los deberes de tal posición en el país se describen en un documento de la tumba de Rejmira de la dinastía XVIII (1550-1307 a. C.). El visir era el «gran administrador de todo Egipto» y todas las actividades del Estado estaban bajo su control. Rejmira fue visir durante el gobierno de Tutmosis III y se desempeñó como supervisor de la tesorería, juez principal, jefe de la policía, ministro de guerra, secretario del interior y de agricultura y otros cargos. En esencia, constituía el Estado. Cabe destacar que durante la dinastía XIII (1783-1640 a. C.) en Egipto, parece que los visires eran quienes de veras ejercían el poder en la tierra.

El hambre era algo común en el Egipto de la antigüedad. Normalmente ocurría cuando los niveles bajos del Nilo reducían el área de cultivo y limitaban la productividad agrícola. Este país y otros lugares del antiguo Cercano Oriente también estaban familiarizados con el fenómeno de un ciclo de hambruna de siete años. En la literatura del antiguo Egipto hay ejemplos de funcionarios locales que la aliviaban mediante el control de los alimentos, como aparece en la biografía de la tumba de Anjtifi.

La hambruna reportada en Génesis 41–42 no solo afectó a la nación. Su severidad en la tierra de Canaán fue el motivo por el cual la familia de José viajó a Egipto; según Génesis 41:57, personas de todas las tierras conocidas del Cercano Oriente se dirigieron hacia allí para aliviar la hambruna. Egipto siempre había provisto de granos a Palestina en tiempos difíciles. Un buen ejemplo es un texto de la época del faraón Horemheb, de la dinastía XIX, donde se narra cómo a los asiáticos se les permitió venir a Egipto para pastar rebaños y obtener alimentos debido a los momentos de escasez que sufría el resto del antiguo Cercano Oriente.

De acuerdo con Génesis 47:11-12, el faraón permitió que la familia de José se estableciera «en la tierra de Ramesés». El nombre del área proviene de una ciudad ubicada en la región (Éx. 1:11). Se acepta hoy por amplio margen la creencia de que Ramesés se encuentra en Tell el-Daba (Qantir), aproximadamente 17 millas (27 km) al suroeste de Tanis. Las excavaciones han confirmado que el sitio fue una ciudad importante en el segundo milenio a. C. Durante el segundo Período Intermedio (1640-1532 a. C.) experimentó una afluencia masiva de asiáticos, y tal vez fue la capital del dominio de los hicsos (dinastía XV). En el sitio se descubrió una fábrica que producía azulejos decorados. Algunos óstracos (fragmentos de cerámica) halladas en la fábrica llevan el nombre de Ramesés.

2-7. Egipto en la época de José, c. 1800 a.C. (Gn. 37; 39–50; He. 11:21-22). José llegó a Egipto durante el reinado de la dinastía XII, acaso el cenit del poder de la nación. Poco antes de esta era, el Alto y el Bajo Egipto se habían unificado bajo un solo gobernante y ahora la influencia egipcia se había expandido al sur y al este. La inundación regular del río Nilo proporcionaba un suministro relativamente estable de alimentos y ofrecía cierto grado de protección contra las hambrunas que sufrían otras poblaciones del antiguo Cercano Oriente.

CAPÍTULO 3

LA ESTANCIA EN EGIPTO Y EL ÉXODO

EL LIBRO DE GÉNESIS TERMINA CON LAS palabras «en Egipto». Esas dos palabras resumen la situación, la posición y la ubicación del pueblo hebreo. Al final de Génesis, José y su familia vivían en Egipto. La época de José concuerda con un momento del período del Bronce Medio II (2000-1550 a. C.). Según la Biblia, los hebreos estuvieron en Egipto por lo menos 400 años, primero como hombres libres, por poco tiempo, y luego como esclavos durante mucho tiempo (Gn. 15:13; Éx. 12:40). Su partida luego de cuatro siglos tuvo lugar durante la Edad del Bronce Tardío (1550-1200). La fecha exacta del éxodo es objeto de constante debate (ver discusión en la p. 88). En Egipto, la Edad del Bronce Tardío generalmente coincide con el Imperio nuevo y, en particular, con las dinastías XVIII y XIX (1550-1197 a. C.; ver mapa 3-1, p. 78).

LA DINASTÍA XVIII DE EGIPTO (1550-1307 A. C.)

En la segunda mitad del siglo XVI a. C. la prosperidad de Egipto iba en aumento. El primer faraón de la dinastía XVIII fue Amosis I (1550-1525 a. C.). Era bien conocido por haber terminado el trabajo de su predecesor Kamose al expulsar a los hicsos de Egipto. Después de su victoria sobre los hicsos, continuó la campaña en Palestina, donde combatió por varios años. También se adentró en Nubia hasta la tercera catarata. Este fue un período de expansión egipcia. Amosis I dejó a sus sucesores un estado egipcio unificado con una economía estable. Su hijo Amenofis I (1525-1504 a. C.) puede haber extendido la influencia egipcia aún más al sur, pero se sabe muy poco de los acontecimientos durante su reinado.

Tutmosis I (1504-1492 a. C.), el siguiente faraón, no era hijo de Amenofis I, sino que se casó con alguien de la familia. Sus hazañas militares fueron extraordinarias y la expansión territorial que logró fue mayor que la de cualquier otro faraón egipcio. En los primeros años de su reinado su ejército alcanzó el río Éufrates, en el norte, y la cuarta catarata del Nilo en el sur. Sus campañas en territorio Mitanni en el Eufrates marcaron el inicio del dominio egipcio sobre un imperio de vasallos asiáticos que se mantendría durante la dinastía XVIII. Los estados vasallos de Siria y Palestina (Canaán) estaban ligados al gobernante egipcio por pactos y le pagaban tributo. Los egipcios mantuvieron una presencia militar mínima en Palestina; solo posicionaron allí a unos pocos altos funcionarios para supervisar las rutas comerciales y el acceso a las materias

3-1. El Cercano Oriente durante la Edad del Bronce Tardío, c. 1550-1200 a. C. (Génesis 46–50; Éxodo 1). El Cercano Oriente estaba dominado por tres reinos: el egipcio, el mitanni y el hitita. Los tres se disputaban la influencia sobre Canaán, Siria y las regiones del norte de Siria alrededor de Ugarit y Alepo.

primas. Por supuesto, debido a su tamaño, Egipto tenía un gran ejército permanente en ese momento.

El reinado de Tutmosis II (1492-1479 a. C.) dejó pocas huellas. Lo sucedió su hijo Tutmosis III (1479-1425). Aunque el trono pasó directamente a Tutmosis III, Hatshepsut, esposa de Tutmosis II y madrastra de Tutmosis III, gobernó como corregente durante un año. Toleró ese papel por breve tiempo y luego se autoproclamó «faraón» de todo Egipto. Hatshepsut controló Egipto durante poco más de 20 años (1479-1458 a. C.) porque contaba con el apoyo de los sacerdotes de Amón y de una coalición de nobles encabezada por Senenmut. Después de su muerte, Tutmosis III demostró ser un faraón capaz. Como brillante militar, condujo varias campañas en el Cercano Oriente y reconquistó zonas de Palestina que recientemente habían quedado al margen de la supervisión egipcia. En los últimos años de su reinado, Tutmosis III hizo de su hijo Amenofis II (1427-1401 a. C.) su corregente. Los siguientes reinados de Amenofis II, Tutmosis IV (1401-1391) y Amenofis III (1391-1353) fueron períodos bastante prósperos y pacíficos para Egipto.

Durante la dinastía XVIII, el culto religioso dominante en Egipto era el culto real de Amón-Ra. Sus sacerdotes alcanzaron una posición central en todo el país y a menudo suprimieron los cultos de otras deidades. El culto de Amón-Ra recibía dinero de la casa real y la esposa del rey servía a menudo como sacerdotisa. Su templo principal estaba en Karnak (Tebas). La importancia política del culto de Amón-Ra no debe ser subestimada. Por ejemplo, el culto acumuló una riqueza que solo era superada por la de la familia real. Con ese trasfondo, el reinado del siguiente faraón es muy llamativo, Amenofis IV (1353-1335 a. C.).

Amenofis IV comenzó su reinado nombrándose a sí mismo sumo sacerdote del dios sol, Atón, cuyo símbolo era un disco solar. En su quinto año de gobierno cambió su nombre a Akenatón («beneficioso para Atón») y comenzó a construir una nueva capital en Amarna. Akenatón adoraba solamente al dios sol Atón. Suprimió la adoración de todos los demás dioses en su reino e intentó barrer con los antiguos cultos al eliminar la casta sacerdotal. Más adelante suprimió el uso de la forma plural «dioses» en la copia y la escritura de textos religiosos. Impuso una revolución desde arriba al pueblo de Egipto. Algunos historiadores sostienen que Akenatón no era un monoteísta, sino más bien un henoteísta (alguien que adora a un dios sin negar la existencia de otros dioses), pero probablemente no es así. Akenatón se aferró a un monoteísmo inflexible que negaba a otros dioses. En Egipto se ganó el nombre de «el faraón hereje».

La etapa final de la dinastía XVIII fue un período de desorden. La sucesión al trono estuvo en duda. El sucesor inmediato de Akenatón parece haber sido Semenejkara (1335-1333 a. C.), cuyo breve reinado fue seguido por el de Tutankamón. Tutankamón comenzó a gobernar a la edad de nueve años. Hay indicios de que Tutankamón y sus consejeros intentaron restaurar la grandeza de la primera etapa de la dinastía. Durante su reinado, Amarna fue abandonada y la capital regresó a Tebas. El Edicto de la restauración de Karnak dice que los santuarios abandonados se estaban reparando y que se tomaban otras medidas para restablecer la confianza en Egipto. Sin embargo, Tutankamón murió antes de poder revertir todas las políticas de Akenatón. Su reino duró solamente diez años (1333-1323 a. C.). Una muestra de la confusión de la época es que la viuda de Tutankamón, Ankesenamen, escribió una carta al rey hitita para que enviara a uno de sus hijos para casarse con ella y convertirse en faraón. Los hititas enviaron un príncipe, pero fue asesinado de camino a Egipto. Un tal Ay tomó el poder en Egipto por poco tiempo (1323-1319); hay alguna evidencia de que era el abuelo de Ankesenamen y que se casó con ella para poder subir al trono.

El último rey de la dinastía XVIII fue Horemheb (1319-1307 a. C.). Su principal logro fue la restauración de los templos que Akenatón había destruido. Desmanteló los templos de Akenatón en Karnak y optó por realizar sus propias construcciones allí. Devolvió el orden al país.

DINASTÍA XIX DE EGIPTO (1307-1196 A. C.)

Ramsés I gobernó durante solo un año (1307-1306 a. C.) y fue sucedido por su hijo Seti I (1305-1290). En su primer año Seti I comenzó una serie de campañas militares para restablecer y proteger las regiones de Siria y Palestina. Los principales registros de sus campañas se encuentran en Karnak. Si el relato de sus expediciones es preciso, parece haber tenido éxito en la mayor parte de la zona controlada por Egipto durante la dinastía XVIII. Dos estelas encontradas en Bet-seán en Palestina corroboran el éxito de sus campañas en esa zona. Seti I también fue un constructor incansable: el monumento más impresionante de su reinado fue el complejo de templos de Abidos. También reparó muchos monumentos y trató de eliminar de ellos el recuerdo de Akenatón. En los últimos años de su reinado, Seti I nombró a su hijo Ramsés II como corregente.

El largo reinado de Ramsés II (1290-1224 a. C.) se caracterizó por dos cosas: la actividad constructiva y la guerra. Sus construcciones superaron a las de cualquier otro gobernante en la historia de Egipto. Construyó más edificios y estatuas colosales que cualquier otro faraón egipcio, e incluso hizo grabar su nombre en muchos monumentos más antiguos. Entre los impresionantes monumentos de su época están la sala hipóstila en Karnak, el Ramesseum y el templo excavado en la roca de Abu Simbel. Ramsés II también trasladó la capital a una nueva ubicación en el delta del Nilo llamada Pi-Ramsés.

El segundo aspecto importante del reinado de Ramsés II fue su conflicto con los hititas en Siria. En el quinto año de su gobierno, el faraón egipcio se enfrentó a Muwatalli II, el rey hitita, en la batalla de Qadesh, en el valle del río Orontes. Este enfrentamiento era inevitable, pues ambas naciones intentaban controlar el mismo territorio de Siria. El relato egipcio de la batalla, redactado en un gran estilo épico, le atribuye una resonante victoria a Ramsés II. Sin embargo, los registros hititas muestran una historia diferente: cuentan que los egipcios fueron derrotados en Qadesh y se retiraron a la zona de Damasco. Muchos estudiosos creen que el relato hitita es más exacto. En realidad, el resultado de la batalla parece no haber sido decisivo, sino poco más que un empate. En los años siguientes se produjeron nuevos enfrentamientos entre los hititas y los egipcios; a este período le siguió una tregua que culminó en un tratado oficial en el vigésimo primer año del reinado de Ramsés II. El tratado fue suscrito entre el faraón egipcio y el rey Hattusili III, hermano de Muwatalli II; copias de él sobreviven tanto en documentos egipcios como hititas. En el trigésimo cuarto año de su reinado, Ramsés II se casó con una hija de Hattusili III. La paz entre los dos países continuó durante más de 50 años.

Ramsés II sobrevivió a muchos de sus hijos y fue sucedido por el decimotercero, Merenptah (1224-1214 a. C.). Al principio y a lo largo de su reinado, Merenptah tuvo que enfrentar la agresión libia al delta occidental del Nilo; la infiltración había comenzado ya en el reinado de Seti I, pero bajo el suyo alcanzó un punto crítico. Aliados con los libios en su invasión había cinco grupos de «pueblos del mar» cuyos nombres tribales sugieren un origen egeo (ver «La migración de los pueblos del mar», p. 113). En 1220 a. C. Merenptah derrotó a esta coalición y expulsó a los pueblos del mar de las tierras egipcias; algunos de estos grupos terminaron asentándose en la llanura costera del sur de Palestina y llegaron a ser conocidos como los filisteos. En el templo mortuorio de Merenptah, en Tebas, se colocó una estela de la victoria en conmemoración de este acontecimiento. Y, lo más importante, en este monumento se descubrió la primera mención del nombre «Israel» en la literatura extrabíblica. En medio de las jactancias por su victoria, Merneptah expresó lo siguiente: «Israel está devastado, su semilla no lo está». En esta parte de la estela, Merneptah menciona numerosos nombres de grupos que había derrotado, como Hatti y Canaán, pero «Israel» es el único nombre escrito con un jeroglífico que significa pueblo en lugar de tierra.

Esto puede indicar que en ese momento, c. 1220 a. C., Israel aún no se había asentado completamente como nación en la tierra de Palestina. En otras palabras, Israel estaba todavía en el proceso de conquistar y colonizar ese territorio, posiblemente durante el período de los jueces.

La dinastía XIX finalizó con luchas por la sucesión y con el breve gobierno en solitario de una reina-faraón llamada Tausert (1198-1196 a. C.). Fue un período de desorden que terminó en una guerra civil. Por lo tanto, dos de las grandes dinastías de la historia egipcia sucumbieron con un gemido.

CANAÁN EN LA EDAD DEL BRONCE TARDÍO (1550-1200 A. C.)

Cuando Amosis I (1550-1525 a. C.) finalizó la expulsión de los hicsos de Egipto, logró la estabilidad económica y reunificó el país. También fortaleció al ejército. Este restablecimiento del poder egipcio generó un renovado interés en Palestina. Amosis mismo cruzó el desierto del Sinaí, se acercó a la llanura costera meridional de Palestina y sitió a las tropas de los hicsos en Saruhén. Durante los siguientes 70-80 años las fuerzas egipcias hicieron incursiones esporádicas en Canaán. Sin embargo, no fue hasta el reinado de Tutmosis III (1479-1420 a. C.) que el dominio egipcio se consolidó plenamente en toda Palestina. A partir de ese momento, la historia de Canaán estuvo estrechamente ligada y determinada por la actividad egipcia en la zona. En gran medida, las ciudades-estado cananeas estaban bajo el dominio del poder egipcio, lo que dio lugar al deterioro de la cultura cananea.

Extremadamente útil para reconstruir la cultura y la historia de la Edad del Bronce Tardío en Canaán fue el descubrimiento de tablillas con escritura cuneiforme en el sitio de «el-Amarna» en Egipto. La colección incluye 349 tablillas que formaban parte de la correspondencia diplomática de los faraones egipcios Amenofis III (1391-1353 a. C.) y Amenofis IV/Akenatón (1353-1335) con otros reyes y con vasallos egipcios. Los vasallos egipcios estaban ubicados principalmente en Palestina y Siria. De estas cartas se pueden sacar algunas conclusiones generales con respecto a la tierra de Canaán en ese momento. En primer lugar, está claro que el área se dividió en ciudades-estado y que cada ciudad-estado controlaba un gran territorio. En segundo lugar, las ciudades-estado a menudo unían sus fuerzas para repeler a un enemigo (Gn. 14:1-16; Jos. 10:1-5). Algunas de las cartas de Amarna eran solicitudes de ayuda de ciudades-estado a la corte en Egipto. El gobierno egipcio estableció una jerarquía de funcionarios que administraban los estados vasallos. Algunos de estos centros administrativos estaban ubicados en Gaza, Bet-seán y Jope. Uno de los deberes de los funcionarios egipcios era recoger el tributo e incorporarlo al tesoro de Egipto.

La correspondencia de Amarna menciona algunos grupos de Canaán por su nombre. Uno de los grandes peligros para las ciudades-estado cananeas era un grupo llamado los habiru. Estas personas no tenían tierra ni ciudadanía permanente y se dice que atacaban a las ciudades-estado de vez en cuando. Algunos historiadores han intentado identificar a este grupo con los hebreos, pero no han tenido éxito. El nomadismo y el seminomadismo generalizados prevalecían en el área en ese momento, especialmente en la franja desértica y en las zonas montañosas. Los egipcios dieron un nombre general a estos grupos errantes, a saber, los shasu. En épocas de sequía o hambruna, estos grupos se tornaban peligrosos para la vida sedentaria y los cultivos de las ciudades-estado.

Los restos materiales de este período en Canaán reflejan una disminución de la población y de la densidad de los asentamientos en comparación con el período anterior del Bronce Medio II. Algunos de los lugares que habían sido importantes centros urbanos fueron abandonados o se encontraban escasamente poblados durante la Edad del Bronce Tardío. En realidad, Canaán no estaba urbanizado durante el período. Existen pocas pruebas del establecimiento de nuevas ciudades. También hubo una disminución en los asentamientos rurales, pues la mayoría de la población en el área eran pastores de ovejas. La explotación económica y militar de Canaán durante más de 300 años, las luchas internas de las ciudades-estado cananeas y el acoso constante de los invasores externos provocaron el deterioro gradual de la sociedad y la cultura cananeas. De alguna manera, la tierra de Canaán estaba madura para que una fuerza externa entrara y la conquistara.

LA VIDA EN EL ANTIGUO EGIPTO

Cuando los hebreos llegaron a Egipto en el período del Bronce Medio II (2000-1550 a. C.), y luego permanecieron durante 400 años en la esclavitud, entraron en contacto con una forma de vida y pensamiento que era en gran medida extraña para ellos. La visión del mundo y de la vida de los egipcios difería mucho de las creencias de los cananeos y los mesopotámicos. Los antiguos egipcios creían que la vida se originaba en aguas primordiales preexistentes (Nun). De estas aguas aparecieron por primera vez las «colinas primigenias», islas en forma de montículos o colinas. Según el mito egipcio, el dios creador Ra, el dios sol, entró en el universo mediante la autocreación. Luego estableció orden en el caos al tomar el control de los ocho dioses preexistentes, que simbolizaban el caos.

Ra entonces llamó a la existencia a otros dioses, cada uno de los cuales, como él, personificaba diferentes elementos de la naturaleza.

El sol (representado por el dios Ra) era el objeto más importante de la antigua filosofía egipcia. Los egipcios creían que el sol viajaba cada noche al inframundo (la muerte) y luego renacía cada día de las aguas de Nun, la fuente de la vida. Este énfasis en el renacimiento diario del sol evidencia una visión estática del tiempo y de la historia. Los antiguos egipcios creían que el orden cósmico (llamado *ma'at*) había sido firmemente establecido en el momento de la creación y que se mantenía a lo largo de la historia posterior. Por supuesto, el orden natural de las cosas se veía interrumpido por sucesos caóticos como la muerte de un faraón o una tormenta catastrófica. Pero tales acontecimientos eran fugaces y no perturbaban profundamente la armonía ni el orden (*ma'at*) de la creación.

3-1. Ataúd antropoide de arcilla de los siglos XIV–XIII a. C. Es quizás el ataúd de un funcionario egipcio que sirvió en Canaán durante la Edad del Bronce Tardío.

Se pensaba que todo el orden natural reflejaba el *ma'at*. Por ejemplo, existía el ritmo natural del tiempo. En él, las estaciones pasaban continuamente de la primavera (el nacimiento) al verano y al otoño (la vida) y luego al invierno (la muerte). Los objetos dentro de la naturaleza seguían un patrón similar. El río Nilo, del que Egipto dependía para su existencia, inundaba la tierra cada año. La vida de las plantas tenía un ciclo anual idéntico. Incluso los seres humanos vivían de acuerdo con un patrón recurrente: nacimiento, vida y muerte. En consonancia con la visión estática de la realidad, los antiguos egipcios creían que la muerte no era el fin de la vida, sino que la vida podía ser eterna. Debido a esa perspectiva, pusieron gran énfasis en preservar a los muertos con un aspecto lo más cercano posible al que tenían en vida. La supervivencia del cuerpo era necesaria para una existencia más allá de la muerte. Por consiguiente, se ha descubierto una rica evolución de las prácticas de enterramiento (momificación, tumbas elaboradas, etc.; ver imagen 3-1).

La vida de la nación, incluidas las esferas religiosa, económica y social, estaba directamente relacionada con el concepto de *ma'at*. Al organizar su vida para que estuviera en armonía con el *ma'at*, los egipcios creían que sus posibilidades de éxito en cualquier proyecto mejorarían en gran manera. Por ejemplo, cuando se coronaba a un nuevo faraón, la ceremonia se programaba de modo habitual para el comienzo del ciclo natural, lo que significaba el nacimiento, con el fin de proporcionarle al nuevo gobernante un punto de partida favorable. Además, el día de Año Nuevo, al señalar el comienzo del orden natural, era considerado como la celebración más importante en Egipto.

El faraón se encontraba en el centro de la vida egipcia. Su deber era mantener el *ma'at*, pues él mismo era considerado la personificación del orden universal. Cada faraón tenía la obligación de restablecer y reafirmar el *ma'at* al momento de su llegada al trono. Las fuerzas del caos podían alterar el *ma'at*, así que con la llegada de un nuevo faraón, el orden tenía que ser restaurado. Restaurar y mantener esta armonía eran imperativos para el gobernante egipcio, pues eran tareas que le correspondían a su cargo como hijo de Ra y dios-rey.

LAS PLAGAS EN EGIPTO

Al final de sus 400 años de esclavitud en Egipto, Dios envió a Moisés para liberar a los hebreos de la servidumbre. El medio para alcanzar esta liberación fueron diez plagas que Dios hizo caer sobre el país a través de Moisés. Cuando el Señor golpeó a Egipto con las diez plagas desestabilizó completamente el *ma'at*, el orden universal de la creación. Fue un desafío directo al poder y la soberanía del faraón: ¿podría él mantener el *ma'at* o no? ¿Podría mantener unido el universo y contener el poder del Dios de los hebreos? Que no pudiera hacerlo pone de relieve el propósito fundamental del relato de las plagas: destruir el concepto básico del *ma'at* al mostrar que el faraón era impotente ante el Señor. El relato de las plagas desenmascaró al faraón. No era una deidad y ciertamente no controlaba el funcionamiento del universo.

La antigua literatura egipcia y el éxodo

Muchos de los acontecimientos del éxodo hebreo de Egipto se asemejan a relatos de la literatura egipcia. Por ejemplo, al considerar la división del mar Rojo es importante notar que los egipcios tenían su propio relato de cómo un sacerdote había separado una gran masa de agua. El Papiro de Westcar, un conjunto de historias que detallan las maravillas realizadas por los sacerdotes lectores egipcios en los días del faraón Keops, habla de un aburrido faraón llamado Seneferu que convocó al escriba y lector principal Djadjaemonkh para que le aconsejara cómo divertirse. El sacerdote le sugirió navegar por un lago en un bote impulsado por hermosas remeras desnudas. El faraón disfrutó el paseo hasta que una de las remeras perdió su amuleto en forma de pez al caer en el agua. La remera no aceptó ninguna compensación por su amuleto perdido, así que Seneferu llamó a Djadjaemonkh para que resolviera el asunto con sus artes secretas. A través de palabras mágicas, Djadjaemonkh separó las aguas del lago y encontró el amuleto en forma de pez que yacía sobre un tiesto. Después de haberlo devuelto a su dueña, Djadjaemonkh pronunció otras palabras mágicas que hicieron que el agua del lago volviera a su posición original. Esta historia recuerda el relato bíblico del cruce del mar Rojo. Uno se pregunta si el escritor hebreo pudo haber considerado su relato de este suceso como un paralelo polémico al mito egipcio. El principal sacerdote lector de Egipto puede haber dividido un lago en busca de un amuleto valioso, pero el Dios de los hebreos separó todo el mar Rojo e hizo que una nación cruzara sobre la tierra seca. ¿Quién tenía el poder mayor?

Moisés y Aarón arrojaron una vara ante el faraón y la convirtieron en una culebra, este suceso evoca uno de los textos mitológicos egipcios. La literatura egipcia está llena de ejemplos de magos que realizan hazañas extraordinarias, incluida la transformación de objetos inanimados en animales. Un ejemplo aparece en el Papiro de Westcar. La segunda historia habla de un sacerdote lector llamado Webaoner quien hizo un cocodrilo de cera que cobró vida cuando lo arrojó a un lago. Más adelante, Webaoner se inclinó, lo recogió y el cocodrilo volvió a convertirse en cera. En Éxodo 7, donde Moisés y Aarón realizaron una hazaña similar, es difícil no concluir que los profetas hebreos derrotaron a los magos egipcios en su propio juego.

La historia egipcia de Sinuhé, del siglo XX a. C. (dinastía XII), cuenta la historia de un funcionario de la corte egipcia que se ve involucrado en la muerte del faraón Amenemhat I (c. 1960 a. C.). Sinuhé escucha por casualidad un complot para matar al faraón, y entonces huye al desierto. Conoce a un jeque, que le suministra agua, y luego viaja a la ciudad de Biblos (Gebal). Allí se casa con la hija mayor del gobernante y prospera en esa tierra de leche y miel. Pasa muchos años en Biblos, tiene éxito y cría a sus hijos. Sin embargo, Sinuhé anhela regresar a Egipto, por lo que va y se presenta ante el faraón. El faraón lo acepta y le otorga un alto rango en la corte. Ha regresado sin su familia, por lo que puede ser enterrado como un verdadero egipcio cerca de su rey. Esta historia tiene muchas similitudes con la huida de Moisés de Egipto (Éx. 2:11-22) y su posterior regreso a esa tierra. Moisés da muerte a un egipcio que probablemente representaba la autoridad del faraón. Huye al desierto y se encuentra con la familia del sumo sacerdote de Madián. Se casa con la hija del sumo sacerdote y pasa muchos años criando a su familia y atendiendo a sus rebaños. Luego regresa a Egipto para presentarse ante el faraón.

Los temas y los motivos de las dos historias son demasiado parecidos como para ser una mera coincidencia. Pero ¿cuál es la relación entre ellos? En este punto, es importante subrayar las diferencias entre los dos relatos, en particular en lo que se refiere a los finales diferentes. En primer lugar, las dos figuras, una vez en el exilio, tienen sentimientos opuestos respecto a Egipto: Sinuhé anhela volver allí; es en verdad un hijo de Egipto. Moisés, en cambio, no siente tal deseo. Evita aceptar su tarea y busca innumerables excusas para no volver. ¡No es un hijo de Egipto! Segundo, Moisés no regresa para obtener el favor del faraón ni para apaciguarlo de alguna manera. No regresa para recuperar su posición en la corte. No vuelve para ser enterrado junto al faraón, ¡sino para enterrar al faraón! Estos dos finales son diametralmente opuestos. El relato hebreo se inspira así en la literatura egipcia comúnmente conocida.

El escritor del Libro del Éxodo conocía bien la literatura egipcia. Constantemente trazó paralelismos entre las historias egipcias y sus relatos en la Biblia. Gran parte de ellos se expresaban como una burla polémica.

3-2. Los nilómetros medían el nivel del agua del río Nilo. El antiguo Egipto dependía de la inundación del Nilo para su sustento. Con la construcción de la presa de Asuán, el Nilo ya no provoca inundaciones, por lo que los nilómetros ya no se utilizan.

Las diez plagas fueron también un ataque al politeísmo básico de los egipcios. Números 33:4 indica una de las razones de las plagas en Egipto: «... también había hecho Jehová juicios contra sus dioses». Uno puede explicar cada una de las diez plagas de este modo polémico. El desastre inicial (Éx. 7:15-25), por ejemplo, estuvo claramente dirigido contra el río Nilo, que en su inundación había sido deificado y personificado como el dios egipcio Hapi. Los egipcios creían que Hapi era un dios de la fertilidad; a través de él, el río Nilo satisfacía las necesidades de las personas. Cuando Dios golpeó el Nilo y lo convirtió en sangre, el río y su dios ya no pudieron satisfacer las necesidades de la gente. En la novena plaga, Dios cubrió con densas tinieblas la tierra de Egipto por tres días (10:21-29). Este fue un claro ataque contra el dios principal de los egipcios, Amón-Ra, que se personificaba con el sol. Para los egipcios, cuando Amón-Ra se levantaba por el este simbolizaba la nueva vida y la resurrección y cuando se ponía por el oeste simbolizaba la muerte y el inframundo. El Señor oscureció el sol y Amón-Ra permaneció escondido e incapaz de brillar sobre sus adoradores. Las diez plagas fueron una burla al politeísmo egipcio en su máxima expresión.

LA SALIDA DE EGIPTO

El relato del éxodo de Egipto y del viaje a Canaán aparece en varias partes del Pentateuco: Éxodo 12–19, Números 10–12; 33 y Deuteronomio 10. El problema al que se enfrentan los historiadores cuando estudian estos pasajes es que se desconoce la ubicación de muchos de los lugares mencionados. Esta incertidumbre se ve agravada porque muchos de estos sitios, especialmente los de la península del Sinaí, tienen ahora nombres árabes. Además, no se han descubierto restos físicos en el Sinaí que indiquen la ruta de los hebreos. Las pruebas pueden estar allí, pero ha habido poco trabajo arqueológico en esa dirección. Para hacer las cosas aún más difíciles, algunos de los nombres que aparecen en los relatos reflejan sucesos notables ocurridos a los hebreos durante su viaje y, por lo tanto, no se esperaría que fueran mencionados en la literatura. No es de extrañar que los eruditos estén en desacuerdo en cuanto a la ruta de Israel desde Egipto hasta la tierra prometida (ver mapa 3-2). Gran parte de ello aún es una conjetura.

De Egipto al desierto

Según Éxodo 1:11, los hebreos, mientras estuvieron en Egipto: «... edificaron para Faraón las ciudades de almacenaje, Pitón y Ramesés». Y, según Números 33:3, 5, Ramesés (también escrito «Ramsés») fue el lugar de partida de los hebreos en su salida de Egipto; la ciudad parece haber sido el hogar principal de los esclavos hebreos durante su servidumbre. Hoy en día se acepta ampliamente

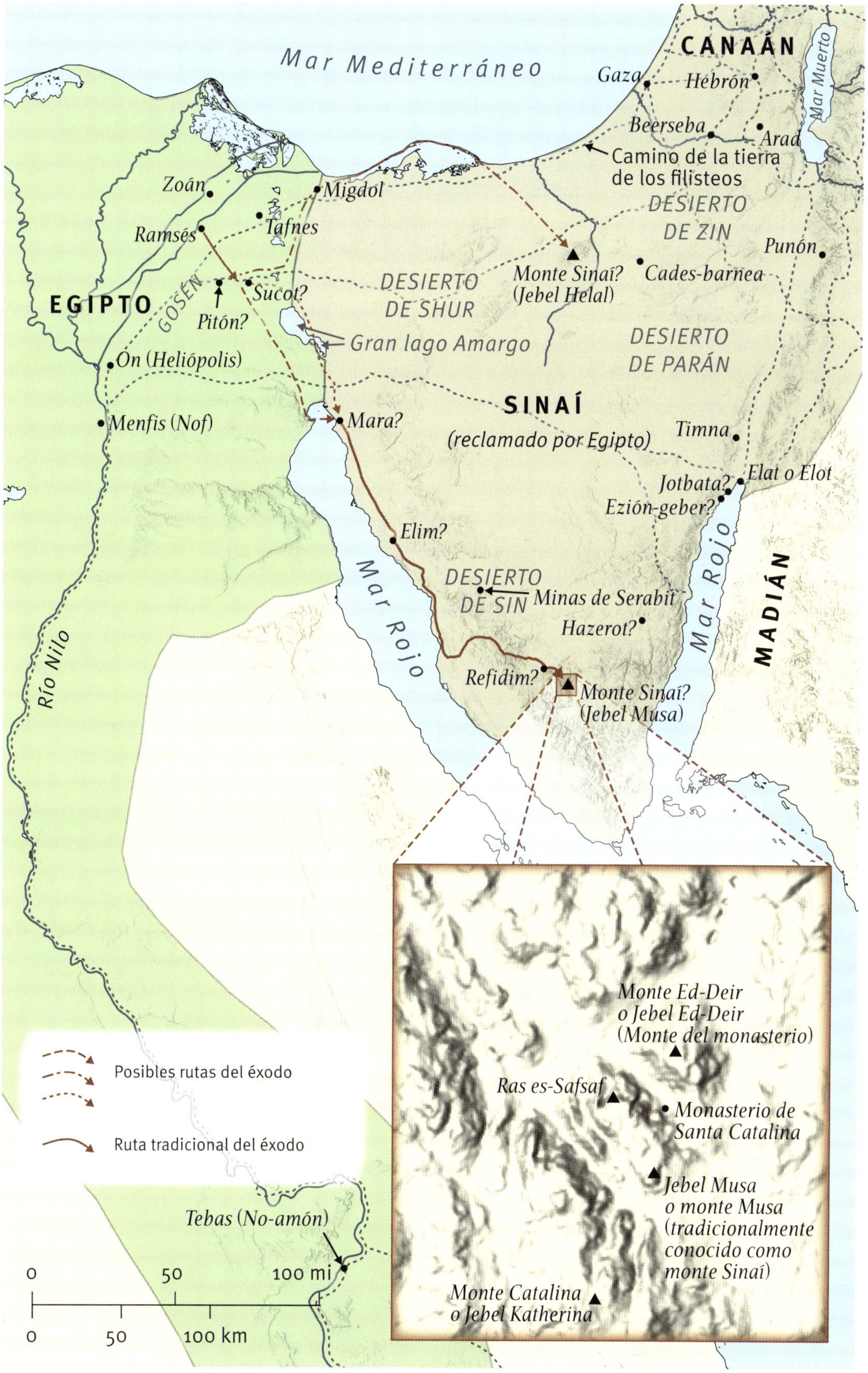

3-2. El éxodo de Egipto, c. 1446 a. C. o c. 1260 a. C. (Éxodo 1–20). Aunque la milagrosa liberación de Egipto y el viaje al monte Sinaí son sin duda los acontecimientos más definitorios de la historia de Israel, los detalles relacionados con estos dos acontecimientos son muy debatidos entre los estudiosos de la Biblia. Sin embargo, la mayoría de ellos continúa favoreciendo alguna variación de la ruta tradicional, según la cual los israelitas viajaron hacia el sur a lo largo del mar Rojo hasta que llegaron al monte Sinaí, comúnmente ubicado en Jebel Musa.

la creencia de que Ramesés se encuentra en Qantir (Tell el-Daba), aproximadamente a 17 millas (27 km) al suroeste de Tanis. Las excavaciones realizadas en el sitio durante los últimos 25 años del siglo XX han confirmado esta ubicación (ver imagen 3-3). Qantir fue una ciudad importante en el delta oriental del Nilo durante el segundo milenio a. C. Durante el Segundo Período Intermedio (1640-1532 a. C.) la ciudad fue testigo de una afluencia masiva de extranjeros, y probablemente sirvió como capital de los gobernantes hicsos (dinastía XV). En la dinastía XIX del Imperio nuevo, Ramsés II realizó muchas construcciones en el lugar. Empleaba mano de obra extranjera y la mayoría eran esclavos. Las excavaciones en Qantir han descubierto una fábrica de baldosas esmaltadas; algunas de esas baldosas llevan el nombre de faraones como Seti I y Ramsés II. Varios óstracos descubiertos en la fábrica contienen el nombre de Ramsés.

3-3. Excavaciones en Tell el-Daba en Egipto. Se cree que la ciudad es la antigua Avaris que sirvió como capital de los gobernantes hicsos, de origen asiático.

La primera parada registrada en la Biblia luego de la partida fue Sucot (Éx. 12:37; Nm. 33:5). El nombre Sucot, derivado del egipcio *tkw* (Tjeku), se ha encontrado en numerosos monumentos de Tell el-Maskhuta. El problema de identificar a Sucot con este sitio es que Tell el-Maskhuta no tuvo ocupación urbana hasta los siglos VII y VI a. C., es decir, muchos siglos después del éxodo. Se ha sugerido que el nombre Sucot originalmente se refería a una región en el área de Uadi Tumilat en Egipto y que luego se ubicó de manera particular en Tell el-Masjuta. O tal vez la ciudad simplemente no se ha encontrado aún.

Un texto egipcio del siglo XIII a. C., titulado Papiro Anastasi V, puede ayudar a determinar la ruta tomada por los hebreos para salir de Egipto. El texto habla de dos esclavos que huyen de Egipto hacia el desierto y se mencionan tres topónimos: «Llegué a la muralla de Tjeku (Sucot) en el tercer mes de la tercera estación [...] al sur [...]. Cuando llegué a *htm*, me dijeron que el explorador había venido del desierto [y dijo que] habían pasado por el recinto amurallado al norte de Migdol». Si Tjeku (Sucot) era la región de Uadi Tumilat, entonces los esclavos se dirigieron de allí a *htm*, que puede ser el lugar llamado Etam en la Biblia. Luego escaparon a Migdol, que parece haber estado en el borde del desierto. La ruta de escape, de Sucot a Etam y de allí a Migdol, es similar a la seguida por los hebreos (ver Nm. 33:6-7). Esto puede indicar que los hebreos salieron de Egipto hacia el desierto por una ruta de escape común.

Quizás los hebreos huyeron hacia el sur porque el límite oriental de Egipto estaba protegido por un enorme canal que al parecer iba desde Pelusium en el mar Mediterráneo hasta el lago Timsah, justo al este de Uadi Tumilat. El canal, construido durante el Primer Período Intermedio (2134-2040 a. C.) o el Imperio medio (2040-1640), medía 65 pies (20 m) de ancho en la parte inferior y 230 pies (70 m) de ancho a nivel de superficie (ver mapa R-9, p. 278). Su función principal era la defensa y la contención, es decir, mantener a los asiáticos fuera y a los esclavos dentro. En esta reconstrucción del recorrido, los hebreos habrían dejado Sucot, la región del Uadi Tumilat, y habrían viajado hacia el sur, hacia Etam y Migdol, en busca de un paso hacia el este, hacia el desierto del Sinaí.

Cuando los hebreos se acercaron a Migdol, la Biblia dice que pasaron por Baal-zefón. Se han presentado numerosas propuestas sobre la ubicación exacta de este sitio, pero ninguna de ellas es satisfactoria. En el itinerario se menciona un lugar llamado Pi-hahirot que se encontraba frente o cerca de Baal-zefón (Nm. 33:7). Su identidad también es incierta. Una pista sobre su ubicación la puede dar el significado de su nombre, que al parecer es una forma hebraica del original *Pi-hiriti* en acadio, lo cual significa literalmente «la boca o la abertura de un canal». Como se mencionó anteriormente, el delta oriental tenía un canal defensivo desde el mar Mediterráneo hasta por lo menos el área de los lagos Amargos y quizás más al sur. Se puede pensar que Pi-hahirot era una abertura o una brecha en el sistema de canales que permitía el paso hacia el desierto en la península del Sinaí.

Después de Pi-hahirot, los hebreos atravesaron el mar hacia el desierto del Sinaí. La ubicación de la travesía es objeto de un gran debate entre los historiadores modernos. El cuerpo de agua que Israel cruzó es frecuentemente mencionado en la Escritura como *yam suph*, lo cual frecuentemente se traduce como «mar de Cañas [o papiro]» porque el término *suph* en el Antiguo Testamento se refiere a las cañas que crecen en las orillas del Nilo (ver Éx. 2:3). Además, la palabra *suph* puede estar relacionada con el término egipcio que significa «planta de pantano». Dado que el papiro no crece a lo largo del mar Rojo ni el golfo de Suez, algunos historiadores concluyen que el *yam suph* debe ser uno de los lagos pantanosos en la región del delta oriental, al norte del mar Rojo. Algunos historiadores hacen referencia al texto egipcio denominado Papiro Anastasi III, que menciona un «lago de papiro/pantanoso» no lejos de la ciudad de Ramesés, y concluyen que este cuerpo de agua debería identificarse con el *yam suph* del relato del éxodo. Esta reconstrucción parece ser la dominante entre los eruditos bíblicos en la actualidad.

Otros historiadores no están de acuerdo con estos argumentos; creen que el *yam sup*h en realidad se refiere al mar Rojo/golfo de Suez. Argumentan que el término *suph* no se relaciona con la palabra egipcia que significa «planta de pantano», sino que se deriva de una raíz semítica que significa «fin». Por lo tanto, el topónimo hebreo para nombrar el lugar del cruce es literalmente «el mar del fin», y esto se refiere a las aguas al extremo sur, al final del territorio, en el mar Rojo. Además, todas las referencia ciertas al *yam suph* en la Biblia son al mar Rojo o a sus extensiones norteñas en los golfos de Áqaba y Suez (por ejemplo, 1 R. 9:26; Jer. 49:21).

Del desierto al monte Sinaí

Los historiadores no están de acuerdo en cuanto a la ruta de los hebreos a través del Sinaí después de haber cruzado las aguas del *yam suph*. Algunos argumentan que habrían intentado escapar por el norte de la península, la ruta más directa y corta hacia Canaán. Esto habría sido a lo largo de la ruta del Gran Tronco, a lo largo de la costa del mar Mediterráneo. Los egipcios llamaban a esta muy transitada vía el «camino de Horus» y la Biblia se refiere a ella como el «camino de la tierra de los filisteos». Sin embargo, los hebreos probablemente no siguieron este camino principal pues los habría puesto en peligro al estar custodiado por una serie de fortines egipcios. Además, la Biblia afirma explícitamente que no fueron en esa dirección: «Y luego que Faraón dejó ir al pueblo, Dios no los llevó por el camino de la tierra de los filisteos, que estaba cerca; porque dijo Dios: Para que no se arrepienta el pueblo cuando vea la guerra, y se vuelva a Egipto» (Éx. 13:17).

Algunos historiadores mantienen la teoría de una ruta central en la cual los hebreos habrían atravesado el desierto desde Egipto hasta el extremo norte del golfo de Eilat, para finalmente llegar al noroeste de Arabia donde estaría ubicado el monte Sinaí.

Aunque no se puede identificar con certeza casi ningún sitio en esta área, la dirección general de la marcha de los hebreos parece estar clara. Después de cruzar el *yam suph*, probablemente giraron hacia el sursudeste y viajaron por la costa occidental de la península del Sinaí a lo largo del mar Rojo / golfo de Suez. Números 33:10 confirma este recorrido. Allí se relata que después de cruzar el *yam suph* y acampar en Mara y Elim, acamparon junto al *yam suph* (mar Rojo). En otras palabras, los hebreos habrían pasado por la parte norte del golfo de Suez, acamparon y partieron dos veces, y luego acamparon en un lugar más al sur junto al mar Rojo. Esta ruta hacia el sur era bien conocida y era la principal vía que tomaban las expediciones mineras egipcias durante los Imperios medio y nuevo (hacia los siglos XX-XII a. C.). Los semitas trabajaban en estas minas y tal vez participaban en las expediciones egipcias a esa zona. Con toda seguridad, los hebreos, que habían estado en Egipto durante mucho tiempo, habrían conocido esta ruta, posiblemente de primera mano. Era posible evitar un choque entre ellos y los egipcios pues era un camino estacional: los egipcios lo usaban sobre todo durante los meses de enero a marzo, mientras que los israelitas no habrían atravesado la zona hasta después de abril.

En Números 33:12-13 se menciona un lugar llamado Dofca. Algunos historiadores han considerado que el nombre significa «fundición» y lo han identificado con el centro minero egipcio de Sarabit al-Jadim. Este yacimiento minero se encuentra al este del mar Rojo, en la ruta sur propuesta para el éxodo de Egipto.

En el monte Sinaí Moisés recibió los diez mandamientos (Éx. 19–20) e Israel, como nación, confirmó su pacto con el Señor (Éx. 24). Se han hecho numerosas sugerencias respecto a la ubicación del campamento hebreo en el monte Sinaí. Los partidarios de la ruta sur sostienen que el monte Sinaí se encuentra en uno de los siguientes lugares: Ras Safsafa, monte Serbal, monte Catalina o Jebel Musa. Todos son sitios tradicionales. La mayor parte de la tradición cristiana parece considerar que Jebel Musa («monte de Moisés») es el monte Sinaí (ver fotografía 3-4; y mapa 3D 3-A). Aquí los restos se remontan al comienzo del período bizantino. Sin embargo, la realidad es que simplemente no conocemos la ubicación del monte Sinaí.

LA FECHA DEL ÉXODO DE EGIPTO

Determinar la fecha del éxodo de los hebreos de Egipto es un asunto complejo y espinoso. Los historiadores bíblicos normalmente sitúan el éxodo en uno de dos períodos: la fecha tardía, en la primera mitad del siglo XIII a. C.; o la fecha temprana, en la segunda mitad del siglo XV a. C. Consideraremos estas dos fechas en ese orden.

3-4. Una ubicación tradicional del monte Sinaí. En primer plano se encuentra el Monasterio de Santa Catalina.

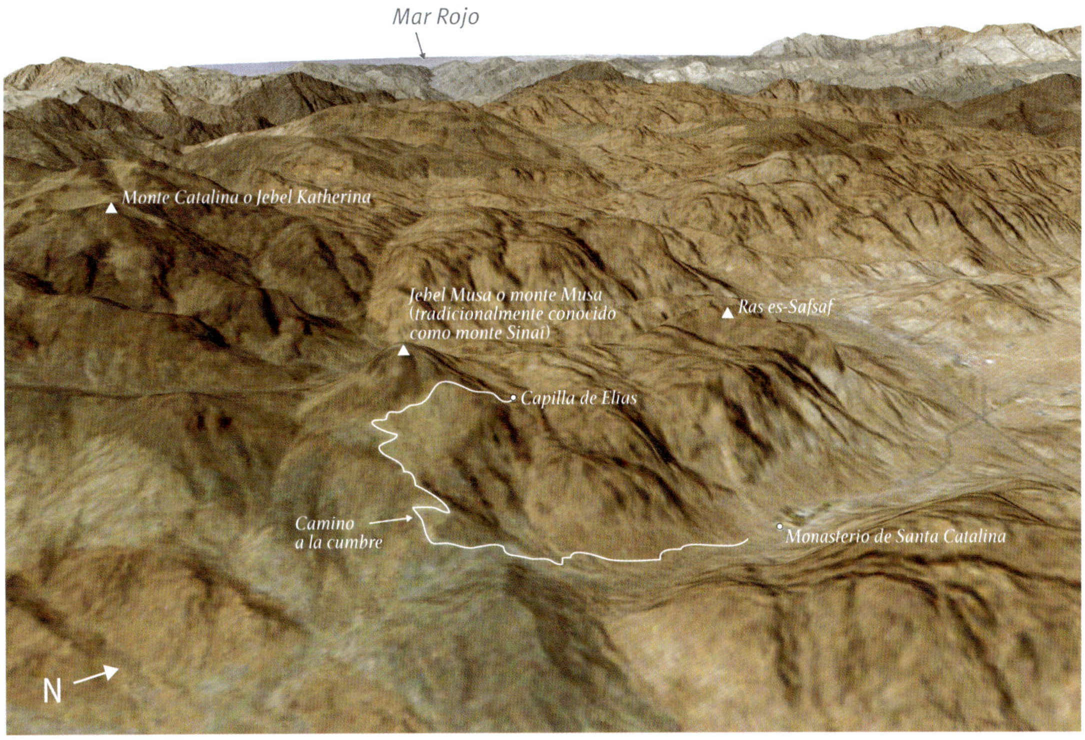

3-A. El monte Sinaí. La mayoría de los estudiosos coincide en que el monte Sinaí, donde Moisés se reunió con el Señor y recibió Sus mandamientos para el antiguo Israel, estaba ubicado en Jebel Musa, en las montañas escarpadas al sur de la península del Sinaí. Posteriormente, el profeta Elías viajaría allí y también se reuniría con el Señor (1 R. 19). La mayoría de los visitantes del lugar (y quizás también Moisés) suben a la montaña por un sendero que comienza cerca del Monasterio de Santa Catalina.

Siglo XIII a. C.

En primer lugar debemos reconocer que los hebreos, como pueblo, no se mencionan directamente en los monumentos ni en los textos egipcios de ninguno de los períodos propuestos para el éxodo. Esto no es de extrañar, pues el suceso fue desastroso para Egipto. Sus textos son notoriamente propagandísticos y proegipcios. Por lo tanto, tenemos que buscar las condiciones en Egipto que serían adecuadas para tal escape.

La situación general de Egipto en el siglo XIII a. C. concuerda con lo que leemos en el Libro de Éxodo. En primer lugar, en los siglos XIV y XIII a. C. hubo grandes proyectos constructivos que requirieron una gran cantidad de mano de obra. Parte de estas construcciones se realizaron en el área del delta del Nilo que colinda con la región de Gosén, la residencia de los hebreos. La construcción en el norte comenzó bajo el faraón Horemheb (1319-1307 a. C.), el último faraón de la dinastía XVIII, y continuó a un ritmo mayor con los faraones de la dinastía XIX (1307-1196).

El mayor constructor de la época fue Ramsés II (1296-1224 a. C.). Su actividad en la región del delta fue descrita por el egiptólogo Kenneth Kitchen de la siguiente manera: «Pero uno de sus primeros actos fue proclamar la fundación de una nueva capital (Pi-Ramsés, "Dominios de Ramsés") alrededor del palacio de verano de su padre en el norte de Avaris. Esta, la "Residencia del delta" de los faraones de la época ramésida, fue la Rameses de Éxodo 1:11. Fue construida a lo grande. En cada uno de los cuatro puntos cardinales se erigieron grandes templos de piedra a los dioses [...]. El gran palacio real era de ladrillo con entradas de piedra, sus salones relucientes con una decoración de baldosas esmaltadas. Las casas de ladrillo y las villas de los príncipes reales y los altos funcionarios se agrupaban en las cercanías. Oficinas, cuarteles, almacenes y depósitos...».[1] Las excavaciones en Tell el-Daba han confirmado que es el sitio de Ramsés. Justo al norte, se halló una fábrica que producía baldosas esmaltadas para la ornamentación. Los nombres de varios faraones, incluido el de Ramsés II, se han encontrado en algunas de estas baldosas.

No fue hasta el siglo XIII a. C. que Egipto comenzó a perder el control sobre la provincia de Canaán. Este fue un período de gran agitación en el Cercano Oriente, con las invasiones de los pueblos del mar y los libios en la costa de Palestina. Antes

1. *The Bible in Its World* (InterVarsity Press, 1977), pp. 76-77.

de este siglo, a partir de 1550 a. C., los poderosos faraones egipcios mantuvieron un fuerte control sobre Canaán. El siglo XIII habría sido más propicio para la huida de Israel de Egipto y la posterior conquista de Canaán.

En el siglo XIII a. C. aumentó mucho el número de asentamientos en las regiones montañosas de Canaán. Los historiadores difieren en cuanto a la causa de este incremento tan grande. Hoy existen cuatro posiciones básicas al respecto. Describiremos brevemente cada una de ellas.

Teoría de la migración pacífica. Esta posición argumenta que el incremento de los asentamientos en Canaán se debió a una infiltración gradual de hebreos y a un cambio paulatino del seminomadismo a la agricultura. Así que no hubo invasión, solo una penetración pacífica en Palestina.

La conmoción política interna. Esta teoría afirma que los hebreos no penetraron en Canaán desde el exterior. Más bien, lo que ocurrió fue que una parte de la sociedad cananea, el campesinado, se retiró de las ciudades. Este campesinado llegó a convertirse más tarde en los hebreos. El catalizador para su salida de las ciudades cananeas fue una revuelta, o al menos la insatisfacción con los pueblos gobernantes.

Los cananeos rurales. Algunos historiadores sostienen que no hubo infiltración desde el exterior ni una revolución interna. Piensan que el cambio puede haber sido simplemente el resultado de una transformación en los patrones de subsistencia de los cananeos. Estos cananeos abandonaron su entorno urbano y se mudaron a aldeas de pastoreo. Mucho más tarde, se convirtieron en israelitas.

La conquista. Esta es la visión tradicional de que los hebreos invadieron Palestina *en masa* con una campaña de conquista en tres frentes, destruyeron ciudades y se asentaron en varias áreas (principalmente en las tierras altas). Este punto de vista se confirma con las capas de destrucción del siglo XIII a. C. encontradas en Bet-el, Laquis y Hazor. Generalmente, esta reconstrucción de los sucesos coincide con el relato bíblico.

Un análisis de los restos arqueológicos de la Edad del Bronce Tardío en Canaán en comparación con la Edad del Hierro (que comienza alrededor de1200 a. C.), indica una clara ruptura cultural entre los dos períodos. Aquellos que sostienen que el éxodo ocurrió en el siglo XIII a. C. argumentan que la ruptura se debió a la entrada de los israelitas en la tierra y a su conquista de ella.

Siglo XV a. C.

Si bien la fecha del éxodo en el siglo XIII a. C. cuenta con un fuerte apoyo, no está exenta de problemas. Lo primero es cómo tratar ciertos textos bíblicos que parecen indicar que el éxodo ocurrió en un período mucho más antiguo. El mayor dilema es 1 Reyes 6:1, que expresa: «En el año cuatrocientos ochenta después que los hijos de Israel salieron de Egipto, el cuarto año del principio del reino de Salomón sobre Israel, en el mes de Zif, que es el mes segundo, comenzó él a edificar la casa de Jehová». Puesto que la construcción del templo bajo Salomón puede ubicarse razonablemente a mediados del siglo X a. C., el éxodo habría tenido lugar en algún momento durante la segunda mitad del siglo XV.

La genealogía en 1 Crónicas 6:33-37 parece apoyar una fecha temprana para el éxodo. Nombra 18 generaciones que abarcan el período desde Hemán, durante el reinado de David, hasta Coré, durante la época de Moisés. Desde Moisés hasta Salomón habría entonces 19 generaciones, y 480 años (1 R. 6:1) divididos entre 19 generaciones equivalen a un promedio de 25,3 años por generación, lo cual es adecuado. La fecha tardía da solo 15,5 años por generación, que es un lapso de tiempo demasiado corto para ser razonable.

En Jueces 11:26, Jefté menciona que Israel había vivido en Transjordania durante «trescientos años». Si en realidad esta historia de Jefté puede ubicarse en torno al año 1100 a. C., entonces los israelitas comenzaron a asentarse en Transjordania alrededor del año 1400. Esta cronología sería coherente con una fecha para el éxodo en la segunda mitad del siglo XV a. C.

También es problemático que no existan pruebas concretas que vinculen a los israelitas con las capas de destrucción en Bet-el, Hazor y Laquis en el siglo XIII a. C. Además, se debe explicar de alguna manera que no se hayan encontrado capas de destrucción en varios lugares mencionados en la Biblia como destruidos por los israelitas; por ejemplo, en Jericó. Sin embargo, muchos de los que apoyan una fecha temprana creen que Jericó fue en realidad destruida por los invasores israelitas: «A pesar de que el área donde una vez estuvo el muro ya no existe, hay evidencia, por increíble que parezca, de que el muro colapsó, "se derrumbó", según las palabras del relato bíblico de Josué. El análisis estratigráfico de la alfarería, los datos del ScaRaB y la datación por carbono-14 apuntan a la destrucción de la ciudad alrededor del Bronce Tardío I, sobre el año 1400 a. C.».[2]

Los principales problemas con la fecha *temprana* son los siguientes: primero, la Biblia no menciona la dominación egipcia en Canaán, que comenzó en el siglo XV a. C. y duró hasta el siglo XIII a. C., según se evidencia en textos como las cartas de Amarna y en las excavaciones. ¿Cómo puede la Biblia ubicar el éxodo y la conquista alrededor del año 1400 a. C. y sin embargo callar sobre la dominación egipcia de Canaán durante esa etapa? En segundo lugar, la aceptación de la fecha temprana requiere una reestructuración radical de la cronología antigua. Los partidarios de la fecha temprana cambian la fecha generalmente aceptada del comienzo de la Edad del Bronce Tardío de alrededor de 1550 a alrededor de 1420 a. C. (momento en que suponen que ocurrió el éxodo). Sin embargo, tal cambio no parece estar justificado por los hallazgos arqueológicos.

Por ahora, la fecha del éxodo y la conquista deben permanecer como una cuestión pendiente. Se necesitan muchas más pruebas. Coincidimos con Bruce Waltke en que no se puede llegar a un veredicto definitivo «hasta que aparezcan más datos que demuestren irrefutablemente la fecha de la conquista. Si fuera así, cualquiera de las dos fechas es una hipótesis de trabajo aceptable, y ninguna debe afirmarse dogmáticamente».[3]

2. Bryant G. Wood, *Biblical Archaeological Review* (marzo-abril de 1990).

3. «Date of the Conquest», *Westminster Theological Journal* 52/2 (otoño 1990): pp. 181-200.

CAPÍTULO 4

LOS RECORRIDOS EN EL DESIERTO, LA CONQUISTA Y EL ESTABLECIMIENTO

DEL SINAÍ AL ESTABLECIMIENTO

Dios hizo un pacto con Israel en el monte Sinaí y le entregó una ley que incluía los diez mandamientos (Éx. 20). Aquí fue donde el Señor empezó a formar la nación israelita. Él les prometió: «Ahora, pues, si diereis oído a mi voz, y guardareis mi pacto, vosotros seréis mi especial tesoro sobre todos los pueblos; porque mía es toda la tierra. Y vosotros me seréis un reino de sacerdotes, y gente santa» (Éx. 19:5-6). De acuerdo con su llamamiento en el Sinaí, Israel debía ser una «nación santa». El término hebreo para «santo» significa literalmente «apartado o único», así que Dios había reservado dicha nación para que tuviera un pacto con Él. Ningún otro pueblo o reino en la tierra podría alegar algo como eso.

Israel, en parte, llegó a ser un país porque la promesa del pacto afirmaba que ellos poseerían una tierra propia (Éx. 6:4; 32:13). Luego del Sinaí, en Éxodo 33, Dios le ordenó a Moisés que guiara al pueblo durante el viaje: «Anda, sube de aquí, tú y el pueblo que sacaste de la tierra de Egipto, a la tierra de la cual juré a Abraham, Isaac y Jacob [...]una tierra que fluye leche y miel» (vv. 1, 3).

LOS VIAJES DEL MONTE SINAÍ A LOS CAMPOS DE MOAB

Del Sinaí a Cades-barnea

Los israelitas acamparon en el monte Sinaí el vigésimo día del segundo mes del segundo año después de haber salido de Egipto (Nm. 10:11-12). Esta fecha fue 19 días después de que Moisés hizo el censo que se registra en Números 1:1-54; el pueblo había estado en el Sinaí durante casi un año (ver Éx. 19:1). El Señor les ordenó que marcharan en una sola columna (Nm. 10:11-28) con seis tribus liderándola. Los coatitas de la tribu de Leví, que llevaban los objetos sagrados del tabernáculo, siguieron a las primeras seis tribus. Las seis tribus finales siguieron los objetos sagrados. Tal estructura reflejaba la centralidad de los objetos sagrados del tabernáculo para el pueblo de Israel (ver las imágenes en las páginas siguientes).

Números 33 registra el itinerario de Israel desde su salida de Egipto hasta llegar a los campos de Moab. Sin embargo, de los 51 sitios geográficos y características topográficas que menciona el pasaje, solo unos 10 pueden identificarse con certeza. La ruta de Israel desde el monte Sinaí hasta

El tabernáculo y el atrio

El tabernáculo era un templo portátil, una «tienda de reunión», dentro de un atrio móvil (Éx. 25-31; 35-40). Se construyó por el modelo que Yavé le reveló a Moisés en el monte Sinaí y se armó en el desierto mientras Moisés conducía a los israelitas de Egipto a la tierra prometida. El atrio del tabernáculo tenía 150 pies (46 m) de largo y 75 pies (23 m) de ancho para un total de 11.250 pies² (1045 m²).

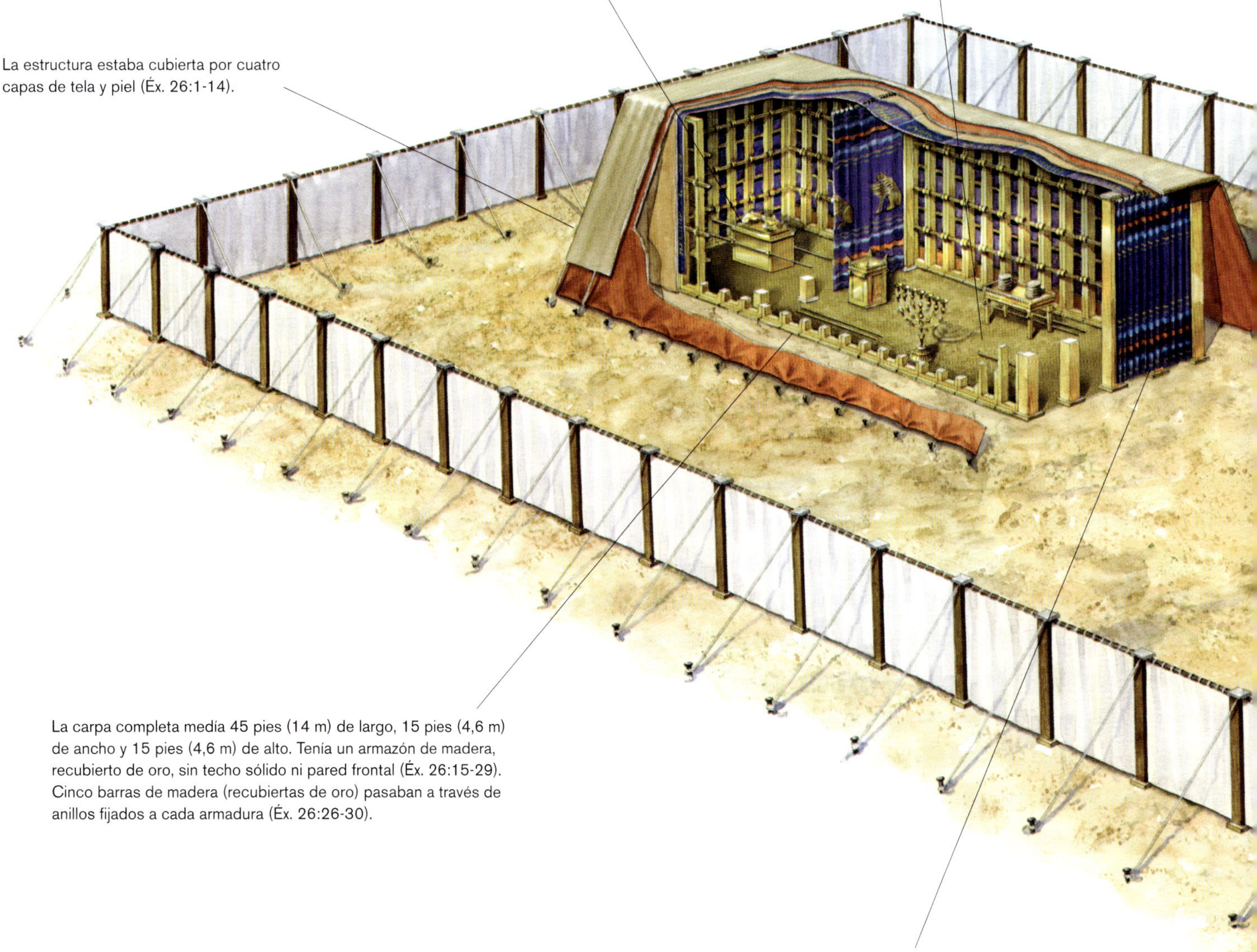

Plan arquitectónico del tabernáculo y del atrio

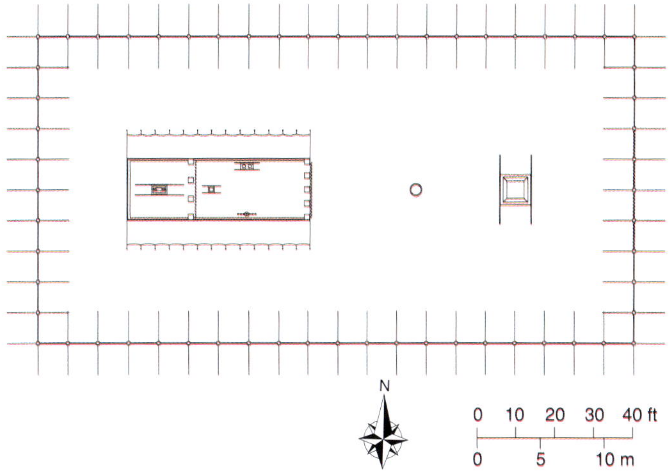

La cuenca de bronce con su soporte se utilizaba para los lavados ceremoniales (Éx. 30:17-21; 38:8).

El altar de bronce, también conocido como el altar de la ofrenda quemada (Éx. 27:1-8; 38:1-7), era una especie de caja de madera hueca (7,5 pies [2,3 m] de largo y de ancho y 4,5 pies [1,4 m] de alto), recubierta de bronce. Tenía cuatro cuernos en sus esquinas. Usaban dos varas para transportarlo en sus jornadas a través del desierto.

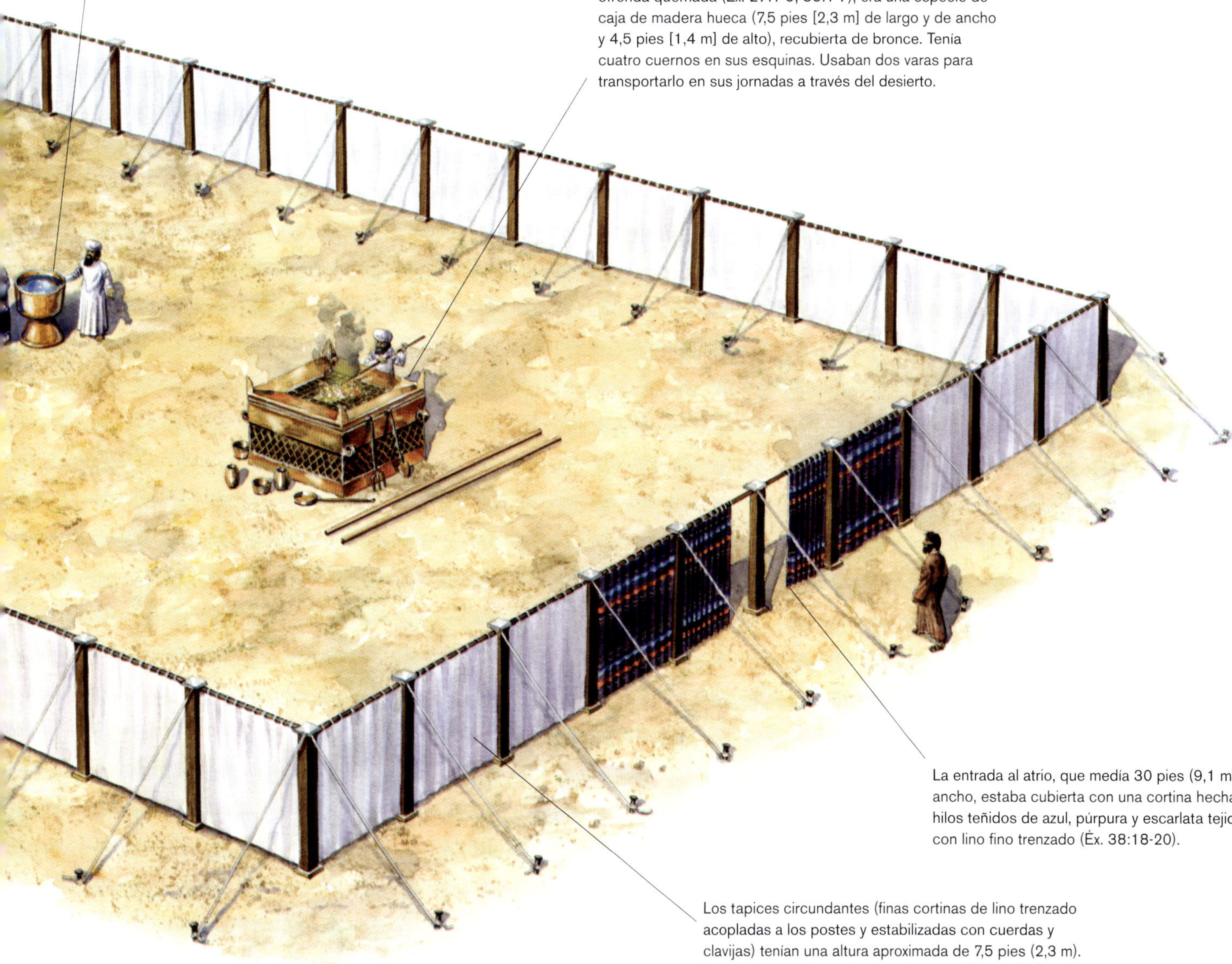

La entrada al atrio, que media 30 pies (9,1 m) de ancho, estaba cubierta con una cortina hecha de hilos teñidos de azul, púrpura y escarlata tejidos con lino fino trenzado (Éx. 38:18-20).

Los tapices circundantes (finas cortinas de lino trenzado acopladas a los postes y estabilizadas con cuerdas y clavijas) tenían una altura aproximada de 7,5 pies (2,3 m). Los 60 postes de madera estaban recubiertos de bronce, se colocaban en bases de cobre y tenían capiteles recubiertos de plata (Éx. 27:9-19; 38:9-17).

El tabernáculo (la tienda de reunión)

Toda la tienda tenía 45 pies (13,7 m) de largo, 15 pies (4,6 m) de ancho y 15 pies (4,6 m) de alto. Era una estructura esquelética de madera, recubierta de oro, sin techo sólido ni pared frontal (Éx. 26:15-29). Cinco barras de madera (superpuestas con oro) pasaban a través de anillos unidos a cada tabla (Éx. 26:26-30).

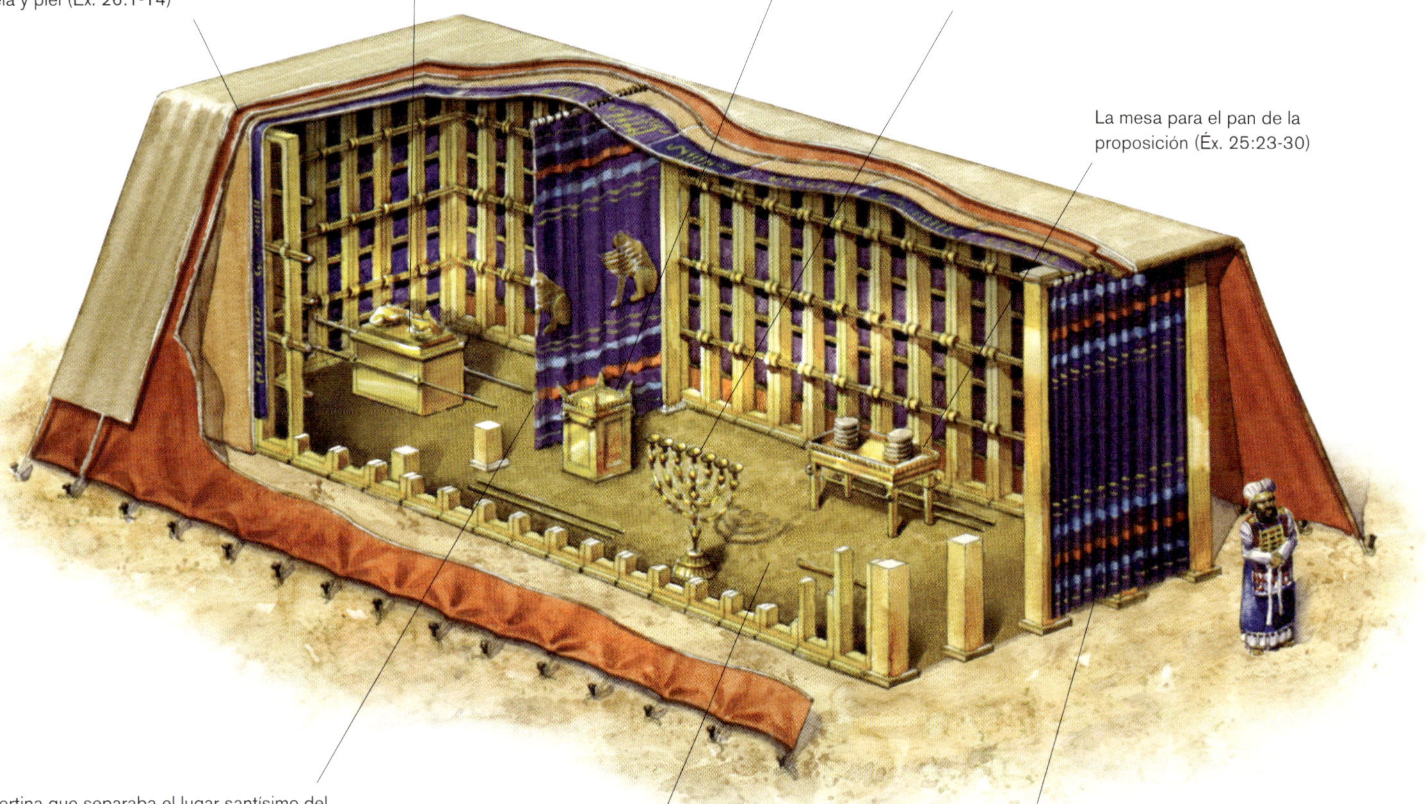

Cades-barnea solo puede mapearse a grandes rasgos. Del Sinaí, los israelitas viajaron a lo largo de la costa occidental del golfo de Áqaba o el mar Rojo y llegaron a Ezión-geber (Nm. 33:35). Entraron en el desierto de Parán, región ubicada al norte del Sinaí (Gn. 21:21). Hoy en día se le conoce como «el desierto sin agua».

4-1. El viaje a Cades-barnea, c. 1446 a. C. o c. 1260 a. C. (Nm. 11:34-35; 12:16; 33:16-36; Dt. 1:6-19). Al igual que con el éxodo, es difícil establecer la ruta exacta de los israelitas desde el monte Sinaí hasta Cades-barnea. Pero, en general se cree que se dirigieron hacia el este desde el monte Sinaí hasta que llegaron al mar Rojo; de allí caminaron hacia el norte hasta la cima del golfo y luego continuaron hasta Cades-barnea.

Los hebreos prosiguieron hacia Cades-barnea (ver mapa 4-1), que está en el desierto de Zin (Nm. 33:36). El lugar se identifica con el actual 'Ain el-Qudeirat. Sin embargo, el sitio no ha revelado restos anteriores al siglo X a. C. La falta de evidencia puede explicarse de varias maneras: 1) quizás la identificación no es correcta; 2) aún no se han descubierto restos anteriores; 3) grupos en constante movimiento como los israelitas dejaron pocos restos por descubrir. Desde aquí los israelitas intentaron por primera vez entrar a la tierra de Canaán.

Incidentes en Cades-barnea

En Cades-barnea, el Señor le ordenó a Moisés que enviara exploradores (espías) escogidos a Canaán en una misión de reconocimiento (Nm. 13:1-3). Moisés eligió un líder de cada tribu, 12 en total, con instrucciones detalladas para que exploraran la región. Primero, debían hacer una evaluación de la fuerza militar de los habitantes, ¿cómo eran sus fortificaciones? Segundo, debían determinar los recursos económicos del lugar: ¿era una tierra fértil y productiva? Los exploradores (espías) comenzaron su viaje desde Cades-barnea en el desierto de Zin (ver mapa 4-2); los textos bíblicos designan esta última área como el límite sur de la tierra prometida (Nm. 33:36; Jos. 15:1-3). Desde allí viajaron a Rehob (Nm. 13:21). La ubicación de este sitio es incierta, aunque quizás deba identificarse con Bet-rehob en el valle de la Becá, al sur de Siria. O, quizás, es el Bet-rehob cerca de la ciudad de Dan (ver 2 S. 10:6). Esta urbe está cerca de Lebo-hamat, en el extremo norte a lo largo del río Orontes. Como sea, está claro que los exploradores (espías) recorrieron toda la tierra de Canaán de sur a norte.

4-2. El viaje de los espías (Nm. 13; Dt. 1:20-25). Cuando los israelitas llegaron por primera vez a Cades-barnea, Moisés envió a doce espías para explorar la tierra prometida de Canaán. Durante 40 días, viajaron a través de Canaán, desde el Neguev hasta Rehob y luego regresaron; una distancia de más de 500 millas (800 km).

En el camino de vuelta, atravesaron Hebrón y llegaron al wadi Escol (valle de Escol). Allí cortaron una rama con un racimo de uvas, como prueba visible de que la tierra era fértil. El nombre «Escol» en hebreo significa «racimo».

Después de 40 días, los exploradores (espías) regresaron a Cades-barnea e informaron sobre sus hallazgos. Mostraron al pueblo los productos de la tierra para enseñarle cuánto valían. Sin embargo, la mayoría de los enviados se pronunciaron en contra de la invasión debido a la fuerza militar de los habitantes (Nm. 13:27-29). Las excavaciones arqueológicas han confirmado que las ciudades cananeas de la Edad del Bronce Tardío eran extensas y estaban fuertemente defendidas. Por ejemplo, Hazor estaba compuesta por una ciudad alta de unas 10 hectáreas (26 acres) y una baja de unas 65 hectáreas (160 acres). Se estima que tenía una población de 40.000 habitantes. Sus muros defensivos estaban construidos completamente de piedra y ladrillos de adobe. Algunas de las paredes llegaban a medir 24 pies (7 m) de ancho. Basado en el reporte mayoritario de los espías, el pueblo de Israel se rebeló y se negó a entrar en Canaán. Dios prometió castigarlo y ello se tradujo en los 40 años que vagaron por el desierto hasta que la generación rebelde que había salido de Egipto fue eliminada. En respuesta al informe de los espías, un grupo de israelitas intentó adentrarse en Canaán (ver mapa 4-3). El resultado de la incursión castrense fue la total derrota. El comentarista judío Rashi lo expresó de esta manera: «Los cananeos "los aporrearon, de pies a cabeza"». Los golpes no cesaron y los ejércitos paganos persiguieron a los israelitas hasta Horma. El significado de «Horma» es bastante agudo e irónico: «destinado para destrucción».

Los israelitas se quejaron en Cades-barnea porque carecían de agua. Dios castigó a Moisés y a Aarón por su ira y arrogancia en respuesta a las murmuraciones del pueblo: no les permitió entrar a la

4-3. La entrada fallida en Canaán (Nm. 14:39-45; Dt. 1:41-46). Después de que el Señor condenó al pueblo por negarse a entrar en Canaán, un grupo de israelitas cambió de opinión e intentaron subir. Pero ni Moisés ni el arca del pacto iban con ellos. Cuando llegaron a la región montañosa, los amalecitas y los cananeos los derrotaron y los persiguieron hasta Horma.

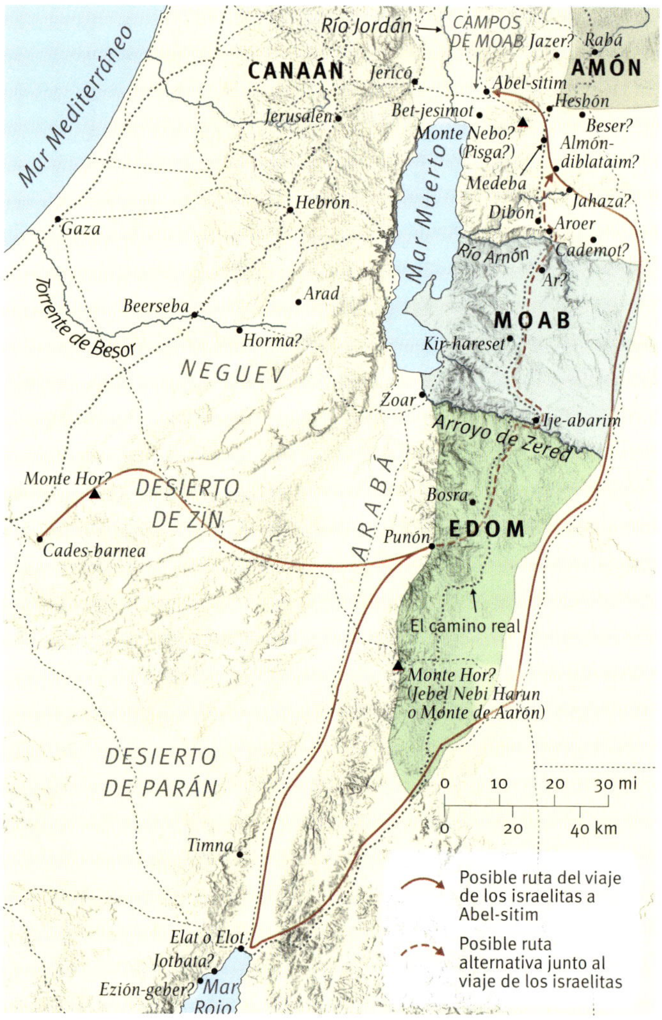

4-4. El viaje a la tierra prometida (Nm. 20:14–21:20; 33:37-49; Dt. 1:26-40; 2:1-23). Tras muchos años de vagar en el desierto como consecuencia de su pecado, los israelitas partieron de Cades-barnea hacia la tierra prometida. Es difícil saber con certeza la ruta exacta que tomaron desde allí hasta los campos de Moab, pero es posible que siguieran un curso que recorriera las tierras de Edom y Moab a lo largo del desierto después de habérseles negado el paso a esas tierras, o quizás emprendieron otra ruta y atravesaron Edom y Moab a lo largo del camino real.

tierra prometida. Además de eso, María, la hermana de Moisés, murió en Cades-barnea (Nm. 20:1).

De Cades-barnea a los campos de Moab

No se sabe con exactitud la ruta que los israelitas tomaron desde Cades-barnea a través de Transjordania hasta los campos de Moab en el lado este del río Jordán. Se dan dos reconstrucciones comunes (ver mapa 4-4) basadas en Números 20–21, Números 33 y Deuteronomio 2. La primera sostiene con claridad que Moisés pidió permiso a los edomitas para que Israel cruzara a través de la tierra de Edom por el camino real (Nm. 20:14-17). Los edomitas rechazaron rotundamente la solicitud y organizaron sus tropas contra Israel. Los israelitas se retiraron al sur hacia el mar Rojo (21:4). En el camino, llegaron al monte de Hor; cuya ubicación es desconocida, aunque el sitio tradicional es Jebel Nebi Harun («El monte del profeta Aarón»). Aarón murió en la cima del monte de Hor (20:27-29). Los israelitas luego viajaron hacia el sur en dirección a Elat, en el extremo norte del golfo de Áqaba y el mar Rojo para bordear la tierra de Edom. Al parecer, Israel cruzó al este de Edom y de Moab y luego acampó al este del río Arnón en territorio fronterizo (21:10-13).

Una segunda opinión es que los israelitas en realidad usaron el camino real para cruzar a través de Edom. Los egipcios tradicionalmente lo empleaban durante la Edad del Bronce Tardío. Tres listas topográficas egipcias: de los reinados de Tutmosis en (c. 1479-1425 a. C.), Amenofis en (c. 1391-1353) y Ramsés II (c. 1290-1224), proporcionan una descripción de una ruta desde el desierto hasta los campos de Moab. La primera lista menciona la existencia de lugares en la Transjordania desde Ije-abarim hasta Dibón, Abel y luego hasta el Jordán. Esos nombres de lugares son cuatro de las estaciones de Transjordania que se enumeran en el itinerario israelita en Números 33. Y todas estaban ubicadas en o junto al camino real. Es difícil armonizar los dos registros. Algunos han sugerido que quizás dos grupos diferentes de israelitas se mudaron a los campos de Moab usando dos rutas separadas. Desde el campamento cerca del río Arnón, Israel envió correos diplomáticos a Sehón, rey de los amorreos, para asegurar un paso pacífico a través de su tierra. Este reino se encontraba al norte de Moab, el río Arnón era su frontera sur (ver mapa 4-5). En respuesta, dicho soberano reunió a su ejército y se enfrentó a Israel en Jahaza (Nm. 21:21-23). Es probable que este sitio se identifique con el moderno Khirbet el-Idham, a 5 millas (8 km) al norte de Dibón (o posiblemente Khirbet ar-Rumel, a unas 6 millas [10 km] al este de Khirbet el-Idham). Según la estela de Mesa (siglo IX a. C.), Jahaza estaba al lado de Dibón. Israel salió victorioso y capturó todas las tierras de Sehón desde el río Arnón en el sur hasta el arroyo de Jaboc en el norte. Luego, se estableció en las ciudades de esa tierra y, en particular, en la ciudad de Hesbón, que había sido la capital de Sehón (21:24-26).

Las fuerzas israelitas avanzaron hacia el norte y tomaron la ciudad de Jazer (Nm. 21:32-33). Desde allí, penetraron en la región de Basán, que estaba

4-5. Israel derrota a Og y a Sehón (Nm. 21:21-35; Dt. 2:24–3:11). Al igual que con Edom y Moab, los israelitas pidieron permiso para pasar por el territorio del rey Sehón, pero este se negó. Cuando Sehón los atacó en Jahaza, los israelitas lo derrotaron y tomaron su tierra. Más tarde, Moisés envió tropas para capturar Jazer. Luego se volvieron hacia el norte y se enfrentaron a las fuerzas del rey Og. Lo derrotaron y también tomaron el control de su tierra.

4-6. Balaam bendice a Israel (Nm. 23–24). Preocupado por la gran cantidad de israelitas y creyendo que estos irrumpirían en su tierra, el rey Balac, de Moab, convocó a Balaam para que viniera y los maldijera. El profeta viajó desde la región del río Éufrates y Balac salió a su encuentro en una ciudad en el río Arnón, en la frontera de sus territorios. Balac llevó a Balaam a Bamot-baal, a la cumbre de Pisga y de Peor para que maldijera a los israelitas, pero Balaam siempre los bendecía.

bajo el gobierno de Og. A lo largo de la historia antigua este territorio por lo general estuvo limitado por el monte de Hermón al norte y el río Yarmuk al sur. Se reconocía esta región por su fertilidad (Ez. 39:18). Como respuesta, Og decidió marchar a la batalla contra Israel en Edrei, que estaba ubicado junto al río Yarmuk, así que Og peleó contra los israelitas justo en el borde de su territorio. Israel nuevamente obtuvo la victoria al tomar posesión de Basán.

Incidentes en los campos de Moab

Al fin Israel alcanzó los campos de Moab directamente a través de Jericó en la tierra prometida. El rey de Moab, Balac, temía a los hebreos y quería librar su tierra de ellos. Su primer paso fue llamar y comprometer al profeta Balaam para que maldijera a Israel y así los debilitara. Parece ser que Balaam era un vidente reconocido. Su nombre se encontró en un texto extrabíblico de Tell Deir Alla, cerca del río Jordán. El texto comienza: «Inscripción de Balaam, hijo de Beor llamado «vidente de los dioses». Este profeta residía en Petor, en uno de los afluentes del río Éufrates. En respuesta a las solicitudes de Balac, Balaam viajó a Ar, junto al río Arnón, que era la frontera norte de Moab en ese momento (ver mapa 4-6). Allí Balac fue a encontrarse con el profeta. Al día siguiente, Balac llevó a Balaam a Bamot-baal, y desde allí Balaam observó por vez primera al pueblo de Israel (Nm. 22:41–23:2). En vez de maldecirlos desde Bamot-baal, Balaam los bendijo. El rey moabita llevó al profeta a la cumbre del Pisga; ¡quizás esta nueva perspectiva le daría un nuevo mensaje, uno que fuera una maldición! Sin embargo, el resultado fue el mismo: el profeta nuevamente bendijo a Israel (23:17-24). Por último, llevó al profeta a la cima del Peor para que maldijera a Israel. Una vez más los bendijo. Al final de la historia, Balaam regresó a su tierra natal, ¡pero no sin antes bendecir a Israel por cuarta vez (24:14-25)!

En los campos de Moab fue donde Moisés pronunció sus discursos finales al pueblo de Israel. El tema principal de sus palabras se encuentra en Deuteronomio. Había desobedecido a Dios en el episodio de las aguas de Meriba (Nm. 20:2-13) y por ello no se le permitió entrar a la tierra prometida.

4-A. Vista de Canaán desde el monte Nebo. Debido a que Moisés no defendió al Señor como santo ante los israelitas en Meriba de Cades, no se le permitió entrar a la tierra prometida junto con las demás personas. En cambio, el Señor le dio instrucciones para que subiera a la cima de dicho monte y viera la tierra (como se ve aquí). Moisés murió allí después de verla y el Señor lo sepultó (Nm. 20:9-13; 27:12-14; Dt. 32:48-52; 34:1-6).

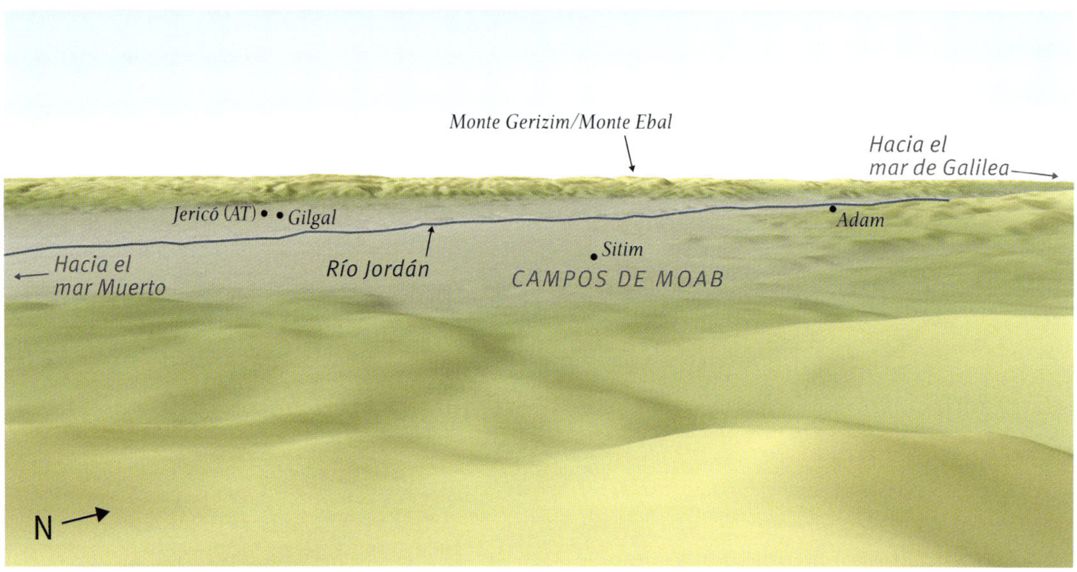

Sin embargo, justo antes de su muerte, Dios le permitió ver, desde las alturas del monte Nebo, la tierra que fluía leche y miel (Dt. 34:1-3; ver mapa 3D 4-A). Moisés había logrado sacar a los israelitas de la tierra de Egipto y guiarlos hasta la misma entrada de la tierra prometida; ahora Josué vestiría el manto del liderazgo para la conquista de Canaán.

CONQUISTA

Los espías en la tierra

En Josué 2:1, Josué envió a dos de sus hombres a inspeccionar la tierra de Canaán y, en particular, a explorar el área de Jericó (ver mapa 4-7). Aquí, por primera vez, obtenemos una pista de dónde específicamente los israelitas debían dar inicio a su ataque a Canaán. Los hombres fueron enviados desde Sitim, que por lo común se identifica con Abel-sitim, en la moderna Tell el-Kefrén, al este del río Jordán. Estaba a unas 12 millas (19 km) al este de Jericó (en el lado occidental del Jordán). Los espías fueron allí y se quedaron en la casa de una prostituta llamada Rahab. ¿Qué mejor sitio para que no los descubrieran? El texto dice que esta mujer vivía en la muralla de la ciudad (Jos. 2:15). Muchas ciudades de la Edad del Bronce Tardío en Canaán estaban rodeadas por muros de emplazamiento; los cuales contenían dos paredes paralelas, con tapias transversales que creaban cuartos internos. Estas habitaciones o «emplazamientos» se utilizaban con frecuencia como habitación trasera de las casas y como parte de la muralla de la ciudad al mismo tiempo. Rahab escondió a los hombres entre los manojos de lino que estaban apilados en el techo de su casa. Cuando los soldados de Jericó le preguntaron sobre los hombres, ella les mintió y les dio pistas falsas que los condujeron hacia el río Jordán y el campamento de Israel. Después, Rahab envió a los dos espías israelitas en la dirección opuesta y huyeron a las tierras altas de Canaán, donde se escondieron durante tres días. Cuando los soldados dejaron de buscarlos, los espías regresaron para informar a Josué en el campamento hebreo en Sitim.

Los israelitas partieron de Sitim y más tarde establecieron un campamento en la orilla oriental del río Jordán (Jos. 3:1). Acamparon allí por tres días. El río se inundó y sus orillas se desbordaron, de tal manera que la gente no podía cruzarlo (v. 15); pero Dios eliminó el obstáculo al separar milagrosamente las aguas para que su pueblo pudiera pasar a la tierra prometida. Luego, Israel viajó a Gilgal, que quizás está situada en la moderna Khirbet al-Mafjar, a unas 2 millas (3 km) al noreste de Jericó. Llegaron a Gilgal «el día diez del mes primero» (4:19). Esta no era una fecha casual, era el día que comenzaba la Pascua (Éx. 12:2-3). Así que, la fecha de la Pascua en Éxodo marcó la salida de Israel de la tierra de muerte y oscuridad (Egipto), y en el Libro de Josué delimitó su entrada en la tierra prometida, la cual fluía leche y miel. Israel luego erigió doce piedras en Gilgal para conmemorar su entrada a la tierra (Jos. 4:20-24).

La campaña central

Josué 6 registra la captura y la destrucción de Jericó por parte de las tropas israelitas. La importancia de los restos arqueológicos en el sitio del Jericó del Antiguo Testamento, hoy (Tell es-Sultan), es objeto de fuertes debates. Algunos eruditos sostienen que la evidencia física apoya el relato bíblico y otros lo niegan (ver imagen 4-1; e ilustración en la página siguiente). Después de la devastación de este enclave, las fuerzas israelitas marcharon hacia el oeste y atacaron la ciudad de Hai (ver mapa 4-8). La incursión

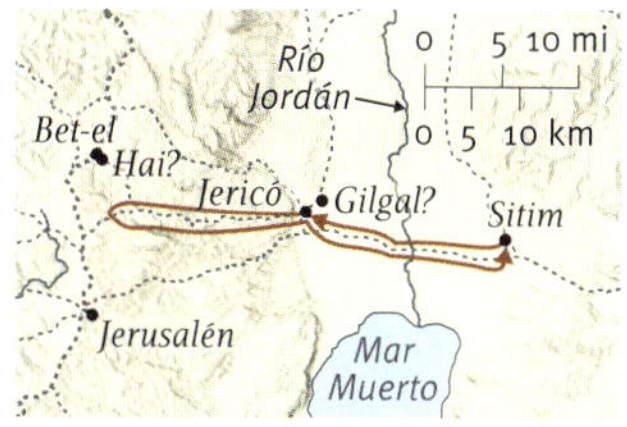

4-7. Preparativos para atacar a Jericó, c. 1406 a.C. o c. 1220 a.C. (Jos. 2:1–6:7). Josué se preparó para aventurarse en Canaán. Envió dos espías desde Sitim para explorar la tierra y la ciudad de Jericó. Estos pasaron su primera noche en Jericó en la casa de Rahab, la prostituta, que los escondió y despistó a los soldados que el rey de Jericó había enviado para su captura. Después de adentrarse en las colinas y esconderse durante tres días, los espías volvieron a cruzar el río Jordán para dar parte a Josué en Sitim.

4-1. El montículo de Jericó del período del Antiguo Testamento.

La ciudad de Jericó

Jericó (Tell es-Sultan) es quizás la ciudad más antigua de la tierra y la más honda de la superficie del planeta (aproximadamente 850 pies [258 m] por debajo del nivel del mar). Allí se han hecho enormes trabajos de excavación; Ernst Sellin y Carl Watzinger dirigieron las principales excavaciones en (1907-1909, 1911), también John Garstang (1930-1936) y Kathleen Kenyon (1952-1958). Se han realizado muchos hallazgos importantes en el sitio. Uno de los más notables es una muralla de la ciudad, de aproximadamente 4,5 pies (1,5 m) de ancho conectada a una gigantesca torre circular de piedra. Estas son algunas de las primeras fortificaciones humanas que se conocen. El siguiente diagrama muestra algunos de los restos de las excavaciones en Jericó de los diferentes períodos de su historia. La muralla exterior de la ciudad proviene de la Edad del Bronce Medio-Tardío (2000-1550 a. C.), mientras que la interior data de la Edad del Bronce Antiguo (3200-2200 a. C.). Jericó fue la primera ciudad al oeste del Jordán que los israelitas capturaron bajo el mando de Josué (Jos. 6). Un tema que los arqueólogos debaten constantemente es si existen o no restos arqueológicos de dicha destrucción. Después de la devastación hebrea, Jericó permaneció abandonada durante siglos hasta que Hiel de Bet-el estableció un nuevo asentamiento en el siglo noveno a. C. (1 R. 16:34).

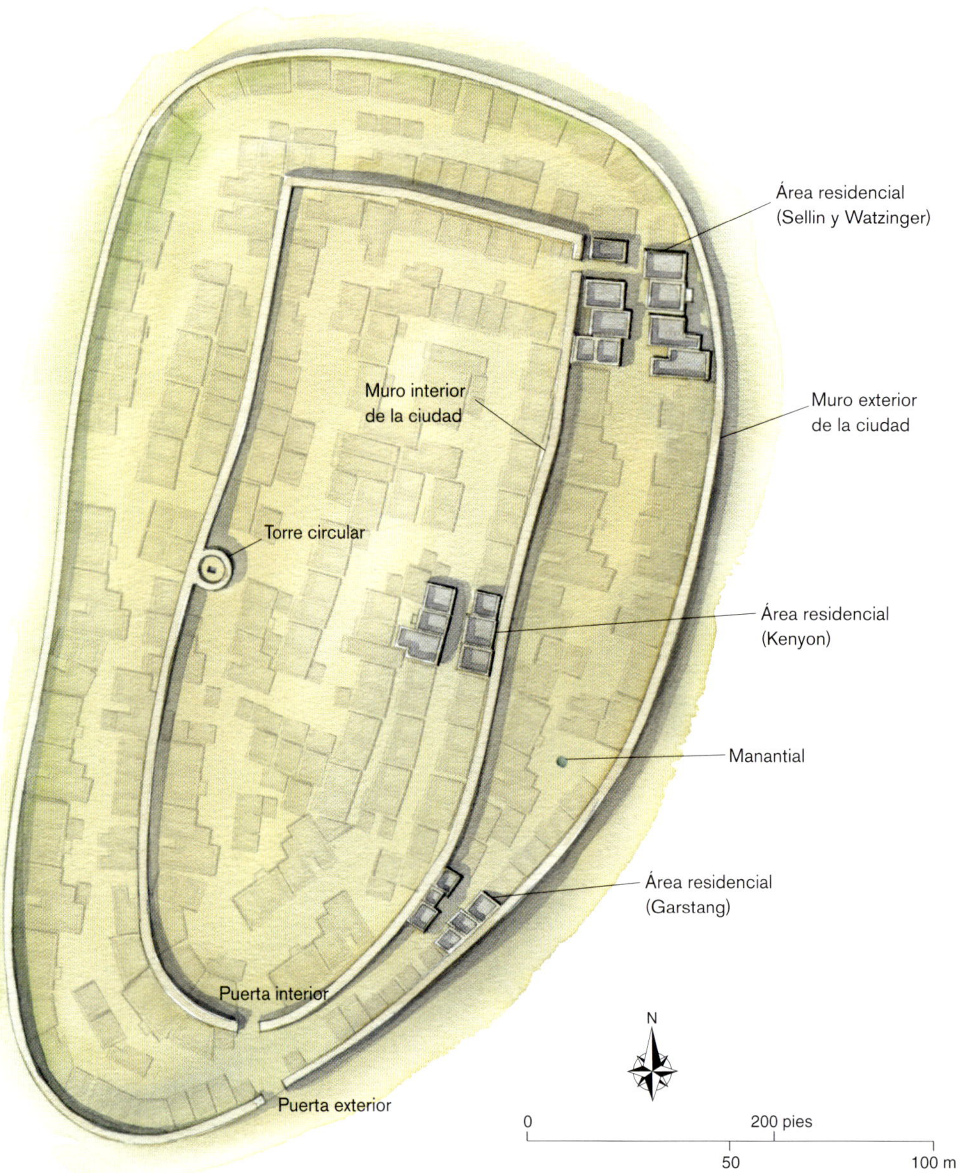

4-8. Israel ingresa a la tierra prometida, c. 1406 a. C. o c. 1220 a. C (Jos. 3–4). Tras el cruce del río Jordán y la entrada a Canaán, los israelitas acamparon en Gilgal. Desde allí continuaron moviéndose hacia el oeste. Primero destruyeron la imponente ciudad de Jericó y luego derrotaron a Hai, una urbe más pequeña. Después, los gabaonitas (también llamados heveos) engañaron a los israelitas para que firmaran un tratado de paz con ellos.

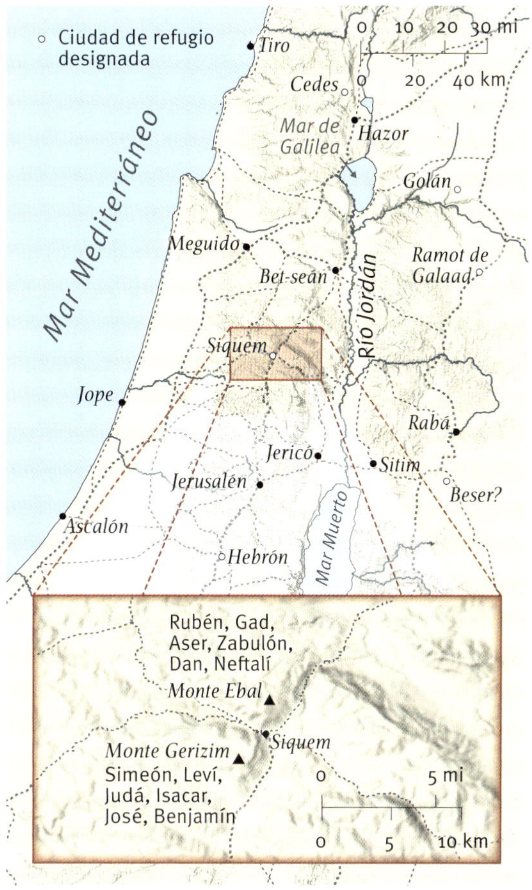

4-9. El pacto se renueva en el monte Ebal, c. 1406 a. C. o c. 1220 a. C. (Dt. 11:29-30; Jos. 8:30-35).). Josué cumplió el mandato de Moisés de renovar el pacto en Siquem; puso copias del pacto en el monte Ebal y les ordenó a las tribus israelitas que en alta voz se dijeran las bendiciones y maldiciones del pacto entre sí a través del valle que separa el monte Ebal y el monte Gerizim (ver también Dt. 27:4-13).

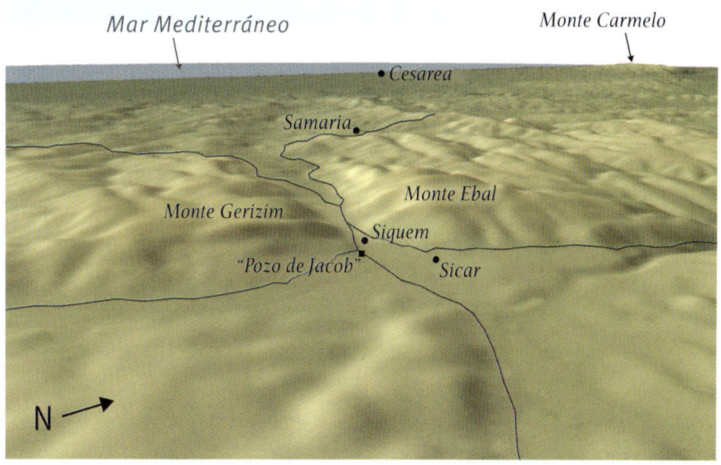

4-B. Siquem, el monte Gerizim y el monte Ebal. Mientras los israelitas estaban acampados en Sitim, el Señor les ordenó que renovaran su pacto con él en Siquem una vez que hubieran entrado en la tierra prometida. Más tarde, el monte Gerizim se convirtió en un centro de adoración samaritana, que incluía su propio templo (2 Mac. 6:1-2).

inicial no tuvo éxito (Jos. 7:4-5), pero finalmente las tropas hebreas diezmaron el sitio (8:28). La ubicación de Hai es incierta. Algunos estudiosos opinan que estaba ubicada en Et-Tell. El problema es que no existen restos de ese sitio para el período en cuestión. Otros estudiosos creen que Hai estaba ubicada en Khirbet el-Maqatir o Khirbet Nisya, ambas con restos contemporáneos de la Edad del Bronce Tardío y de la Primera Edad del Hierro. Varias de las fuerzas que lucharon contra Israel eran de la cercana ciudad de Bet-el (Jos. 8:17). Pronto las partidas de las tribus de la casa de José conquistaron Bet-el (Jue. 1:22-25), y las excavaciones arqueológicas atestiguan la destrucción de la ciudad.

Antes de que continuara la conquista de la tierra, Josué realizó una ceremonia de renovación del pacto en la tierra de Canaán. Tal hecho fue en obediencia al mandato de Moisés (Dt. 11:29-32). Primero, Josué construyó un altar en el monte Ebal donde ofreció sacrificios al Señor. Entonces escribió una copia de la ley de Moisés ante todo el pueblo y la leyó. Una parte de los israelitas se paró frente al monte Gerizim como símbolo de la bendición del pacto, y la otra lo hizo ante el monte Ebal como una figura de la maldición del pacto. Desde estas dos montañas se podía ver Siquem, la ciudad cananea; Ebal al norte y Gerizim al sur (ver mapa 4-9; y mapa 3D 4-B). Celebrar la renovación de un tratado aquí pudo haber sido algo polémico frente a las creencias cananeas. Siquem era el sitio del templo de Baal-berit (Jue. 9:4), un dios pagano cuyo nombre significa «señor de la alianza» (ver imagen 4-2). El sentido del ritual para Israel era poner énfasis en que solo el Señor era el verdadero

Señor del pacto. Las excavaciones han descubierto un sitio de culto en el monte Ebal que contenía un altar enorme construido con piedras sin labrar; no hay escalones para el ascenso al altar, sino una rampa de suave pendiente. Cientos de huesos de animales se encontraron en la base del altar entre montones de cenizas. La cerámica del sitio coincide con la fecha del establecimiento israelita. Este fue quizás el altar que Josué construyó o posiblemente fue hecho sobre el altar de Josué.

La campaña del sur

Cuando los gabaonitas oyeron lo que los israelitas le habían hecho a Jericó y Hai, hicieron un pacto con Josué (Jos. 9:3-15). En respuesta a esa alianza, los reyes de Jerusalén, Hebrón, Jarmut, Laquis y Debir atacaron Gabaón (10:3; ver mapa 4-10). Los gabaonitas pidieron ayuda a los israelitas que estaban acampados en Gilgal. Las tropas israelitas respondieron y derrotaron al ejército amorreo en Gabaón, y luego los persiguieron a través del «camino que sube a Bet-horón» hasta Azeca y Maceda. Las fuerzas israelitas capturaron a los cinco reyes en una cueva cerca de Maceda y Josué ordenó ejecutarlos. Las tropas de Josué partieron de Maceda y capturaron Libna, Laquis, Eglón, Hebrón y Debir (vv. 30-39). El trabajo arqueológico en la mayoría de estos sitios muestra evidencias de prósperas ciudades cananeas en pleno florecimiento durante de la Edad del Bronce Tardío.

El texto resume el asalto de Josué al sur de Canaán así: «Y los hirió Josué desde Cades-barnea hasta Gaza, y toda la tierra de Gosén hasta Gabaón» (v. 41). Muchas de las batallas de esta campaña tuvieron lugar en el sur de la Sefela, es decir, la región occidental de las estribaciones de Canaán.

La campaña del norte

Cuando Jabín, rey de Hazor, escuchó sobre las victorias israelitas en el sur, formó una coalición armada para repeler la invasión israelita del norte de Canaán (ver mapa 4-11). Formaron un ejército formidable y acamparon en las aguas de Merom para presentarle batalla a Israel. Al parecer, las fuerzas de Josué sorprendieron a los cananeos (Jos. 11:7) y el último ejército se dividió y huyó en dos direcciones. Los israelitas los persiguieron al noroeste hacia Sidón la grande y al noreste hacia el valle de Mizpa.

Después de perseguir a las fuerzas cananeas, Josué hizo que sus tropas regresaran y se dirigieran a la ciudad de Hazor, la más grande de las urbes cananeas; la capturaron y la incendiaron (Jos. 11:10-11). A lo largo de la Edad del Bronce Medio y Tardío esta fue la ciudad cananea más extensa del país. También fue un centro de culto cananeo. Aquí se descubrió un templo de la Edad del Bronce Tardío, que contenía un nicho central o «lugar sagrado». Dentro de esta sala, los arqueólogos hallaron una deidad masculina sentada en un trono. Junto a la figura había una fila de estelas. Estas piedras erguidas eran simples, excepto una que tenía una talla de manos levantadas extendidas en adoración hacia el dios sol. El estrato XIII, basado en excavaciones arqueológicas, fue completamente destruido. Exhibía una enorme capa de quemaduras. Es obligatorio asociar este nivel de destrucción con la conquista israelita de la ciudad de Hazor (ver foto 4-3).

4-2. El templo de Baal-berit en el sitio de Siquem.

EL ESTABLECIMIENTO

En Números 34:1-12, el Señor determinó los límites de la herencia de Israel en la tierra prometida (ver mapa 4-12). Primero se demarcó la frontera sur, y esto de manera bastante

4-10. La conquista de Canaán: la campaña del sur, c. 1400 a. C. o c. 1214 a. C. (Jos. 10:29-43). Al escuchar que los gabaonitas habían firmado un tratado de paz con los israelitas, cinco ciudades amorreas atacaron Gabaón. Las fuerzas de Josué subieron desde Gilgal para defender a los gabaonitas y persiguieron a los amorreos hasta Azeca y Maceda. Las fuerzas de Josué continuaron su ataque hasta que capturaron Libna, Laquis, Maceda, Eglón, Debir, Hebrón y, probablemente, Jarmut.

4-11. La conquista de Canaán: la campaña del norte, c. 1400 a. C. o c. 1214 a. C. (Jos. 11:1-23). Después de que las fuerzas de Josué derrotaron a varios reyes amorreos en el sur, el rey de Hazor reunió a los reyes cananeos del norte para luchar contra los israelitas. Josué y sus hombres los vencieron en las aguas de Merom y los persiguieron hasta Sidón la grande y el llano de Mizpa. Entonces Josué regresó y capturó la ciudad de Hazor.

4-3. Excavaciones en el sitio de Hazor. Josué destruyó la ciudad durante la campaña del norte (Jos. 11:10-13) y más tarde Salomón la reconstruyó como una importante ciudad de almacenamiento (1 R. 9:15).

resumida, es decir, solo se proporcionaron los principales marcadores geográficos. El límite comenzaba en el borde de la tierra de Edom y rodeaba el extremo sur del mar Muerto. Desde allí, la línea se dirigía al sursudoeste a lo largo del Acrabim («el paso del escorpión») hasta Cades-barnea. Este último lugar fue por donde entraron por vez primera los exploradores (espías) israelitas en la tierra de Canaán (Nm. 13:26). La frontera luego se extendía a lo largo del río de Egipto, o sea, el wady el-'Arish y, finalmente, terminaba en el mar Mediterráneo alrededor de 50 millas (80 km) al suroeste de Gaza. El mar Mediterráneo servía como límite natural para la tierra prometida al oeste (Nm. 34:6).

La línea de demarcación del norte comenzaba en el oeste en el mar Mediterráneo y se dirigía hacia el este hasta el monte de Hor; este no era el monte de Hor donde murió Aarón (Nm. 20:22-29). Su ubicación es incierta. Desde allí, el límite se extendía hasta Lebo-hamat, en el río Orontes, unas 15 millas (24 km) al este de Biblos (Gebal). Zedad era el punto más alejado del este de la frontera norte y se identifica con la ciudad moderna de Tsada. Es una suposición ubicar el límite oriental al norte del mar de Galilea. Desde el mismo hacia el sur, la frontera seguía la línea del río Jordán hasta su final en el extremo sur del mar Muerto (Nm. 34:10-12).

El Libro de Josué presenta la imagen de una conquista general en la que él tomó toda la tierra de Canaán, a saber, la región montañosa, el Neguev, Gosén, la Sefela y el Arabá (Jos. 10:40-42; 11:16-17). Sin embargo, Josué también informa que a Israel aún le quedaba por conquistar una gran parte de la tierra (13:1). El Libro de Jueces confirma dicha circunstancia (3:1-6). Muchas de las principales ciudades como Bet-seán, Meguido, Gezer y Bet-semes aún estaban en manos cananeas (Jue. 1:27-36).

En la repartición de la tierra (Jos. 13–21; ver mapa 4-13), la primera distribución del territorio fue para las tribus de Rubén, Gad y la media tribu de Manasés (13:1-32). Moisés ya les había otorgado provisionalmente a estas tribus una concesión oficial de tierras de la región de Transjordania, al norte del río Arnón (Nm. 32:1-42). A cambio, estas tribus juraron tomar las armas e ir a Canaán en apoyo de las otras tribus. Mantuvieron su parte del acuerdo (Jos. 1:12-15), y así recibieron la herencia prometida.

La siguiente distribución de tierras ocurrió en Gilgal (Jos. 14-17). Tres tribus, Judá, Efraín y la otra mitad de Manasés, recibieron asignaciones en la región montañosa de Canaán. En Silo se hicieron otras asignaciones (18:1–19:51). Benjamín y Simeón recibieron territorios en el sur. A las cinco tribus finales se les asignaron territorios en las áreas del norte de Canaán (19:10-48). Por lo tanto, es probable que el orden de las tribus en la distribución de la tierra fuera según la región. La de Leví no tuvo herencia de tierras porque eran sacerdotes (Jos. 13:14); sin embargo, Leví recibió 48 ciudades entre las demás tribus (21:1-42). Seis de ellas eran llamadas «ciudades de refugio» (Nm. 35:6-7).

4-12. Los límites de la tierra prometida (Nm. 34:1-12). Los límites originales de la tierra prometida tal como se definen en Números 34 son un poco diferentes de los de la tierra que los israelitas finalmente ocuparon. Los límites originales incluían el área montañosa al norte de Sidón y Damasco. Sin embargo, los israelitas nunca ocuparon esta área durante el período del establecimiento. Al contrario, las demarcaciones originales no incluían la tierra al este del río Jordán, pero los israelitas ocuparon esta tierra después de derrotar a Og y a Sehón.

4-13. La repartición de la tierra, c. 1400 a. C. o c. 1214 a. C. (Jos. 13:6–21:45). Durante la conquista de Canaán, Josué les asignó territorios a las tribus de Israel. Pero estos límites no reflejan necesariamente la tierra que cada tribu en realidad habitaba al final de la conquista. Varias tribus, como Dan, no pudieron expulsar a los cananeos que vivían en gran parte del territorio que habían recibido (19:47), mientras que otras controlaban porciones de tierra que originalmente no se les habían asignado (p. ej.: 17:11).

4-14. Los reyes que Israel derrotó, c. 1390 a. C. o c. 1204 a. C. (Jos. 12) Los israelitas capturaron muchas ciudades importantes en todo Canaán, aunque parece ser que los cananeos recuperaron luego algunas de ellas (por ejemplo, Jerusalén). Bajo el liderazgo de Moisés, los israelitas tomaron ciudades al este del río Jordán, entre ellas, Astarot y Hesbón. Bajo las órdenes de Josué, capturaron muchas ciudades al oeste del río Jordán (se desconocen las ubicaciones de Geder y Sarón).

Josué 12 proporciona una lista de los reyes que Israel derrotó en el lado este del río Jordán bajo el liderazgo de Moisés (12:1-6) y en el lado oeste bajo el mando de Josué (ver mapa 4-14). La mayoría de los gobernantes que se mencionan eran reyes de ciudades particulares y sus alrededores, como el rey de Jericó, el de Hazor y el de Jerusalén. Esto refleja la etapa política de Canaán, tal como la conocemos en los documentos de la Edad del Bronce Tardío. Según las cartas de Amarna, estaba dividida en una serie de ciudades-estado que dominaban extensas regiones. En dichas cartas, a los gobernantes locales de las ciudades-estado se les conocía como «príncipes», pero por escrito, los gobernantes, a menudo se trataban con el título de «reyes». La derrota de estos reyes por parte de Israel no significa que capturaron y mantuvieron las ciudades que les pertenecían. De hecho, varias de estas permanecieron libres de la hegemonía israelita, entre ellas, Gezer, Meguido, Dor, Taanac y Jerusalén (Jue. 1:21, 27-36).

4-4. En los asentamientos israelitas, una de las características arquitectónicas que los diferenciaban de la cultura cananea era la apariencia de las casas de cuatro habitaciones. Esta es del sitio de Beerseba (siglos IX-VII a. C.).

EL PERÍODO DE LOS JUECES

El Libro de Josué demuestra una conquista inicial de Canaán en la que la tierra, en teoría, había sido conquistada. El Libro de Jueces refleja una lucha progresiva y continua con los habitantes de Canaán que aún no habían sido desalojados de su territorio (Jue. 1:3-8; ver el mapa 4-15). Durante este período de establecimiento, el territorio de Israel se describió por primera vez como «desde Dan hasta Beerseba» (Jue. 20:1); eso se convirtió en una descripción común de la tierra durante la monarquía unida (2 S. 3:10; 24:2).

El carácter de la etapa de los jueces tal vez se resume en la frase temática del libro: «En aquellos días no había rey en Israel; cada uno hacía lo que bien le parecía» (Jue. 17:6; 21:25). Tal declaración iba más allá de una sentencia meramente política. Describía la actitud anárquica que prevaleció en la tierra y era también una declaración moral. El relativismo se había establecido en la tierra; fue un período de gran apostasía y una etapa oscura y sombría para el pueblo del pacto. La macroestructura de todo el período se presenta en Jueces 2:11-19, allí asoma un estribillo monótono que refleja la caída y el fracaso político y moral de Israel en ese momento. La fórmula cíclica que aparece y que se repite a lo largo del libro es la apostasía, el juicio de Dios en forma de opresión extranjera, el arrepentimiento, la liberación y la paz. Este ciclo no solo se repitió a lo largo del período: hubo una espiral descendente en la que Israel se volvió más corrupto con el tiempo (2:18-19).

Una parte del ciclo en la etapa de los jueces era que Dios levantaba un «juez» para liberar al pueblo por un tiempo determinado. El término «juez» no se usó aquí con el sentido que normalmente tiene la palabra, es decir, alguien que decide los casos judiciales. Más bien se refería a aquel que libraba de la injusticia y la opresión. La tarea más prominente de estos individuos fue de naturaleza militar. Los deberes civiles no constituían una prioridad para los «jueces»; además, no había mucha evidencia de que fueran en realidad los líderes espirituales de Israel. Su deber era más bien liberar a Israel de la opresión extranjera. Aunque tenían éxito, la paz reinaba por un corto tiempo dado que el pueblo con prontitud regresaba a sus prácticas idólatras. El descubrimiento de un santuario al aire libre en las colinas samaritanas confirma la falsa religión en Israel durante dicho período. Era una instalación de culto de la Primera Edad del Hierro en la que los arqueólogos descubrieron la estatuilla de un toro hecha de bronce bien conservada. Esta escultura de bronce que se encontró en un «lugar alto» israelita, constituye una fuerte evidencia de las relaciones con el culto cananeo a «El», la deidad toro.

Aod

Después de 40 años de paz, Israel hizo «lo malo» ante los ojos de Jehová. Esta es la frase hebrea que

4-15. Israel en el tiempo de los jueces, c. 1375 a. C. o c. 1210 a. C. (Jue. 1:1-36; 2:20–3:5). Los israelitas no expulsaron a los habitantes de ciertas partes de la tierra prometida, especialmente a lo largo de la costa mediterránea. Esta conquista incompleta, junto con las presiones de otros pueblos vecinos, preparó el escenario para el tiempo de los jueces, época en la que Dios levantó a varios líderes para liberar a Israel de sus opresores.

4-16. Los jueces de Israel, c. 1375-1050 a. C. o c. 1210-1050 a. C. (Jue. 3–18). Los jueces provenían de diferentes tribus y territorios de Israel y probablemente tenían diversos grados de influencia sobre sus regiones y tribus vecinas.

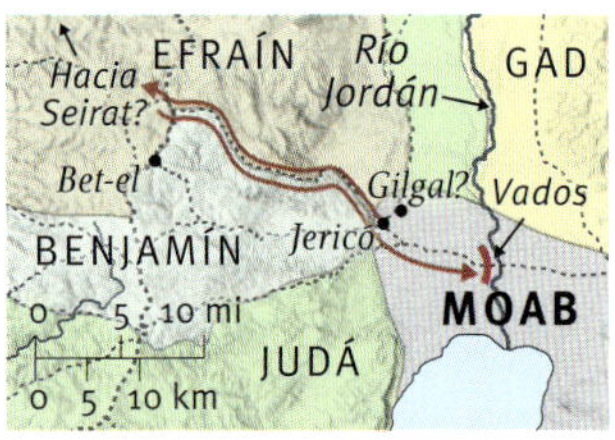

4-17. Aod derrota a los moabitas (Jue. 3:12-30). Durante el tiempo de Aod, el rey Eglón de Moab expandió su territorio y capturó la «ciudad de las palmeras». Aod y los otros representantes israelitas regresaban de entregar su tributo a Eglón, pero Aod se volvió y mató a Eglón en Jericó. Luego, escapó a la región montañosa de Efraín y reunió a los guerreros de Israel, quienes capturaron los vados del río Jordán para evitar que los moabitas escaparan.

aparece siete veces en el Libro de Jueces para referirse a la idolatría (ver, p. ej., Jue. 2:11; 3:7). En respuesta, el Señor levantó a los moabitas, los amalecitas y los amonitas para que oprimieran a Israel. Los dos primeros grupos eran viejos enemigos de Israel desde la época de los viajes por el desierto, y los amonitas eran un nuevo enemigo que asediaría a Israel durante siglos. En el relato (3:12-30), estos tres pueblos enemigos capturaron la «ciudad de las palmeras», que probablemente fuera Jericó.

Israel sirvió a Eglón, rey de Moab, durante 18 años. El pueblo clamó al Señor por liberación, y él les levantó un libertador: Aod, hijo de Gera. Después de haberle llevado un presente a Eglón, Aod viajó a Gilgal, pero se dirigió a Jericó y allí asesinó a Eglón (ver mapa 4-17). Luego huyó a Seirat para esconderse en las tierras altas de Efraín, donde reunió a las tropas de Israel, descendieron de la región montañosa, pasaron por Jericó y Gilgal y persiguieron a los moabitas hasta los vados del río Jordán. Gilgal y Jericó fueron los dos primeros lugares a los que Israel se enfrentó en su entrada a la tierra prometida en Josué 4–6.

Débora y Barac

Al comienzo de Jueces 4, Israel volvió a caer en la apostasía, por lo que el Señor permitió que Jabín, un rey de los cananeos que reinaba en Hazor, los oprimiera con extrema dureza. El hecho de que un rey cananeo gobernara desde Hazor indica que, desde la conquista a la fecha, la situación se había deteriorado para Israel. Josué había destruido a Hazor durante su campaña en el norte (Jos. 11:10-13), pero ahora la ciudad estaba de nuevo en manos de los cananeos y era usada como un centro de la realeza. Israel se encontraba en su peor estado: no existía refugio seguro para ningún israelita (Jue. 5:6), las tribus estaban indefensas (v. 8) y divididas entre sí. Jabín mantuvo su yugo sobre Israel por veinte años.

El Señor levantó a Débora como jueza de Israel para lidiar con estas difíciles circunstancias. Con frecuencia se sentaba debajo de una palmera en las tierras altas de Efraín, entre Ramá y Bet-el, y allí juzgaba a Israel (Jue. 4:5). Desde allí llamó a Barac que estaba en Cedes de Neftalí (ver mapa 4-18) y le ordenó, de parte de Dios, que reuniera a las fuerzas de las tribus de Neftalí y de Zabulón para que enfrentaran al ejército de Jabín. Barac titubeó y se negó a obedecer la orden a menos que Débora fuera con él (v. 8). Débora estuvo de acuerdo, los dos fueron a Cedes y allí Barac reunió a sus tropas. Luego marchó con su ejército al monte Tabor. Cuando Sísara, el general militar de Jabín, oyó hablar de los movimientos de Barac, organizó a sus soldados y carros que estaban en Haroset-goim y a lo largo del torrente de Cisón. Desde el monte Tabor, las tropas de Barac se abalanzaron sobre el ejército de Sísara, lo derrotaron y lo persiguieron de regreso a Haroset-goim. Pero Sísara abandonó a su ejército y huyó a pie hasta el roble de Saananim;

allí Jael, esposa de Heber el ceneo, le dio muerte al clavarle una estaca en la sien mientras dormía.

Gedeón

Debido a la idolatría desenfrenada en la tierra de Israel, Dios entregó al pueblo bajo la dura mano de los madianitas. Después de que la gente clamó al Señor a causa de su humillación, Dios le encargó a Gedeón que liberara a Israel (Jue. 6:14). El primer acto de liberación ocurrió en Ofra (ver mapa 4-19); allí cortó en pedazos un ídolo de Asera y lo reemplazó con un altar para el Señor (vv. 25-32). En este sentido, Gedeón estuvo a la altura de su nombre, que significa «troceador, cortar en tajos, destructor».

Mientras tanto, los madianitas y los amalecitas habían cruzado el río Jordán y acampado en el valle de Jezreel. Gedeón, en respuesta, agrupó una fuerza militar compuesta principalmente por soldados de las tribus del norte: Manasés, Aser, Zabulón y Neftalí. La fuerza total del ejército fue de 22.000 soldados. Sin embargo, Dios redujo la cantidad a solo 300 hombres. Permanecieron acampados en el manantial de Harod (*fuente de Harod*), al sur de los madianitas que estaban dispersos en el valle de Jezreel. Gedeón mandó a sus hombres a que rodearan el campamento enemigo y que tocaran las trompetas a su señal en medio de la noche. De esta manera los animales de los madianitas huirían presas del pánico. También les ordenó que llevaran antorchas para simular que quienes rodeaba el campamento eran una fuerza formidable. La estrategia dio resultado: el ejército madianita huyó. Las tropas de Gedeón los persiguieron a lo largo del río Jordán hasta Abel-mehola y en Transjordania. Los hombres de las ciudades de Sucot y Peniel se negaron a ayudar al ejército israelita, por lo que las tropas de Gedeón avanzaron solas hasta Carcor. Allí capturaron a dos de los reyes madianitas, Zeba y Zalmuna. Carcor probablemente era Karkar, una ciudad en Wadi Sirhan, que era una importante intersección de rutas de caravanas a través de Transjordania.

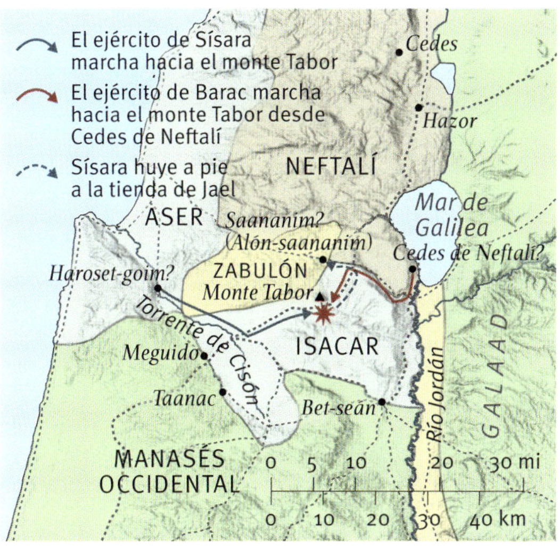

4-18. Débora y Barac derrotan a los cananeos (Jue. 4:4-24). Cuando el rey Jabín de Hazor comenzó a oprimir a los israelitas, Débora llamó a Barac desde Cedes de Neftalí para luchar contra él. Las fuerzas israelitas se reunieron en el monte Tabor, y Sísara, el comandante del ejército de Jabín, marchó con sus hombres hacia el torrente de Cisón. Los israelitas derrotaron a las fuerzas de Sísara y las persiguieron hasta Haroset-goim, pero Sísara huyó a pie hasta el roble de Saananim; allí una mujer llamada Jael lo mató mientras descansaba en su tienda.

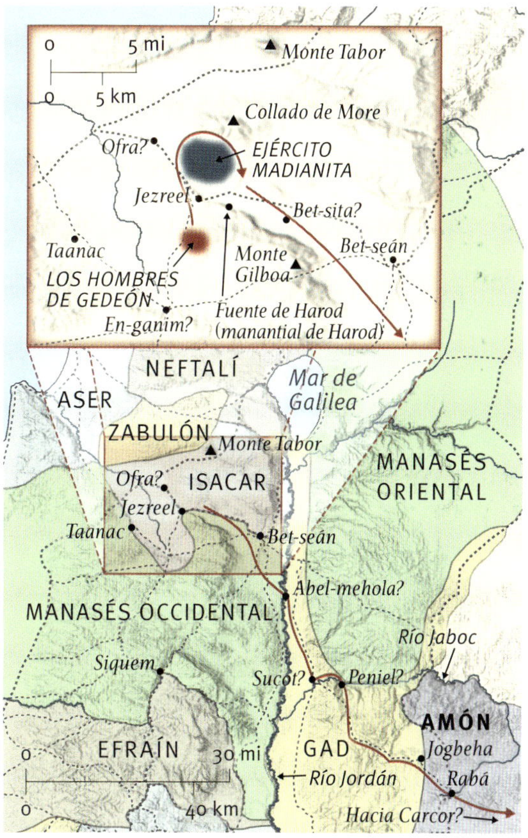

4-19. Gedeón derrota a los madianitas (Jue. 6–8). El pequeño ejército de Gedeón de 300 hombres acampó junto al manantial de Harod (fuente de Harod), mientras que el vasto ejército de madianitas abarcaba todo el valle de Jezreel por el collado de More. Cuando los hombres de Gedeón rodearon y sorprendieron a los madianitas durante la noche, los madianitas huyeron. Los hombres de Gedeón los persiguieron hasta Abel-mehola y más allá, pasando por Sucot y Peniel en su camino hacia Carcor, donde capturaron a los líderes del ejército madianita.

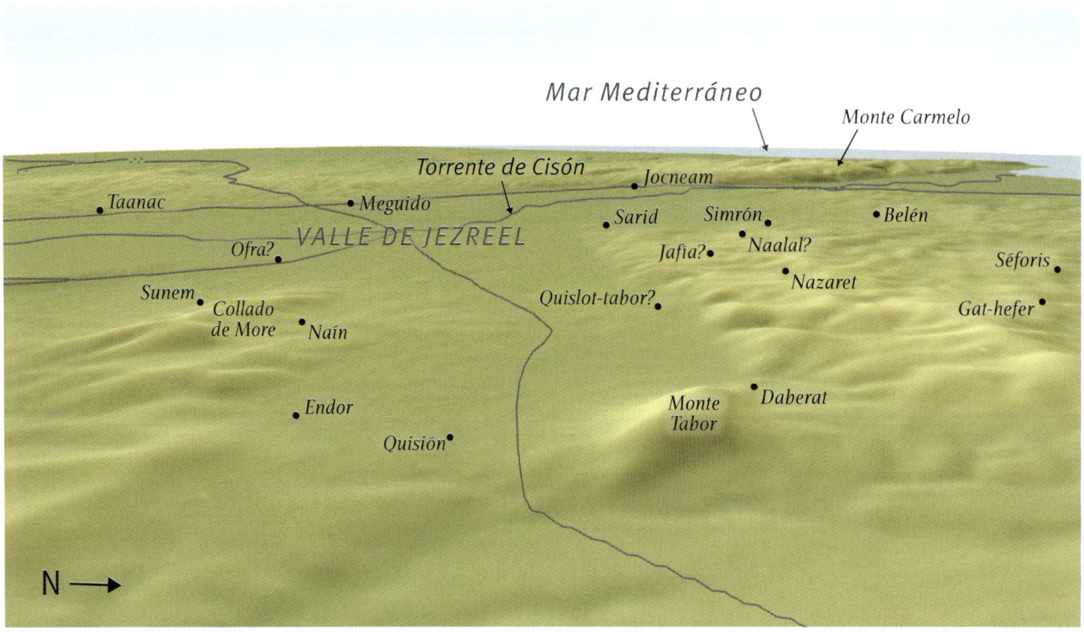

4-C. El monte Tabor y el valle de Jezreel. El valle de Jezreel, una llanura muy fértil a lo largo de la frontera sur de Galilea, fue el sitio de muchas batallas importantes en el antiguo Israel, incluida la victoria de Débora y Barac sobre los cananeos, la victoria de Gedeón sobre los madianitas y, más tarde, la campaña fallida de Josías contra el faraón Necao II de Egipto (Jue. 4–8; 2 R. 23:29-30; 2 Cr. 35:20-24).

Jefté

Según el relato bíblico, las tribus de Rubén, Gad y la media tribu de Manasés se establecieron en Transjordania junto a los edomitas, moabitas y amonitas. El escenario del incidente de Jefté en Jueces 10:6–11:40 fue parte de un conflicto en curso entre Israel y Ammón que comenzó en Jueces 3. Los amonitas se unieron a una coalición bajo el liderazgo de Eglón, rey de Moab, para oprimir a Israel. En este relato, Ammón peleó contra Israel y, como era de esperar, un área principal de enfrentamientos fue Galaad, una zona al norte del río Jaboc colonizada por la media tribu de Manasés (ver mapa 4-20). Los estudios de asentamientos realizados por los arqueólogos han revelado numerosos sitios pequeños de este período, y ciertamente reflejan que los israelitas habitaron la zona. Amón, según las excavaciones arqueológicas en Sahab y en otros lugares, era, a la fecha, un reino muy desarrollado en Transjordania.

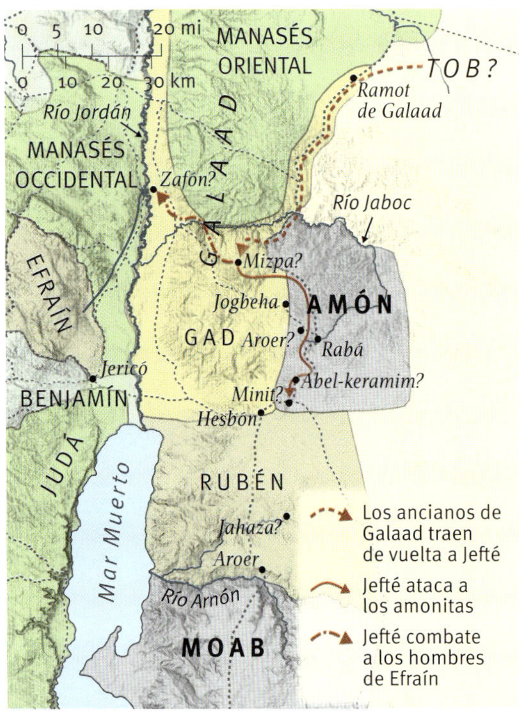

4-20. Jefté derrota a los amonitas (Jue. 11:1–12:7). Los líderes de Galaad llamaron a Jefté para que luchara contra los amonitas, que estaban oprimiendo a los israelitas en Galaad, Efraín, Benjamín y Judá. Después de que Jefté derrotó a los amonitas, los hombres de Efraín se enojaron porque no los habían llamado a la batalla y se reunieron para luchar contra Jefté en Zafón. Pero los hombres de Jefté derrotaron a los efraimitas y los mataron cuando intentaban regresar a sus hogares al otro lado del río Jordán.

Cuando Amón hizo la guerra contra Israel, los líderes de Galaad convocaron a Jefté, que estaba en la tierra de Tob. Llegó a Mizpa de Galaad y allí lo nombraron líder militar de los galaaditas (Jue. 11:11). Desde Mizpa, Jefté dirigió a sus tropas contra los amonitas e invadió las zonas occidentales de su territorio. Asaltó veinte ciudades de los amonitas desde Aroer hasta Minit y luego hasta Abel-keramim. No se sabe exactamente dónde estaban localizadas estas urbes; lo que está claro es que Jefté derrotó a los amonitas en su frontera occidental (v. 33).

La tribu de Efraín estaba molesta porque Jefté no les había pedido que se unieran a él para luchar contra los amonitas, así que reunieron a sus tropas y cruzaron el río Jordán en Zafón. Los de Galaad se enfrentaron a ellos en batalla, los derrotaron y también tomaron los vados del río Jordán para evitar cualquier incursión hostil de los efraimitas.

La migración de los pueblos del mar

El período de los jueces fue una época de inestabilidad política y cultural en toda la cuenca del Mediterráneo oriental. Hubo un amplio proceso de migración y establecimiento en la zona a fines del siglo XIII a. C. (ver mapa 4-21). El faraón Merneptah (1224-1214 a. C.) luchó contra cinco de estos grupos migratorios, que fueron llamados los «extranjeros del mar» en un texto egipcio contemporáneo. Estos «pueblos del mar» se conocían ya en el siglo XIV a. C., y algunos de ellos sirvieron como mercenarios en el ejército egipcio durante el reinado de Ramsés II (1290-1224 a. C.). Una inscripción de la época de Ramsés III (1194-1163) en Medinet Habu (Tebas) describe las invasiones de los pueblos del mar a lo largo del Mediterráneo oriental: «Invadieron la tierra de los hititas, Cilicia, Arzawa, Chipre y Amurru». Este texto también relata que Ramsés III peleó contra los pueblos del mar en batalla, obtuvo la victoria y por ello evitó que tomaran y se establecieran en Egipto. La inscripción de Medinet Habu enumera siete grupos de invasores extranjeros, incluidos los filisteos. El rechazo del ejército egipcio obligó a los pueblos del mar a desplazarse hacia otros lugares; fue en este momento que los filisteos colonizaron la llanura costera del suroeste de la tierra de Canaán. No se sabe con certeza dónde se originaron los pueblos del mar, aunque parece ser que vinieron de las regiones del Egeo y de Anatolia.

La cultura material de los filisteos, cuando se asentaron por primera vez en la llanura costera de Canaán, era bastante distintiva. En contraste con las poblaciones indígenas, reflejaba una fuerte influencia egea. Por ejemplo, la cerámica filistea más antigua estuvo sobre todo influenciada por la cerámica micénica, con sus formas y decoración sorprendentemente similares a la cerámica de Micenas. La mayoría de los motivos estilizados en la cerámica, como las representaciones de aves, son, en esencia, de origen micénico. Además, aunque solo se han encontrado unas pocas inscripciones en contextos filisteos, el patrón lineal parece provenir de la escritura egea. La arquitectura del templo en Filistea fue quizás influenciada por las formas de los templos egeos. Los objetos encontrados en sitios de culto pertenecían, sin dudas, a la tradición micénica. Las estatuillas que representan a diosas sedentes eran un motivo común en la cultura micénica; dos de estas se hallaron en Asdod, la pentápolis filistea. Con el paso del tiempo, la cultura material filistea comenzó a asimilarse a la de las poblaciones indígenas, pero fue un proceso largo y lento. Los tipos de cerámica, la arquitectura, las fortificaciones, etc., empezaron a ser en esencia idénticas a las de la cultura cananea.

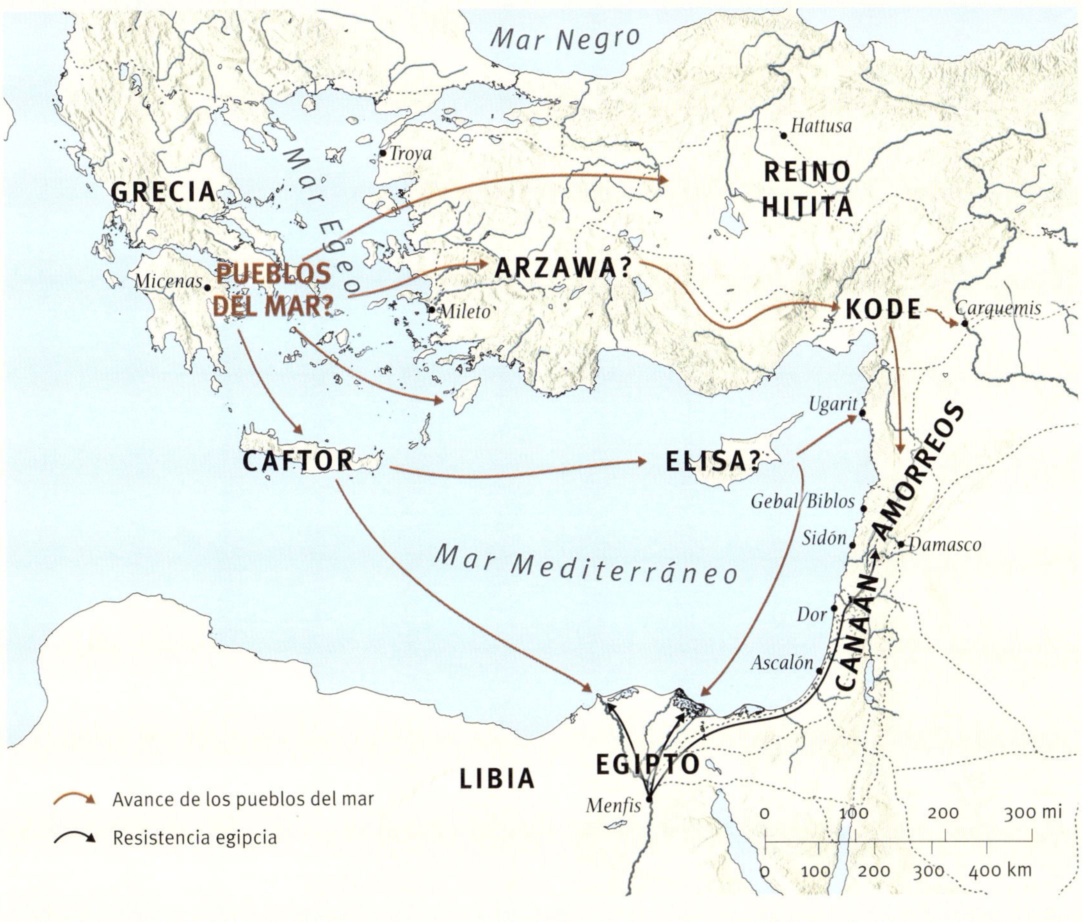

4-21. La migración de los pueblos del mar, c. 1175 a. C. El tiempo tumultuoso de los jueces se superpuso con un cambio aún más generalizado en los poderes políticos del antiguo Cercano Oriente. Esta transición se produjo cuando varios grupos de personas de las zonas generales de Grecia y las islas del Egeo, a quienes los egipcios llamaron los «pueblos del mar», abandonaron sus tierras afectadas por la hambruna y viajaron por mar y tierra en busca de nuevos territorios para la conquista y el asentamiento. Atacaron e invadieron numerosas ciudades y naciones en el Cercano Oriente, incluidos los hititas, Arzawa, Elisa (Chipre) y Kode, y las establecieron nuevamente con su propia población. Algunas ciudades como Carquemis, Sidón y Biblos (Gebal) sobrevivieron a la embestida y el faraón Ramsés III logró repelerlos de Egipto. Unos pocos grupos se establecieron en el territorio de los amurru (amorreos) y en Canaán, incluidos los filisteos a lo largo de la costa suroeste.

Sansón

Los filisteos representaron la amenaza más seria para Israel durante el período de los jueces. Eran uno de los varios grupos de los pueblos del mar que habían invadido las áreas costeras de Canaán aproximadamente al mismo tiempo que Israel conquistó gran parte de las regiones montañosas. Los filisteos se establecieron en la planicie costera del sur de Canaán después que Ramsés III había frustrado su intento de tomar Egipto. En la costa, los filisteos establecieron un estado territorial bajo la organización de una pentápolis, es decir, cinco ciudades capitales: Asdod, Ascalón, Ecrón, Gat y Gaza. Desde luego, el área de conflicto entre Filistea e Israel se encontraba en lo fundamental en la región de la Sefela o estribación entre las tierras costeras y las tierras altas. Durante la vida de Sansón, los filisteos gobernaron y oprimieron al pueblo de Israel (Jue. 13:1; ver mapa 4-22).

El padre de Sansón era de Zora, de la tribu de Dan, y parece que fue allí donde nació Sansón (Jue. 13:2). Después que creció, el Señor comenzó a mover su corazón para liberar al pueblo de Israel: este llamado ocurrió en Mahané-dan (literalmente «campamentos de Dan») entre Zora y Estaol. Sin embargo, Sansón fraternizó con los filisteos. Se casó con una mujer filistea de Timnat (14:1-7), su mejor amigo era un filisteo (14:20; 15:2) y tuvo relaciones sexuales con una prostituta filistea de Gaza (16:1). Sansón se enamoró de una mujer filistea llamada Dalila, que era del valle de Sorec (v. 4). Ella, claro está, lo condujo a la muerte. Después que lo traicionó, lo llevaron prisionero a Gaza. Allí lo cegaron y lo obligaron a moler el grano en un molino.

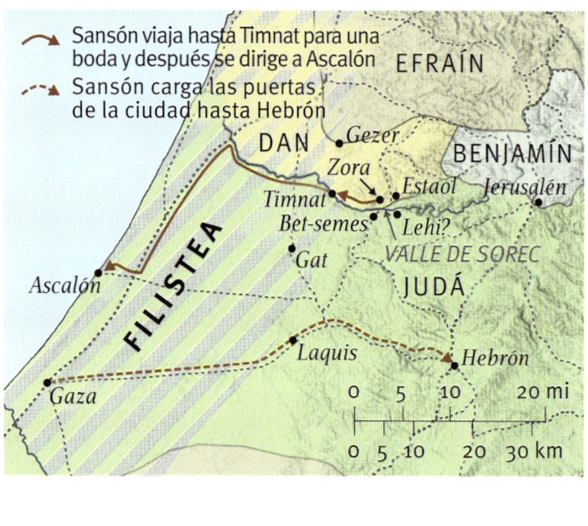

4-22. Las hazañas de Sansón (Jue. 13–16). Los filisteos gobernaban Israel durante la vida de Sansón, así que Dios lo levantó para que empezara a librar al pueblo de sus opresores. El matrimonio de Sansón con una mujer filistea en Timnat dio lugar a una serie de encuentros con los filisteos, a quienes Sansón frecuentemente causó daños.

La práctica de cegar a los enemigos y luego hacerlos moler el grano en molinos se conoce a partir de antiguos textos del Cercano Oriente. Las cartas de Tapikka, de una ciudad administrativa hitita del siglo XIV a. C., mencionan varias veces el empleo de cautivos ciegos en los molinos. Sansón murió empujando los dos pilares de un templo filisteo sobre sí mismo y sobre los filisteos que estaban en el edificio. Las excavaciones en ciudades filisteas, como Tell Qasile, han demostrado que la estructura básica de los templos en ese momento incluía dos pilares centrales. Este diseño era distinto del de los templos cananeos o israelitas. Si se arrancaban dichos pilares la estructura completa se derrumbaba. Tras su muerte, Sansón fue enterrado entre Zora y Estol (16:31), cerca de donde había recibido su primera llamada del Señor (13:25).

Timnat se encuentra en el moderno Tel Batash, cerca de la orilla sur del río Sorec. Las excavaciones aquí han descubierto una próspera ciudad filistea durante el período de los jueces. Se encontraron impresionantes fortificaciones, construidas con ladrillos de adobe sobre piedra.

La migración de Dan

En el relato de Sansón (Jue. 13–16) queda claro que los filisteos ejercían una gran presión sobre la tribu de Dan. Estos últimos enfrentaban muchas dificultades para ocupar y asentarse en el territorio que se les había asignado (Jos. 19:40-46). Cuando no pudieron controlar su tierra, enviaron cinco espías para explorar la tierra de Canaán en busca de otro sitio donde pudieran establecerse. Los espías primero fueron a las tierras altas de Efraín y luego avanzaron hacia el norte hasta la ciudad de Lais. Esta última región resultó ser un territorio fronterizo donde los nativos vivían en pueblos y aldeas sin fortificaciones. No podrían resistir un ataque danita. Además, el área era exuberante y fértil y la gente, rica (Jue. 18:7). Después de que los espías informaron sobre sus hallazgos, los danitas siguieron la misma ruta de estos y atacaron Lais, la tomaron y la destruyeron. Cambiaron el nombre de la ciudad por Dan y se establecieron en la región.

En ese momento, un levita que se encontraba en la región montañosa de Efraín, tenía una concubina que era de Belén en Judá. Ella le fue

La historia de Rut

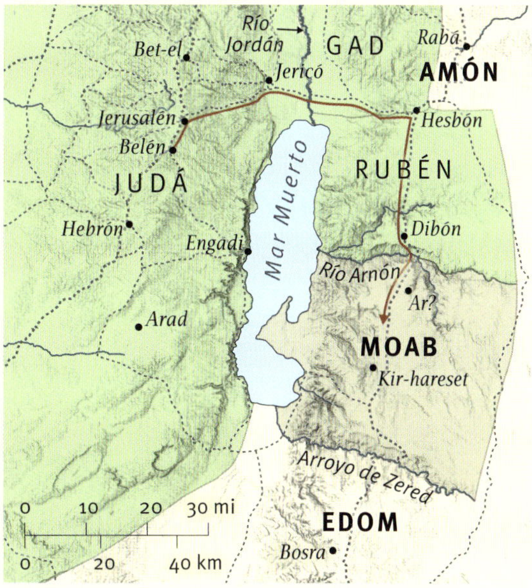

4-23. El escenario de Rut (Rut 1–4). Ocurre en el período de los jueces. El Libro de Rut registra cómo una hambruna en Judá obligó a Noemí y a su esposo a abandonar Israel y mudarse a Moab, donde sus hijos se casaron con mujeres moabitas. Cuando el esposo y los hijos de Noemí murieron, ella decidió regresar a su hogar en Belén, en Judá, y su nuera, Rut, quiso ir con ella.

El Libro de Rut comienza con la afirmación: «En los días que gobernaban los jueces». El contexto de la historia de Rut es la época de los jueces, en la que prevalecía la anarquía y no existía autoridad política central. Fue un período de relativismo; todos hacían lo correcto ante sus propios ojos (Jue. 21:25). El contexto específico del episodio fue que hubo una hambruna en la tierra de Israel, y este suceso puede entenderse como una señal del descontento de Dios con un pueblo infiel (ver Lv. 26:18-20). Una familia de Belén, en Judá, Elimelec, Noemí y sus dos hijos emigraron de Israel hacia Moab para quedarse allí. Los residentes temporales eran extranjeros en una tierra ajena; trabajaban en el país, pero tenían pocos de los derechos y privilegios de un ciudadano. No eran dueños de su propia tierra y, por lo general, estaban al servicio de un maestro y protector nativo. Elimelec abandonó las tierras asignadas a su tribu en Canaán y se fue a Moab a ponerse él mismo en una posición de servidumbre. Moab era una tierra pagana y, durante el tiempo de los jueces, fue un archienemigo de Israel (Jue. 3:12-30).

Elimelec murió en Moab. Sus dos hijos se casaron con mujeres moabitas (ignorando las advertencias de Dt. 7:3-4); pero esos dos hombres también murieron allí. Al final de los diez años en Moab, Noemí se quedó sola, sin nadie que la cuidara. Enfrentaba la miseria y la pobreza. Sin embargo, escuchó que ya no había tanta hambruna en Israel, así que regresó con Rut, una de sus nueras, a Belén en Judá.

El Libro de Rut proporciona información significativa e intrigante sobre la vida cotidiana en Israel en el momento de los jueces. Por ejemplo, le da al lector una comprensión del funcionamiento de las leyes agrícolas del Antiguo Testamento. Después que las dos mujeres regresaron a Belén en Judá, Rut se fue a los campos a espigar. Su actividad era perfectamente lícita de acuerdo con la ley mosaica, porque el granjero hebreo no debía arrancar todos los frutos de sus campos, sino dejar algo para «el pobre y para el extranjero» (Lv. 19:9-10). El granjero debía dejar los bordes de sus campos sin cosechar y debía recoger su campo solo una vez. Lo que se perdía era para los desfavorecidos en Israel.

Otra actividad cultural que aparece en el texto es el concepto del pariente-redentor. Rut había recogido en el campo de un hombre llamado Booz. Cuando Noemí se enteró de este hecho, le dijo a Rut que el hombre era «uno de los que pueden redimirnos» (Rut 2:20). Booz era un *go'el*, es decir, un redentor de parentesco. Este vocablo expresaba la idea de que tal persona liberaría a sus familiares en circunstancias difíciles. En el antiguo Israel, el pariente-redentor tenía cuatro deberes básicos: 1) comprar de nuevo a sus parientes de la servidumbre o la esclavitud. Si un hebreo se endeudaba, podía hacer un contrato de servicios con otro hebreo. Solo un *go'el* podía pagar por su liberación (Lv. 25:47-49); 2) volver a comprar las tierras que el pariente había vendido para mantener la herencia de la familia (Lv. 25:23-25); 3) cuando un hombre moría y dejaba a una viuda sin hijos, era el deber del pariente más cercano casarse con ella y levantar la semilla en nombre del hermano muerto. Esto se llamaba ley del levirato (Dt. 25:5-10) y 4) finalmente, el *go'el* tenía el deber de vengar la sangre de un familiar (Nm. 35:16-19). El segundo y tercer deber del pariente-redentor se observan claramente en el capítulo 4 del Libro de Rut.

infiel, y huyó de regreso a la casa de su padre en Belén. Después de recuperar a su concubina, el levita viajó de regreso a las tierras altas de Efraín. En el camino, pasó la noche en Gabaa, un pueblo que pertenecía a la tribu de Benjamín. Uno de los hombres de allí recibió al levita en su casa, pero los hombres de la ciudad rodearon la casa por la noche con la intención de sodomizar al levita. Este envió a su concubina al exterior y allí la violaron y la torturaron durante toda la noche; la muchacha murió a causa del abuso. Esta historia es un eco de Génesis 19, en la que los hombres de Sodoma rodearon la casa de Lot porque querían tener sexo con los ángeles que lo visitaron. Uno de los principales propósitos de ese eco es mostrar que los benjamitas, aunque pertenecían al pueblo del pacto, actuaban como los sodomitas. Se produjo una guerra civil que casi acabó con la tribu de Benjamín y la ciudad de Gabaa. Los arqueólogos han descubierto un nivel de destrucción masiva en Gabaa, que se remonta al 1100 a. C. Esta capa de ceniza debe identificarse con la destrucción de la ciudad registrada en Jueces 20.

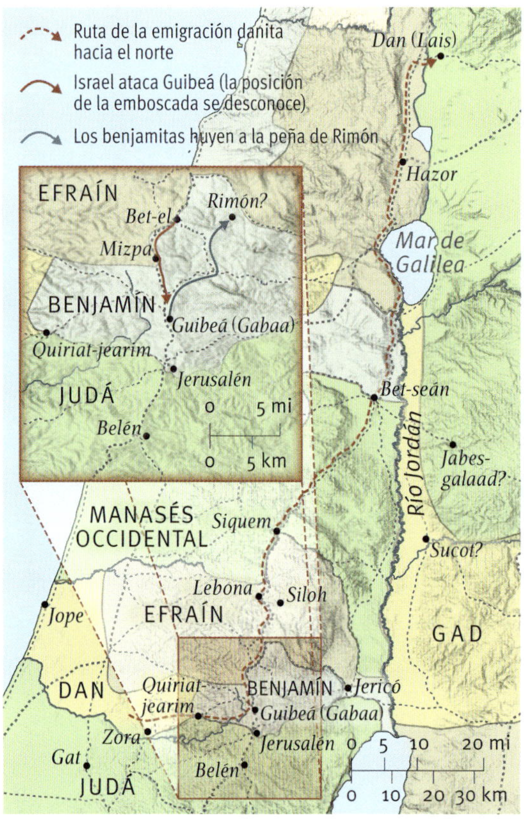

4-24. La migración de Dan y la guerra de Israel con Benjamín (Jue. 18; 20:1-48). Los capítulos finales de Jueces registran la migración de la tribu de Dan al norte y la guerra de Israel con Benjamín por las acciones cometidas contra un levita que pasó por Guibeá (Gabaa). Después de negarse a entregar a los perpetradores para enjuiciarlos, las demás tribus derrotaron a los benjamitas y los sobrevivientes huyeron a la peña de Rimón. Para evitar que los benjamitas desaparecieran por completo, las otras tribus proporcionaron esposas que habían capturado de Jabes-galaad y Silo.

El arca del pacto

En el monte Sinaí, Dios ordenó a los israelitas que construyeran un arca que estaría en el lugar santísimo en el templo / tabernáculo. Las tablas de la ley debían estar dentro del arca. Y era sobre ella que Dios descendía en una teofanía de nubes para reunirse con su pueblo. El arca ocupaba el centro mismo del culto israelita; simbolizaba la presencia misma del Señor con su pueblo. Sin embargo, durante los jueces, Israel había llegado a creer que la presencia del arca del pacto en una batalla garantizaba por arte de magia la victoria israelita (1 S. 4:3). En la época de Samuel, el último juez de este pueblo, ocurrió un evento que reflejó dicha visión mágica y pagana del arca del pacto.

En 1 Samuel 4:1, el ejército israelita estaba acampado en Eben-ezer y las fuerzas filisteas estaban ubicadas en Afec. Se encontraron en batalla y los filisteos derrotaron a los israelitas. En respuesta, los últimos pidieron que trajeran de Silo el arca del pacto (ver mapa 4-25); el tabernáculo había estado ubicado en Silo desde la época de Josué y la conquista de la tierra (Jos. 18:1). La gente creía que la presencia del arca podría, de hecho, cambiar el rumbo de la batalla a su favor. Pero, de nuevo, el ejército filisteo azotó a Israel y el enemigo incluso capturó el arca del pacto (1 S. 4:11). Los filisteos triunfantes trajeron el arca de Eben-ezer a Asdod, una de sus ciudades de la pentápolis. Sin embargo, el arca resultó ser un huésped terrible. El dios Dagón, en cuyo templo la colocaron, se hizo pedazos y la gente de Asdod estaba gravemente plagada de tumores y roedores que lo devastaban todo. Entonces enviaron el arca a Gat, otra ciudad capital de los filisteos, y allí también se desataron las plagas. En pánico, los geteos la enviaron a otra ciudad de la pentápolis, Ecrón; la cual ha sido identificada como la moderna Tel Mikné, donde se han hacho excavaciones extensas y se ha encontrado un templo. Las mismas plagas hirieron y desgarraron a Ecrón. Después de que el arca estuvo en territorio filisteo durante siete meses, la enviaron de regreso a Israel «a su lugar» (1 S. 5:11).

Los ecroneos la pusieron en un carro tirado por dos vacas y lo enviaron por el valle de Sorec en dirección a Israel, a Bet-semes. Además del arca, los filisteos enviaron una ofrenda de culpa en forma de cinco tumores y cinco ratones de oro. Este es un ejemplo de empatía mágica en la que los filisteos tomaron imágenes de las cosas que los atormentaban y luego las mandaron a Israel; tal vez así las plagas desaparecerían. Las excavaciones en Bet-semes han revelado una gran aldea israelita de la época que contiene mucha cerámica filistea. Esto sugiere que la zona, aunque era israelita, estaba bajo el dominio político y económico de los filisteos. Algunos de los hombres de Bet-semes «habían mirado dentro del arca» (1 S. 6:19), probablemente de manera irreverente, y murieron en el acto. Los habitantes de la ciudad pidieron a la gente de Quiriat-jearim que vinieran y se la llevaran. Estuvieron de acuerdo, y el arca permaneció en esa ciudad durante casi veinte años, hasta que el rey David llegó y la llevó a Jerusalén.

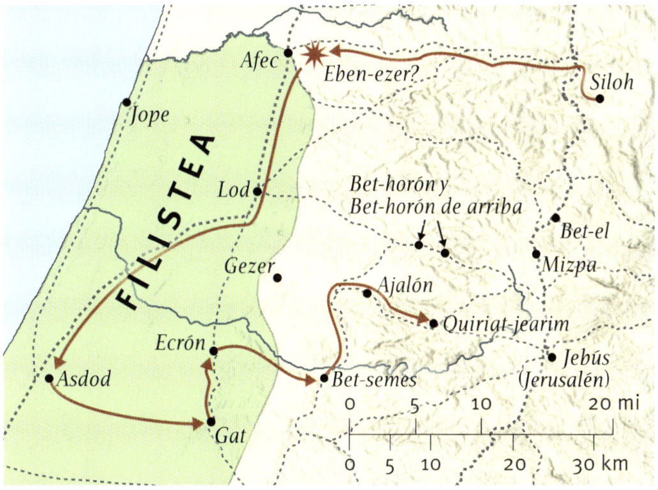

4-25. Los viajes del arca (1 S. 4:3–7:2). Después de sufrir bajas en la batalla contra los filisteos en Eben-ezer, las fuerzas israelitas pidieron que se trajera el arca del pacto a la batalla, desde Silo. Pero los israelitas de nuevo fueron derrotados y los filisteos capturaron el arca. La presencia del arca en cada ciudad filistea hizo que la gente sufriera terribles tumores, por lo que la enviaron a otra ciudad. Finalmente, le devolvieron el arca a Israel en Bet-semes y más tarde la llevaron a Quiriat-jearim, donde permaneció durante unos veinte años.

Los viajes del arca simbolizan la naturaleza inestable de Israel durante el período de los jueces. En ese momento no había un centro capital para su gobierno porque Israel era una mera confederación de tribus. Y aunque Silo sirvió como lugar de descanso para el tabernáculo durante parte del tiempo, no fue su ubicación final. No había un centro espiritual para el pueblo de Israel. Eso vendría después.

CAPÍTULO 5

LA MONARQUÍA UNIDA

LA ETAPA DE LOS JUECES PREPARÓ A Israel para los futuros reyes. Todo el período fue una imagen de la vida en Israel sin rey: «En estos días no había rey en Israel; cada uno hacía lo que bien le parecía» (Jue. 21:25). Debido a la falta de autoridad central, las tribus israelitas eran bastante independientes y frágiles ante ataques enemigos. También eran comunes las rivalidades y los conflictos entre ellas. Debido a esta fragmentación, los ancianos de Israel se acercaron al último juez, Samuel, en Ramá, y exigieron que se nombrara un rey para que los gobernara. En sí no había nada malo en dicha solicitud (ver Dt. 17:14-20). El problema radicaba en los motivos y las actitudes de los ancianos, no en la petición que hacían. Experimentaban inseguridad y por eso deseaban que un monarca liderara a Israel militarmente. Querían un rey al mando, como «todas las naciones» (1 S. 8:19-20). Aunque Samuel no estaba de acuerdo, el Señor le dio instrucciones para que eligiera un rey.

El Primer Libro de Samuel relata el ascenso de Saúl al trono de Israel, cómo Dios lo rechazó y favoreció a David y, al final, cómo Saúl murió a manos de los filisteos. El Segundo Libro de Samuel registra el reinado de David. En los dos volúmenes se establece un deliberado contraste entre ambos reinos. Las vidas de los dos primeros reyes de Israel presentan similitudes: ambos alcanzaron éxitos tempranos a los que siguieron pecados graves. Sin embargo, la forma en que los dos reyes lidiaron con sus iniquidades y castigos fue muy diferente.

EL REINADO DE SAÚL

El ascenso de Saúl y sus primeros éxitos

Samuel ungió a Saúl como el primer rey de Israel, lo hizo en Mizpa y renovó su reinado en Gilgal (1 S. 11:12-15). No fue una coincidencia que su período terminara precisamente allí, ya que fue el primer campamento israelita en la tierra de Canaán después que cruzaron el río Jordán bajo las órdenes de Josué. Israel había atravesado el Jordán como una nación que tenía un pacto con el Señor. La consolidación marcó el liderazgo de Saúl; es decir, bajo su gobierno, las tribus se unificaron. Uno de sus medios de unión fue centralizar las diversas fuerzas militares de las tribus en un ejército nacional que pudiera reunirse en tiempos de necesidad.

La guerra dominó el período de Saúl y tuvo bastante éxito en las batallas de sus primeros años. En 1 Samuel 14:47-48 se hace un resumen de sus primeras empresas militares: «Después de haber tomado posesión del reinado de Israel, Saúl hizo guerra a todos sus enemigos en derredor: contra Moab, contra los hijos de Amón, contra Edom,

5-1. Israel bajo Saúl, David y Salomón. Samuel, el último de los jueces, ungió a Saúl como el primero de los reyes de Israel, y más tarde también a David. Aunque defectuoso en muchos sentidos, el reinado de Saúl reunió con éxito a las diversas tribus en una sola entidad nacional y la defendió contra los poderes de la región que le hacían competencia. La destreza de David como líder militar y político le permitió expandir las fronteras de Israel hasta que, al término de su dominio, controló todo Israel, Edom, Moab, Amón, Siria y Soba. Otras naciones hicieron tratos con él, como es el caso de Tiro y Hamat. Más tarde, Salomón, el hijo de David, dominó también el reino de Hamat y su matrimonio con la hija de faraón selló una alianza con Egipto. Su gobierno marcó el cenit del poder y la opulencia de Israel en los tiempos bíblicos, en gran parte debido a la riqueza que generó su control sobre importantes rutas de comercio entre varias potencias mundiales importantes, que incluían Egipto, Arabia, Mesopotamia y Anatolia (Asia Menor).

contra los reyes de Soba y contra los filisteos; y adondequiera que se volvía, era vencedor. Y reunió un ejército y derrotó a Amalec, y libró a Israel de mano de los que lo saqueaban». Su prueba inicial ocurrió cuando los amonitas sitiaron Jabes-galaad, cuyo rey, Nahas, había pedido el ojo derecho de cada hombre de la ciudad antes de levantar el asedio. Saúl reunió a las tropas de Israel, las condujo a través del río Jordán y derrotó a los amonitas (ver mapa 5-2). Esta experiencia y victoria iniciales mostraron que era el hombre adecuado para ser el rey según las exigencias de los ancianos en 1 Samuel 8.

Los filisteos constituían la mayor amenaza militar para el reinado de Saúl. Después de la renovación de su gobierno en Gilgal, enfrentó una incursión militar temprana de los filisteos, quienes habían invadido la zona montañosa y tenían una guarnición en Geba. Jonatán, su hijo, disponía de una fuerza de mil hombres en Gabaa, así que atacó y derrotó a la guarnición filistea en Geba. Como réplica a la derrota, los filisteos reunieron un gran ejército y acamparon en Micmas, en las tierras altas. En respuesta a esa incursión, muchos de los habitantes de Israel huyeron y «se escondieron en cuevas, en fosos, en peñascos, en rocas y en cisternas». Otros, por seguridad, cruzaron el río Jordán (1 S. 13:6-7). Saúl estaba con el ejército en Gilgal y desde allí tomó las tropas para unirse a Jonatán en Geba, que se encontraba al otro lado de un barranco de Micmas. Jonatán y su escudero hicieron una audaz incursión en el campamento filisteo y lograron acobardarlos. Saúl y el ejército aprovecharon la derrota y persiguieron a los filisteos hacia la llanura costera (ver mapa 5-3).

La capital de Saúl estaba en Gabaa, en el territorio tribal de Benjamín. El trabajo arqueológico en el sitio ha demostrado que la ciudad del siglo XII fue destruida y que, tal vez, lo hicieron los israelitas, como se describe en Jueces 19–20. El siguiente nivel de ocupación contiene una fortaleza hecha con grandes piedras vestidas toscamente. Es rectangular, construida con paredes de casamata (torreón blindado por piezas de artillería) y tiene cuatro torres rectangulares (una en cada esquina de la estructura). Es probable que el monarca construyera esta fortificación tan segura debido a la naturaleza guerrera de su gobierno.

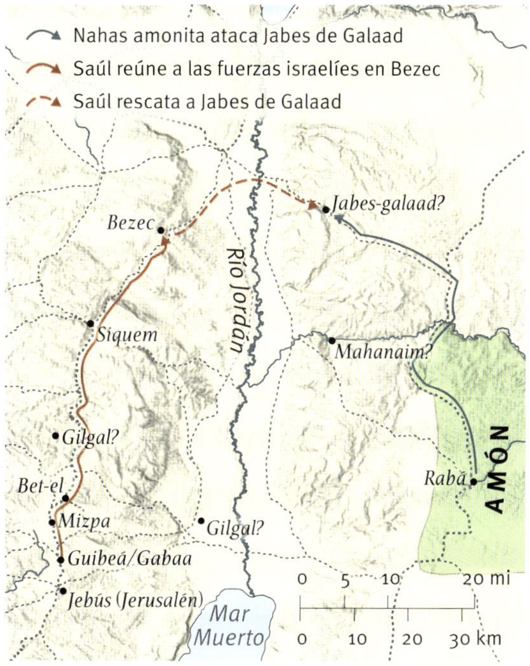

5-2. Saúl libera a Jabes-galaad, c. 1050 a. C. (1 S. 11:1-11). Poco después de que Saúl fuera ungido rey de Israel, los amonitas atacaron el pueblo de Jabes-galaad. Cuando escuchó las noticias en Gabaa, agrupó con prontitud las fuerzas israelitas en Bezec y derrotó a los amonitas. Luego Samuel reunió al pueblo en Gilgal para confirmar el mandato de Saúl.

5-3. La batalla en Micmas (1 S. 14:1-23). Cuando los filisteos fortalecieron su control sobre la región montañosa central de Israel, colocaron tropas en Micmas y enviaron grupos de asalto al campo. Después de que Jonatán, el hijo de Saúl, capturó la ciudad de Geba, Saúl reunió más fuerzas israelitas en Gilgal y se le unió. Una audaz incursión de Jonatán en el barranco que separa a Micmas y Geba condujo a la victoria israelita sobre los filisteos, y los últimos fueron expulsados de la región montañosa.

El rechazo de Saúl como rey

El comportamiento pecaminoso y los problemas de Saúl comenzaron temprano en su reinado. En 1 Samuel 10:8, Samuel le había dicho que fuera a Gilgal y que lo esperara durante siete días. Allí, el profeta vendría a ofrecer sacrificios. Entonces el rey se dirigió a Gilgal, pero mientras tanto, los filisteos habían reunido una gran fuerza en Micmas. Saúl esperó los siete días, pero Samuel no llegaba, así que el rey ofreció los sacrificios en Gilgal para ganarse el favor del Señor contra los filisteos en Micmas. El problema aquí no fue que Saúl no esperara el tiempo suficiente, sino que usurpó la tarea del sacerdocio al realizar actos de sacrificio. Además, no se responsabilizó por sus acciones, más bien culpó a Samuel por llegar tarde y al pueblo por desertar (1 S. 13:11-12).

Después de que Israel hizo que los filisteos entraran en pánico y los expulsaran de Micmas, Saúl volvió a actuar alocadamente. Mientras sus tropas perseguían al enemigo, hizo un voto imprudente que maldecía a cualquier persona que comiera mientras ocurría la persecución. Pero los hombres se debilitaron demasiado y pecaron al comer carne con sangre. Cuando el rey supo de esta situación los acusó de ser traicioneros y engañosos.

En 1 Samuel 15, Dios ordenó a Saúl que destruyera a los amalecitas por lo que le habían hecho a Israel durante el éxodo. El Señor le ordenó a Saúl que los pusiera bajo prohibición, es decir, que destruyeran por completo todas sus posesiones. Saúl desobedeció al perdonar a Agag, el rey de los amalecitas, lo mejor del ganado y «todo lo bueno» (1 S. 15:9). Incluso después de que Samuel lo había confrontado con su pecado en verdad, Saúl no se arrepintió en realidad, sino que buscó su propia gloria ante el pueblo (v. 30) y, de hecho, erigió un monumento a su propia gloria durante este incidente

5-1. El valle de Ela en la Sefela. En esta vecindad, el joven pastor David derrotó a Goliat, el campeón de los filisteos (1 S. 17).

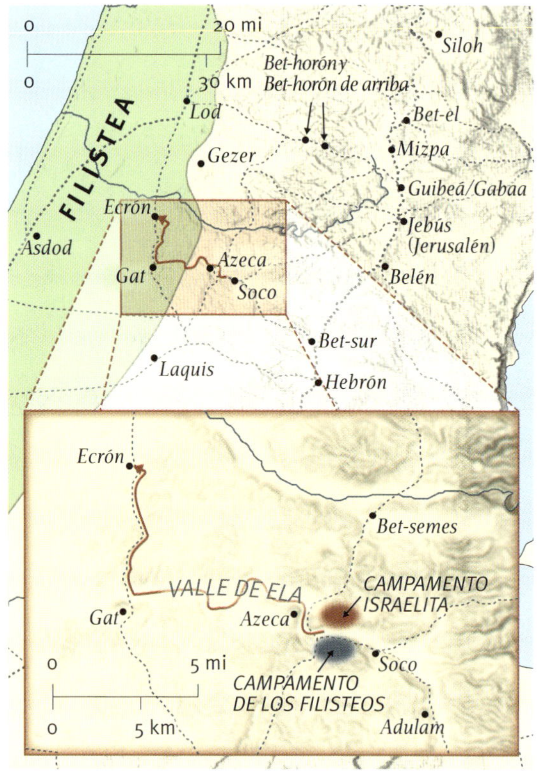

5-4. La batalla en Ela (1 S. 17:1-54). En un momento determinado tras ser ungido como el próximo rey de Israel, el padre de David lo envió a llevar comida a sus hermanos que servían en el ejército israelita cerca de Soco y Azeca. Cuando David llegó, supo que los filisteos habían desafiado a los israelitas a elegir a un campeón que peleara contra su guerrero Goliat, de Gat. David asumió el desafío y lo mató, acto que llevó a los israelitas a derrotar a los filisteos y perseguirlos hasta Gat y Ecrón.

(v. 12). Fue entonces que Dios rechazó a Saúl como rey de Israel. Como Samuel le dijo a Saúl: «Jehová ha rasgado hoy de ti el reino de Israel, y lo ha dado a un prójimo tuyo mejor que tú» (v. 28).

El ascenso de David

Inmediatamente después del comportamiento pecaminoso de Saúl durante la guerra con los amalecitas, Samuel ungió a David para que fuera rey de Israel. Un criado de Saúl describió a David de esta manera: «He aquí yo he visto a un hijo de Isaí de Belén, que sabe tocar, y es valiente y vigoroso y hombre de guerra, prudente en sus palabras, y hermoso, y Jehová está con él» (1 S. 16:18). David se convirtió en una amenaza para Saúl después de su victoria sobre Goliat, el campeón de los filisteos, en el valle de Ela (1 S. 17; ver imagen 5-1 y mapa 5-4). Luego de esa batalla, los guerreros regresaron a Israel y muchas de las mujeres de Israel salieron cantándose unas a otras: «Saúl hirió a sus miles, Y David a sus diez miles» (1 S. 18:7). Y, de hecho, «todo Israel y Judá amaba a David» (v. 16). Así que su reputación e influencia crecieron en Israel. Saúl respondió a la fama de David con ira, temor, sospecha y celos. Luego procuró asesinarlo, y cuando falló en el intento, lo desterró de su presencia (vv. 10-13).

El Libro de 1 Samuel 19–30 narra los movimientos de David mientras pretendía escapar de la muerte a manos de Saúl, al haberse convertido en un fugitivo y un forajido (ver mapa 5-5). Desde Gabaa, la ciudad capital del reino de Saúl, David huyó a Naiot, en Ramá, donde el profeta Samuel lo alojó y le dio protección. Saúl envió hombres para que arrestaran a David, pero un espíritu de profecía se apoderó de ellos. Esto sucedió tres veces, hasta que el mismo Saúl fue a Naiot, en Ramá, y él también comenzó a profetizar. Después de que Jonatán le informó a David que Saúl todavía lo buscaba (1 S. 20), David y un grupo de hombres que estaban con él fueron al encuentro del sacerdote Ahimelec, en Nob. Allí les ofrecieron del pan sagrado para que comieran y el sacerdote le entregó a David la espada de Goliat. Saúl mató a todos los sacerdotes de Nob por haberle brindado protección a David (1 S. 22:6-23). Entretanto, este huyó a la ciudad filistea de Gat, donde fingió estar loco para que los lugareños no se vengaran de él por haberlos derrotado antes. Partió de allí y se fue a la cueva de Adulam, sitio donde sus fuerzas aumentaron a 400 hombres. De allí llevó a sus padres a la ciudad de Mizpa, en Moab, y le pidió al rey de la región que le diera refugio a su familia para que estuvieran fuera de peligro. David y sus hombres se fueron a vivir al bosque de Haret (v. 5). Escuchó que los filisteos habían atacado la ciudad israelita de Keila, por lo que él y sus soldados fueron y salvaron a los habitantes al derrotar a los filisteos en batalla (23:5).

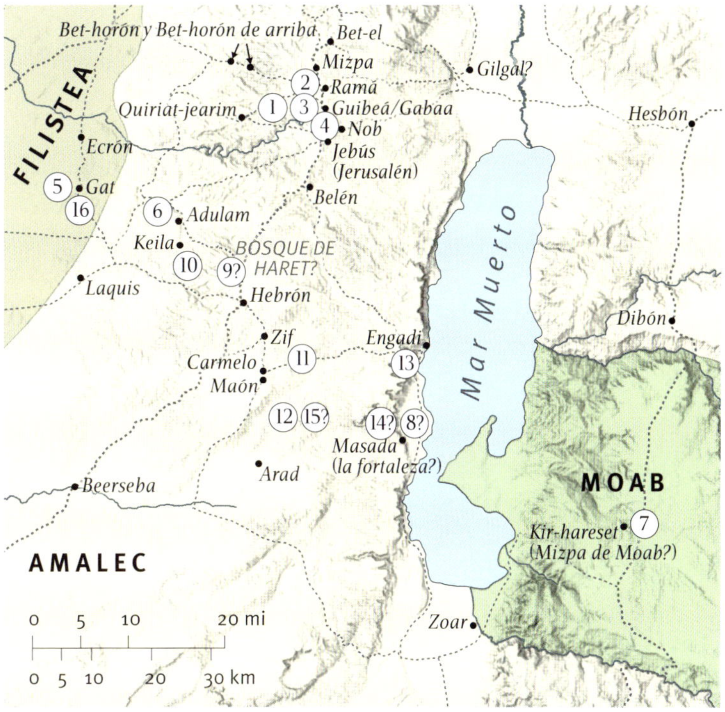

5-5. David huye de Saúl (1 S. 19:12–27:4) La creciente reputación de David entre la gente como guerrero y líder provocó los celos de Saúl, y este comenzó a tratar de matar al joven guerrero. Así que David huyó de Saúl en Gabaa (1) y fue a Samuel en Naiot en Ramá (2), adonde Saúl lo buscó, y David huyó de regreso al encuentro con Jonatán en Gabaa (3). Después de que Jonatán le advirtió a David que Saúl había determinado matarlo, David huyó para encontrarse con el sacerdote Ahimelec en Nob (4); allí obtuvo alimentos y tomó la espada de Goliat. David buscó refugio, por breve tiempo, en la ciudad filistea de Gat (5) y luego estableció su cuartel general en la cueva de Adulam (6), donde las filas de su ejército aumentaron a 400 hombres. Para proteger a sus padres del peligro, David los dejó al cuidado del rey de Moab, en Mizpa (7) y se fue a vivir al «lugar fuerte» (8). Pasado algún tiempo, se dirigió al bosque de Haret (9) y luego partió a libertar a Keila, un poblado cercano (10) de algunas incursiones filisteas. Cuando David escuchó que Saúl venía al lugar, él y su cada vez mayor ejército de 600 hombres se internaron en el desierto de Zif (11). Los hombres de la zona delataron a David. Entonces él y sus hombres se fueron a vivir al desierto de Maón (12) y escaparon, a duras penas, de las manos de Saúl. Al huir de las fortalezas de Engadi (13), David nuevamente escapó de su perseguidor y rechazó la oportunidad de quitarle la vida. Regresó al «lugar fuerte» (14) y luego al desierto de Parán (15). Mientras estuvo allí, los pobladores de Zif lo traicionaron otra vez al informarle a Saúl de su presencia en el lugar y David rechazó otra oportunidad de tomar la vida de Saúl. A la postre, David y sus hombres buscaron refugio en Aquis, el rey de Gat (16).

David estaba ahora entre la espada y la pared. Por un lado, luchaba contra los filisteos, y por otro, Saúl lo perseguía. Por eso David y sus hombres tuvieron que huir a las áreas silvestres de Zif, Maón, Engadi y Parán (1 S. 23:14, 24; 24:1; 25:1). Mientras estaba en el desierto de Maón, Nabal se negó a brindarle hospitalidad. Pronto murió Nabal y David se casó con su viuda, Abigail (1 S. 25). Debido a la persecución implacable de Saúl, David finalmente huyó a la región de los filisteos para recibir protección de Aquis, rey de Gat, quien le cedió la ciudad de Siclag como refugio. Desde allí David peleó contra las bandas de asalto: los gesuritas, los gezritas y los amalecitas, que con frecuencia atacaban las ciudades del sur de Judá. También compartió el botín de sus victorias con los ancianos de la zona, y de esta manera comenzó a ganarse los corazones de la tribu de Judá (ver mapa 5-6).

La muerte de Saúl

En la antigüedad, la principal vía internacional que atravesaba la tierra de Israel era la llamada ruta del Gran Tronco. Unía a Egipto con cada parte del Levante. Desde Egipto, la carretera recorría la costa del mar Mediterráneo hasta llegar a Gaza, una ciudad filistea en la llanura costera de Palestina. La Biblia se refiere a este camino como el «camino de la tierra de los filisteos» (Éx. 13:17). Los egipcios lo llamaban el «camino de Horus». La carretera seguía hacia el norte a lo largo de la costa hasta llegar al paso de Aruna; allí se desviaba un poco hacia el noreste hacia la ciudad de Meguido. En este sitio se dividía en tres ramas: 1) una que iba directamente hacia el este, a la ciudad de Bet-seán; 2) la segunda que continuaba hacia el norte a lo largo de la costa hasta Aco y apuntaba hacia el norte, y 3) la rama última, que se dirigía al mar de Galilea, al norte de Hazor, y conducía a Damasco. Debido a que la ruta del Gran Tronco era tan importante para el comercio y los recorridos por la tierra, se convirtió en una región de conflicto entre los filisteos y los israelitas.

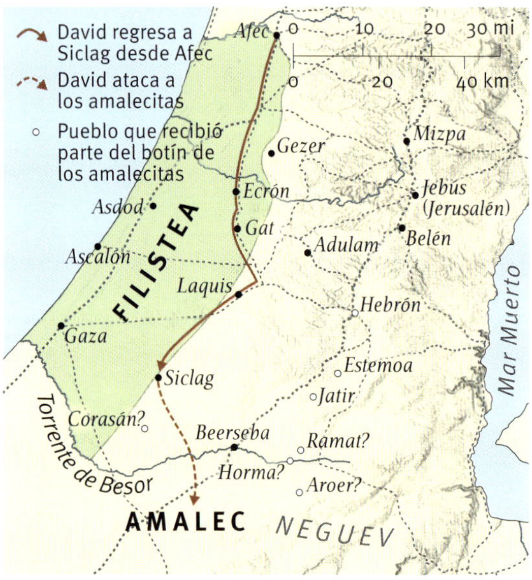

5-6. David recupera el saqueo de los amalecitas (1 S. 30:16-31). Mientras David y sus hombres buscaban refugio en Filistea, los filisteos reunieron sus fuerzas en Afec para atacar a los israelitas. Los comandantes filisteos, escépticos de la lealtad de David en la batalla contra sus compañeros israelitas, lo enviaron a su casa en Siclag. Cuando llegó, descubrió que los amalecitas habían asaltado el Neguev, habían reducido Siclag a escombros y cenizas y se habían llevado a un gran número de cautivos y pertenencias. David y sus hombres los persiguieron; cruzaron el torrente de Besor y atacaron a los amalecitas. Recuperaron todo lo que se habían llevado. Luego regresó a Siclag y envió una parte del botín a los líderes de las ciudades de la región (se desconoce la ubicación de Bet-el, Sifmot, Racal y Atac).

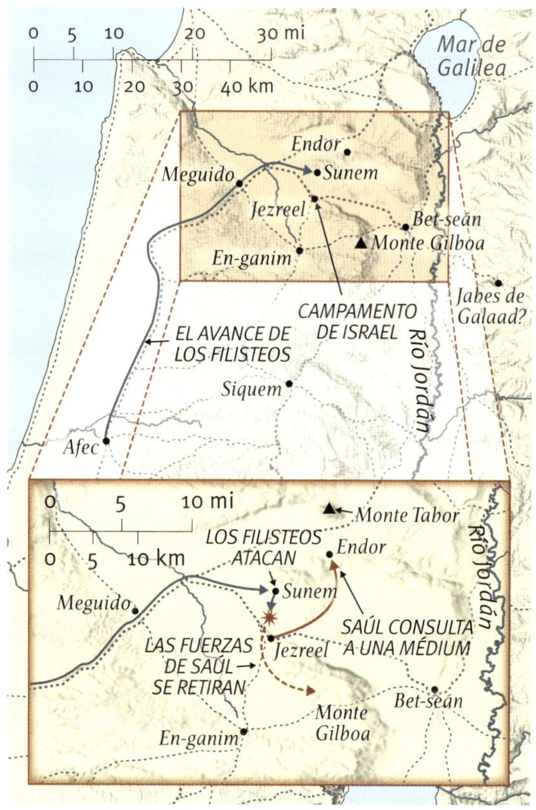

5-7. La batalla en el monte Gilboa, c. 1010 a. C. (1 S. 31:1-13; 1 Cr. 10:1-14). Las fuerzas filisteas avanzaron a Sunem desde Afec y se prepararon para atacar a los israelitas cerca de su campamento en Jezreel. Saúl sintió temor del gran ejército que debía enfrentar y escapó durante la noche para consultar a una médium en Endor y buscar el consejo del difunto Samuel. Cuando los filisteos atacaron a la mañana siguiente, los israelitas se retiraron por las laderas del monte Gilboa. Saúl y tres de sus hijos fueron asesinados y los filisteos, para burlarse de Israel, colgaron sus cuerpos en el muro de Bet-seán. Más tarde, hombres de Jabes-galaad fueron de noche y los recuperaron.

El grupo que controlara la carretera y sus alrededores tendría un dominio absoluto de la mayor parte de la tierra.

En 1 Samuel 29:1, el texto señala que los filisteos reunieron sus fuerzas en Afec, una ciudad que se encontraba en la ruta del Gran Tronco. En ese momento, el ejército israelita había acampado cerca de la ciudad de Jezreel, entre Meguido y Betseán, en el valle de Jezreel. Los filisteos trasladaron sus fuerzas de Afec a Sunem para controlar las arterias vitales a lo largo de la ruta del Gran Tronco (1 S. 28:4). En respuesta, Saúl retiró sus tropas de Jezreel y acampó al pie del monte Gilboa. Con gran temor, buscó la ayuda de una adivina en Endor para que le revelara en qué terminaría la crisis militar que enfrentaba. Ella era, de hecho, una nigromante, es decir, alguien que consultaba a los muertos para predecir el futuro. Según la ley de la Torá, los israelitas debían mantenerse alejados de estos ocultistas; el castigo por tales prácticas era la muerte (Lv. 20:27). La adivina de Endor conjuró a Samuel, quien le reveló a Saúl que él y sus hijos morirían al día siguiente (1 S. 28:19). La batalla se produjo en las laderas del monte Gilboa (ver mapa 5-7), y allí los filisteos derrotaron a Israel y mataron a algunos de los hijos de Saúl, quien resultó gravemente herido, por lo que se quitó la vida.

Los filisteos tomaron los cuerpos de Saúl y de sus hijos y los colgaron como trofeos en los muros exteriores de la ciudad de Bet-seán. Según la Biblia, los israelitas bajo el mando de Josué no conquistaron esta urbe (Jos. 17:11-12; Jue. 1:27). La ciudad ha sido objeto de importantes trabajos de excavación, y los restos materiales indican que fue próspera y que no perteneció a los israelitas durante la época de Saúl. Los excavadores descubrieron templos idénticos en el sitio durante este período, que se identifican con el «templo de Astarot», donde se encontraba la armadura de Saúl (1 S. 31:10) y el «templo de Dagón», donde los filisteos colgaron su cabeza (1 Cr. 10:10).

EL REINADO DE DAVID

El ascenso de David y sus primeros éxitos

Después de la muerte de Saúl, Is-boset, hijo de Saúl, ocupó el trono sobre Israel en Mahanaim. Pero no gobernó sobre todas las tribus de Israel porque, en Hebrón, en el sur, David fue ungido rey de Judá (2 S. 2:1-4). Esta división entre el norte y el sur fue el precedente del reino dividido

5-A. Las laderas del monte Gilboa. La región cercana al monte Gilboa fue el sitio de la victoria de Gedeón sobre los madianitas (Jue. 6–8), pero a la vez el lugar de la derrota de Saúl en manos de los filisteos (1 S. 24–31; 1 Cr. 10), quienes acamparon abajo en el valle de Jezreel. Los israelitas huyeron de los filisteos por las laderas ligeramente empinadas de la montaña y allí murió Saúl junto con sus hijos.

que se formaría después de la muerte de Salomón. Una larga guerra civil se produjo entre los reinos de Is-boset y de David (3:1; ver mapa 5-8). Una de las batallas entre Israel y Judá se registra en 2 Samuel 2:12-32, en la cual las tropas judías bajo el mando de Joab derrotaron a las fuerzas israelitas bajo el liderazgo de Abner. La lucha comenzó en la ciudad de Gabaón y el ejército de Joab persiguió a los israelitas a través del río Jordán hasta su capital, Mahanaim. Finalmente, tanto Is-boset como su comandante Abner fueron asesinados. Como consecuencia, todas las tribus de Israel se acercaron a David en Hebrón, hicieron un pacto con él y lo ungieron como rey sobre Israel y Judá unificados. David reinó sobre la tribu de Judá en Hebrón durante siete años y medio, y sobre todo Israel durante treinta y tres años (2 S. 5:5), c. 1010-970 a. C.

5-8. La lucha de David por el poder, c. 1010 a. C.
(2 S. 2–4). Inmediatamente después de la muerte de Saúl, se produjo una lucha por el poder entre David e Is-boset (o Es-baal), el hijo más joven de Saúl y único sobreviviente. El primero gobernó sobre su tribu nativa de Judá desde Hebrón, mientras que el segundo lo hizo sobre el resto de Israel, desde Mahanaim al otro lado del río Jordán, y lucharon entre sí durante siete años. El dominio de David continuó creciendo. A la postre, Is-boset y su comandante Abner fueron asesinados y David fue el único gobernante sobre todo Israel.

La conquista de la Jerusalén jebusea fue decisiva en la consolidación del reino davídico. Era un enclave cananeo que separaba a las tribus del norte de la de Judá. Parece ser que los hombres de David capturaron Jerusalén entrando en la ciudad a través de un canal de agua (2 S. 5:8; ver mapa 5-9). Este canal fue descubierto en 1867 por el explorador Charles Warren y hoy se conoce como el canal de Warren. Traía agua de los manantiales de Gihón, que se encontraban fuera de la urbe, a una pequeña cámara dentro de las murallas citadinas. Este sistema de agua se amplió más tarde bajo la supervisión de Ezequías, a fines del siglo VIII a. C. (2 Cr. 32:1-3, 30). Después de la conquista de la urbe, David convirtió a Jerusalén en su capital, decisión de genialidad política porque Jerusalén no había sido controlada ni por las tribus del norte ni por Judá y se hallaba en la frontera entre ambas. A partir de entonces, Jerusalén se conoció como la «ciudad de David» y sirvió como el núcleo político de la casa real de este rey hasta su destrucción en 586 a. C. A partir de David, la ciudad en cuestión también se convirtió en el centro espiritual de Israel: él trajo el tabernáculo con el arca del pacto desde Baala de Judá hasta Jerusalén, sitio donde la guardaron. Con el tiempo, Salomón, el hijo de

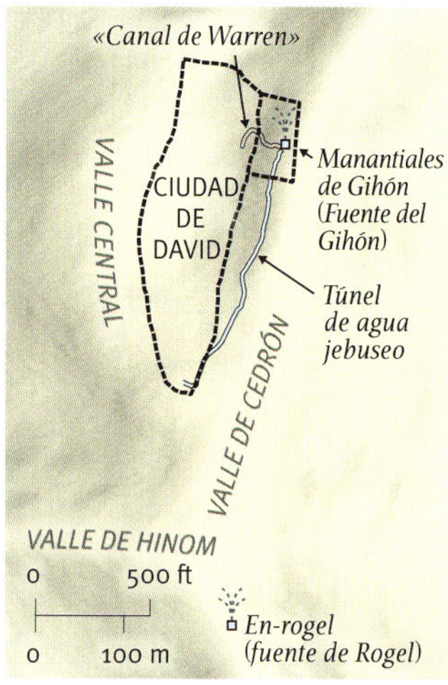

5-9. David captura la fortaleza de Sion, c. 1005 a. C.
(2 S. 5:6-10; 1 Cr. 11:4-8). Tras asegurar su reinado sobre todo Israel, David, cambió su capital de Hebrón, en el sur de Judá, para un lugar más al centro y que fuera neutro en cuanto a las tribus en Jerusalén. En ese momento, la ciudad (llamada «la fortaleza de Sion») estaba en manos de los jebuseos y sus muros defensivos en terrazas, además de las colinas y valles empinados en la vecindad, la hacían parecer inexpugnable. Sin embargo, David envió a los hombres a un pozo de agua (que hoy se conoce como el canal de Warren) para capturar la fortaleza y la nombró la ciudad de David.

David, construiría un templo para albergar el arca del pacto y los demás objetos rituales sagrados.

En estos primeros años de la monarquía unida, David también siguió una política de expansión a través de la conquista. Pudo consolidar un gran imperio bajo su gobierno: en su apogeo, se extendía desde el río Éufrates en el norte hasta el Neguev («arroyo de Egipto») en el sur. El territorio incluía la mayor parte de Canaán y Transjordania, una buena porción de Siria y algunas de las costas fenicias. David fue exitoso al expandirse porque tenía un ejército profesional permanente bajo el mando de Joab. Los hombres más importantes de sus fuerzas eran los «treinta», es decir, las tropas élite de choque que eran valientes en la guerra (2 S. 23:8-39).

Los filisteos. Poco después de que David fuera ungido rey sobre todo Israel, los filisteos comenzaron a atacar a Israel a través del valle de Refaim

Jerusalén en tiempos de David (c. 1010-970 a. C.)

Alrededor de cuatro milenios atrás, Melquisedec era el rey de Jerusalén, que entonces se llamaba Salem (Gn. 14:18). Era una ciudad sin muros, que los jebuseos tomaron en c. 1850 a. C., construyeron una muralla alrededor de ella y la llamaron Jebús (1 Cr. 11:4).

El rey David la capturó luego de haber gobernado durante siete años en Hebrón (2 S. 5:5). La urbe estaba fuertemente fortificada, en especial el área alrededor de los manantiales de Gihón, donde se han excavado torres de gran tamaño que datan de este período. Los jebuseos confiaban tanto en sus fortificaciones que se burlaron de David y dijeron que los ciegos y los cojos no lo dejarían conquistar la ciudad (2 S. 5:6).

Pero Joab, el comandante de las tropas davídicas, en secreto, logró entrar a la ciudad a través de su sistema de agua y abrir las puertas para que el rey tomara el control (1 Cr. 11: 6). Entonces tomaron la ciudadela jebusea, la destruyeron y la reemplazaron por la «fortaleza de Sion, la cual es la ciudad de David» (2 S. 5:7).

Más adelante en su vida, este construyó un altar en la era de Arauna el jebuseo, para impedir que una plaga que Dios había enviado sobre Israel llegara a Jerusalén (2 S. 24:18-25).

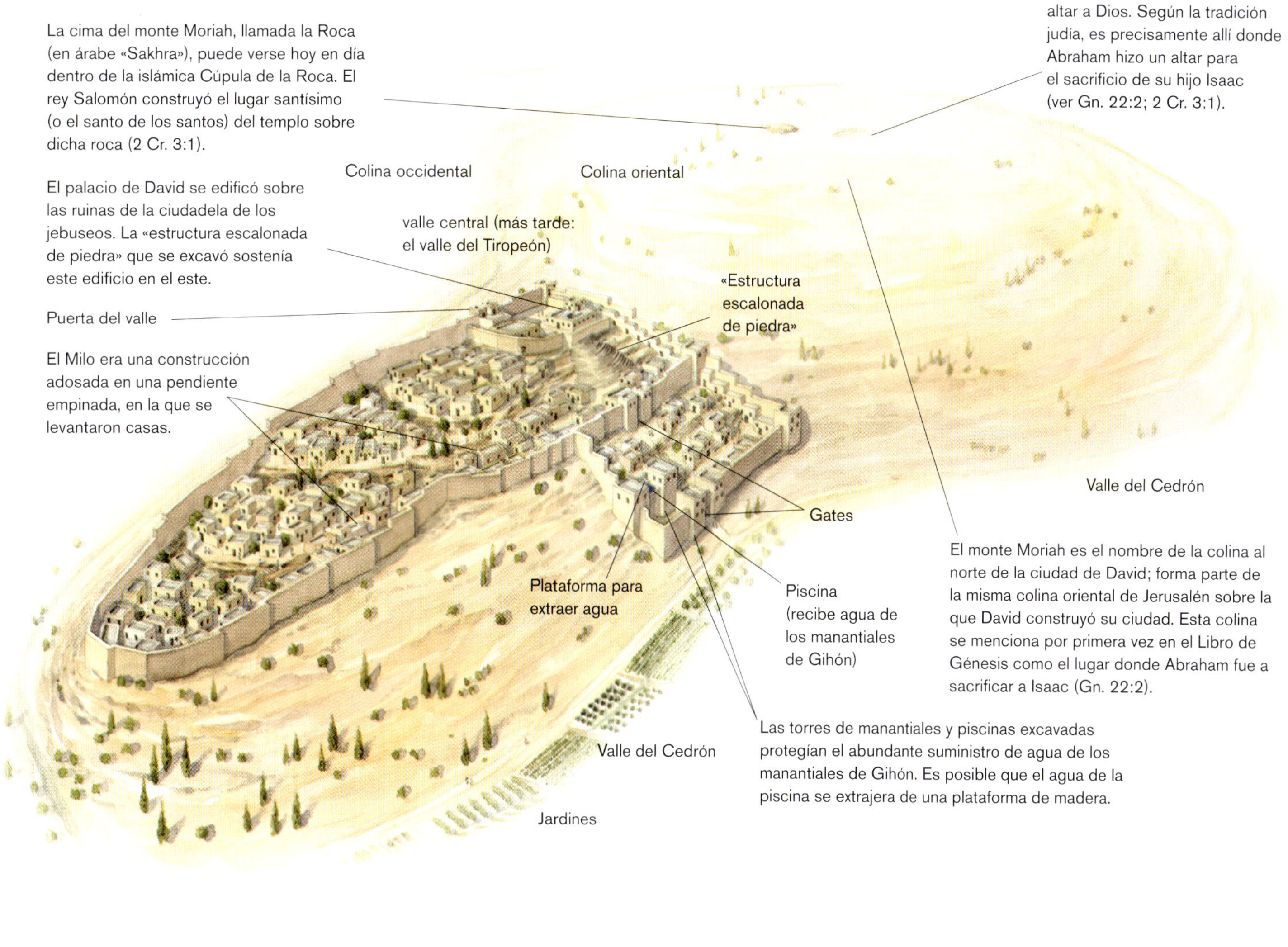

5-10. David derrota a los filisteos, c. 1000 a. C. (2 S. 5:17-25; 1 Cr. 11:8-16). Poco después de que David trasladó su capital a Jerusalén, los filisteos se prepararon para atacar a las fuerzas davídicas en el cercano valle de Refaim. David los derrotó, pero se reagruparon y se prepararon para un segundo ataque. Esta vez, el rey los atacó desde la retaguardia y los derribó desde Geba (o quizás Gabaón) hasta Gezer.

hasta Jerusalén (2 S. 5:17-18). David los derrotó por completo y los persiguió hasta Gezer y la llanura costera (ver mapa 5-10). Luego pudo luchar contra algunas regiones geográficas importantes lejos de los filisteos, como la Sefela y el valle de Jezreel. Se han descubierto capas de destrucción violenta de esta época en los sitios de Meguido y Tell Qasile; es probable que pertenezcan a las guerras de David contra los filisteos. En 2 Samuel 8:1 leemos que «David derrotó a los filisteos y los sometió». Después de este tiempo, dejaron de ser una amenaza seria para Israel.

Transjordania. Poco después de dominar a los filisteos, David fue a batallar contra los moabitas. Derrotó a Moab y lo convirtió en un estado vasallo que pagaba tributos a la monarquía israelita (2 S. 8:2). También sometió a Edom cuando su ejército la derrotó en el valle de la Sal. El rey israelita colocó guarniciones en toda esta ciudad para mantener el control del área (vv. 13-14). Después de esto, los amonitas se burlaron a propósito de algunos de los embajadores de David que habían venido a rendir homenajes en el funeral del rey de Amón y a establecer relaciones convencionales con el nuevo soberano. Los amonitas se reunieron para luchar contra Israel y contrataron tropas mercenarias sirias de Soba y Bet-rehob para que los ayudaran (ver mapa 5-11). Joab y las tropas israelitas derrotaron al ejército amonita (10:13-14).

Los sirios. Después de que los sirios escucharon que el ejército israelita había derrotado a sus tropas mercenarias, reunieron fuerzas para pelear contra Israel. Hadad-ezer colocó a Sobac como comandante del ejército y marcharon hacia Helam. En respuesta, David reunió al ejército israelita, marcharon a través del río Jordán y se enfrentaron a los sirios. Las tropas israelitas los derrotaron en el campo de batalla. Los sirios huyeron y entonces pidieron hacer las paces con David; de esta manera se sometieron ante él (2 S. 10:19).

La frase principal de estos primeros años del reinado de David se encuentra en 2 Samuel 8:6, 14: «Jehová dio la victoria a David por dondequiera que fue». La Biblia describe a David como un gran guerrero y el constructor de un vasto imperio; sin embargo, no llevó a cabo grandes proyectos arquitectónicos ni urbanos. El registro arqueológico atestigua que la construcción de edificios no era una prioridad para él; los restos de construcciones de este período son escasos y pobres. La ciudad de David (Jerusalén) en la colina de Ofel ha sido excavada recientemente y se descubrió muy poco de la época de David. El edificio más imponente utilizado durante el tiempo de este rey es la «estructura escalonada» (ver página siguiente). Fuera de Jerusalén, varios pueblos pequeños pueden atribuirse a la época de David. Las aldeas fueron fortificadas con muros exteriores de casamatas. Ello refleja que el período fue uno de constantes guerras. El hijo de David, Salomón, fue quien asumió los principales proyectos de construcción en Israel.

El pecado de David

Al igual que Saúl, David cometió algunos pecados graves. En 2 Samuel 11–12, después de que David se

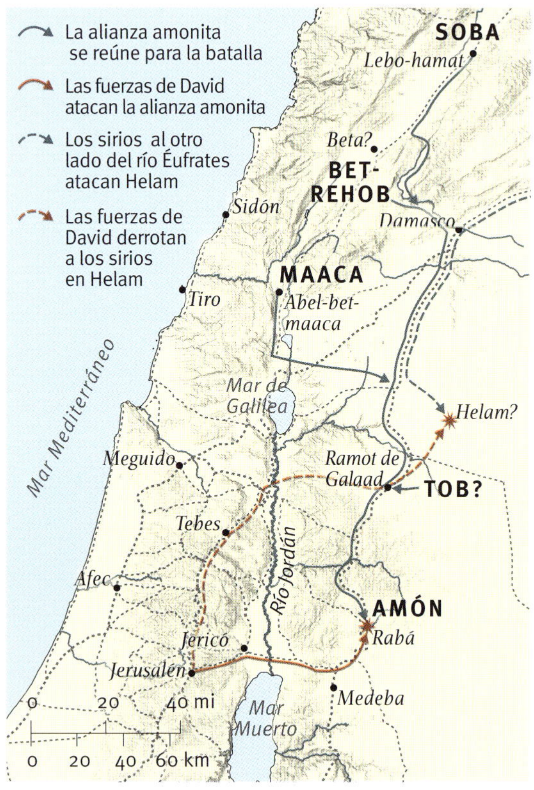

5-11. David derrota a los amonitas y a los sirios, c. 995 a. C. (2 S. 10:1 -19; 1 Cr. 19:1-19). Después de humillar deliberadamente a los embajadores enviados por David, los amonitas se prepararon para la respuesta de este y pidieron al rey de Maaca, los hombres de Tob y los sirios que habitaban en Bet-rehob y Soba. Cuando Joab, el comandante de las tropas de David, derrotó a estas fuerzas, los sirios solicitaron más refuerzos más allá del río Éufrates y atacaron a David en Helam. Las fuerzas de David otra vez los derrotaron y los sirios quedaron bajo el dominio de Israel.

La estructura escalonada en Jerusalén

Las excavaciones en la colina de Ofel, en Jerusalén, han descubierto restos de la ciudad jebusea-cananea antes de su conquista por las fuerzas de David. En la ladera oriental de dicha colina, sobre los manantiales de Gihón, los arqueólogos encontraron una gran obra a la que llamaron la «estructura escalonada» (ver imagen 5-2). Su construcción original parece datarse del período jebuseo, aunque se reutilizó en las actividades constructivas de David y Salomón. Su propósito es incierto, pero se ha sugerido que sirvió como muro de contención, c. 50 pies (15 m) de altura, para una plataforma de tierra en la que se alzaba un edificio real de la época de la monarquía unida. No se han encontrado restos de esta monumental edificación. Otros afirman que esta pudo haber sido el Milo al que se refiere la Biblia con respecto a la construcción de Jerusalén por Salomón. Algunos incluso la identifican con la «fortaleza de Sion» de David (1 Cr. 11:5). En períodos posteriores, se hicieron emplastes en la estructura escalonada y la convirtieron en un *glacis*, un terraplén inclinado, como parte de las fortificaciones de la ciudad de Jerusalén. En los días de Nehemías, la estructura escalonada se usó como parte de la reconstrucción, que él emprendió, del muro de la ciudad (Neh. 3).

5-2. Esta estructura escalonada de piedra en el Ofel, Jerusalén, fue originalmente un muro de contención jebuseo que pudo haber sido reutilizado en las actividades de construcción de David y Salomón. Algunos estudiosos sugieren que puede ser el «Milo» que se menciona en 1 R. 9:15, 24.

había afianzado en su reino, cometió adulterio con Betsabé y asesinó a su esposo Urías (uno de los 30 valientes de David). Cuando Natán lo confrontó con su pecado, David admitió su culpa y buscó la misericordia del Señor (Sal. 51). Saúl no hizo eso, más bien había mostrado un simple arrepentimiento externo y culpó a los demás de sus fechorías. El Señor le otorgó el perdón a David, pero su pecado trajo consecuencias. El profeta Natán habló en nombre de Dios a David y le dijo: «Por lo cual ahora no se apartará jamás de tu casa la espada, por cuanto me menospreciaste, y tomaste la mujer de Urías heteo para que fuese tu mujer» (2 S. 12:10) Esta profecía se cumplió. El hijo de David, Absalón, intentó arrebatarle el reino de Israel a su padre (2 S. 15-19; ver mapa 5-12). A la postre, David perdió cuatro hijos que murieron: su primer hijo con Betsabé (2 S. 12:18), Amnón (13:29), Absalón (18:15) y Adonías (1 R. 2:25).

Dios, por medio del profeta Natán, había hecho un pacto con David al principio de su reinado

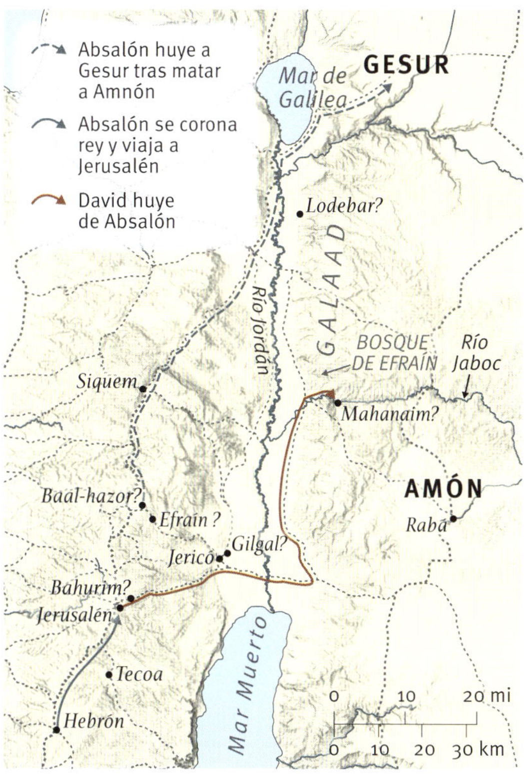

5-12. David y Absalón, c. 985 a. C. (2 S. 15-1 9). En represalia por la violación incestuosa de su hermana, Absalón mató a su hermano Amnón en Baal-hazor y huyó a Gesur. Luego de tres años, se hicieron arreglos para que regresara a Jerusalén, y entonces padre e hijo se reconciliaron. Sin embargo, poco después, Absalón encabezó un golpe de estado contra David en Hebrón, quien huyó hacia Mahanaim. Cuando Absalón atacó a las fuerzas de David en el bosque de Efraín, fue derrotado y asesinado, lo que le permitió a David regresar a Jerusalén.

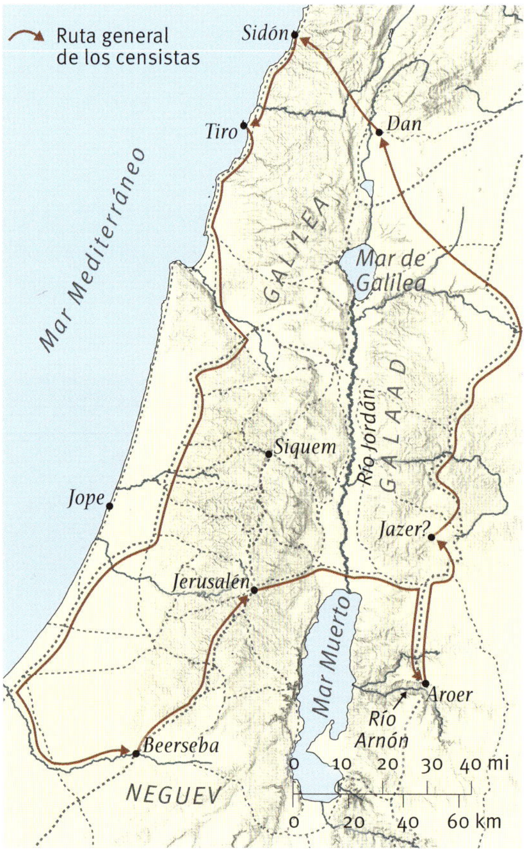

5-13. El censo de David, c. 975 a. C. (2 S. 24:1-17; 1 Cr. 21:1-7). David le ordenó a su comandante Joab que censara a todas las personas en las regiones en las que ejercía el control directo. La razón de este censo fue, probablemente, para evaluar la capacidad militar de David (ver 2 S. 24:9; 1 Cr. 21:5). Los hombres de Joab salieron de Jerusalén y comenzaron el censo en Aroer, al borde del río Arnón. Siguieron hasta Jazer, cerca de Rabá, a Galaad y luego a Dan. Tras llegar a Sidón y la fortaleza de Tiro, se dirigieron a Beerseba, en el Neguev de Judá y después regresaron a Jerusalén.

(2 S. 7:1-17). Parte de la promesa que el Señor le había hecho era esta: «Asimismo Jehová te hace saber que él te hará casa. Y cuando tus días sean cumplidos, y duermas con tus padres, yo levantaré después de ti a uno de tu linaje, el cual procederá de tus entrañas, y afirmaré su reino. Él edificará casa a mi nombre, y yo afirmaré para siempre el trono de su reino» (vv. 11-13). Esa promesa se cumpliría mediante el nacimiento de un hijo de David y Betsabé, a saber, Salomón. El Señor le dio al niño el nombre de Jedidías, que significa «amado del Señor» (comp. 12:24-25).

EL REINO DE SALOMÓN

Luego de la muerte de David, Salomón heredó un reino fuerte que él consolidó aún más. Salomón agregó territorio al reino del norte, a saber, Hamat; pero su objetivo principal era centralizar el gobierno y fortalecerlo. A diferencia de David, Salomón priorizó más los asuntos internos que los externos. Reorganizó a Israel en doce distritos administrativos, construyó con lujo y reordenó el ejército. Su gobierno fue un período de gran

5-3. La inscripción de Tel Dan de los siglos IX y VIII a. C., que menciona «la casa de David». El nombre aparece abajo en la novena línea (de trece líneas), al leer de derecha a izquierda: *«K • BYTDWD • NA.»*

La inscripción de Tel Dan

En 1993, los excavadores de Tel Dan descubrieron una inscripción con la palabra *BYTDWD* (ver imagen 5-3). Sostuvieron de modo convincente que significa «casa de David», y que data del siglo IX a. C. El grabado había sido sellado por una capa de destrucción asiria posterior que data del 733 o 722 a. C. Un manto de ceniza es el sueño de un arqueólogo. Todo lo sellado debajo debe tener una fecha anterior porque no hay posibilidad de injerencia. La cerámica directamente debajo del nivel de destrucción corresponde a los siglos IX y VIII a. C. A partir de este período debe haber llegado la llamada inscripción de la casa de David. Para explicar dichas palabras, algunos estudiosos han dicho que *bytdwd* es un nombre de lugar o la designación para el templo de una deidad. Sin embargo, lo más probable es que signifique lo que dice ser: la casa o el linaje de David, el segundo rey de la monarquía unida y quizás el gobernante más importante en la historia de Israel. Evidencia adicional es la probable aparición del término *bytdwd* en la estela de Mesha o la Piedra Moabita, que también data del siglo IX a. C.

prosperidad. Las políticas externas de Salomón fueron principalmente diplomáticas. Entró en numerosos tratados de paridad y tuvo lazos económicos extranjeros formidables, en especial con Tiro y Egipto. También promovió muchas expediciones económicas extranjeras, como por ejemplo los viajes por el mar Rojo hasta Ofir (1 R. 9:28) y Tarsis (10:22).

El ascenso de Salomón al trono

En los primeros capítulos de 1 Reyes, la línea de sucesión de David es, en verdad, dudosa. Adonías, el hijo de David con Haguit (2 S. 3:4), se erigió como rey sobre Israel para reemplazar a David cuando este murió (1 R. 1:5-10). Quizás pensó que estaba tomando su herencia legítima como el hijo mayor. Nació cuando David gobernaba en Hebrón.

Jerusalén en tiempos de Salomón (c. 970-930 a. C.)

David le ordenó a su hijo Salomón que construyera un templo. Este trabajo tomó siete años, seguido de otros trece de construcción de un complejo real adyacente (1 R. 6:38; 7:1). Como este complejo se ubicó fuera y al norte de la ciudad original de David, lo más probable es que se hicieron nuevas murallas para conectar las dos áreas.

El templo de Salomón, construido sobre el monte Moriah (2 Cr. 3:1), fue el primer santuario permanente de Israel. El complejo real, al sur, era el propio palacio de Salomón y una casa más pequeña para su esposa egipcia (1 R. 7:8), un arsenal llamado «la casa del bosque del Líbano» (vv. 2-5), el pórtico de columnas (v. 6) y el pórtico del trono (v. 7). Una «rampa» especial conectaba este complejo con el templo. (ver también el templo de Salomón y el complejo del palacio, p. 136.)

El área entre el complejo del templo y la ciudad de David se llamaba Ofel.

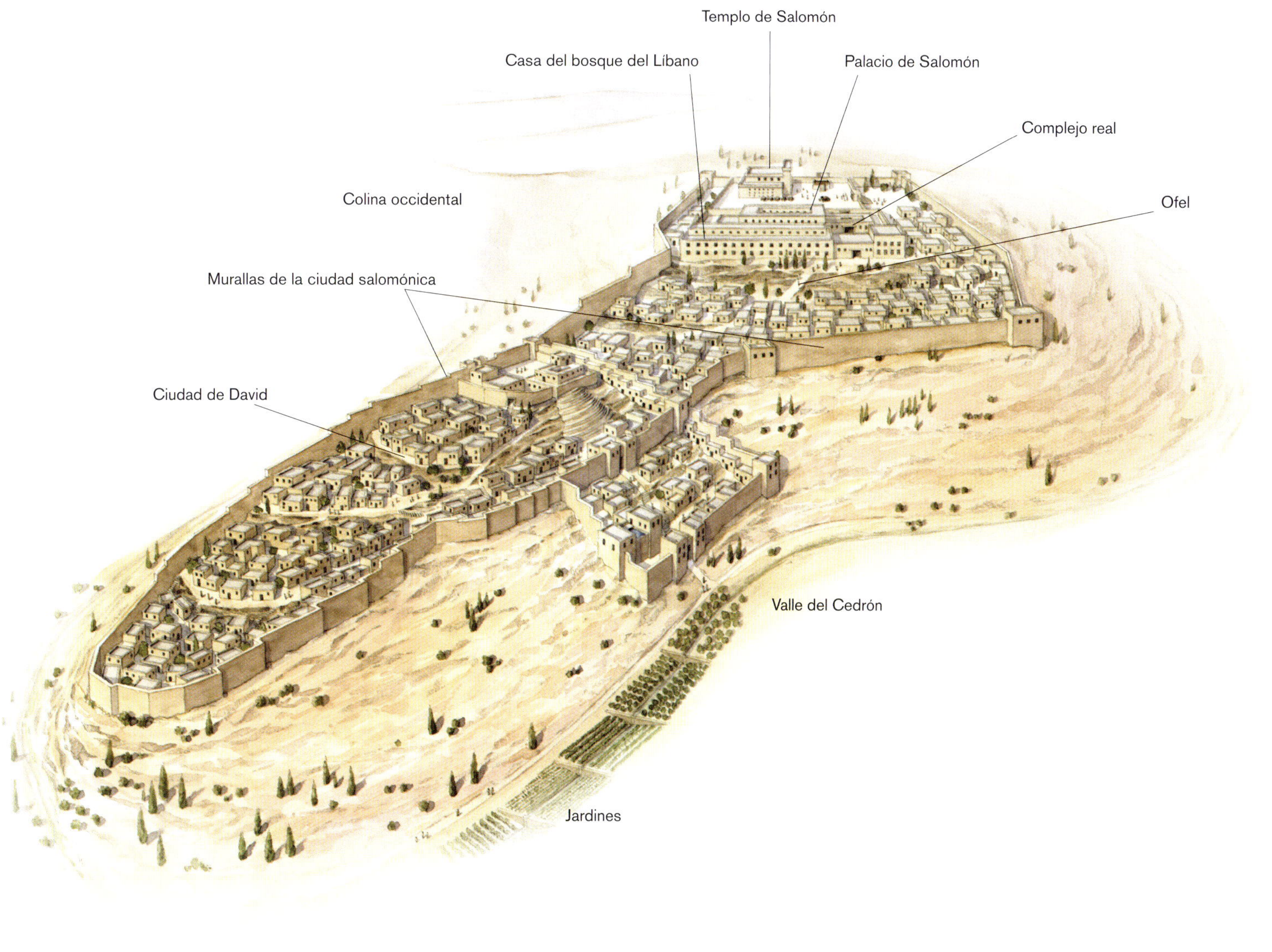

Adonías recibió el apoyo de Joab, el comandante del ejército israelita, del sacerdote Abiatar y de una buena parte de la familia real. El respaldo a Adonías, sin embargo, no fue unánime: Natán, Sadoc, Betsabé y los hombres más poderosos al mando de David, apoyaron el ascenso de Salomón al trono. Esta fue la más famosa intriga del palacio. David intervino y mandó que ungieran a Salomón en los manantiales de Gihón, en Jerusalén. Luego ordenó que este cabalgara a Jerusalén en la mula del rey; esta era una señal segura de que un nuevo monarca había sido ungido en Israel.

Pero David aún no había muerto, así que el comienzo del reinado de Salomón fue, de hecho, una corregencia con su padre David. El concepto de corregencia quizás deriva de Egipto. Era común en la historia de ese antiguo pueblo que el faraón le concediera a su hijo la realeza. Una similitud entre Egipto e Israel es que, en ambos reinos, una vez que el hijo había sido coronado como corregente, no se requería una coronación adicional cuando llegaba a ser el único gobernante. Además, la corregencia se produjo de manera frecuente en Egipto cuando el padre era demasiado viejo para cumplir con sus deberes de soberano. Eso, evidentemente, es parecido a la corregencia de David y Salomón en 1 Reyes 1.

5-14. Distritos administrativos de Salomón, c. 950 a. C. (1 R. 4:7-19). Salomón reorganizó el territorio israelita de su reino en doce distritos, cada uno de los cuales era responsable de suministrar las inmensas provisiones para el rey durante un mes al año. Parece que Judá, la tribu de Salomón, estaba exenta de esta carga. Él también fortificó ciudades clave en todo su reino y construyó lugares de almacenaje para sus empresas económicas. Entre sus proyectos de construcción más importantes estaban el templo y su palacio real en Jerusalén, construido en gran parte con cedro que el rey Hiram, de Tiro, le suministraba.

Políticas internas

Uno de los principales objetivos de Salomón era centralizar el gobierno y hacerlo poderoso. Para conseguirlo, llevó a cabo la reorganización de Israel en doce distritos administrativos con fines arancelarios y la provisión mensual de suministros para la realeza (1 Reyes 4; ver mapa 5-14). Parece

5-4. Una capital protoeólica encontrada en la colina de Ofel en Jerusalén. Es de estilo fenicio y data de la monarquía unida de Israel durante el siglo X a. C.

ser que Judá estaba exenta de la obligación impositiva, porque no aparecía en las listas de impuestos. Quizás fue una especie de favoritismo político por parte de Salomón porque Judá era su herencia tribal a través de su padre David. También pudiera indicar que persistía la antigua división entre las tribus del norte y la de Judá. Otro medio de centralización fue organizar de nuevo a los militares, la colocación de una gran cantidad de fuerzas en ciudades federales de guerra y el establecimiento del rey en Jerusalén (1 R. 10:26). Salomón fue un espléndido y magnífico constructor. Edificó un templo espectacular en Jerusalén (1 R. 5–7; ver ilustraciones en las páginas siguientes) y levantó otras grandes estructuras en la ciudad capital (7:1-12). No queda nada de estos complejos, excepto, quizás, una capital protoeólica encontrada en Ofel (ver foto 5-4). Esta data del siglo X a. C., y posee el estilo de la artesanía fenicia, cuyos orfebres fueron empleados para construir el templo y su propio palacio (7:13-14). Este recinto puede haber estado en uno de los edificios reales de Salomón.

Este rey también construyó ampliamente fuera de Jerusalén. Según 1 Reyes 9:15, implantó el trabajo forzado para construir las ciudades de «Hazor, Meguido y Gezer». Las excavaciones en estos sitios han revelado que las tres contenían sistemas de puertas de seis cámaras y dos torres unidas a las paredes exteriores de casamata de la época de Salomón (ver imagen 5-5, p. 133). En Meguido se desenterraron dos grandes edificios de la época de

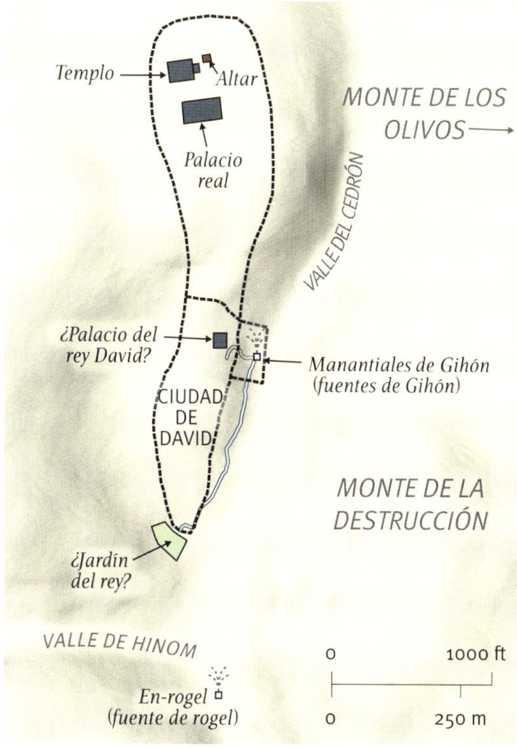

5-15. Jerusalén en tiempos de Salomón, c. 950 a. C. (1 R. 4:20–9:9). A través de varios proyectos de construcción, Salomón comenzó a transformar la pequeña fortaleza militar de la ciudad de David en una urbe a gran escala que sería el centro geográfico de la religión israelita. Edificó el templo del Señor y el complejo del palacio real en la colina al norte de la fortaleza y lo rodeó con un muro. Irónicamente, Salomón también permitió a sus muchas esposas extranjeras establecer santuarios paganos en la colina al este de la ciudad, que más tarde se llamaría el monte de la Corrupción.

5-5. La entrada salomónica de seis niveles en el sitio de Meguido. Se han encontrado puertas similares de Salomón en Hazor y Gezer. En los tiempos antiguos, puertas de acceso como estas funcionaban de manera muy similar a los tribunales locales de hoy.

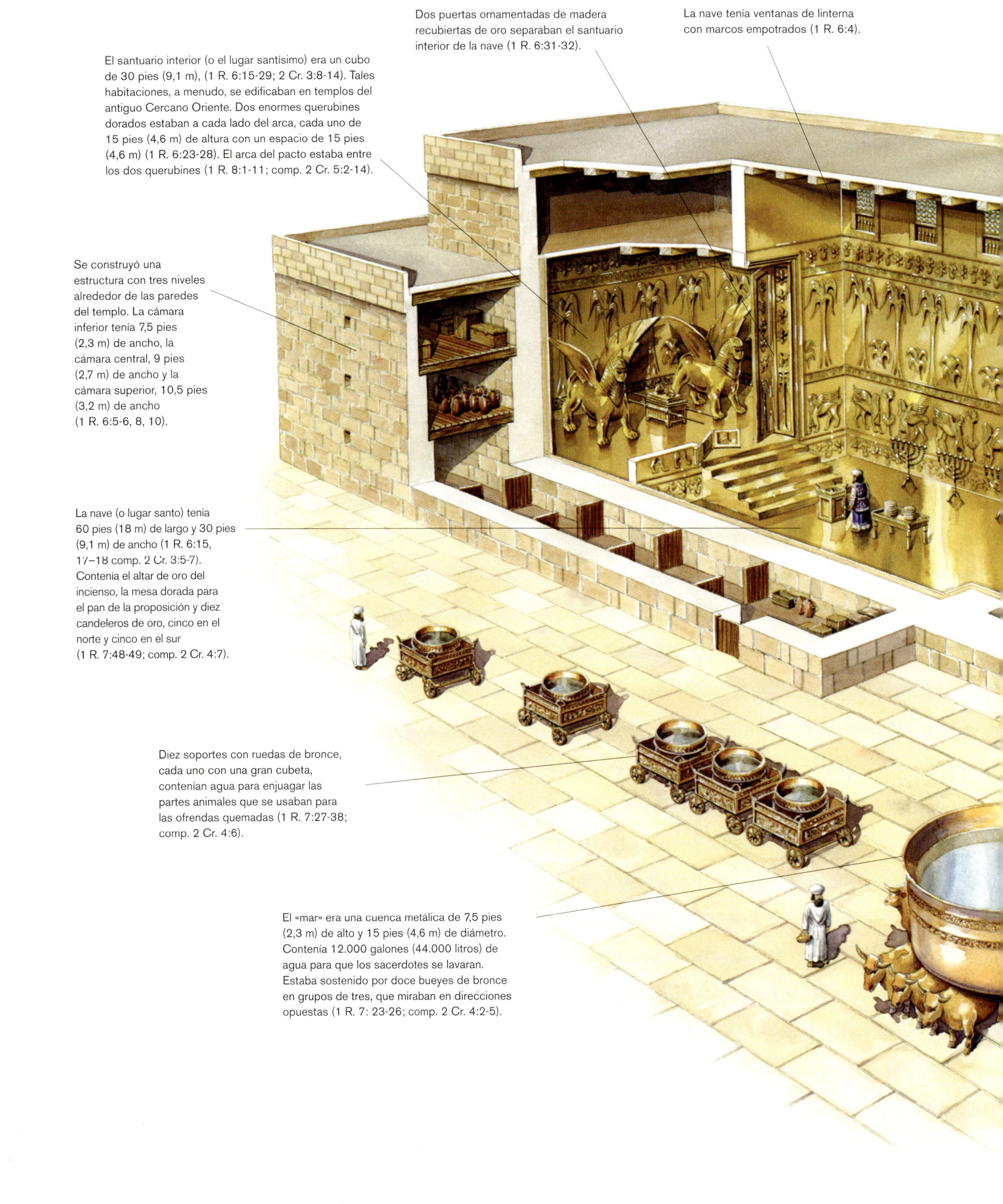

Dos puertas ornamentadas de madera recubiertas de oro separaban el santuario interior de la nave (1 R. 6:31-32).
La nave tenía ventanas de linterna con marcos empotrados (1 R. 6:4).
El santuario interior (o el lugar santísimo) era un cubo de 30 pies (9,1 m), (1 R. 6:15-29; 2 Cr. 3:8-14). Tales habitaciones, a menudo, se edificaban en templos del antiguo Cercano Oriente. Dos enormes querubines dorados estaban a cada lado del arca, cada uno de 15 pies (4,6 m) de altura con un espacio de 15 pies (4,6 m) (1 R. 6:23-28). El arca del pacto estaba entre los dos querubines (1 R. 8:1-11; comp. 2 Cr. 5:2-14).
Se construyó una estructura con tres niveles alrededor de las paredes del templo. La cámara inferior tenía 7,5 pies (2,3 m) de ancho, la cámara central, 9 pies (2,7 m) de ancho y la cámara superior, 10,5 pies (3,2 m) de ancho (1 R. 6:5-6, 8, 10).
La nave (o lugar santo) tenía 60 pies (18 m) de largo y 30 pies (9,1 m) de ancho (1 R. 6:15, 17–18 comp. 2 Cr. 3:5-7). Contenía el altar de oro del incienso, la mesa dorada para el pan de la proposición y diez candeleros de oro, cinco en el norte y cinco en el sur (1 R. 7:48-49; comp. 2 Cr. 4:7).
Diez soportes con ruedas de bronce, cada uno con una gran cubeta, contenían agua para enjuagar las partes animales que se usaban para las ofrendas quemadas (1 R. 7:27-38; comp. 2 Cr. 4:6).
El «mar» era una cuenca metálica de 7,5 pies (2,3 m) de alto y 15 pies (4,6 m) de diámetro. Contenía 12.000 galones (44.000 litros) de agua para que los sacerdotes se lavaran. Estaba sostenido por doce bueyes de bronce en grupos de tres, que miraban en direcciones opuestas (1 R. 7: 23-26; comp. 2 Cr. 4:2-5).

El templo de Salomón

Salomón comenzó a construir «la casa de Jehová» en Jerusalén, en el monte Moriah, durante la primavera de 967 o 966 a.C. (1 R. 6:1; 2 Cr. 3:1-2) y la completó siete años después, en el otoño de 960 o 959 (1 R. 6:38). El templo en sí, sin incluir las cámaras circundantes en tres de sus lados, tenía 90 pies (27 m) de largo, 30 pies (9 m) de ancho y 45 pies (14 m) de alto. Se encontraba en medio de un patio con muros de demarcación.

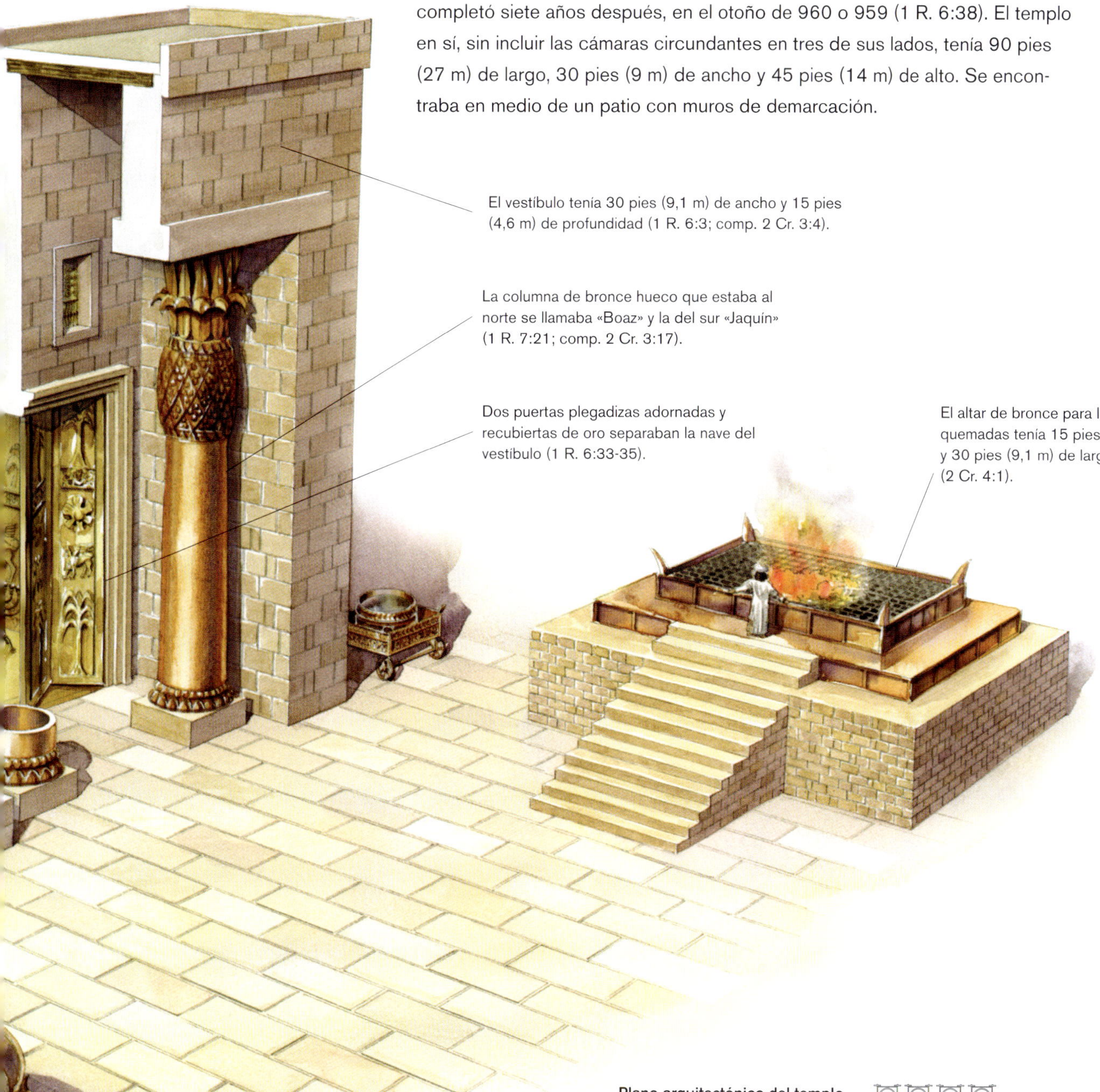

Plano arquitectónico del templo

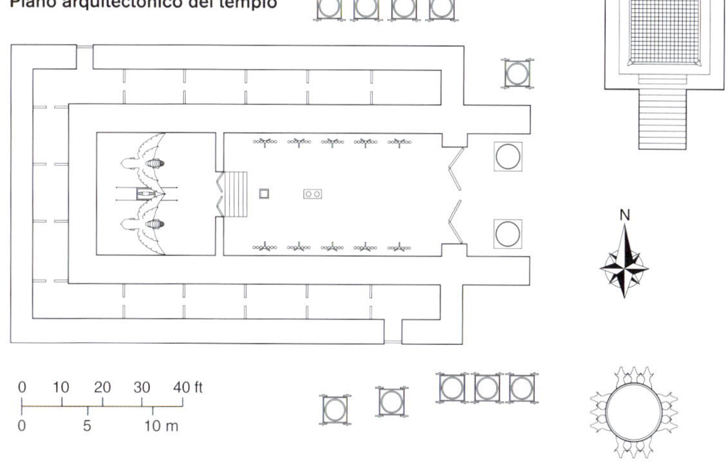

El templo de Salomón y el complejo del palacio

Para llegar al nuevo barrio que Salomón construyó de la antigua ciudad de David, había que pasar por la puerta de la muralla davídica del norte. Yendo en dirección norte, el nuevo complejo consistía en un pasillo de entrada, el llamado pórtico de columnas (1 R. 7:6); la casa del bosque del Líbano (7:2-5), el pórtico (7:6b), la casa donde él moraba (7:8a) y el hogar de su esposa, la hija de faraón (7:8b).

La casa del bosque del Líbano, que se muestra aquí al oeste del pórtico de columnas, servía de arsenal. La sala principal tenía hileras de columnas de cedro, además de escudos grandes y más pequeños, de oro, colgados en sus paredes (1 R. 10:16-17). Al este del pórtico de columnas estaba el pórtico del trono, sitio donde Salomón emitía juicios. Más allá del pórtico de columnas se erguía su palacio. Estas fueron las construcciones que tanto impresionaron a la reina de Sabá cuando visitó al rey Salomón (1 R. 10).

Hay paralelismos entre este complejo de palacios y los palacios contemporáneos del norte de Siria. El orden de las partes del edificio en 1 Reyes 7 es similar al de las unidades en estas edificaciones.

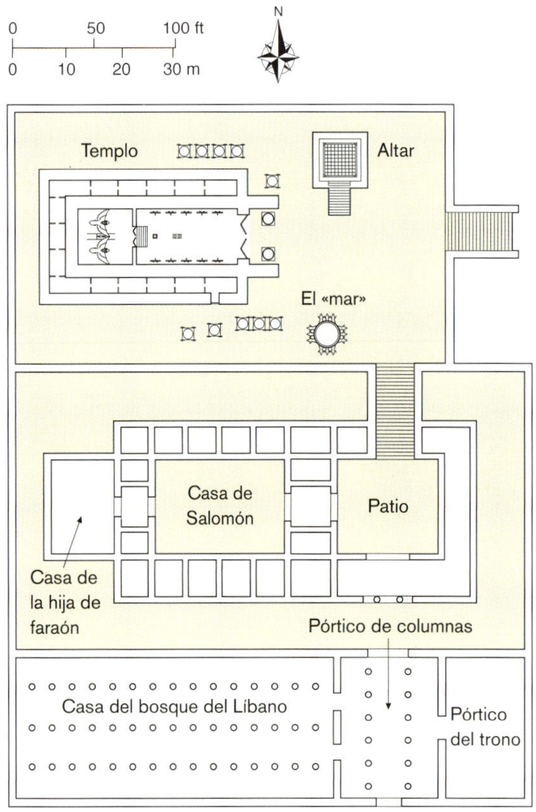

Salomón, que los excavadores describen como «palacios». El Palacio 1723 fue el más impresionante, y se construyó de acuerdo con el estilo de sus similares en el área de Fenicia y Siria. Como Salomón comisionó a artesanos fenicios para que trabajaran para él en sus proyectos de construcción, se deduce que el palacio (1723) de Meguido era de origen salomónico. Tanto allí como en Hazor, se descubrieron grandes edificios con columnas tripartitas. Al principio los arqueólogos pensaron que podrían haber sido establos para la caballería real. Son edificios impresionantes, pero es probable que hayan servido como almacenes en estas enormes ciudades de almacenaje.

5-6. Réplica de un altar de cuatro cuernos de Beerseba durante los siglos IX y VIII a. C. Es israelita, aunque la ley bíblica especifica que un altar no debía labrarse: «edificarás allí un altar a Jehová tu Dios, altar de piedras; no alzarás sobre ellas instrumento de hierro» (Dt. 27:5).

En 1 Reyes 9:17-18 se describen otros lugares que Salomón fortificó de nuevo. Fue un período de urbanización. Por ejemplo, Beerseba, que era una aldea durante la época de David, fue destruida y se convirtió en una ciudad pobre por breve tiempo. La siguiente fase de la ocupación de la ciudad fue durante la época de Salomón (Estrato V), y era una urbe bien planificada de unos 3 acres (1,20 hectáreas) que estaba debidamente fortificada, con una sólida pared exterior reforzada por una muralla de ladrillos. En el sitio de Arad, se reemplazó otra aldea por una fortaleza cuadrada rodeada de paredes de casamatas; los excavadores identificaron la última como salomónica (ver imagen 5-7).

5-7. Los restos de un templo israelita de la Edad del Hierro en Arad, que sigue el modelo del templo salomónico en Jerusalén.

La política exterior

El reinado de Salomón no fue una época bélica como los reinados de Saúl y David; fue más bien un tiempo de diplomacia. Salomón llevó a cabo numerosos tratados de paridad, en especial, con los fenicios y los egipcios. Con frecuencia, durante esta época, los pactos entre naciones se ratificaban con matrimonios entre las casas reales. Esto, por supuesto, explica por qué Salomón tuvo 700 esposas y princesas y 300 concubinas (1 R. 11:3). Quizás el más importante de estos matrimonios fue el que contrajo con la hija del faraón. La Biblia la menciona seis veces (1 R. 3:1; 7:8; 9:16; 9:24; 11:1-2; 2 Cr. 8:11). El primer pasaje informa al lector que Salomón se convirtió en yerno del faraón a través de una alianza matrimonial y que alojó a su esposa egipcia en la ciudad de David hasta que terminó sus monumentales proyectos arquitectónicos en otras partes de Jerusalén. El Libro de 1 Reyes 9:16 registra que faraón destruyó la ciudad de Gezer, al aniquilar a sus habitantes, y luego presentó la ciudad como la dote de su hija para el matrimonio con Salomón.

Además de sus prolíficos tratados de paridad, este rey aseguró lazos económicos formidables con varios territorios, entre ellos Siria, Hatti, Egipto y Fenicia (1 R. 10:28-29). También promovió numerosas expediciones económicas extranjeras (ver mapa 5-16); fundó una armada comercial con la ayuda de los fenicios y envió una flota de barcos desde Elat en el mar Rojo a la tierra de Ofir para obtener oro (9:26-28). Cada tres años enviaba una escuadra de barcos a Tarsis que traía diversos productos a Israel (10:22).

5-16. Las empresas internacionales de Salomón, c. 950 a.C. (1 R. 9:10-10: 29; 2 Cr. 8:1–9:28). El firme control de Salomón sobre importantes rutas comerciales que unían Egipto, Arabia, Mesopotamia y Anatolia (Asia Menor) le dio una riqueza incalculable. Al asociarse con el rey Hiram de Tiro, Salomón también lanzó sus propias expediciones comerciales a Ofir para obtener bienes valiosos y exóticos. La visita de la reina de Saba a Salomón da fe de su gran fama en todo el mundo antiguo. Él aumentó aún más su riqueza al comprar caballos de Kue y carros de Egipto y vendérselos a los reyes de Siria y a los hititas.

Las grietas en el reino

En general, el reinado de Salomón fue un período de paz y prosperidad para el pueblo de Israel (1 R. 4:20-28). Sin embargo, hacia los últimos tiempos de su gobierno, comenzaron a surgir algunos problemas que resquebrajaron los cimientos del reino. Después de veinte años de impuestos y trabajo forzado, parece que hubo dificultades económicas (ver 1 R. 9:10-14). Además, los matrimonios con mujeres extranjeras lo influenciaron mucho, por lo que su adoración se volvió sincretista. Aprovisionó santuarios para varios dioses que sus esposas adoraban: «E hizo Salomón lo malo ante los ojos de Jehová, y no siguió cumplidamente a Jehová como David su padre. Entonces edificó Salomón un lugar alto a Quemos, ídolo abominable de Moab, en el monte que está enfrente de Jerusalén, y a Moloc, ídolo abominable de los hijos de Amón. Así hizo para todas sus mujeres extranjeras, las cuales quemaban incienso y ofrecían sacrificios a sus dioses» (1 R. 11:6-8). Quizás el mayor problema que enfrentó el reino de Salomón fue la continua animosidad entre las tribus del norte de Israel y la tribu de Judá.

La animosidad histórica entre Israel y Judá

La división o separación entre Israel y Judá no comenzó luego de la muerte de Salomón. Las raíces de esta fractura, en realidad, se remontan a la historia temprana de los israelitas. Se debe conocer el origen de esta enemistad, ya que explica por qué el reino a la postre se dividió después de la muerte de Salomón. En Génesis 49, Jacob bendijo a sus hijos (y a las tribus que descenderían de ellos). Judá recibió una bendición especial: gobernaría sobre sus hermanos y de él vendría el gran rey (Gn. 49:8-12). Los hijos de José, Efraín y Manasés, también recibieron una bendición maravillosa y una posición privilegiada entre las tribus de Israel (vv. 22-26). Cuando las doce tribus por fin llegaron a la tierra prometida, la tribu de Judá fue la que recibió la primera asignación de tierra (Jos. 15:1) y luego la de Efraín (16:5). Casi inmediatamente después de los repartimientos, Josué advirtió a las dos tribus que se mantuvieran alejadas la una de la otra y que no cruzaran las fronteras recíprocas (18:5). Quizás se forjaba así el comienzo de las rivalidades entre Judá y Efraín en esta temprana etapa de asentamiento.

La tribu de Efraín hizo un primer intento de establecer una monarquía en Israel (Jue. 8:22 y siguientes), y también una segunda tentativa (Jue. 9:7-16, 22). Cabe notar que la posición de Efraín en la jerarquía tribal se fortaleció debido a la presencia del tabernáculo en su asignación tribal: en Siquem, Bet-el y Silo. Eso, por supuesto, causaría futuros problemas cuando el templo se construyó en Jerusalén, en la frontera norte de la tribu de Judá. También se convirtió en un conflicto cuando el reinado de Israel no estuvo en manos de un monarca efraimita. Con respecto a la elección divina de un rey, el salmista declaró: «Desechó la tienda de José, y no escogió la tribu de Efraín, sino que escogió la tribu de Judá, el monte de Sion, al cual amó. Eligió a David su siervo [...] para que apacentase a Jacob su pueblo, y a Israel su heredad» (Sal. 78:67-68, 70a, 71b). La evidencia de una división y rivalidad fue clara durante el reinado de Saúl (ver 1 S. 11:8; 18:16). David gobernó primero sobre Judá durante siete años y medio y luego sobre todo Israel, incluida Judá, durante treinta y tres años (2 S. 2:4; 5:5). La rebelión de Seba contra este rey también reflejó esa división y separación: las tribus de Israel siguieron al traidor, pero la de Judá permaneció leal a David (2 S. 20:1-22).

Las raíces del fraccionamiento que ocurriría después de la muerte de Salomón, por lo tanto, venían ya de antaño y estaban arraigadas. Salomón agudizó el conflicto al ordenar que las cargas impositivas fueran menos para Judá que para las otras tribus (1 R. 4). Jeroboam, un efraimita (1 R. 11:26), lideró una revuelta contra la monarquía en Jerusalén y todo Israel lo siguió. Gritaron las palabras que una vez había dicho Seba en su rebelión contra David: «¿Qué parte tenemos nosotros con David? No tenemos heredad en el hijo de Isaí. ¡Israel, a tus tiendas! ¡Provee ahora en tu casa, David!» (1 R. 12:16; comp. 2 S. 20:1).

EL FARAÓN SISAC ATACA A ISRAEL Y A JUDÁ

Después de la muerte de Salomón y la división de Israel en dos reinos (ver mapa 6-2, p. 142), los egipcios vieron una magnífica oportunidad. El faraón Sisac (Sheshonq I) aprovechó los acontecimientos y atacó a Israel y a Judá. Saqueó varias partes de la tierra, destruyó el dominio económico israelita y abrió rutas comerciales desde Egipto hacia el este. El templo de Amón, en Karnak, confirma la invasión de Sisac a Israel y a Judá (ver imagen 6-4, p. 149). El relieve consiste en una serie de filas o niveles que contienen los nombres de varias ciudades en la ruta de la campaña. Algunos de los nombres son bien conocidos: Bet-seán, Gabaón, Bet-horón y Meguido. Los egipcios capturaron numerosas ciudades, en la ruta del Gran Tronco, que habían estado bajo soberanía israelita. También subyugaron numerosas ciudades en el Neguev que proporcionaban acceso al mar Rojo. La red comercial que Salomón había establecido nunca se recuperó.

Las excavaciones en Meguido también confirmaron el ataque de Sisac. Aquí los arqueólogos desenterraron la «estela de Sisac» (estela) que lleva una inscripción con dos nombres comunes para Sisac. Los faraones por lo común mandaban a elaborar estelas de este tipo para confirmar que la región era un estado vasallo.

CAPÍTULO 6

LOS REINOS DE ISRAEL Y JUDÁ

UN REINO DIVIDIDO

En el momento de su muerte, c. 930 a. C., Salomón dejó un reino inestable a punto de colapsar. Al norte, Rezón llegó a ser rey de Siria, en Damasco. Odiaba a Israel, y se convirtió en un adversario y en una grave amenaza para el reino de Salomón (1 R. 11:23-25). Los edomitas, al sureste de Israel, comenzaban a resurgir y a librarse de la hegemonía israelita (vv. 14-22). Jeroboam, hijo de Nabat, que en un tiempo había estado a cargo de los trabajos forzados de Salomón, se convirtió en el principal enemigo del rey y huyó a Egipto en busca de protección (vv. 26-40). Los egipcios también comenzaron a ejercer su poderío contra Israel bajo el liderazgo del faraón Sisac. Internamente, la nación israelita se estaba desmoronando porque Salomón y su pueblo se habían desviado del pacto y no adoraban solamente al Dios de Israel (vv. 9-10). Roboam, el hijo de Salomón, estaba listo para tomar las riendas del reino, pero era una nación a punto de disolverse (ver mapa 6-1).

Jeroboam huyó a Egipto para salvar su vida, pues recibió la profecía de Ahías y supo que el reino israelita pronto se dividiría y que llegaría a ser el gobernante de las 10 tribus del norte (1 R. 11:29-33). El profeta llevaba una capa nueva y al encontrar a Jeroboam en el camino de Jerusalén la rompió en 12 pedazos y le entregó 10 de ellos a Jeroboam como señal de la profecía. Salomón aún vivía en ese momento, y trató de matar a Jeroboam.

6-1. Los enemigos de Salomón, c. 950 a. C. (1 R. 11:1-43). Aunque Salomón mantuvo un firme control sobre su reino a lo largo de su vida, algunos trataron de subvertir su gobierno. Hadar era miembro de la familia real de Edom y huyó a Egipto para escapar de la purga realizada por David de todos los varones edomitas. Más tarde regresó a Edom para oponerse a Salomón. Rezón fue inicialmente un forajido que huyó de Soba, luego reunió un ejército de rebeldes y se estableció como rey en Damasco. En un principio, Jeroboam supervisaba uno de los grupos de trabajos forzados de Salomón, pero la profecía de Ahías, que predijo el reinado de Jeroboam sobre 10 tribus israelitas, hizo que Salomón tratara de matarlo, así que huyó a Egipto.

Después de la muerte de Salomón, Roboam se negó a cambiar las políticas opresivas de su padre y por lo tanto empeoró la situación. Una delegación de las tribus del norte se dirigió a él y le pidió que disminuyera la servidumbre y los impuestos que le exigía a la población. Sin embargo, Roboam no los escuchó, ni tampoco prestó atención a sus propios ancianos, sino que siguió el consejo de los más jóvenes de su corte que le recomendaron imponer una carga aún mayor al pueblo: «El menor dedo de los míos es más grueso que los lomos de mi padre. Ahora, pues, mi padre os cargó de pesado yugo, mas yo añadiré a vuestro yugo» (1 R. 12:10-11a). Las tribus del norte respondieron: «¿Qué parte tenemos nosotros con David? No tenemos heredad en el hijo de Isaí. ¡Israel, a tus tiendas! ¡Provee ahora en tu casa, David!» (v. 16). Las tribus del norte mataron entonces a Adoram, quien era jefe de los trabajos forzados bajo Roboam, y ungieron a Jeroboam como rey sobre Israel (vv. 18-20). La división se había hecho realidad (ver mapa 6-2).

6-2. El reino se divide, 930 a.C. (1 R. 12:16-33; 2 Cr. 10:1-19). Cuando el hijo de Salomón, Roboam, llegó a Siquem para su coronación después de la muerte de su padre, se negó a aligerar la pesada carga que este había impuesto sobre el pueblo, y las 10 tribus del norte se rebelaron y nombraron a Jeroboam como su rey. A partir de ese momento, el reino del norte se conocería como Israel y el reino del sur como Judá. Cinco años más tarde, Sisac (también llamado Sheshonq I), rey de Egipto, invadió Judá e Israel y capturó una serie de ciudades. Roboam evitó la destrucción de Jerusalén al pagarle a Sisac con muchos de los tesoros que Salomón había destinado al templo.

El reino del norte: Israel (930-722 a. C.)

Jeroboam I (930-910 a. C.). El primer acto conocido de Jeroboam fue reedificar la ciudad de Siquem en el territorio tribal de Efraín y convertirla en su residencia (1 R. 12:25). El rey del norte intentó entonces consolidar su poder y legitimar su propio reinado al establecer una religión para su reino. Entonces, según la recomendación de sus consejeros, hizo dos becerros de oro, uno de ellos lo colocó en la ciudad de Dan, en el extremo norte de su territorio, y el otro en Bet-el, al sur (v. 29). No se trataba de un mero invento de Jeroboam, sino de una larga historia de idolatría y falsa religión en Israel. En Éxodo 32, Aarón había erigido un becerro de oro para la adoración al pie del monte Sinaí, y el pueblo había dicho: «Israel, estos son tus dioses, que te sacaron de la tierra de Egipto» (Éx. 32:4). Cuando Jeroboam hizo los dos becerros de oro, citó a Aarón palabra por palabra (1 R. 12:28). Entonces construyó templos en los lugares altos, consagró sacerdotes para su religión e instituyó fiestas y sacrificios (vv. 31-33).

Según la Torá, el único lugar que Dios había destinado para la adoración del pacto, el sacrificio y el trabajo de los sacerdotes, era el templo de Jerusalén. Por supuesto, Jerusalén era ahora la capital del reino del sur, Judá, bajo el dominio de Roboam, y eso era un problema para Jeroboam. No quería que su pueblo viajara a Jerusalén y tal vez comenzara a simpatizar con Roboam. La heterodoxia de Jeroboam fue la causa de su gran deshonor en la historia de Israel. A los reyes posteriores del reino del norte se les comparaba con él respecto a la maldad y las prácticas idólatras. Su nombre llegó a ser un proverbio en Israel. Por ejemplo, cuando

Ocozías subió al trono, la Biblia expresa: «E hizo lo malo ante los ojos de Jehová, y anduvo en el camino de su padre, y en el camino de su madre, y en el camino de Jeroboam hijo de Nabat, que hizo pecar a Israel; porque sirvió a Baal, y lo adoró, y provocó a ira a Jehová Dios de Israel, conforme a todas las cosas que había hecho su padre» (1 R. 22:52-53).

La dinastía omrida (c. 884-841 a. C.). Unos 35 años después de Jeroboam, Omri subió al trono de Israel en medio de intrigas palaciegas (1 R. 16:21-22). Reinó durante unos 10 años (c. 884-874 a. C.). Durante los primeros seis años su capital estuvo en la ciudad de Tirsa. Es probable que Jeroboam hubiera trasladado la capital de Siquem a Tirsa a principios de su reinado. En 1 Reyes 14:17 se afirma que su esposa fue a Tirsa y que su hijo murió allí. Omri compró el monte de Samaria a un hombre llamado Semer y fundó allí la ciudad que fue su capital durante los últimos años de su reinado. Samaria continuó siendo la capital de las tribus del norte hasta la destrucción de Israel por los asirios en el año 722 a. C. Mucho después de la muerte de Omri, los documentos asirios del siglo VIII a. C. continuaban llamando a Israel la «tierra de Omri».

Acab sucedió a su padre Omri en el trono y se casó con Jezabel, cuyo padre era rey de los sidonios (1 R. 16:31). Esta pareja llenó la tierra de Israel con la adoración de Baal; Acab incluso construyó un templo y un altar para Baal en Samaria (v. 32).

Los becerros de oro

Después de la división del reino, Jeroboam I construyó dos centros de adoración para su pueblo. Estaban situados en dos de los límites del territorio bajo su control, uno al norte en Dan y otro al sur en Bet-el. El propósito de estos centros de adoración era servir como una alternativa al templo de Jerusalén, que estaba ubicado en la tierra de Judá bajo el dominio de Roboam. El principal símbolo que se adoraba en Dan y Bet-el era el becerro de oro, un símbolo religioso común en las religiones cananea y egipcia.

Las excavaciones en Tel Dan han descubierto un centro ritual de la época de Jeroboam I (930-910 a. C.). Se encontraba en el borde norte de la colina, cerca de la fuente de agua de la ciudad. Fue construido sobre anteriores centros de culto pagano en el sitio. El santuario israelita tenía tres partes principales: un recinto cuadrado que incluía un altar para sacrificios, una serie de cuartos laterales para almacenamiento y administración y un podio que servía como lugar alto para la ubicación y la adoración del becerro de oro. El lugar alto o *bamah* era un edificio monumental de más de 50 pies (15 m) de largo construido con sillares. El altar para sacrificios al sur del podio / lugar alto era de forma rectangular, de unos 16 × 19 pies (4,8 × 5,7 m), y también estaba construido con piedras sillares.

Más tarde, en el siglo IX a. C., se reconstruyó y se agrandó el centro de adoración de Dan. Se amplió el podio / lugar alto, se construyó un nuevo patio empedrado alrededor del podio y el altar y se añadieron numerosas habitaciones al complejo. No hay certeza de quién hizo la reconstrucción, aunque puede haber sido el rey Acab, pues durante su reinado se realizaron muchas obras monumentales en todo Israel. En cualquier caso, la ampliación de la estructura en ese momento probablemente fue resultado de un aumento en su uso e importancia para el reino del norte.

6-1. El lugar alto de Tel Dan fue construido por Jeroboam I (930-910 a. C.) para colocar el becerro de oro. En el complejo inferior se encontraron indicios de un altar de cuatro cuernos; los arqueólogos han hecho una reconstrucción del mismo, como se aprecia en la fotografía. Las escaleras conducen a un podio superior donde presumiblemente se encontraba el becerro de oro.

El profeta Elías fue el principal enemigo de estos dos monarcas, Acab y Jezabel (ver mapa 6-3).

A pesar de los problemas morales de la dinastía omrida, sus reyes fueron grandes constructores. Omri y Acab construyeron las primeras estructuras

6-3. Elías y Eliseo, c. 875-797 a. C. (1 R. 17–2 R. 8; 13:14-21). Elías y su sucesor Eliseo se destacan en 1 y 2 Reyes al profetizar contra la maldad de Acab y Joram en Israel. La oposición de Elías a la adoración pagana también lo enfrentó con Jezabel, la esposa fenicia de Acab, quien apoyó a cientos de profetas de Baal y Asera. Finalmente Eliseo envió a un joven a ungir a Jehú, uno de los comandantes de Joram, para que fuera el próximo rey y llevara a cabo el juicio de toda la familia de Acab.

en Samaria, la ciudad capital. El sitio tuvo seis etapas de ocupación desde el momento de su fundación por Omri, c. 880 a. C., hasta su destrucción por los asirios en el 722. Las dos primeras etapas pertenecen a Omri y Acab. La ciudad que edificaron incluía una muralla que rodeaba un gran patio; en el patio se encontraba el palacio y otros edificios administrativos. La calidad de las estructuras era excelente, se utilizó el método de «sillería» de bloques rectangulares y uniformes que se podían unir con mortero. Este estilo probablemente se originó en Fenicia, lo que confirma los estrechos lazos entre Israel y Fenicia en esa época.

Acab reconstruyó Meguido de una manera impresionante. Construyó numerosos edificios públicos, así como un sólido muro que rodeaba el lugar. Lo más llamativo fueron los nuevos edificios, a menudo llamados «establos de Salomón», que probablemente no eran ni establos ni de Salomón. Eran construcciones de tres partes, sostenidas por columnas, que muy probablemente servían como grandes instalaciones de almacenamiento. Acab logró una gran hazaña de ingeniería con la construcción de un túnel para el suministro de agua. El manantial de la ciudad estaba más allá de la colina, por

6-2. Escalera de caracol que conduce a la fuente de agua de la ciudad de Gabaón; construida durante la Edad del Hierro.

lo que los ingenieros diseñaron un proceso de dos pasos para llegar a él. Primero cavaron un gran pozo vertical de 115 pies (35 m) de profundidad en el lecho rocoso dentro de la ciudad; luego excavaron un túnel horizontal de 200 pies (61 m) hacia el exterior de la ciudad, para llegar al manantial. El túnel horizontal fue excavado por dos equipos de cortadores de roca, un equipo en cada extremo, mientras que arriba los ingenieros trazaron una línea recta entre los dos equipos. En Gabaón (Tell el-Jib) se descubrió otro importante sistema de suministro de agua de la época de Acab. Aquí se encontró un pozo vertical que desciende unos 80 pies (24 m) por debajo del nivel de la calle hasta llegar al nivel freático (ver imagen 6-2). Se determinó que los antiguos constructores del pozo extrajeron unas 3.000 toneladas de piedra caliza.

Acab también reconstruyó Hazor. Los constructores del rey extendieron el asentamiento unos 600 pies (185 m) hacia el este. Luego construyeron un nuevo y sólido muro alrededor del sitio. Se construyeron edificios de tres partes sostenidos por columnas, parecidos a los de Meguido, que sirvieron como importantes centros de almacenamiento. Los ingenieros también excavaron un pozo de agua similar al de Meguido, aunque en Hazor llegaba directamente hasta el manantial, y no a través de una construcción en forma de L como en Meguido.

La mayor amenaza externa para los israelitas durante la época de Acab fueron los sirios bajo la monarquía de Ben-adad (ver mapa 6-4). El rey sirio formó una coalición y atacó y sitió Samaria. Sin embargo, Acab derrotó a los sirios (1 R. 20:13-21). Ben-adad no se rindió y al año siguiente atacó la ciudad israelita de Afec. Acab volvió a derrotar a los sirios y capturó a Ben-adad, pero pronto lo liberó. No obstante, los sirios se aferraron a la ciudad de Ramot de Galaad. Acab intentó tomarla, pero no pudo. Así que el rey israelita hizo un pacto con Josafat, rey de Judá, para ir a la batalla contra los sirios. Acab murió en la batalla de Ramot de Galaad y fue sepultado en Samaria (1 R. 22:1-40).

6-4. Las guerras de Acab con Siria. (1 R. 20; 22:1-40; 2 Cr. 18:1-34). El reinado de Acab estuvo marcado por repetidos conflictos con Ben-adad, de Siria. La deficiente organización militar de Ben-adad explica el fracaso de su asedio a Samaria. Acab lo derrotó de nuevo la primavera siguiente en Afec. Sin embargo, Acab resultó muerto al intentar recuperar Ramot de Galaad, en el extremo oriental de su reino, de manos de Ben-adad.

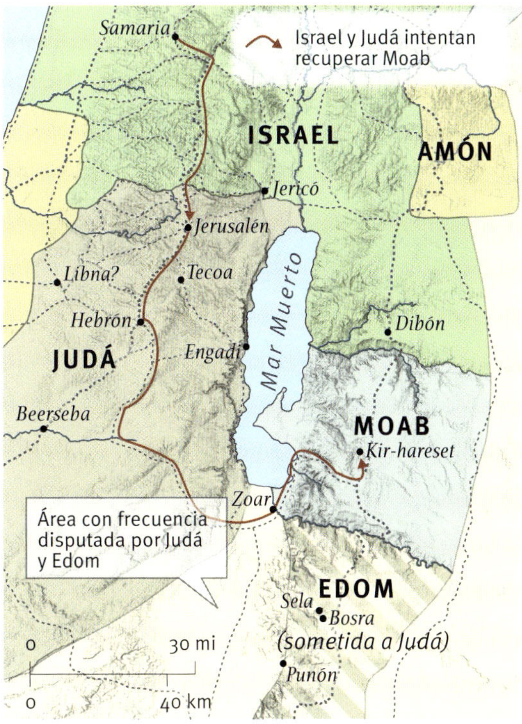

6-5. La rebelión de Moab, 853 a.C. (2 R. 8:20-22; 2 Cr. 21:1-17). Cuando murió Acab, rey de Israel, el rey de Moab, Mesha, aprovechó la oportunidad para quitarse el yugo del tributo que David le había impuesto a su pueblo. Israel unió fuerzas con Judá y Edom (que aún pertenecía a Judá) para atacar Moab, pero no logró volver a imponer su control sobre ese territorio.

Omri había subyugado a Moab y esa tierra permaneció sometida bajo el reinado de Acab. Sin embargo, poco después de la muerte de Acab, el rey de Moab se rebeló con éxito contra Israel, que en ese momento estaba gobernado por Joram (848-841 a. C., quien reinó como corregente desde el 853; 2 R. 3:4-5; ver mapa 6-5). Mesha, rey de Moab, hizo tallar una inscripción que conmemoraba el acontecimiento y la conquista de Atarot y Jahaza. Esta «piedra moabita» también describía la construcción de las ciudades de Aroer, Beser, Medeba y otras, y la construcción de una carretera a través del valle del Arnón (ver mapa 6-6).

La casa de Jehú (841-752 a. C.). Joram fue a hacer la guerra contra Hazael, rey de Siria; resultó herido en la batalla y luego se recuperó en la ciudad de Jezreel. A instigación del profeta Eliseo, Jehú, comandante del ejército de Joram, fue ungido rey de Israel en Ramot de Galaad cuando Joram aún vivía (ver mapa 6-7). Jehú entonces hizo su famoso viaje de Ramot de Galaad a Jezreel como alguien que «viene impetuosamente» (2 R. 9:20). Allí Jehú dio muerte a Joram con una flecha y también hirió a Ocozías, rey de Judá, que huyó a Meguido, pero murió allí (v. 27). Así terminó la dinastía omrida.

Jehú consolidó gran parte de Israel bajo su reinado. Sin embargo, debido a que no «se apartó de los pecados de Jeroboam», partes de Israel comenzaron a caer ante sus enemigos. Sobre todo, Hazael, rey de Siria, que capturó territorios israelitas al este del río Jordán, desde Aroer en el río Arnón, al sur, pasando por Galaad, hasta Basán en el norte (ver mapa 6-8). Israel también se convirtió en blanco de los asirios bajo el dominio de

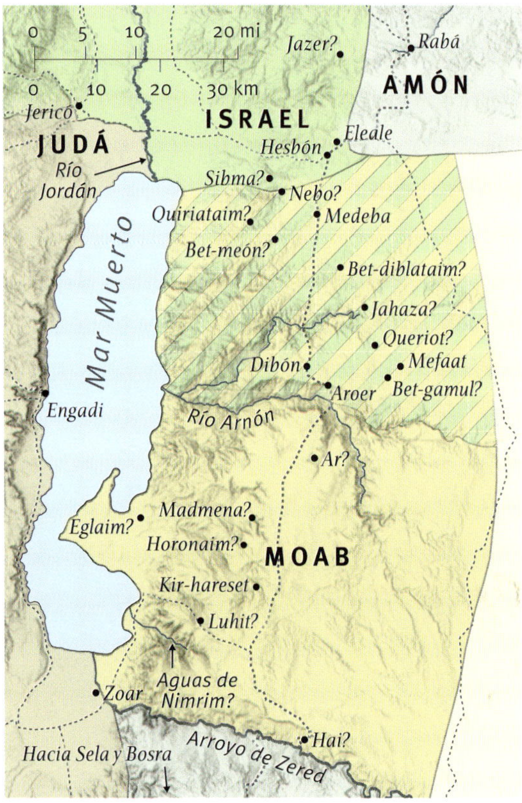

6-6. Moab expande sus fronteras, c. 852 a. C. (2 R. 3:1-27). Poco después de rebelarse contra Israel, el rey de Moab, Mesa, capturó varias ciudades israelitas al norte de la frontera tradicional del río Arnón y expandió su frontera hasta Medeba y Nebo. Este territorio del norte permaneció en manos de los moabitas durante el resto de la monarquía dividida hasta que los nabateos lo ocuparon en la época de Alejandro Magno.

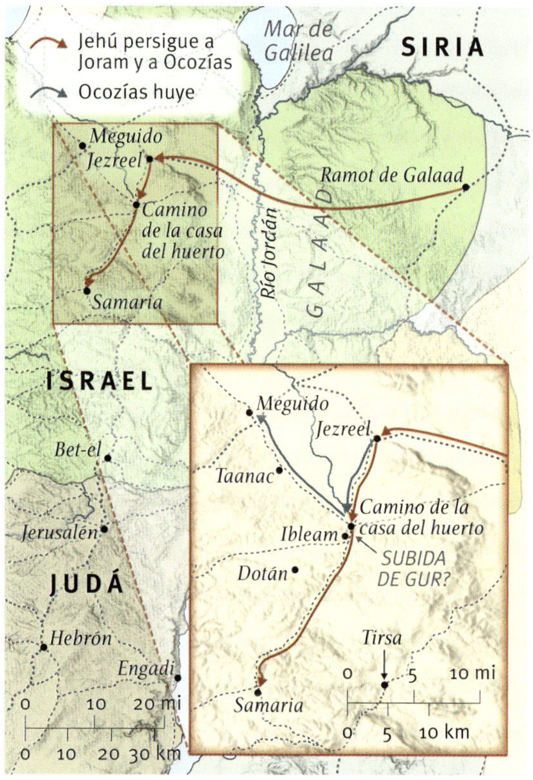

6-7. Jehú lleva a cabo el juicio, 841 a. C. (2 R. 9–10). Eliseo cumplió la profecía del Señor a Elías y envió a un joven a Ramot de Galaad para ungir a Jehú, uno de los comandantes de Joram, como rey de Israel. Jehú se dirigió rápidamente a Jezreel, donde el rey Joram de Israel se estaba recuperando de algunas heridas de guerra. Cuando Joram y el rey de Judá, Ocozías, salieron en sus carros para encontrarse con Jehú, este hirió de muerte a Joram con una flecha y persiguió a Ocozías por el camino de la casa del huerto hasta que logró herirlo también. Al parecer Ocozías huyó entonces a Meguido, pero murió allí (ver también 2 Cr. 22:9).

Salmanasar III (858-824 a. C.). El Obelisco negro de Salmanasar III (ver fotografía 6-3) describe su campaña en Palestina en el año 841 a. C., a principios del reinado de Jehú, y muestra una representación de Jehú postrado ante el rey asirio. El texto que lo acompaña recoge las palabras de Salmanasar III: «En aquel tiempo recibí el tributo de los habitantes de Tiro y Sidón y de Jehú, hijo de Omri».

Incluso después de la muerte de Jehú, Hazael de Damasco representó una grave amenaza para la región. Llegó hasta Gat en la llanura costera de Palestina y amenazó con atacar Jerusalén, la capital de Judá. Para evitar el ataque, Joás, rey de Judá (835-796 a. C.), hijo de Ocozías, le entregó al rey sirio gran parte del oro que había en los tesoros del templo y en los tesoros del rey (2 R. 12:17-18). Después de la muerte de Hazael, Joás de Israel (798-782 a. C.), nieto de Jehú, recuperó toda la tierra de Transjordania y las ciudades que los sirios habían tomado durante la época de Jehú (13:25). También luchó contra Amasías, rey de Judá, lo derrotó y lo tomó prisionero en Bet-semes. Luego Joás de Israel atacó Jerusalén, derribó parte de su muro y saqueó el templo y los tesoros del rey. Sin embargo, no

6-8. Siria conquista Galaad, c. 825-798 a. C. (2 R. 10:32-33). Los sirios bajo Hazael continuaron atacando Israel durante el reinado de Jehú y finalmente lograron capturar todo Galaad, desde Aroer en el río Arnón hasta Basán en el norte. Más tarde, durante el reinado de Joás, Hazael atacó Gat en la frontera occidental de Judá, y Joás le envió a Hazael tesoros de la casa de Jehová para disuadirlo de atacar Jerusalén.

6-3. Obelisco negro de Salmanasar III encontrado en Nimrud. Aquí se representa a «Jehú, hijo de Omri» (rey de Israel) postrado y rindiéndole tributo al monarca asirio.

ocupó a Judá, sino que tomó algunos rehenes y regresó a Samaria (14:11-14).

El hijo de Joás, Jeroboam II, reinó durante 41 años (793-753 a. C.). Los primeros once años de su reinado fueron probablemente de corregencia con su padre. Jeroboam II restableció las antiguas fronteras de Israel que se extendían desde la entrada de Hamat en el centro de Siria, al norte, hasta el mar del Arabá, es decir, el mar Muerto, al sur (ver mapa 6-9). El profeta Jonás hijo de Amitai predijo esta expansión territorial (2 R. 14:25; Jon. 1:1). El reinado de Jeroboam II fue de gran prosperidad en Israel, y esta gran riqueza dio lugar a una severa opresión de los pobres. El profeta Amós entró en escena «en días de Jeroboam hijo de Joás, rey de Israel» (Amós 1:1) y denunció la persecución de los pobres y los necesitados al expresar que los ricos «vendieron por dinero al justo, y al pobre por un par de zapatos» (Amós 2:6).

Zacarías, hijo de Jeroboam II, reinó solo seis meses (753-752 a. C.). Fue asesinado por Salum hijo de Jabes en presencia de su pueblo (2 R. 15:10). Esto puso fin a la casa y a la dinastía de Jehú.

Al evaluar los reinados de la monarquía dividida, queda claro que hay una correlación entre el estado espiritual del rey y el de la nación. Normalmente, cuando un rey piadoso gobernaba, la gente temía al Señor. Cuando un rey malvado estaba en el trono, el pueblo tendía a caer en una mayor idolatría e inmoralidad. Por lo tanto, el dicho es cierto: «De tal rey, tal nación». Hubo algunas excepciones a este principio, como el reinado de Jotam en Judá (740-732 a. C.). Jotam tuvo éxito porque «preparó sus caminos delante de Jehová su Dios» (2 Cr. 27:6), pero el pueblo continuó con sus prácticas corruptas (v. 2). Generalmente, los gobernantes tienen una influencia poderosa en su nación, para bien o para mal. No hubo ningún buen rey en toda la historia del reino del norte, Israel. Por lo tanto, en general, Israel permaneció en la idolatría y aceptó numerosas prácticas paganas. La ruina de Israel era segura, y esto se analizará en el siguiente capítulo con el surgimiento del Imperio asirio.

6-9. Resurgimiento durante la época de Uzías y Jeroboam II, 767-753 a. C. (2 R. 14:21–15:7; 2 Cr. 26:1-8). El vacío de poder creado por el ataque de Asiria a Siria, y su posterior retirada, permitió que Jeroboam II de Israel y Uzías (también llamado Azarías) de Judá recuperaran territorios que alguna vez pertenecieron a sus reinos. Jeroboam recuperó gran parte de Galaad y Azarías recuperó Elat en el mar Rojo. Jeroboam también controló gran parte del territorio de Siria durante un tiempo y Azarías tomó algunas ciudades filisteas y luchó contra los árabes en Gur-baal, y contra los amonitas .

El reino del sur: Judá (930-586 a. C.)

Roboam (930-913 a. C.). Debido a los malos consejos de sus asesores y a su propio orgullo tonto, Roboam, el hijo de Salomón, trató de imponer una enorme carga tributaria al pueblo de Israel. Las tribus del norte rehusaron someterse al gobierno de Roboam, y formaron su propia nación bajo el liderazgo de Jeroboam I. Roboam, por lo tanto, heredó un reino significativamente más pequeño que el que había gobernado su padre. Esta división también trajo graves consecuencias para el reino sureño de Judá. En primer lugar, hubo repetidos choques militares entre Israel y Judá en ese momento. El motivo fue la ubicación de la frontera entre las dos naciones. Ambas reclamaban el territorio de Benjamín. Roboam hizo un pacto con los hijos de Benjamín para que lo ayudaran a luchar contra Israel a fin de recuperar el reino para sí (1 R. 12:21). Sin embargo, esta coalición no llegó a nada porque el Señor no permitió que Judá atacara a Israel en ese momento. Jeroboam I, por su parte, ubicó uno de los becerros de oro en Bet-el, que estaba dentro del territorio tribal del pueblo de Benjamín.

6-4. Inscripción del faraón Sisac en Karnak. Describe la invasión de Israel realizada por Sisac después de la muerte de Salomón y la división del reino israelita.

Durante la época de Roboam, Judá también estuvo bajo la amenaza de los egipcios. En el quinto año de Roboam, Sisac atacó a Israel y a Judá (ver imagen 6-4). Roboam pudo salvar la ciudad capital de Jerusalén al pagarle a los egipcios con los tesoros del templo, incluso les entregó los escudos de oro que Salomón había hecho. También creó una línea defensiva fortificada para ayudar a prevenir cualquier otra incursión egipcia en Judá. En 2 Crónicas 11:5-10 se da una lista de quince ciudades que Roboam fortificó en el sur y el sureste de Judá. El texto afirma que: «Reforzó también las fortalezas, y puso en ellas capitanes, y provisiones, y vino, y aceite; y en todas las ciudades puso escudos y lanzas. Las fortificó, pues, en gran manera» (2 Cr. 11:11-12). Una de las ciudades fue Laquis. Las excavaciones allí han revelado un gran sistema defensivo que data de esa época. La ciudad estaba rodeada por una doble muralla de fortificación y su complejo de puertas principales estaba protegido por un enorme bastión construido en la ladera de la colina. Aunque algunos estudiosos no están de acuerdo, es probable que este gran sistema defensivo haya sido construido por Roboam como parte de sus defensas en la frontera sur.

Abías (913-910 a. C.). El hijo de Roboam, Abías / Abiam, gobernó solo tres años, pero el texto nos dice que durante este tiempo «hubo guerra entre Abiam y Jeroboam» (1 R. 15:7). En el monte Zemaraim, en la región montañosa de Efraín, cerca de la frontera de Benjamín, Jeroboam intentó emboscar al ejército de Abías al rodearlo. La maniobra fracasó y las fuerzas de Judá salieron victoriosas. Abías capturó algunas de las tierras y ciudades de Jeroboam, incluidas Bet-el y Efraín (2 Cr. 13:19).

Asa (910-870 a. C.). Asa, hijo de Abías, tuvo un largo reinado de 41 años. Fue un buen rey que eliminó de Judá los ídolos, los altares extranjeros, los lugares altos y las columnas para la adoración de Asera. Y animó a su pueblo a guardar la ley de Dios. Su reinado fue en general de paz y prosperidad. Sin embargo, hubo choques militares entre Israel y Judá en sus días (ver mapa 6-11, p. 150). Por ejemplo, Baasa, rey de Israel, fue a la tierra de Benjamín e intentó construir la ciudad de Ramá, al norte de Jerusalén, a unos pocos kilómetros. Trató de establecer un bloqueo para que nadie pudiera entrar ni salir del territorio del rey Asa en Judá. En respuesta, Asa le pagó al rey sirio Ben-adad para atacar Israel. El gobernante sirio conquistó varias ciudades en los distritos del norte de Israel, incluidas Dan, Ijón y

Abel-bet-maaca. Baasa entonces puso fin a sus construcciones en Ramá.

Durante el reinado de Asa, Judá también fue atacada por Zera «el etíope», quien trajo un gran ejército contra la nación (2 Cr. 14:9; ver mapa 6-10). No hay evidencia extrabíblica sobre esta persona, aunque puede haber sido un general del ejército egipcio durante el reinado del faraón Osorkon I, hijo de Sisac. Zera logró penetrar en Judá hasta Maresa en el valle de Sefata. Asa derrotó al ejército de Zera y los judíos los persiguieron hasta Gerar, en la llanura costera meridional. Después de saquear algunas de las ciudades cercanas a Gerar, el ejército de Judá regresó a Jerusalén.

Josafat (870-848 a. C.). Después de la muerte de Asa, su hijo Josafat gobernó en su lugar. Un comentario muy revelador que refleja su reinado es que «Josafat hizo paz con el rey de Israel» (1 R. 22:44). El rey de Israel durante el reinado de Josafat fue Acab (874-853 a. C.). Hacia el final del reinado de Acab, Israel había estado en guerra con Siria durante tres años en la ciudad fronteriza de Ramot de Galaad (1 R. 22:1-3). Acab le pidió a Josafat que formara una alianza militar con él contra los sirios, pero fueron derrotados en Ramot de Galaad y Acab resultó muerto. Josafat regresó a Jerusalén y dirigió un reino bastante pacífico.

Hacia el final del reinado de Josafat, una coalición de fuerzas de Moab y de Amón, y con ellos los del monte de Seir (otros de los amonitas), se movilizó contra Judá y se preparó para enfrentarse a su ejército en batalla (2 Cr. 20:1; ver mapa 6-12). Sin embargo, antes de que la batalla pudiera tener lugar, el Señor hizo que las fuerzas de la coalición se volvieran unas contra otras y los moabitas y amonitas derrotaron a los del monte de Seir. El texto afirma: «Cada cual ayudó a la destrucción de su compañero» (v. 23). Los de Judá llegaron y tomaron un gran botín de la batalla, luego regresaron a Jerusalén.

Josafat también entró en una asociación comercial con Ocozías, rey de Israel (853-852 a. C.). Construyeron una flota de barcos mercantes en Ezión-geber con la esperanza de comerciar con la zona de Ofir, una tierra productora de oro. En el momento de su partida, la flota naufragó, aunque el texto no da ninguna razón para su destrucción. En la ruta hacia el mar Rojo y Ezión-geber, los arqueólogos han excavado el sitio de Kuntillet Ajrud. Fue un centro religioso en un momento en que habría existido la actividad comercial de Judá. Es tentador asociar este sitio con el intento de establecer una ruta comercial a través del mar Rojo en la época de Josafat (1 R. 22:48-49).

6-10. Zera ataca Judá, 898 a. C. (2 Cr. 14:9-15). En algún momento durante el largo y próspero reinado de Asa en Judá, Zera el etíope dirigió un vasto ejército desde el sur para atacar Judá en un valle cerca de Maresa. El ejército de Asa derrotó a las fuerzas de Zera y las persiguió hasta Gerar, hasta que no quedó ninguno de ellos. Tal vez como castigo a Filistea por permitir que el ejército de Zera pasara a través de su nación, los hombres de Asa saquearon muchas ciudades alrededor de Gerar antes de regresar a Jerusalén.

6-11. Guerra entre Israel y Judá, 895 a. C. (1 R. 15:16-22; 2 Cr. 16:1-6). Mientras Israel y Judá luchaban entre sí para determinar su frontera permanente, el rey Baasa de Israel intentó restringir el acceso a Judá al extender la frontera hacia Ramá. En vez de luchar contra el propio Baasa, el rey Asa de Judá pagó a Ben-adad de Siria para que atacara la frontera norte de Israel y obligara a Baasa a retirarse de Ramá. Una vez que Baasa se retiró, Asa se llevó los materiales de construcción de Ramá y los usó para fortificar Mizpa (más al norte) y Geba (cerca del paso de Micmas).

Joram (848-841 a. C.). Después de la muerte de Josafat, se produjo una intriga palaciega en la que el primogénito, Joram, subió al trono y luego mató a todos sus hermanos para asegurar su dominio. Sabemos poco de su reinado, excepto que hubo rebeliones en las fronteras oriental y occidental de su territorio. Primero, los edomitas se libraron del señorío de Judá y nombraron su propio rey (ver mapa 6-13). Joram envió tropas para sofocar la rebelión, pero no tuvo éxito. La ciudad de Libna, una ciudad sacerdotal en la Sefela, también se rebeló debido a las prácticas idólatras de Judá durante el reinado de Joram. Finalmente, una alianza militar entre filisteos y árabes atacó Judá y saquearon la casa del rey.

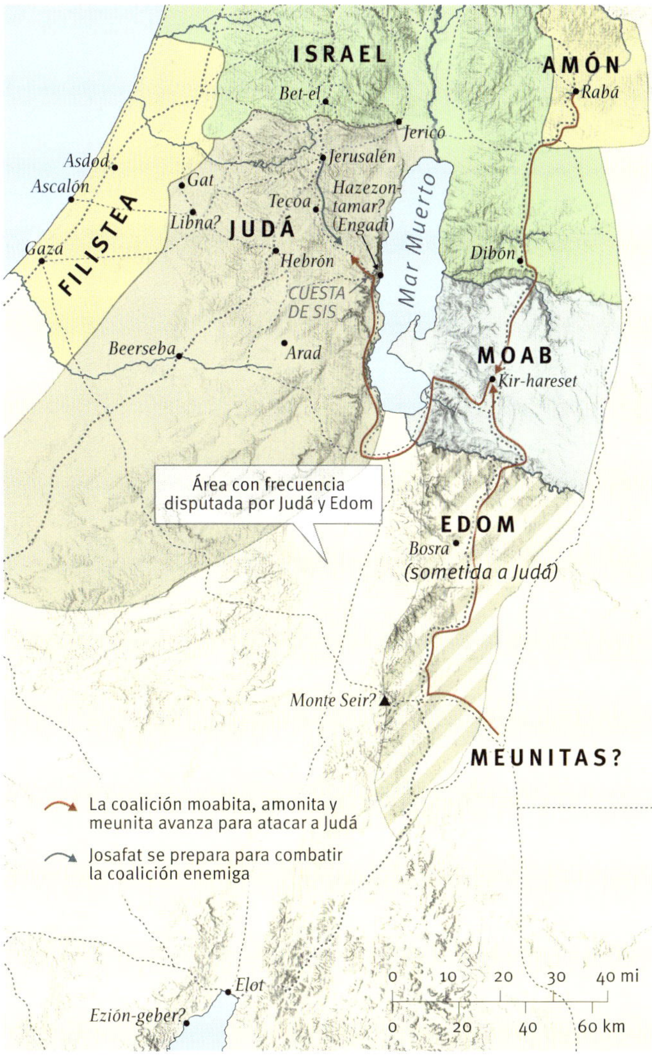

6-12. La alianza moabita ataca Judá (2 R. 3:1-27). A principios del reinado de Josafat en Judá, los moabitas se rebelaron y obtuvieron la independencia de Israel. Poco después formaron una coalición con los amonitas y los del monte de Seir para atacar Judá. Cuando habían cruzado el mar Muerto y se dirigían a la cuesta de Sis en Hazezon-tamar (Engadi), el ejército de Josafat se preparó para presentarles batalla. Sin embargo, antes de que el combate pudiera comenzar, el Señor hizo que los moabitas y los amonitas atacaran a los del monte de Seir y la coalición fue derrotada.

Joás (835-796 a. C.). Ocozías (841) sucedió a su padre Joram en el trono, pero gobernó solo un año. Jehú, que pronto llegaría al trono de Israel, lo asesinó (2 R. 9:27). Atalía, la madre de Ocozías, tomó el trono de Judá e inmediatamente asesinó a toda la familia real, excepto a Joás, que estaba escondido en el templo (2 Cr. 22:12). En el año 835 a. C., Joás tomó el trono de Atalía y el sacerdote Joiada la hizo ejecutar; tenía 7 años cuando comenzó a reinar y gobernó durante 40 años (835-796). Los sirios representaban la mayor amenaza para Joás en Judá. Hazael, rey de Damasco, invadió la llanura costera del sur y capturó la ciudad filistea de Gat (2 R. 12:17). Desde allí, el monarca sirio decidió invadir Judá y atacar su capital, Jerusalén. Pero Joás le envió todo el oro que había en los tesoros del templo y en la casa del rey para que se retirara y Jerusalén se salvó con este pago.

Amasías (796-767 a. C.). Los edomitas se habían rebelado con éxito contra Judá durante el reinado de Joram (848-841 a. C.). Amasías, hijo de Joás, decidió iniciar una operación militar contra los edomitas independientes. Como preparación para la guerra, el rey de Judá contrató una fuerza mercenaria de 10.000 israelitas. Sin embargo, antes de la expedición militar, Amasías despidió

6-13. La rebelión de Edom y Libna, 848 a. C. (2 Cr. 21:8-10). Tal vez animado por la rebelión de Moab contra Israel unos años antes, Edom se rebeló contra el dominio del rey Joram de Judá. Joram fue con su ejército a Edom para sofocar la rebelión, pero sus esfuerzos fracasaron. Al mismo tiempo, la ciudad sacerdotal occidental de Libna se rebeló contra Judá, al parecer debido a las prácticas idólatras de Joram. Los filisteos y los árabes también atacaron Judá, saquearon el palacio real y se llevaron todas sus posesiones y muchas de las esposas e hijos de Joram.

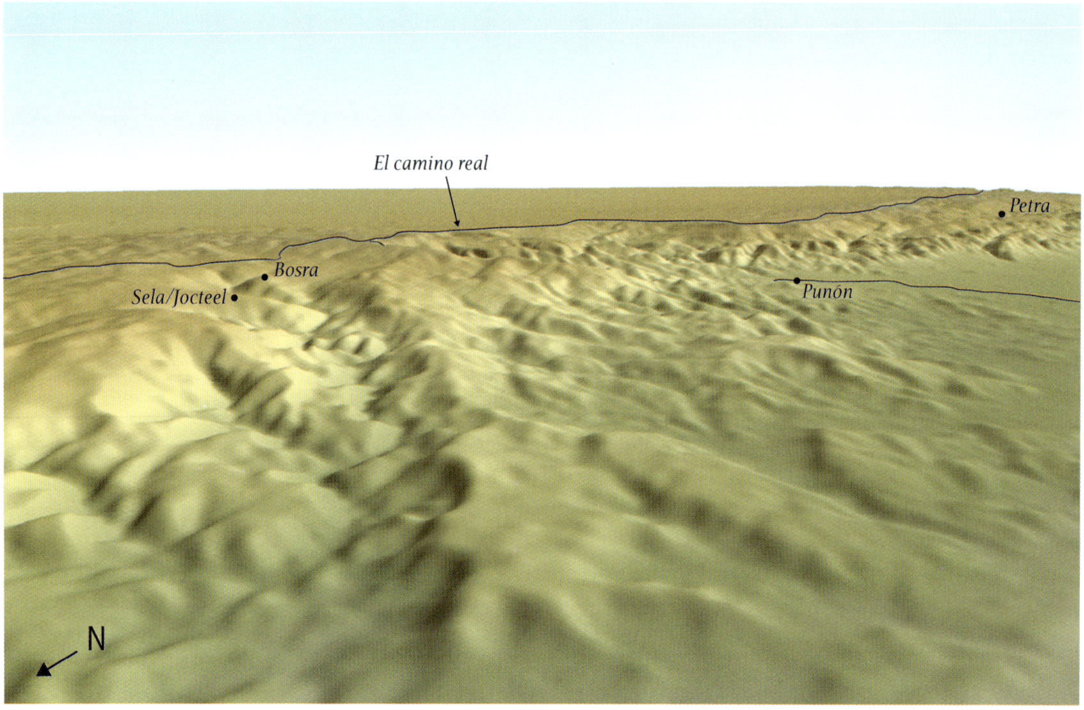

6-A. Las montañas de Edom. La región montañosa de Edom, al sureste, tenía una larga historia de luchas contra Israel. Era conocida por sus aparentemente inexpugnables fortalezas de roca (Jer. 49:16; Abd. 1:1-4) y la atravesaba el muy transitado camino real. Fue conquistada por primera vez por David (2 S. 8; 1 Cr. 18:12). Más tarde, Edom se rebeló contra Judá (2 R. 8:20-22; 2 Cr. 21:8-10) y la lucha entre las dos naciones continuó durante las siguientes décadas (2 R. 14; 2 Cr. 25). Varios de los profetas de Israel y Judá condenaron fuertemente a los edomitas (por ejemplo, Is. 34; Jer. 49; Ez. 35; Abd.).

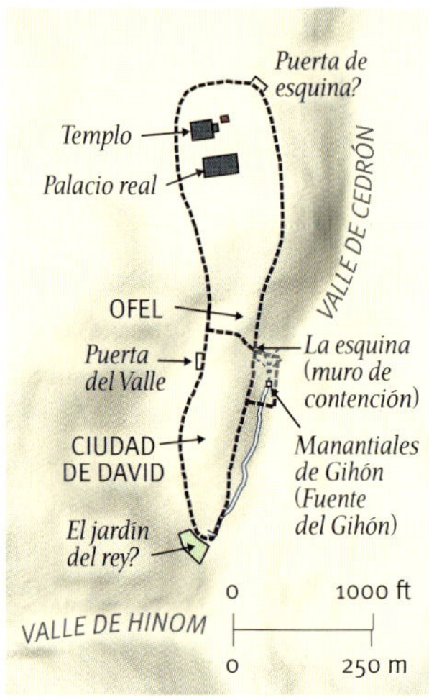

6-14. Uzías fortifica Jerusalén, c. 750 a. C. (2 Cr. 26:9-15). Con el resurgimiento de Judá durante el reinado de Uzías hubo un aumento de la riqueza procedente de los tributos, y tal vez de los impuestos sobre el comercio, que permitió fortificar Jerusalén. Uzías construyó torres junto a la puerta del ángulo, junto a la puerta del valle y junto a las esquinas (2 Cr. 26:9). También construyó torres en el desierto y cavó cisternas para sus grandes rebaños y sus extensos campos. Al reorganizar su ejército, equiparlo e instalar nuevas armas en sus fortificaciones, Uzías se convirtió en una potencia importante en la región.

a las tropas israelitas y las envió a casa. Entonces Amasías atacó a Edom en el valle de la Sal, ganó la batalla y destruyó al ejército edomita. Pero mientras Judá estaba en batalla, los mercenarios israelitas que habían sido despedidos estaban furiosos y, por lo tanto, en su camino de regreso a Israel atacaron y saquearon algunas de las ciudades de Judá. Entonces Amasías pidió una reunión cara a cara con el rey Joás de Israel, presumiblemente para tratar las acciones de los mercenarios. El rey israelita le respondió a Amasías que no lo presionara, pero el rey de Judá se negó a escuchar. De modo que Joás dirigió la invasión de Judá y los ejércitos de las dos naciones se enfrentaron en Bet-semes en la Sefela. Los israelitas derrotaron a los judíos, capturaron a Amasías y saquearon Jerusalén.

Uzías (767-740 a. C.). Uzías (Azarías), hijo de Amasías, se convirtió en rey de Judá cuando tenía 16 años y reinó 52 años en Jerusalén. Su reinado en Judá coincidió en parte con el de Jeroboam II en Samaria: bajo ambos líderes hubo un renacimiento económico, militar y cultural en las dos naciones. Fue un período de estabilidad y prosperidad. Además, Uzías fue muy activo contra los enemigos de Judá. Atacó a los filisteos y derribó los muros de las ciudades filisteas de Gat, Jabnia y Asdod. Tuvo éxito contra los árabes que vivían en Gur-baal, en el desierto, y contra los amonitas de la misma zona. Los amonitas también pagaban un tributo a Uzías en ese momento.

Al parecer, la amenaza extranjera más importante contra Judá en la época de Uzías provenía del sur y el suroeste, por lo que el rey construyó fortalezas en las regiones desérticas del sur. Excavaciones en el sitio de Arad han revelado una nueva fortaleza de esta época rodeada por un sólido muro de piedra. Tenía una entrada con dos grandes torres y estaba situada en la parte alta de la ciudad. En Cadesbarnea se descubrió otra fortaleza de esta etapa rodeada por una sólida muralla con ocho torres rectangulares. Uzías también reconstruyó la ciudad costera de Elot (2 Cr. 26:2). Timnat , en la frontera entre Judá y Filistea, fue destruida en el siglo x a. C. durante la invasión de Sisac. Uzías la reconstruyó como una típica ciudad judía del siglo VIII a. C.

SURGE UN NUEVO PODER

Después de este período de relativa estabilidad política y prosperidad durante los reinados de Jeroboam II en el norte y Uzías en el sur, el Imperio asirio comenzó su ascenso y se convirtió en una seria amenaza para ambos reinos. En realidad, las campañas militares asirias de la segunda mitad del siglo VIII a. C. pusieron rápidamente fin a ese período. Israel, el reino del norte, nunca se recuperó. Desde este momento hasta su destrucción en el año 722 a. C., Israel tuvo reyes débiles, uno tras otro. A Judá le fue mejor, con algunos grandes reyes como Ezequías y Josías aún por venir. Judá sobrevivió 135 años luego de la destrucción de Israel.

6-15. Los profetas de Israel y Judá, c. 785-430 a. C.
Los profetas habían sido parte de la sociedad israelita desde los días de Moisés, pero la compleja situación política, religiosa y social de la monarquía dividida hizo que su tarea de comunicar el mensaje claro de Dios fuera aún más importante. A diferencia de los sacerdotes, su función no era hereditaria y a menudo no formaban parte de la estructura religiosa establecida. Provenían de diferentes partes de Israel y Judá y algunos tenían acceso directo al rey (por ejemplo, Elías y Eliseo) mientras que otros comunicaban sus mensajes directamente al pueblo (por ejemplo, Amós y Nahum).

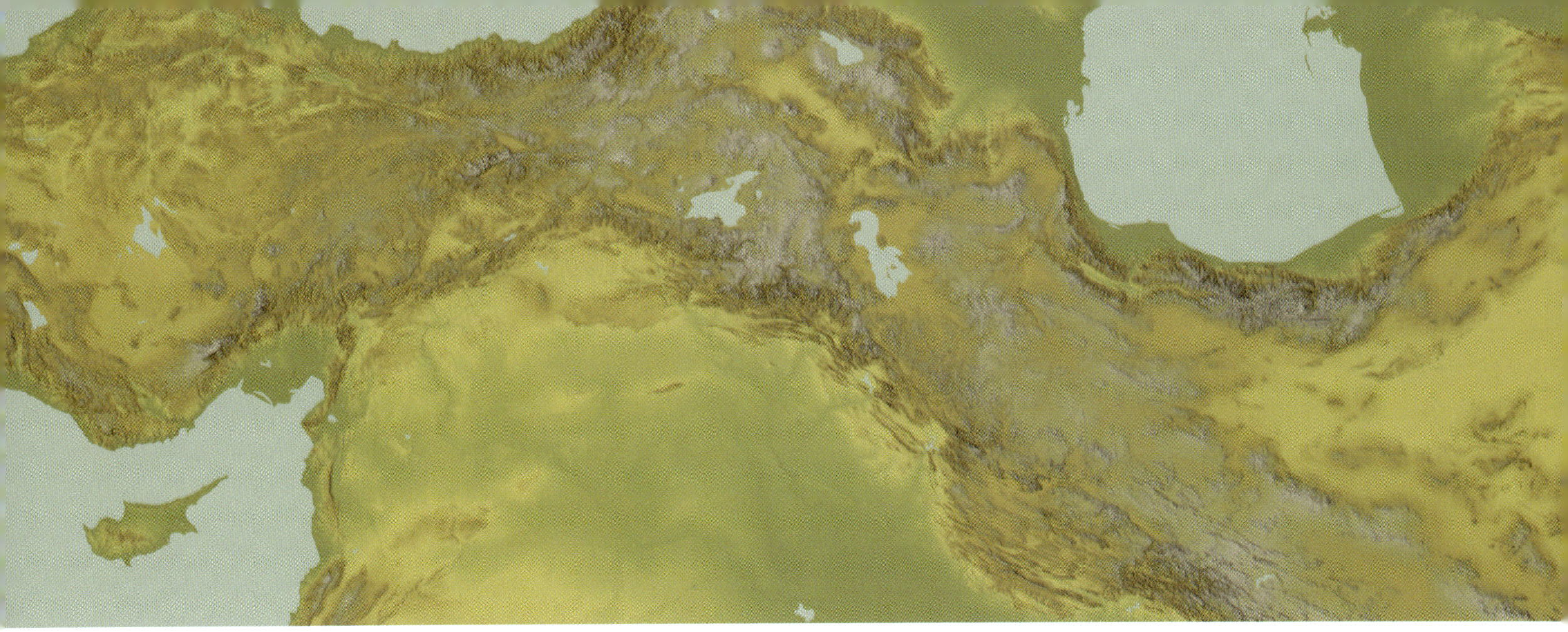

CAPÍTULO 7

LA ERA ASIRIA

DURANTE LA PRIMERA MITAD DEL SIGLO VIII a. C., una sucesión de monarcas débiles gobernó Asiria. El declive del poder asirio había comenzado con la muerte de Salmanasar III (824 a. C.), pero alcanzó su punto más bajo a mediados del siglo VIII a. C. El rey durante esta situación decadente era Ashur-Nirari V cuyo poder era tan limitado que apenas se atrevió a abandonar el palacio. Parece que lo asesinaron en una insurrección y su hermano menor Tiglat-Pileser III ocupó el trono.

PUL (745-727 A. C.)

Tiglat-Pileser III (Pul) fue, sin duda, el fundador del Imperio asirio (ver mapa 7-1). Reconstruyó Asiria a costa de 19 años de guerras exitosas. Uno de sus primeros pasos como rey fue convertir al ejército en una fuerza permanente al reemplazar el de reclutamiento que había estado vigente hasta entonces. El enemigo más importante al principio de su dominio fue Sardur II de Urartu (Ararat), un monarca que había expandido su territorio hasta algunas partes del norte de Siria. Los asirios lo derrotaron a él y a sus aliados en una batalla en el Alto Éufrates y luego conquistaron una coalición de 19 ciudades en Siria, localizada en la región de Hamat en el río Orontes. Numerosos reinos vecinos sintieron pánico y les enviaron tributos a los asirios; entre ellos estaban Rezín de Damasco

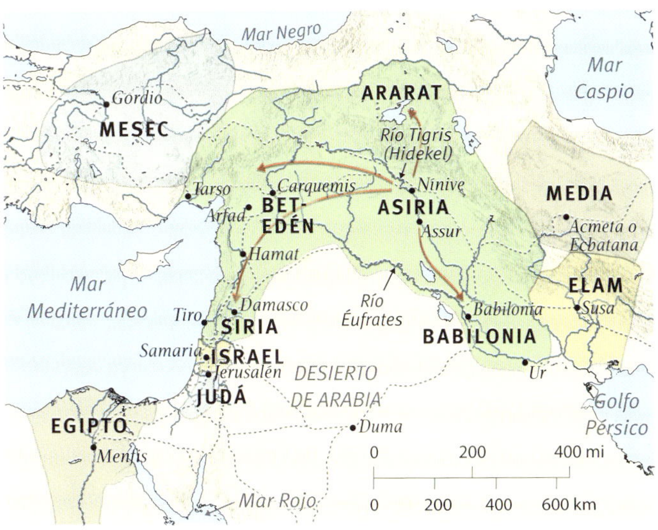

7-1. El surgimiento del Imperio asirio, c. 740 a. C. Sobre la mayor parte de la última historia de la monarquía dividida se cernía el creciente poder e influencia de Asiria. El resurgimiento de este viejo imperio dominó gran parte de la política del antiguo Cercano Oriente, desde la época de Jeroboam y Uzías hasta la desaparición del imperio a fines del siglo VI a. C. Israel fue la más afectada por las incursiones asirias en Palestina, aunque Judá también experimentó una buena parte de los ataques. Con el tiempo, Asiria conquistaría casi todo el Cercano Oriente, desde Ur hasta Ararat y Egipto.

La ciudad de Nínive

Nínive, situada en la confluencia de los ríos Tigris y Khosr (actual Mosul, Iraq), se estableció por primera vez en el séptimo milenio antes de Cristo. Según la Biblia, Nimrod fue su fundador (Gn. 10:11). Henry Layard dirigió extensas excavaciones desde 1845 hasta 1854. El diagrama muestra los resultados de ellas, en especial porque reflejan el período del Imperio asirio (1420-609 a. C.). Alrededor del 1000 a. C. se produjo un gran renacimiento del poder asirio y Nínive se convirtió en una verdadera urbe. Fue próspera durante la primera mitad del primer milenio y contenía lujos tales como plazas públicas, parques, jardines botánicos e incluso un zoológico. Uno de los grandes hallazgos arqueológicos de la época es la biblioteca del rey Asurbanipal (669-627 a. C.; a quien se lo llama Asnapar en Esd. 4:10). El tamaño de la ciudad era de aproximadamente 1.850 acres (750 hectáreas). El Libro de Jonás muestra el aspecto floreciente de Nínive en ese momento (3:1-5). La urbe a la postre cayó ante los medos y los babilonios en el 612 a. C. Los ejércitos invasores construyeron diques en los ríos que suministraban agua a la localidad, y de esa manera causaron una inundación que rompió uno de los muros perimetrales. Así fue que los ejércitos extranjeros lograron el acceso.

y Manahem de Israel (752-742 a. C.). El tributo de Israel a los asirios se menciona en los anales de Tiglat-Pileser III en 2 Reyes 15:19-20.

En el 735 a. C., se formó una coalición antiasiria cuyos miembros principales eran Rezín de Damasco y Peka de Israel (ver mapa 7-2). Acaz, rey de Judá, se negó a formar parte de la coalición y en respuesta Rezín y Peka atacaron Judá y Jerusalén (2 R. 16:5). Acaz, desesperado, le pidió ayuda a Tiglat-Pileser III y envió gran cantidad de tributos al rey asirio, cuyo ejército respondió y capturó Siria, mató a Rezín y convirtió sus tierras en una provincia asiria. La mayor parte del territorio de Israel pasó a manos de los asirios, excepto un pequeño distrito alrededor de la

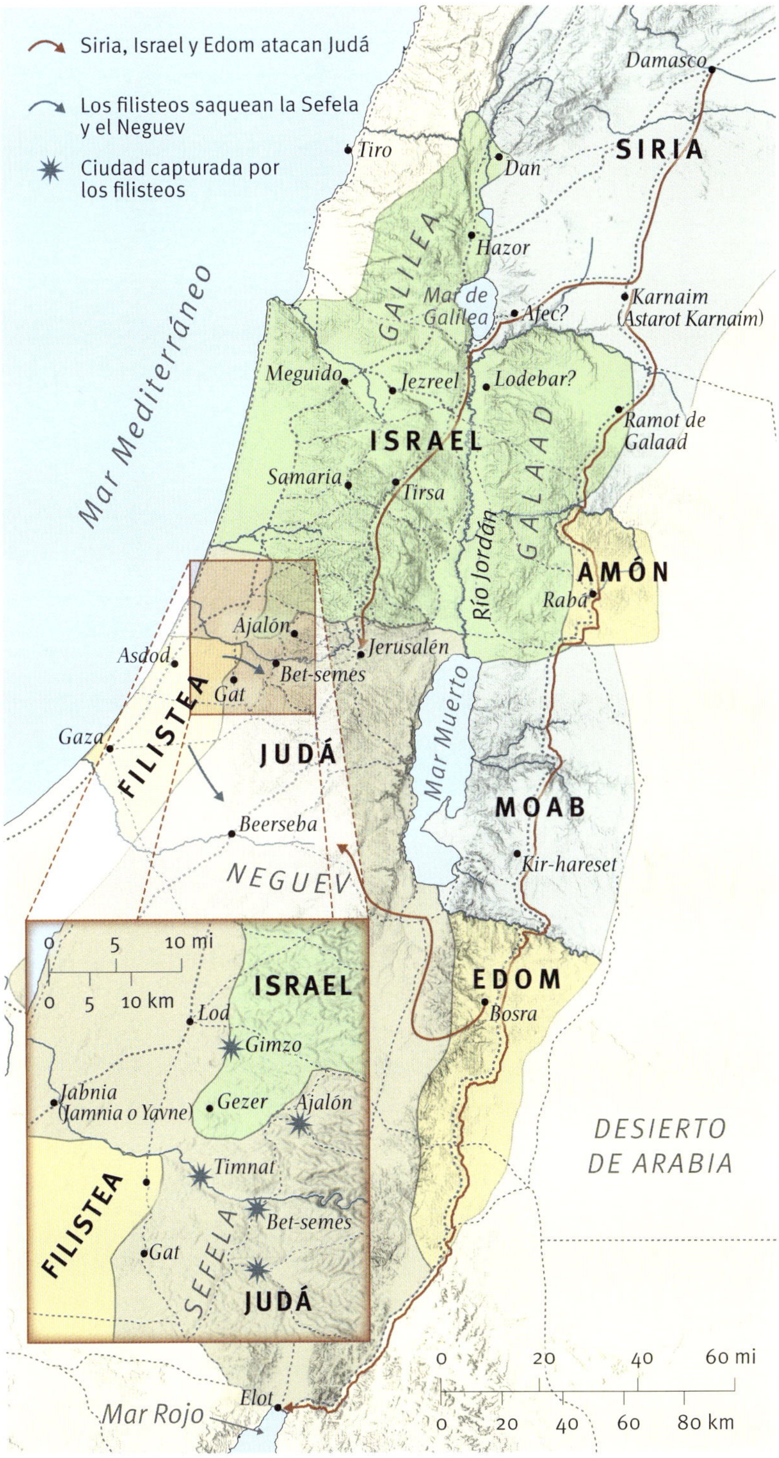

7-2. Siria e Israel atacan a Judá, c. 735 a. C. (2 R. 15:29; 16:5-6; Is. 7–8; 2 Cr. 28:5-6). En la medida en que el Imperio asirio se expandió hacia el oeste, Siria e Israel intentaron obligar a Judá y a los otros estados cercanos a formar una alianza antiasiria. Judá se negó, y provocó así que Siria e Israel atacaran a Jerusalén. Siria también le arrebató Elat a Judá y se la entregó a los edomitas. Quizás estos también invadieron Judá y tomaron cautivos en ese momento (ver 2 Cr. 28:17). Los filisteos, que posiblemente fueron parte de la alianza antiasiria, la atacaron también y capturaron varias ciudades en la Sefela y el Neguev (ver 2 Cr. 28:18).

ciudad capital de Samaria (ver mapa 7-3). Así terminó la llamada guerra siro-efraimita (ver Is. 7–8 para más detalles de los antecedentes).

Casi al final de su reinado, Tiglat-Pileser III invadió Babilonia, la tomó y se erigió como rey de la nación. Su nombre real como rey de Babilonia era Pul. Su imperio fue tan exitoso que decidió asumir el siguiente título: «rey de las cuatro partes (del mundo): Sumer y Acad, Elam, Subartu (Alta Mesopotamia) y Amurru». Cuando murió, dejó a su heredero un imperio que se extendía desde el golfo Pérsico hasta el mar Caspio en el norte y hacia el suroeste hasta la frontera con Egipto.

7-3. Asiria captura el norte de Israel, 733 a. C. (2 R. 16:7-9). El rey Acaz, de Judá, quien sufrió ataques por todos lados debido a su negativa de unirse a una alianza contra Asiria, pidió ayuda a Tiglat-Pileser III (también llamado Pul) de Asiria. Los asirios capturaron Damasco (Siria) y toda Galilea y Galaad de Israel. Sin embargo, la petición de Acaz tuvo un precio, ya que se le exigió que pagara un enorme tributo a Asiria y convirtiera a Judá en un vasallo del imperio.

7-4. La caída de Samaria y la deportación de israelitas, 722 a. C. (2 R. 17:1-41). Durante el reinado de Oseas de Israel, Salmanasar de Asiria atacó la nación y la convirtió en un reino vasallo. Más tarde Oseas conspiró contra Asiria; se negó a pagar el tributo y pidió ayuda a Egipto. Los asirios vinieron y sitiaron Samaria hasta que cayó. Muchos israelitas fueron exiliados lejos de Israel a la zona cercana a Gozán y las ciudades de los medos. Los pueblos extranjeros de otras partes del imperio fueron reubicados en Israel en un esfuerzo por evitar la revuelta. Esto marcó el fin del reino del norte de Israel.

Tiglat-Pileser III empleó la deportación masiva como una de sus primeras estrategias. Por ejemplo, en el 742 o el 741 a. C. tomó 30.000 sirios de la región de Hamat que acababa de conquistar y los envió al área de los montes Zagros. Luego tomó 18.000 arameos de las orillas del río Tigris y los trasladó a Hamat. Eran, sin dudas, movimientos estratégicos para disipar las rebeliones y darles a los asirios un mayor dominio sobre los pueblos conquistados. Los sucesores de Pul aplicaron la misma política y, como veremos, la emplearon para conquistar Israel en el 722 a. C.

SALMANASAR V (726-722 A. C.)

Se sabe muy poco sobre el breve reinado de Salmanasar V, el hijo de Tiglat-Pileser III. Lo que está claro es que, durante su gobierno, Oseas, rey de Israel (732 o 731-722), se rebeló contra Asiria a instancias del rey de Egipto (2 R. 17:1-4). Los asirios respondieron con rapidez y sitiaron Samaria durante tres años. No se sabe a ciencia cierta si fue Salmanasar V o su sucesor, Sargón, quien finalmente capturó la ciudad, pero, en cualquier caso, Samaria cayó en el 722 a. C. y muchas otras urbes israelitas fueron destruidas en ese momento, entre ellas Tell el-Fara, Dotán y Siquem.

Las circunstancias de la deposición de Salmanasar V del trono de Asiria son oscuras. Parece que hubo una revuelta del partido conservador asirio que pensó que el rey era demasiado liberal en sus políticas, en especial hacia Babilonia. Su sucesor tomó las riendas del reino y adquirió el nombre de Sharrukin, es decir, «rey legítimo».

SARGÓN II (722-705 A. C.)

Sargón II reclamó para sí la conquista de Israel. En sus anales se autoproclamó «conquistador de Samaria y de todo el país de Israel». En esos mismos anales, el rey informó que deportó a 27.290 ciudadanos de la clase alta de Israel y los reemplazó con poblaciones de otras áreas. De la mezcla de los pueblos nativos de Israel con los recién llegados surgieron los samaritanos, a quienes tanto odiaron los judíos en épocas posteriores. Sargón II convirtió a Israel en una provincia asiria, colocó un gobernador sobre ella y exigió un gran tributo de los habitantes. Por lo tanto, Israel, el reino del norte, llegó a su final y dejó de existir (ver mapa 7-4).

Los primeros años del reinado de Sargón II fueron una larga lucha contra las rebeliones que los elamitas, egipcios y urartianos fomentaban en su reino. En el segundo año de su gobierno, el rey enfrentó a los elamitas en la batalla de Der. Sargón II se adjudicó una rotunda victoria, pero la realidad del resultado fue muy diferente. Según las Crónicas de Babilonia, fueron los elamitas quienes salieron victoriosos. Como sea, hacia el 710 a. C., Sargón parecía triunfar en todas partes. Toda la Siria-Palestina estaba en sus manos, excepto Judá (ver mapa 7-5). Los medos eran sus vasallos y los elamitas y los egipcios estaban en paz con Asiria. Al término de su reinado, Asiria era más grande y más fuerte que nunca.

Sargón II fue un constructor incansable. Llevó a cabo enormes construcciones y restauraciones en Nínive, Asur, Nimrud, Babilonia, Cis y otros lugares. En el 716 a. C., edificó desde los cimientos una nueva capital en Dur Sharrukin (Khorsabad). Las excavaciones allí en el siglo XIX revelaron una ciudad deslumbrante, que incluía un magnífico palacio con paredes cubiertas de bajorrelieves. La capital se inauguró oficialmente en el 706 a. C. Un año después, Sargón II murió en el campo de batalla, lejos de su nueva capital.

7-5. Judá después de la caída de Israel, c. 722 a. C. Durante el reinado del rey Acaz, de Judá, tanto Israel como Judá se habían convertido en vasallos (súbditos semindependientes) de Asiria. Pero más tarde el rey Oseas, de Israel, se rebeló y en consecuencia los asirios anexaron completamente a Israel como una provincia del imperio. También anexaron Filistea. Judá, Amón, Moab y Edom quedaron como los demás vasallos en la zona.

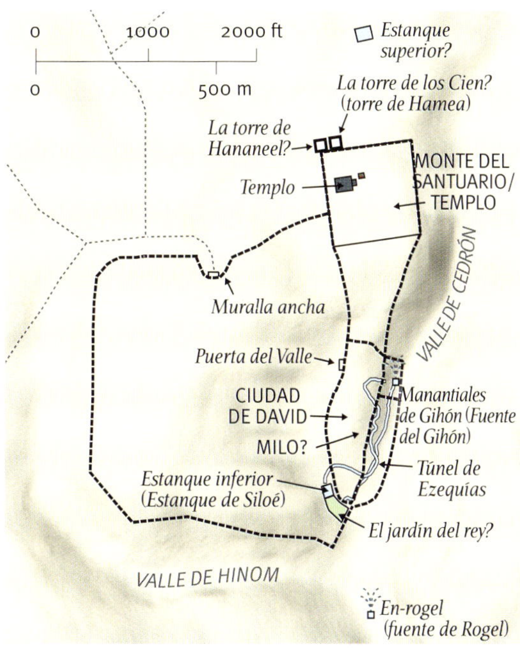

7-6. Ezequías fortifica Jerusalén, c. 702 a. C. (2 R. 20:20; 2 Cr. 32:1-8). Para prevenir un ataque asirio, el rey Ezequías, de Judá, fortificó Jerusalén, reparó secciones rotas del muro y redirigió el flujo de agua de los manantiales de Gihón hacia la ciudad. También equipó a su ejército con armas, escudos y nombró comandantes de batalla sobre el pueblo. La evidencia arqueológica sugiere que también cerró la colina occidental de la metrópoli con un nuevo muro y construyó el monte del templo alrededor del templo de Salomón.

SENAQUERIB (705-681 A. C.)

Durante el reinado de Senaquerib hubo pocos problemas en las fronteras norte y este de Asiria. La vida era tranquila en esas áreas. Sin embargo, no fue así en sus fronteras occidentales. Algunas rebeliones serias tuvieron lugar allí en los primeros años de su reinado. Las principales ciudades de Sidón, Ascalón, Ecrón y la nación de Judá, rompieron sus relaciones con Asiria. En 2 Reyes 18:7 se afirma que Ezequías, rey de Judá: «... se rebeló contra el rey de Asiria, y no le sirvió». De hecho, Ezequías (716-687 a. C.) fortificó la ciudad capital de Jerusalén debido a la inminente amenaza de una invasión Asiria (ver mapa 7-6). Construyó una pared maciza de 23 pies (7 m) de ancho, en la cima de la colina occidental de la urbe (ver imagen 7-1, p. 160). Ha sido el muro más grueso que la

7-7. Asiria ataca a Judá, 701 a. C. (2 R. 18: 13-37; 2 Cr. 32:1-23). Durante el reinado de Ezequías, de Judá, Senaquerib, de Asiria, atacó ciudades a lo largo del borde occidental de Judá. Envió funcionarios para asediar Jerusalén y convencer a Ezequías para que se rindiera. El rey cusita Tirhaca avanzó desde Egipto para dar apoyo a Ezequías, pero al parecer fracasó. El asedio de Jerusalén terminó cuando el ángel del Señor mató a 185.000 asirios en una sola noche. Senaquerib se retiró y regresó a Nínive en Asiria, donde sus propios hijos lo mataron.

arqueología ha encontrado en la Edad del Hierro de Palestina. Con certeza, la densidad de la pared tenía el propósito de repeler el tristemente famoso ariete asirio. Ezequías destruyó viviendas antiguas en el área al construir este muro de fortificación exterior. El profeta Isaías comentó sobre esto al expresar: «Y contasteis las casas de Jerusalén, y derribasteis casas para fortificar el muro» (Is. 22:10).

Ezequías también restauró el antiguo sistema hidráulico de Jerusalén para que la ciudad tuviera acceso al agua incluso en tiempos de asedio. En 2 Crónicas 32:2-3 leemos: «Viendo, pues, Ezequías la venida de Senaquerib, y su intención de combatir a Jerusalén, tuvo consejo con sus príncipes y con sus hombres valientes, para cegar las fuentes de agua que estaban fuera de la ciudad...»; y en 2 Reyes 20:20: «... cómo hizo el estanque y el conducto,

7-1. Parte de la muralla de la ciudad de Ezequías en Jerusalén desde los siglos VIII y VII a. C. El rey de Judea lo erigió para proteger la ciudad de una inminente invasión asiria (2 Cr. 32: 5).

y metió las aguas en la ciudad...». Para preservar la vida, Ezequías construyó un túnel desde los manantiales de Gihón, que se encontraban fuera de la metrópoli, hasta una alberca dentro de las fortificaciones de la urbe.

En 701 a. C., los asirios respondieron a las rebeliones occidentales. Senaquerib primero marchó contra los sidonios y sometió gran parte del área de la antigua Fenicia. Sus fuerzas luego se desplazaron a lo largo de la llanura costera del mar Mediterráneo, donde capturaron Ascalón y otra gran cantidad de poblaciones costeras. Más tarde derrotó al ejército egipcio en la llanura de Elteque. Aseguró las áreas del litoral, y más adelante Senaquerib volvió su vista hacia Judá, al este. En 2 Reyes 18:13 leemos: «A los catorce años del rey Ezequías, subió Senaquerib rey de Asiria contra todas las ciudades fortificadas de Judá, y las tomó» (ver mapa 7-7).

Uno de los principales asaltos a una ciudad de Judea tuvo lugar en Laquis, que se ha identificado con Tell ed-Duweir en la Sefela. Los asirios conquistaron el sitio y Senaquerib estaba tan orgulloso de

Túnel de Ezequías

La fuente de agua más confiable para la ciudad de Jerusalén durante el asentamiento israelita resultó ser el manantial de Gihón. Sin embargo, su ubicación era problemática porque estaba cerca de la base del valle de Ofel, en la parte *exterior* de sus murallas. Durante un ataque o asedio, los habitantes habrían quedado aislados de esa vital reserva de agua. En 1867, el explorador Charles Warren descubrió un pozo vertical, cortado a través de la roca madre, que permitió a la gente de allí llegar a las aguas de los manantiales de Gihón desde detrás de la defensa de los muros de la urbe. Este enclave era tal vez jebuseo y puede ser la forma en que los soldados de David capturaron la ciudad de los moradores cananeos (2 S. 5:6-8). Ezequías construyó un nuevo sistema de agua, que empleaba parte del anterior, a fines del siglo VIII a. C. debido a una amenaza militar asiria. Tenía una suave pendiente y se alejaba de los manantiales de Gihón para permitir que el vital líquido fluyera hacia el estanque de Siloé, dentro de las murallas de la población israelita.

El túnel de Ezequías lo construyeron dos equipos que cavaron uno hacia el otro; desde la fuente y desde la piscina respectivamente. No lo hicieron en línea recta, sino más bien ondulada, debido a los habituales cambios en el terreno. Los dos grupos también hicieron ajustes mientras se acercaban y escuchaban los picos del otro equipo. Alrededor de 20 pies (6 m) del estanque de Siloé se descubrió una inscripción (ver foto 7-2) que describe los últimos momentos del encuentro entre los dos equipos de cavadores. El texto dice:

> «[... cuando] (el túnel) fue horadado. Y esta es la forma en que fue excavado: mientras [...] (estaban) aún [...] pico(s), cada hombre frente a su compañero, y cuando todavía faltaban tres codos por excavar, [se oyó] la voz de un hombre llamando a su compañero, porque había *un desajuste* a la derecha [y a la izquierda]. Y cuando el túnel fue perforado, los canteros perforaron (la roca), cada hombre frente a su compañero, pico contra pico; y el agua fluyó desde el manantial hasta el depósito unos 1.200 codos, y la altura de la roca sobre la(s) cabeza(s) de los canteros era de 100 codos». (Traducción de W. F. Albright)

7-2. La inscripción de Siloé proviene de la época de Ezequías, rey de Judá (715-687 a. C.). El texto describe los últimos momentos del encuentro entre los dos equipos de cavadores que estaban excavando un túnel entre el manantial de Gihón y el estanque de Siloé en Jerusalén.

Jerusalén en el tiempo de Ezequías (c. 716-687 a. C.)

Durante el reinado del rey Ezequías, la ciudad de Jerusalén se expandió más que nunca. Muchos refugiados de la invasión asiria se establecieron en el valle occidental porque en la antigua ciudad construida por el rey Salomón en el valle oriental no había suficiente espacio. Los nuevos muros de la urbe rodeaban ambas colinas y así Jerusalén se convirtió en una ciudad «bien unida entre sí» (Sal. 122:3).

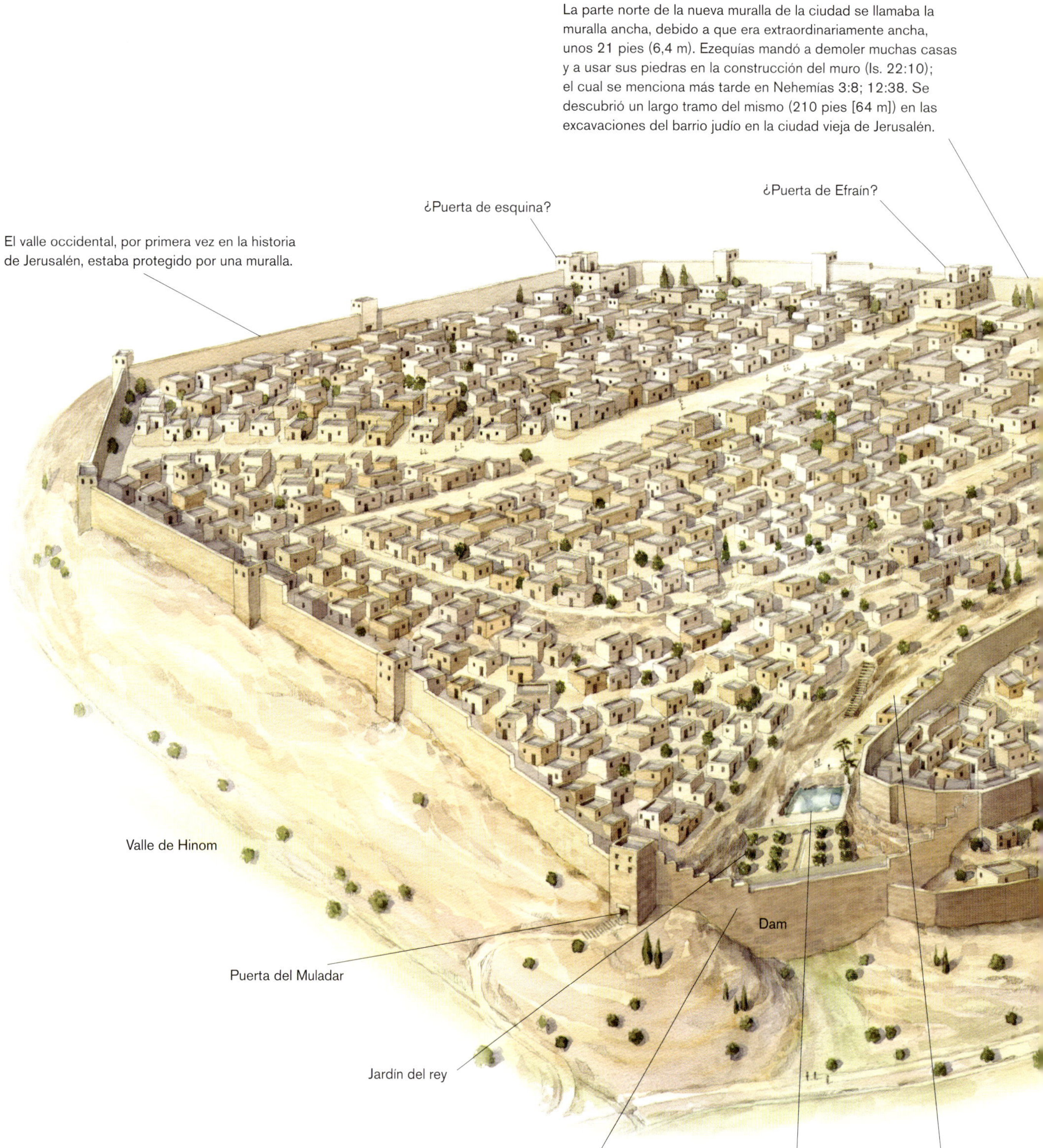

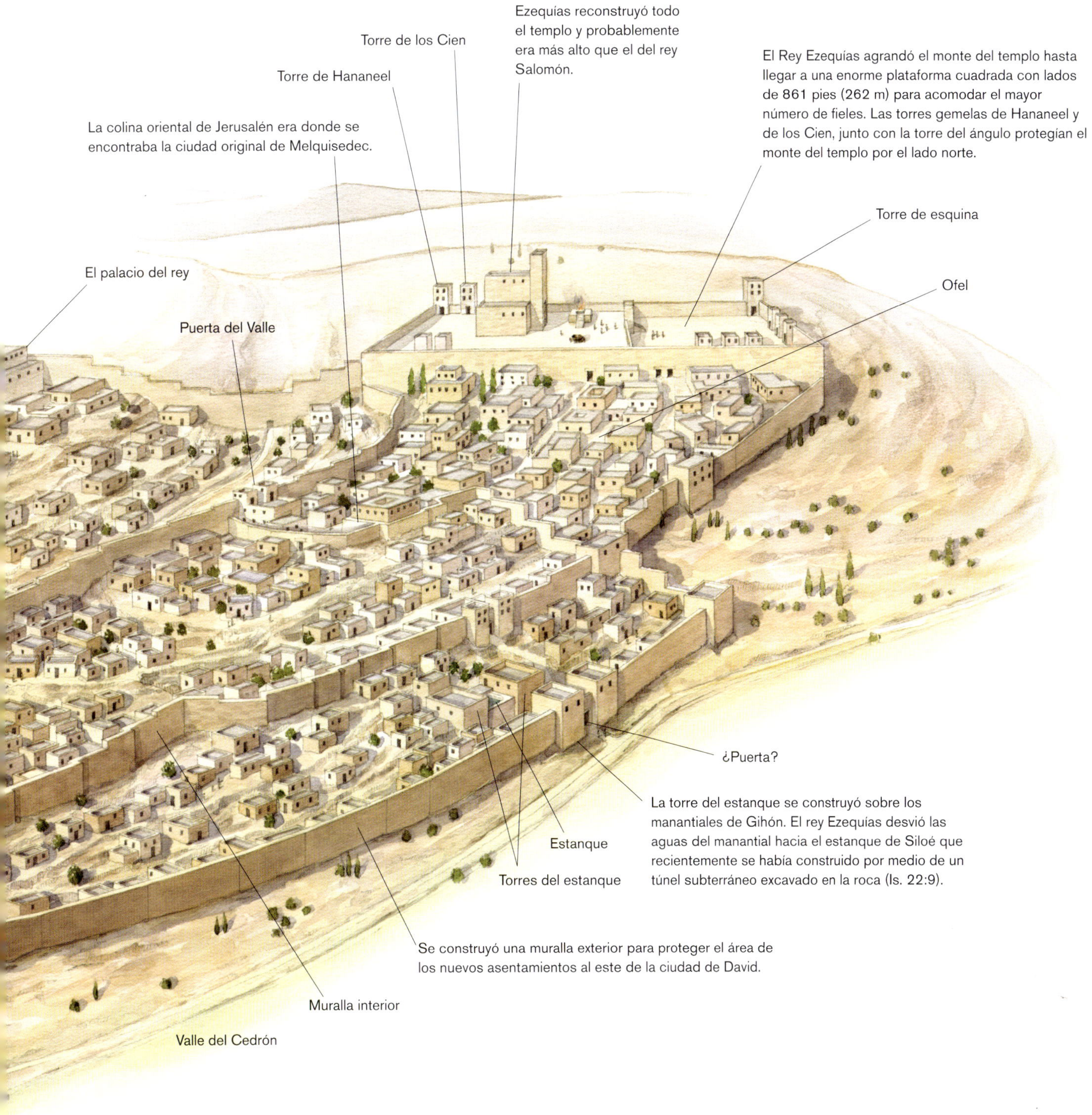
Ezequías reconstruyó todo el templo y probablemente era más alto que el del rey Salomón.
Torre de los Cien
Torre de Hananeel
El Rey Ezequías agrandó el monte del templo hasta llegar a una enorme plataforma cuadrada con lados de 861 pies (262 m) para acomodar el mayor número de fieles. Las torres gemelas de Hananeel y de los Cien, junto con la torre del ángulo protegían el monte del templo por el lado norte.
La colina oriental de Jerusalén era donde se encontraba la ciudad original de Melquisedec.
Torre de esquina
El palacio del rey
Ofel
Puerta del Valle
¿Puerta?
La torre del estanque se construyó sobre los manantiales de Gihón. El rey Ezequías desvió las aguas del manantial hacia el estanque de Siloé que recientemente se había construido por medio de un túnel subterráneo excavado en la roca (Is. 22:9).
Estanque
Torres del estanque
Se construyó una muralla exterior para proteger el área de los nuevos asentamientos al este de la ciudad de David.
Muralla interior
Valle del Cedrón

7-3. Parte de un panel de un relieve asirio que muestra el asalto de las fuerzas de Senaquerib a la ciudad judía de Laquis en 701 a. C.

esta conquista militar que ostentaba un gran relieve construido en su palacio en Nínive (ver imagen 7-3), El relieve de Senaquerib plasma dos escenas: el asedio y la conquista de la ciudad y la rendición, ejecución y deportación de sus habitantes. Representa las fortificaciones de Laquis como un muro doble que rodea la ciudad cerca de 20 acres (8 hectáreas), con torres frecuentemente espaciadas en ambas paredes. Se muestran rampas de tierra que se construyeron hasta el muro exterior de la ciudad y las máquinas de asedio asirio se representan como en ascenso de las rampas. Las excavaciones en Laquis han desenterrado secciones de las dos paredes exteriores y un complejo de puertas interiores de tres cámaras que las fuerzas asirias destruyeron. La rampa de asedio que utilizaron las tropas asirias también ha sido descubierta. Fue construida en la esquina suroeste de la ciudad (ver imagen 7-4). Se ha encontrado evidencia de una batalla feroz en este lugar: cientos de puntas de flecha, pesadas piedras de hondas y restos carbonizados. En el interior del muro exterior, los excavadores hallaron una enorme rampa antiasedio construida por los defensores de Judea para neutralizar el ataque de los asirios desde la rampa de asedio.

7-4. La rampa de asedio que los asirios construyeron para asaltar la ciudad judía de Laquis en 701 a. C.

En la otra parte del relieve se presenta a Senaquerib establecido en su trono y a los cautivos de Laquis que se presentan ante él. Muchos de los judíos fueron asesinados en la batalla o ejecutados después de ella. En la ladera noroeste del montículo se descubrió un gran pozo y una cueva que contenía más de 1.500 cuerpos. No era un sitio de enterramientos, sino más bien una fosa común para arrojar todos los cuerpos juntos. Quizás representa la limpieza de los cadáveres de la ciudad después que Senaquerib la conquistó.

En el Prisma de Senaquerib, el rey asirio registró el hecho de que había asediado 46 pueblos y ciudades de Judea y que había utilizado arietes, rampas de tierra, soldados de infantería y minas para someterlos. Luego dijo que había hecho a Ezequías «prisionero en Jerusalén, su residencia real, como a un pájaro en una jaula». La primera respuesta de Ezequías fue tratar de comprar a los asirios: les dio toda la plata del templo y los tesoros del rey, e incluso les quitó el oro a las puertas del templo para dárselo a Senaquerib (2 R. 18:15). Sus esfuerzos resultaron infructuosos ya que los asirios le exigieron la rendición de Jerusalén. Según la Biblia, todo este asunto terminó cuando «salió el ángel de Jehová, y mató en el campamento de los asirios a 185.000: «... y cuando se levantaron por la mañana, he aquí que todo era cuerpos de muertos. Entonces Senaquerib rey de Asiria se fue, y volvió a Nínive, donde se quedó» (2 R. 19:35-36).

El Prisma de Senaquerib

El Prisma de Senaquerib es una inscripción cuneiforme que contiene sus registros históricos como rey de Asiria (705-681 a. C.). Consiste en un prisma hexagonal de arcilla cocida que data del 689. Relata ocho campañas militares importantes del rey asirio, una de las cuales, se encuentra en la columna III del prisma y es el asalto de Senaquerib a Judá y su asedio a Jerusalén durante la época del rey Ezequías (716-687 o 686 a. C.) en 701. Parte de este famoso texto expresa lo siguiente:

> En cuanto a Ezequías el judío, no se sometió a mi yugo. Puse sitio a 46 de sus ciudades fuertes, baluartes e innumerables aldehuelas de sus inmediaciones, y (las) conquisté mediante terraplenes bien construidos y arietes acercados (a los muros), (combinados con) el ataque de infantes, y (usando) minas, brechas y trabajo de zapa. Saqué (de ellas) 200.150 personas, jóvenes y ancianos, varones y hembras, caballos, mulas, asnos, camellos, ganado mayor y menor sin contar, y (los) consideré botín. A él mismo [Ezequías] hice prisionero en Jerusalén, su residencia real, como a un pájaro en una jaula. [...] Las ciudades que había saqueado desgajé de su país y las entregué a Mitinti, rey de Asdod, a Padi, rey de Ecrón, y a Sillibel, rey de Gaza. De esta manera reduje su país, pero aun así aumenté su tributo...
> (Traducido por A. Leo Oppenheim)

7-5. Los seis lados del prisma de arcilla cocida de Senaquerib contienen los anales de Senaquerib, rey de Asiria (704-681 a. C.). La columna III refiere cómo el ejército asirio invadió Jerusalén. Describe a Ezequías encarcelado «como a un pájaro en una jaula» (comp. 2 R. 18:13–19:37).

CAPÍTULO 8

LA ERA BABILÓNICA

LA PRIMERA MITAD DEL SIGLO VII A. C.

En la primera mitad del siglo VII a. C., el Imperio asirio estaba en su apogeo. Georges Roux lo comentó así: «Nunca el Imperio asirio había sido tan fuerte, y su poderío tan invencible».[1] El esplendor de su fuerza comenzó con el reinado de Senaquerib (705-681 a. C.) y su importante campaña militar hacia el oeste. En el 701 a. C., sus tropas conquistaron las ciudades costeras fenicias, derrotaron a un ejército egipcio en Elteque, en Filistea, y capturaron las regiones costeras de Timnat y Ecrón. La pujanza asiria se volvió contra Judá y la batalla principal se produjo en Laquis. Durante esta, numerosas urbes de Judea fueron destruidas, aunque Jerusalén quedó intacta.

Después de la muerte de Senaquerib a manos de uno de sus hijos, Asiria se vio sumida en una violenta pero breve crisis dinástica. Asarhaddón (681-669 a. C.), el hijo más joven de Senaquerib, tomó rápidamente el control del reino. Lo primero que hizo fue reconstruir la ciudad de Babilonia, que su padre había destruido. Este trabajo de restauración resultó bastante beneficioso para Esar-hadón; no tuvo problemas serios con Babilonia durante su reinado. Fenicia fue la región del imperio que le causó más problemas. El rey de Sidón se rebeló contra Asiria en el 677 a. C. En respuesta, el ejército asirio sofocó la revuelta, decapitó al rey de Sidón y la ciudad fue «desgarrada y arrojada en medio del mar». Los sidonios fueron deportados a Asiria y sus tierras entregadas a la ciudad de Tiro. El mayor deseo de Asarhaddón era la conquista de Egipto, por lo que, en 671 a. C., condujo su ejército a Siria a través de Palestina y por el desierto del Sinaí hasta las mismas puertas de la nación egipcia. El faraón Taharqo y su ejército opusieron una gran resistencia; sin embargo, las tropas asirias conquistaron el país en poco tiempo. Taharqo huyó de su patria. Más tarde lideró una rebelión contra Asiria y recuperó la ciudad de Menfis. Asarhaddón murió camino a Egipto cuando iba a aplastar dicha rebelión.

En Judá, la primera mitad del siglo VII estuvo marcada por el largo reinado de Manasés, que comenzó en el 696 a. C. y duró 55 años (2 Cr. 33:1). Cuando ascendió al trono, Judá todavía estaba devastada por las campañas de Senaquerib. Manasés se sometió al señorío asirio durante su largo mandato. También fue uno de los reyes más despreciables en la historia de Judá: él alteró todas las reformas de su padre Ezequías y practicó algunos de los rituales más atroces de las naciones paganas que rodeaban

1. *Ancient Iraq* [El antiguo Iraq] (Penguin, 1964), p. 304.

a Judá. Reestableció los lugares altos, puso altares en el templo del Señor e, incluso, ofreció a su hijo como sacrificio a los dioses (2 R. 21). El autor de 2 Crónicas describe la captura de Manasés por el ejército asirio, su traslado a Asiria encadenado y su reincorporación como rey en la tierra de Judá. Aparentemente, Manasés vio esto como la mano de Dios, y entonces se arrepintió, eliminó toda la idolatría en Jerusalén y restauró la adoración que el templo requería (2 Cr. 33:10-20). En ese momento, Manasés también comenzó a fortificar Jerusalén y otras ciudades de su reino.

El registro arqueológico indica que hubo una vasta presencia asiria en Palestina durante el siglo VII a. C. Por ejemplo, en el 679 a. C., los asirios conquistaron el sitio de Tell Jemmeh, lo colonizaron y lo utilizaron como una importante base militar y administrativa. La ciudad de Gezer también parece haber sido una fortaleza asiria. Numerosos sitios a lo largo de la llanura costera del sur poseen una arquitectura de estilo asirio y restos de estructuras que sirvieron como fuertes asirios contra las continuas amenazas de Egipto.

LA SEGUNDA MITAD DEL SIGLO VII A. C.

Tras la muerte de Asarhaddón en el 669 a. C., Asurbanipal II lo sucedió como rey de Asiria en Nínive (669-627). Fue el último de los grandes reyes asirios. La excavación de su biblioteca en Nínive reveló unas 20.000 tabletas, lo que confirma su prominencia. Aunque su reinado fue de alta cultura, la guerra y la rebelión en todo el imperio lo afectaron repetidamente. Egipto fue líder en este sentido. Asurbanipal envió su ejército, que conquistó Tebas y sometió a los egipcios. Sus tropas también pusieron de rodillas a Tiro después de un asedio de diez años y convirtieron a algunos de los estados de Anatolia en vasallos que le enviaban tributos. Los primeros años del reinado de Asurbanipal fueron el apogeo del poder asirio.

Sin embargo, las grietas comenzaban a aparecer en los cimientos del poderoso imperio. Primero, su hermano, Shamash-shum-ukin, rey de Babilonia, se puso a la cabeza de una coalición de enemigos tradicionales de Asiria (Egipto, Elam, Lidia, etc.) en el 652 a. C. y se le rebeló. Esta guerra civil duró cuatro años. Asurbanipal salió victorioso, pero la subversión comenzó a debilitar la fuerza del ejército asirio. Sin embargo, Asurbanipal no se detuvo, sino que llevó la guerra hasta Elam. Una vez más obtuvo el triunfo y destruyó Susa, la ciudad capital, en el 639. Como resultado de estas largas guerras, el Imperio asirio comenzó a desintegrarse con rapidez.

El monarca principal de Judá durante la segunda mitad del siglo VII a. C. fue Josías (640-609 a. C.). En la última década del reinado de Asurbanipal, el control asirio sobre Palestina fue tan débil que Josías pudo instituir y promover sus reformas religiosas, las cuales eliminaron elementos asirios y paganos del ritual de adoración en Judá. Josías fue agresivo en sus transformaciones (2 R. 23): destruyó los ídolos en la región, eliminó a los sacerdotes idólatras, destruyó las casas de las prostitutas de culto, derribó los lugares altos, eliminó a los médiums y hechiceros y profanó a Tofet, es decir, el cementerio de sacrificio de niños fuera de Jerusalén; de nuevo puso en vigor la ley de la Torá y la celebración de la Pascua.

En su intento por liberarse del control asirio, Josías también trató de integrar a su reino el territorio del norte que una vez perteneció a Israel. En 2 Reyes 23:8 se describe que el territorio de Josías se extendió desde «Geba hasta Beerseba». La primera se encontraba a 11 millas (18 km) al norte de Jerusalén, lo que sugiere que Josías llegó bastante lejos en su expansión territorial. Pero este rey fue más allá, ya que implementó sus reformas religiosas, incluso de manera más profunda, en el territorio que con anterioridad pertenecía a Israel: trajo sus cambios a Bet-el y a Samaria, la antigua capital del reino del norte (2 R. 23:19). En 2 Crónicas 34:6 leemos que Josías arrasó el paganismo «hasta Neftalí», que era la posesión tribal inmediatamente al oeste y al norte del mar de Galilea.

LOS ÚLTIMOS AÑOS DEL SIGLO VII A. C.

Después de la muerte de Asurbanipal II en el 627 a. C., el Imperio asirio pronto se vino abajo (ver mapa 8-1). Las severas luchas civiles en la tierra obligaron a los sucesores de Asurbanipal a sofocar una revuelta tras otra. Mientras tanto, fuera de Asiria, la situación política se estaba deteriorando con rapidez. La mayor amenaza para la hegemonía asiria fue el surgimiento de los babilonios bajo

La bendición sacerdotal

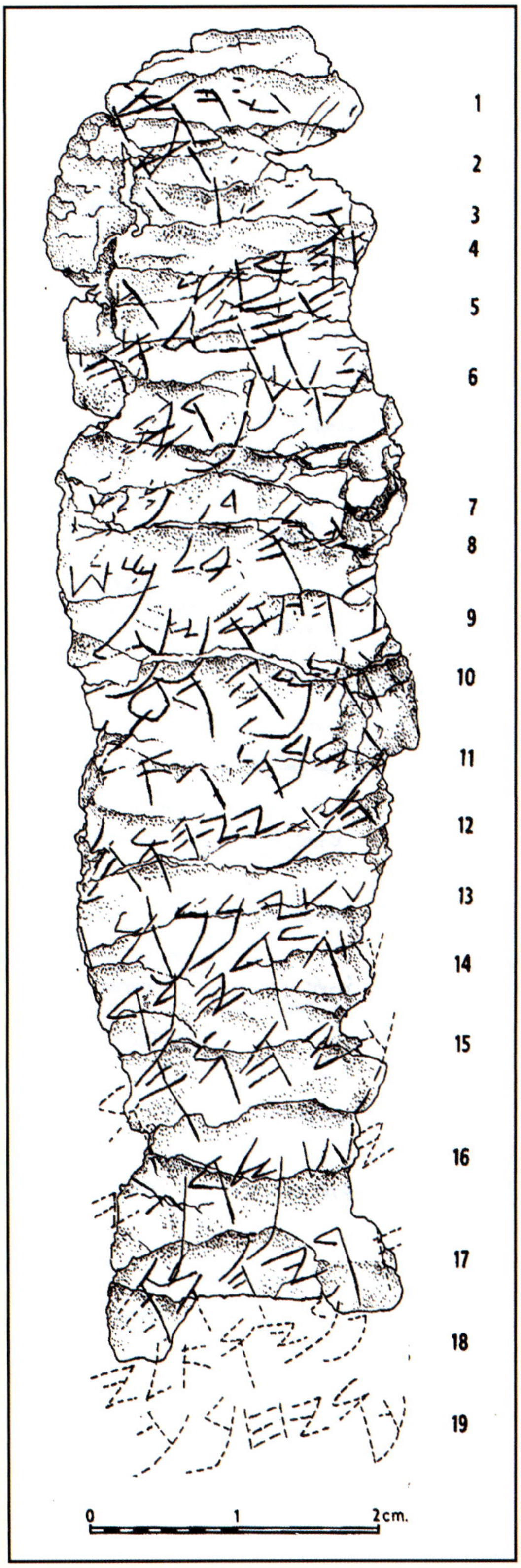

8-1. Representación artística del amuleto Ketef Hinnom, a finales del siglo VII a. C. Contiene la bendición sacerdotal de Números 6:24-26.

En 1979, el arqueólogo israelí Gabriel Barkay estaba excavando una cueva funeraria de la Edad del Hierro en Ketef Hinom, justo al suroeste de Jerusalén. La tumba era una estructura funeraria típica de la Edad del Hierro Tardía, c. finales del siglo VII a. C. Por lo general, en Judea, en esta etapa, los entierros se hacían en una cueva que se excavaba en la roca. Cuando una persona fallecía, la colocaban en un banco funerario dentro de la tumba junto con artículos personales como jarrones de cerámica, joyas y baratijas. Una vez que el cuerpo se descomponía, ponían sus huesos en un depósito ubicado debajo del banco de entierro.

Cuando el equipo inició la excavación allí, se encontraron con dos pequeños rollos de plata. Como eran de metal, los arqueólogos tuvieron dificultades para desenrollar y descifrar el texto. Comenzaron con el mayor de los dos pergaminos, el cual tardó tres años en desenrollarse. Al lograrlo constataron que medía c. 3 pulgadas (7,6 cm) de largo. Cuando terminaron, notaron que estaba cubierto con caracteres grabados con suma delicadeza. La primera palabra que pudieron descifrar fue el nombre «Yahvé». Después de arduos trabajos, pudieron leer el rollo completo: contenía la bendición sacerdotal de Números 6, también inscrita en el rollo más pequeño. El proceso para desenrollar y descifrar los pergaminos tardó tanto que no se publicó hasta 1989.

Ambos son relativamente desconocidos, pero se pueden ver hoy en el Museo de Israel, en Jerusalén. Entrañan una gran importancia porque, en primer lugar, son las primeras citas conocidas de textos bíblicos en hebreo. Son anteriores a los primeros rollos del mar Muerto en más de 400 años, así que resultan ser útiles en cuestiones de crítica textual. En segundo lugar, porque muchos estudiosos de los orígenes siempre consideraron que la bendición sacerdotal provenía de la fuente «P» y que era una adición tardía al Pentateuco. La mayor parte de los autores parecen argumentar que la bendición sacerdotal fue postexílica y su primera fecha pudo haber sido el siglo IV a. C. Ahora tenemos ejemplos físicos y materiales de la bendición en un trasfondo de finales del siglo VII a. C., y en un contexto que tal vez refleja el uso general de la época. Es en el contexto del Antiguo Testamento, en el que Judá y Jerusalén establecían enclaves israelitas, y antes de su destrucción a manos de los babilonios. El descubrimiento de dos placas con la misma bendición en un depósito donde se enterraron los huesos de muchas personas, en tercer lugar, subraya la centralidad de la bendición sacerdotal en la religión de los israelitas.

Nabopolasar, quien ocupó el trono de Babilonia en el 626 a. C. Durante los siguientes once años (626-615 a. C.), hubo una guerra entre Asiria y Babilonia, que consistió en una serie de ataques y contrataques sobre ciudades fortificadas en poder de Asiria cerca de Babilonia. En las postrimerías del 615 a. C., otro poder, los medos, invadió repentinamente a Asiria y capturó la ciudad de Arrapha. Los babilonios y los medos hicieron un tratado que resultó desfavorable para Asiria. En el 612, las fuerzas combinadas de los babilonios y los medos lanzaron un asalto final contra Nínive; la capturaron y, según los registros de la época, los asaltantes se llevaron todo el botín y la dejaron en «montones de escombros».

El remanente del ejército asirio huyó a la región de Harán en el noroeste de Mesopotamia. Ashur-uballit II asumió el reinado en Harán y con la ayuda de los egipcios pudo resistir durante unos años. Sin embargo, en el 610 a. C. la ciudad cayó ante los babilonios y los medos, y lo que quedaba de las fuerzas asirias huyó al norte de Siria. Al año siguiente, los asirios intentaron recuperar Harán y el ejército egipcio acudió en su ayuda cuando el faraón Necao II trasladó a sus fuerzas a través de Palestina (ver mapa 8-2). Josías, rey de Judá, se opuso al avance egipcio en la ciudad de Meguido (ver mapa 3D 8-A). Josías perdió la vida en batalla, lo llevaron de regreso a Jerusalén y lo enterraron en las tumbas reales (2 R. 23:29-30). La recuperación de Harán por la coalición asirio-egipcia fue un fracaso. Para todos los efectos, Asiria dejó de ser un poder y una amenaza en el antiguo Cercano Oriente.

Durante los años posteriores, el faraón Necao II ejerció su soberanía sobre la tierra de Judá. Fue él quien colocó a Joacim en el trono en lugar de su padre Josías. Judá era un mero vasallo de Egipto y tributario de ese país. Sin embargo, el final de Egipto estaba a las puertas. Nabucodonosor, príncipe heredero de Babilonia, recibió la tarea de desalojar a los egipcios de Siria y de Palestina. En el 605 a. C., Nabucodonosor atacó la fortaleza egipcia de Carquemis, en el río Éufrates. La guarnición egipcia resistió con la ayuda de mercenarios griegos, pero al final los babilonios los superaron. Una segunda batalla tuvo lugar en Hamat, en el Orontes; aquí nuevamente los babilonios salieron victoriosos y ahora toda el área de Siria y de Palestina quedó bajo su soberanía.

8-1. La decadencia del Imperio asirio, 660-614 a. C. (2 R. 23:29-30; 2 Cr. 35:20-24). Asiria alcanzó el apogeo de su poder alrededor del 664 a. C. y luego entró en un largo período de declive. Egipto, Judá y Babilonia (con la ayuda de los medos) recuperaron la autonomía y debilitaron el poder asirio. La capital de Asiria, Nínive, cayó en el 612 a. C., junto con el colapso del imperio cerca del año 609.

8-2. Las reformas de Josías y su batalla con Necao, 628-609 a. C. (2 R. 22:1-23:30; 2 Cr. 34-35). Al principio de su reinado, el rey Josías, de Judá, realizó enormes esfuerzos para abolir la adoración pagana allí, en la tierra conquistada de Israel, y para restaurar el templo del Señor en Jerusalén. Al mismo tiempo, el poder decadente de los asirios le permitió agregar gran parte del territorio israelita a su reino. Josías murió en Meguido cuando trataba de evitar que el faraón Necao II, de Egipto, llegara a Carquemis para socorrer a los asirios, quienes estaban siendo atacados por las fuerzas del creciente Imperio babilónico.

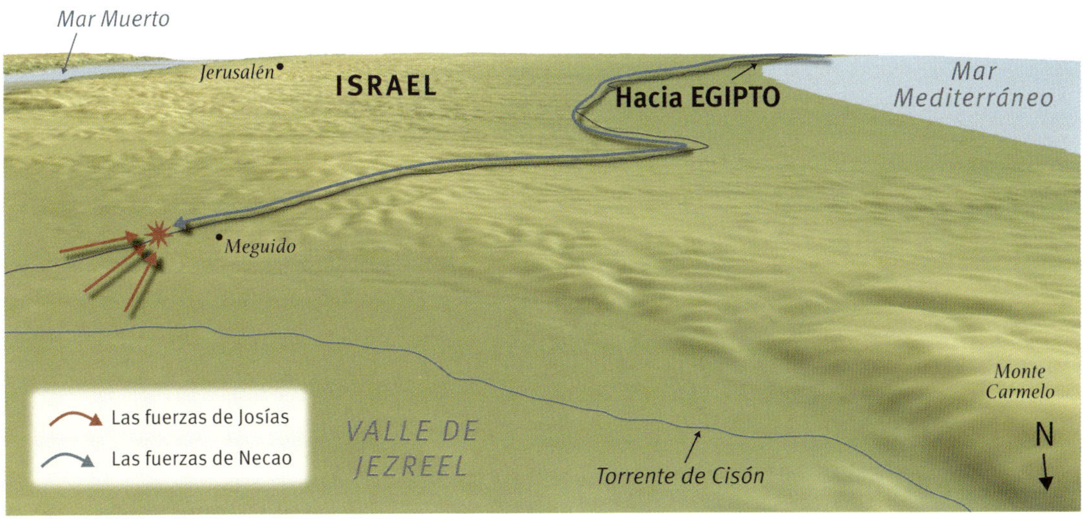

8-A. El paso de Meguido y su posición estratégica. La antigua fortaleza de Meguido, en el norte de Israel, custodiaba un paso de montaña clave a lo largo de la ruta del Gran Tronco, que conectaba a Egipto con los grandes poderes de Mesopotamia (Asiria, Babilonia, etc.) y Asia Menor (hititas, Mesec, etc.). En Meguido, el camino se extendía por algunas montañas bajas en una gran llanura, un lugar idóneo para que Josías emprendiera un ataque que evitaría que el faraón Necao, de Egipto, viajara hacia el norte y que diera auxilio a los asirios (2 R. 23:29-30; 2 Cr. 35:20-24). El Libro de Apocalipsis, sin dudas, se basa en la reputación de esta ciudad como sitio de muchos combates relevantes cuando sitúa la gran batalla final entre las fuerzas del bien y del mal en Armagedón, que probablemente significa «colina de Meguido» (Ap. 16:12-16).

LOS AÑOS FINALES DE JUDÁ Y DE JERUSALÉN

Nabucodonosor asumió el trono de Babilonia a la muerte de su padre, poco después de la batalla en Carquemis. Aunque había conquistado la Siria-Palestina con bastante facilidad, le resultaría mucho más difícil retenerla. Casi todos los años sus tropas estaban activas en el área del Mediterráneo porque tenían que sofocar una rebelión tras otra. En el 604 a. C., sus ejércitos estaban allí para exigir tributo de Damasco, Tiro, Sidón y Jerusalén. Además, sus tropas destruyeron la ciudad de Ascalón, en el mar Mediterráneo, porque su gobernante se había rebelado. En el 601, se produjo una batalla cerca de la frontera egipcia entre el faraón Necao II y Nabucodonosor; fue una cruzada indecisa e inconclusa.

Parece ser que Joacim, rey de Judá, pensó que era el momento oportuno para rebelarse. Ignoró las advertencias del profeta Jeremías y se negó a ofrecerles tributos a los babilonios. Fue un error trágico y fatal. En el 597 a. C., cuando los babilonios sitiaron Jerusalén, Joacim murió y lo sucedió su hijo Joaquín. Jerusalén pronto fue conquistada, y Joaquín, muchos altos funcionarios y unos pocos miles de los principales ciudadanos fueron deportados a Babilonia. Los textos cuneiformes encontrados en las excavaciones de Babilonia arrojan luz sobre el tratamiento a Joaquín en cautiverio. Son recibos de raciones de un oficial que estaba a cargo de la entrega de suministros a prisioneros o extranjeros en Babilonia. Joaquín, hijo y sucesor de Joacim, se menciona por su nombre y es alguien a quien el oficial daba aceite. Los babilonios entonces pusieron a Sedequías, tío de Joaquín, como rey sobre Judá y Jerusalén. Reinó durante once años.

Poco después, los egipcios comenzaron de nuevo a probar fuerzas en Siria. El faraón Apries (589-570 a. C.) capturó la ciudad de Gaza, en la zona costera de la llanura de Palestina, y luego atacó las regiones de la costa del norte de Tiro y Sidón. Sedequías creía que los egipcios vendrían en su ayuda y se rebeló contra los babilonios; cuya respuesta no se hizo esperar (ver mapa 8-3):

8-3. Nabucodonosor ataca Judá, 597, 586 a. C. (2 R. 24:1-17; 25:1-21; 2 Cr. 36:17-21) Los últimos años del reino de Judá estuvieron marcados por una lucha de poder entre los egipcios y los babilonios, el creciente poder que había superado al Imperio asirio. El rey Nabucodonosor de Babilonia, finalmente obtuvo la victoria total y tomó el control de las tierras costeras del Mediterráneo. Cuando Sedequías, que había sido colocado en el trono de Judá por los babilonios, se rebeló, Nabucodonosor asedió Jerusalén y capturó la ciudad. Sedequías huyó hacia el este, pero lo capturaron cerca de Jericó y lo enviaron a Ribla para ser juzgado.

Nabucodonosor dirigió las operaciones desde Ribla y sitió Jerusalén. Capturó las poderosas fortalezas de Judá una por una y luego conquistó Jerusalén después de más de un año de asedio. Sedequías y algunas de sus fuerzas huyeron a Jericó. Sin embargo, fue capturado y llevado a Ribla. Allí le sacaron los ojos y lo deportaron a Babilonia. Los babilonios devastaron Jerusalén: la saquearon, derribaron sus muros y prendieron fuego al templo. Miles de judíos fueron deportados a Babilonia y solo quedaron en la ciudad las personas más pobres de la región. Así, en el 586 a. C., Judá dejó de existir; 135 años después de la destrucción de Israel, Judá tuvo el mismo destino (ver mapas 8-4; 8-5).

La mayoría de las ciudades de Judá de este período que han sido excavadas tienen capas de destrucción de la invasión babilónica; esto incluye sitios como Gezer, Bet-semes y Cades-barnea. Laquis tiene una enorme capa de quemaduras y destrucción. Dieciocho óstracos, conocidos como las «Cartas de Laquis», se encontraron en el nivel de

8-4. El exilio a Babilonia, 597, 586, 582 a. C. (2 R. 25:11-12, 20-21; Jer. 52:28-30). Parece que hubo tres deportaciones separadas de judíos a Babilonia durante el gobierno de Nabucodonosor. La primera ocurrió en el 597 a. C. en el reinado de Joaquín, cuando Nabucodonosor asedió Jerusalén y se llevó muchos de los tesoros del templo y del palacio real. La segunda, después de la caída de Jerusalén en el 586, cuando los muros de la ciudad fueron arrasados y el templo completamente destruido. La tercera parece que tuvo lugar alrededor del 582 mientras el rey Nabucodonosor reafirmaba su dominio sobre la región general de Palestina.

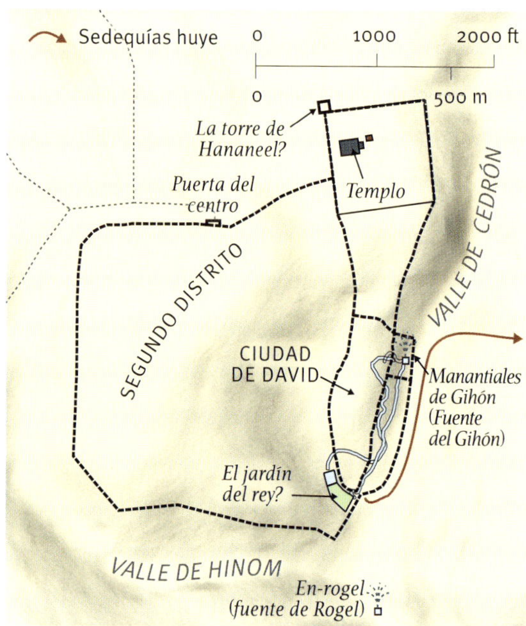

8-5. La caída de Jerusalén, 586 a. C. (2 R. 24:10-17; 25:1-26). Como castigo por la rebelión de Sedequías, Nabucodonosor atacó a Jerusalén. Después de que los babilonios hicieron una brecha en la pared de la puerta central, Sedequías se dio cuenta de que su destino estaba sellado si se quedaba allí, por lo que él y sus soldados intentaron escapar durante la noche a través de una puerta entre dos paredes en la esquina sureste de la ciudad. Sin embargo, los babilonios lo alcanzaron cerca de Jericó y fue enviado a Ribla para ser enjuiciado. Entonces Nabucodonosor destruyó los muros de Jerusalén y del templo y exilió a muchas de las personas a Babilonia.

La ciudad de Babilonia

La ciudad de Babilonia alcanzó su cenit bajo Nabucodonosor II (el Nabucodonosor de la Escritura, que reinó en 605-562 a. C.). La restauró, la amplió y la convirtió en la más grande que el mundo hubiera visto hasta ese momento. El río Éufrates fluía a través de ella; su barrio más antiguo quedaba en la orilla este del torrente. La urbe estaba rodeada por un muro con puertas fortificadas que llevaban el nombre de varias deidades babilónicas. El complejo Esagila, en la orilla este del Éufrates, contenía el templo de Marduk con su correspondiente zigurat de siete pisos, el Etemenanki. Desde el Esagila, el camino procesional (sus paredes vestidas de ladrillos vidriados con representaciones de leones) conducía a la puerta de Istar (que estaba decorada con relieves de ladrillos vidriados de dragones y toros jóvenes). Al lado de esta había dos inmensos palacios fortificados. Un puente pasaba sobre el Éufrates hacia la parte occidental de la ciudad. No se ha encontrado evidencia de los famosos jardines colgantes de Babilonia, pero si alguna vez se construyó algo de tal magnitud allí, de seguro fue durante este tiempo, en el apogeo de su esplendor. Ciro el persa la conquistó en el 539 a.C.

8-6. Israel y Judá después del exilio a Babilonia, c. 586 a. C. Aunque los límites precisos de Judea y las regiones circundantes durante el período babilónico son difíciles de determinar, es probable que se parezcan a los que existían antes bajo el dominio asirio, con la excepción de que Edom (Idumea) ahora había migrado al área que antes pertenecía al sur de Judá.

destrucción y dan una idea de la ofensiva babilónica contra Judá (ver más abajo). Jerusalén muestra alguna evidencia de haber sido destruida por el ejército babilónico. Se ha descubierto una gran torre de las fortificaciones judías de Jerusalén en el barrio judío de la urbe. La ciudad fue derribada y en los escombros carbonizados se hallaron varias puntas de flecha de hierro del asalto babilónico. Las casas de Judea que fueron destruidas y quemadas también se descubrieron en la ladera oriental de la colina de Ofel (ciudad de David) de este período. La única área de Judá que parece haberse librado del ataque de Babilonia fue el área de la tribu de Benjamín, al norte de Jerusalén. Las excavaciones de urbes en el área (Tell el-Ful, Mizpa, Gabaón) no proporcionan evidencia de asolamiento, sino que indican una transición pacífica al gobierno de Babilonia.

Las Cartas de Laquis

En la década de 1930, J. L. Starkey excavó el sitio de Laquis. Descubrió que el estrato III del sitio había sido destruido y quemado con fuego de manera violenta. La hostilidad llegó a manos de los babilonios bajo Nabucodonosor en 589 o 588 a. C. Starkey desenterró dieciocho ostraca (ver foto 8-2) en los escombros quemados de un cuarto de guardia entre las puertas interior y exterior de la ciudad. Un ostracon es una inscripción escrita en tinta sobre fragmentos de cerámica. La mayoría de los óstracos eran cartas, aunque algunas eran listas de nombres. Su contenido era fragmentario y solo un tercio de ello se conserva tan bien como para leerlo de manera inteligible. La fecha de los óstracos es, por lo general, inmediatamente anterior a la destrucción de Laquis por los babilonios.

8-2. Una de varias cartas hebreas encontradas en el sitio judío de Laquis. Se trata de la correspondencia de un oficial de Judea de un puesto de avanzada cercano que advierte que el ejército babilónico se está acercando. Son ostraca, es decir, escritos en la superficie lisa de los fragmentos de cerámica.

Osaías escribió varias cartas a un comandante militar llamado Yaush. La interpretación común es que Osaías era comandante de una fortaleza fuera de Laquis y le estaba escribiendo a Yaush, quien era el comandante de Laquis. Otros comentaristas, como Yigael Yadin, creen que Osaías era, en realidad, el jefe militar de Laquis y que mantenía correspondencia con Yaush, un alto funcionario en Jerusalén. Una de las cartas termina con la declaración: «Y que [mi señor] se informe que estamos viendo las señales de fuego de Laquis de acuerdo con todas las señales que mi señor ha dado, porque no podemos ver Azeca». Osaías estaba hablando de las señales de fuego que se darían de una ciudad de Judea a otra, y el contexto parece ser el asalto babilónico que se aproximaba en breve.

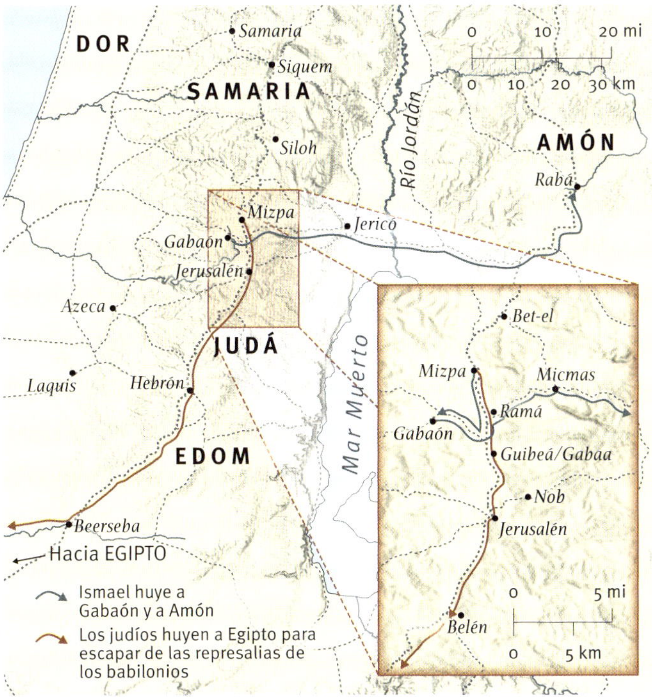

8-7. El asesinato de Gedalías, 586 a. C. (2 R. 25: 22-26; Jer. 40-41) Después de despoblar casi por completo a Judá y dejar solo a los más pobres de sus habitantes, los babilonios establecieron un nuevo gobernador, Gedalías, en Mizpa; entre cuyos nuevos oficiales estaba Ismael, un miembro de la familia real de Judea. El rey Baalís, de los amonitas lo incitó a asesinar a Gedalías, en Mizpa, y luego mató a muchos peregrinos de Siquem, Silo, Samaria y se llevó prisionero a Gabaón. Sin embargo, otro líder llamado Johanán derrotó a Ismael en Gabaón y liberó a los cautivos, pero el segundo escapó a Amón. Temerosos de lo que los babilonios podrían hacer en represalia por el asesinato de Gedalías, muchos de los cautivos liberados huyeron hacia Egipto.

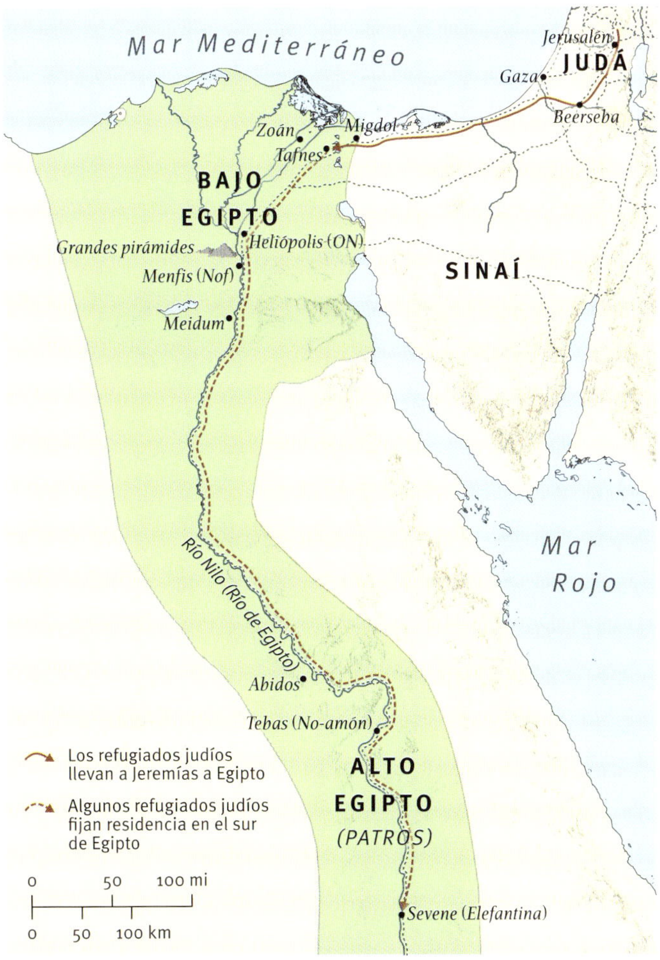

8-8. Jeremías profetiza contra Egipto, c. 586 a. C. (Jer. 46:1-25) Muchas de las principales familias que habían sido liberadas de Ismael decidieron huir hacia Egipto para escapar de la ira de los babilonios por el asesinato de Gedalías. Aunque Jeremías mismo advirtió contra este curso de acción, aparentemente se vio obligado a acompañar a los refugiados a Tafnes, en Egipto, donde pronunció una profecía contra dicha nación y contra todos los judíos que habían huido allí. La evidencia arqueológica ha corroborado una gran afluencia de poblaciones de refugiados de Judea durante este tiempo tan al sur como Elefantina (cerca de Siene), en la primera catarata del río Nilo.

8-9. La visión de Ezequiel de los nuevos límites de Israel, c. 571 a. C. (Ez. 47:13-23) La visión final de Ezequiel describe los límites de un Israel restaurado, incluida la asignación a cada tribu y el templo. En lugar de seguir los límites tradicionalmente ocupados por los israelitas, que incluían a Galaad al este del río Jordán y excluían la tierra al norte de Tiro, las nuevas demarcaciones de Ezequiel por lo general siguen las descritas por Moisés en Números 34. Su visión también se aparta del reparto tradicional de la tierra entre las doce tribus y la reasigna en bandas horizontales de norte a sur.

La visión del templo de Ezequiel

La visión final de Ezequiel de un templo ideal (además de una ciudad y tierra perfectas Ezequiel 40-48) es la contraparte de la visión de los capítulos 8-11. En cada caso lo llevan a recorrer la estructura; pero mientras que en la visión anterior descubre abominaciones y adoración pervertida, en esta última todo está listo para la morada perpetua de la gloria del Dios de Israel. En los capítulos 8-10, la mayoría del movimiento se centra en las estructuras de la puerta hacia el norte y, finalmente, se enfoca en el altar principal de los sacrificios, desde el punto central donde los ángeles exterminadores comienzan su trabajo (9:6b). En esta visión final, el recorrido de Ezequiel comienza y termina en la puerta del este, pero pasa por las mismas áreas de la anterior. Cuando termina el *tour*, él se encuentra de nuevo fuera de la principal puerta del este, al sentir que la presencia de la gloria de Dios regresa de la misma manera que Ezequiel la había visto irse.

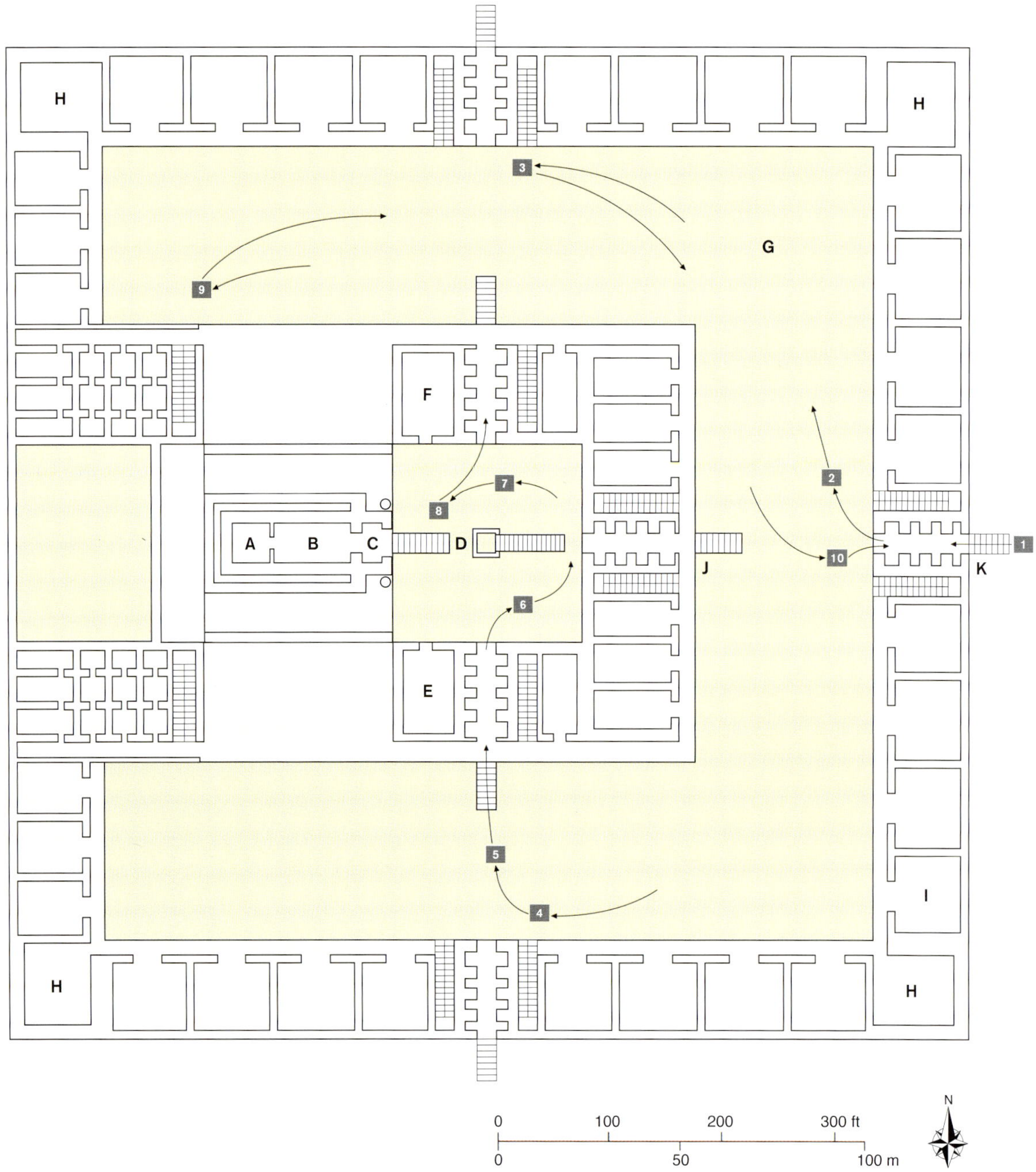

Las letras en el diagrama representan ubicaciones dentro del complejo del templo; los números indican las etapas en el recorrido de Ezequiel dentro del templo (ver cuadros en la página opuesta).

Esquema del templo

Las siguientes marcas están ordenadas a partir del área más interna y sagrada, y se mueven hacia afuera. Debe tenerse en cuenta que «templo» puede tener dos referencias bastante distintas: puede referirse, en general, a todo el complejo del «templo», incluidas las puertas exteriores y el patio; y en su referencia más «estricta», el «templo» es la estructura más interna en sí misma, que tiene una sola entrada (oriental) y contiene el lugar santísimo.

	Referencia	Explicación
A	41:4	El «lugar santísimo».
B	41:3	La habitación interior del templo.
C	41:2	La entrada al templo.
D	43:13-17	El imponente altar; aunque no se da el número de escaleras, toda su estructura mide aproximadamente 4,9 m (16 pies) de altura, por lo que se habrían requerido muchos escalones. Solo los sacerdotes podían acceder a esta área del patio interior, ni siquiera el príncipe podía entrar.
E	40:46	Cámara para los sacerdotes sadoquitas.
F	40:45	Cámara para los «sacerdotes que hacen la guardia del templo».
G	40:17-19	El patio exterior con sus treinta cámaras en el muro exterior (40:17).
H	46:21-24	Las «cocinas» del templo, una en cada esquina del patio exterior.
I	40:17	Las treinta cámaras exteriores.
J	46:2	La «puerta del príncipe»: él adora desde su umbral cada sábado mientras los sacerdotes llevan las ofrendas al patio interior.
K	43:1	La puerta principal del este, a través de la cual «la gloria del Dios de Israel» regresa a su templo (10:19; 11:22-23).

Recorrido por el templo

	Referencia	Explicación
1	40:6	La puerta oriental (principal) comienza el recorrido; debe notarse el eje E-W del templo. Si se traza una línea desde la puerta este hasta el lugar santísimo, hay una secuencia de tres elevaciones en la medida en que el espacio en el templo interior se vuelve cada vez más restringido.
2	40:17	Desde esta posición estratégica en el patio exterior, se le muestran a Ezequiel las características principales del área estilo «plaza».
3	40:20	La puerta que da al norte.
4	40:24	En el camino hacia la puerta que da al sur, no se dan detalles de la fachada exterior del patio interior; los detalles arquitectónicos de esta área deben ser especulativos.
5	40:28	La entrada de Ezequiel al patio interior es a través de su puerta sur…
6	40:32	… luego a la puerta del este (más allá del imponente altar, aún no descrito) […]
7	40:35	… y hacia la puerta del norte, que incluye áreas para el manejo de animales sacrificados.
8	40:48; 41:1	Ezequiel se acerca a la estructura interna del templo y primero describe su entrada; luego es llevado afuera de la entrada mientras su guía mide su interior, después su exterior.
9	42:1	Salen del patio interior a través de su puerta norte para explorar el cuadrante noroeste del patio exterior.
10	42:15	Ezequiel y su guía salen del templo por la puerta este por la que antes habían entrado. Desde esta posición estratégica, Ezequiel pudo ver después el regreso de «la gloria del Dios de Israel» (43:1-5).

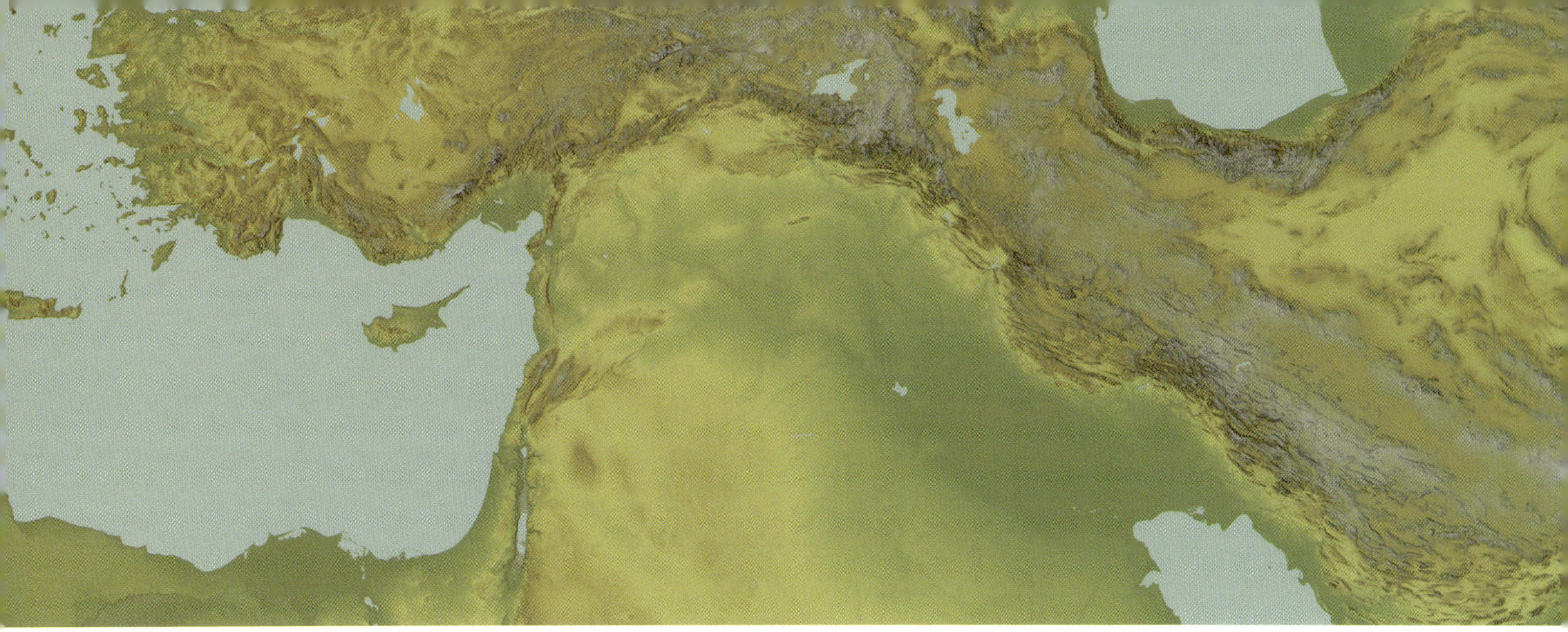

CAPÍTULO 9

LA ERA PERSA

EL REINO DE NABUCODONOSOR (605-562 a. C.) fue el cenit del Imperio neobabilónico. Los últimos años de su mandato son oscuros, aunque parece que existieron grandes intrigas en el palacio con respecto a su sucesor, además de serios problemas internos. El hijo de Nabucodonosor, Evil-merodac (ver 2 R. 25:27; Jer, 52:31) gobernó por solo dos años y le sucedió un general del ejército que era un plebeyo. Al final, Nabonido ocupó el trono de Babilonia (556-539 a. C.) y fue durante su dominio que presenciamos el ascenso de Persia en el escenario mundial. El surgimiento de los persas anunciaba la muerte del Imperio neobabilónico.

CIRO II (EL GRANDE) (559-530 A. C.)

Cuando Ciro II comenzó a gobernar en Persia en el 559 a. C., era un vasallo de los medos. La condición de súbdito duró seis años, pero durante este tiempo Ciro fortaleció su ejército y su dominio del reino de Persia. Pronto se rebeló contra Media y, en una batalla final en el 550 a. C., los medos se rindieron ante los persas. Él entonces llevó a cabo una serie de campañas militares hacia el oeste, y por medio de tales expediciones hizo que el Imperio persa fuera el más grande que el mundo haya visto.

Los persas capturaron por primera vez Sardis, la capital de Lidia, en el 546 a. C. Aprehendieron a Creso, el gobernante de Lidia, al cual trataron con indulgencia. De allí, los persas se enfrentaron al ejército babilónico en Opis, en el río Tigris, y lo derrotaron. En el 539, Ciro y sus tropas entraron en Babilonia donde hallaron poca resistencia. El Cilindro de Ciro describe la conquista de Babilonia y cómo el rey persa la trató con benevolencia. En la inscripción, Ciro afirmó que «entró a Babilonia como amigo» y que le «evitó a Babilonia cualquier calamidad». Trató a Babilonia con el mayor respeto al liberar a todos los prisioneros de guerra y restaurar los templos. Sin embargo, quedaba muy claro que Ciro era el soberano: después de capturarla, hizo su entrada sobre las «ramitas verdes» que le colocaron en el piso. Así ascendió al trono babilónico.

Ciro impuso políticas bastante humanitarias a quienes conquistó; creía que podía reinar bien al ganarse la buena voluntad de sus súbditos. Cuando conquistaba un área o una ciudad, no ordenaba masacres en masa, ni deportaciones, ni profanaciones de santuarios de la zona. De hecho, la política persa era alentar las costumbres y los cultos locales. Como parte de su política de tolerancia, emitió un decreto en el 538 a. C. que decía que todos los judíos exiliados en su reino podrían regresar a su patria y reconstruir el templo en Jerusalén (2 Cr. 36:22-23).

Esdras 1–2 describe este primer regreso, en el que se les permitió a 49.897 exiliados regresar a Judá (ver Esd. 2:64-65; y mapas 9-1 y 9-2).

Ciro emprendió una serie de campañas para asegurar las fronteras del norte de su imperio. Murió en el 530 a. C., en una batalla contra los masagetas y fue sepultado cerca de Pasargada. Según Plutarco, Alejandro Magno descubrió la tumba de Ciro y tenía la siguiente inscripción grabada en griego: «Oh, hombre, quienquiera que seas, vengas

9-1. El Imperio persa, c. 458 a. C. En el 539 a. C., bajo Ciro el Grande, los persas derrotaron a los babilonios y anexaron su territorio al imperio, incluidas las tierras de Israel y Judá (conocidas como las de más allá del río). Al año siguiente, Ciro permitió que los pobladores de Judá regresaran a su hogar bajo el liderazgo de Zorobabel y reconstruyeran el templo del Señor. Más tarde, alrededor del 458 a. C., otro grupo de exiliados de Judea regresó, esta vez con Esdras como líder.

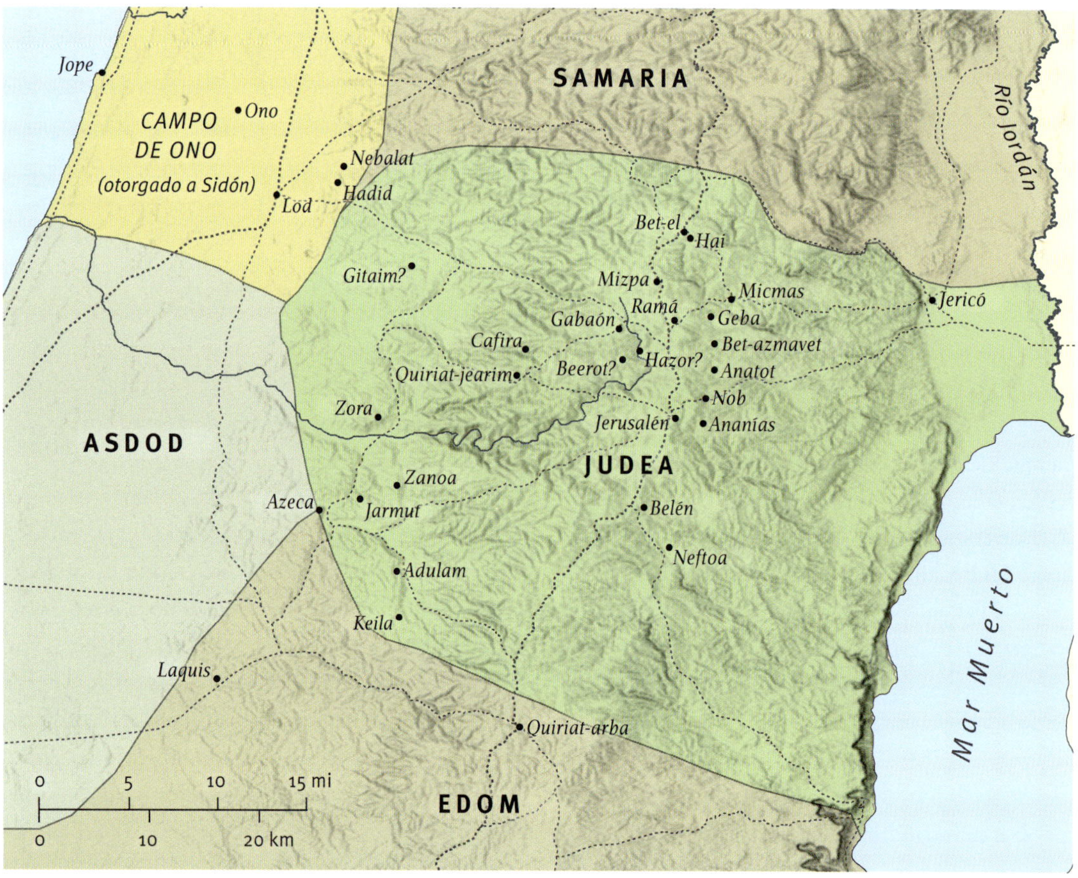

9-2. Judea bajo el gobierno persa, 538-332 a. C. (Esd. 2:1-34; Neh. 3:1-32; 7:6-38; 11:20-26). Durante el dominio persa, las tierras de Israel (ahora llamadas Samaria) y Judá (ahora Judea) constituían provincias menores dentro de la satrapía conocida como más allá del río. Parece que los edomitas invadieron la frontera sur de Judea después que los babilonios conquistaron Jerusalén y que dicho territorio ahora se llamaba Idumea. Estas fronteras regionales se mantuvieron más o menos iguales durante todo el período persa. Los judíos que regresaron se establecieron principalmente en la provincia de Judea, pero unos pocos se asentaron en la llanura de Ono y también en Idumea.

de donde vengas, porque vendrás, soy Ciro, quien fundó el imperio de los persas. No tengas rencor, pues, a esta poca tierra que cubre mi cuerpo» *(Alejandro 69).*

El hijo mayor de Ciro, Cambises II (530-522 a. C.), fue su sucesor al trono de Persia. Es más conocido por su campaña militar para conquistar Egipto. Derrotó a Psamético III en la batalla de Pelusio (525 a. C.); este último huyó a Menfis, pero allí lo derrotaron y lo asesinaron. Cambises accedió al trono de Egipto y fue coronado en Sais. Murió mientras regresaba a Persia para sofocar una revuelta del usurpador Gaumata. Según algunas versiones, murió por accidente mientras intentaba montar un caballo; según otras, se suicidó.

DARÍO I (522-486 A. C.)

Cuando Cambises II murió, la intriga del palacio comenzó de inmediato y se desconocía quién pudiera sucederle. Bardiyá, su hermano, le arrebató el trono, pero después de solo ocho meses, Darío lo mató. Darío era de sangre real distante y su gobierno fue inmediatamente desafiado. Pasó sus primeros dos años derrotando a sus enemigos y consolidando su poder sobre el imperio. Obtuvo el control del imperio cerca del 520 a. C. y la mayoría del antiguo Cercano Oriente lo reconoció como rey. Era un administrador talentoso. Bajo su gobierno, el Imperio persa se reorganizó en veinte *satrapías* (distritos administrativos). La más importante para nuestro estudio es la quinta satrapía, que incluyó Fenicia, Palestina, Siria y Chipre. Se llamaba *Eber-Nari*, es decir, «la tierra más allá del río», y fue gobernada desde Damasco. Cada satrapía se dividía a su vez en provincias; por ejemplo, una de las provincias de *Eber-Nari* era Judá (o Jehúd). A través de esta básica estructura administrativa, Darío pudo consolidar su reino aún más. Con este sistema pudo asegurar la legislación, los impuestos, el servicio militar, el comercio, las comunicaciones, la escritura y el lenguaje. Incluso, estableció un servicio postal en todo el imperio, el más antiguo que conoce la humanidad.

Cuando el primer regreso de los judíos a Jerusalén tuvo lugar en el 538 a. C., comenzaron a reconstruir el templo, pero pronto se dieron por vencidos (ver mapa 9-3). El profeta Hageo les predicó sobre su abandono de la obra «En el año segundo del rey Darío, en el mes sexto, en el primer día del mes...» (Hag. 1:1), es decir, en el año 520 a. C. La gente había vuelto a la tierra hacía ya diecisiete años y solo habían hecho una reconstrucción parcial del templo. La predicación de Hageo provocó un cambio y el pueblo retomó el trabajo (vv. 12-15). Apenas tres semanas después de haberlos exhortado, iniciaron la reconstrucción de nuevo; en Hageo 1:15 leemos que la gente trabajó en la casa de Dios «en el día veinticuatro del mes sexto, en el segundo año del rey Darío». El profeta Zacarías también les predicó a los judíos de Jerusalén en el año 520, aunque comenzó dos meses después que Hageo: «En el octavo mes del año segundo de Darío, vino palabra de Jehová al profeta Zacarías» (Zac. 1:1). La predicación de ambos profetas se superponen tanto en sus épocas como en sus afirmaciones (ver Hag. 2:10, 20). Gran parte de la profecía de Zacarías tuvo que ver con la continuación

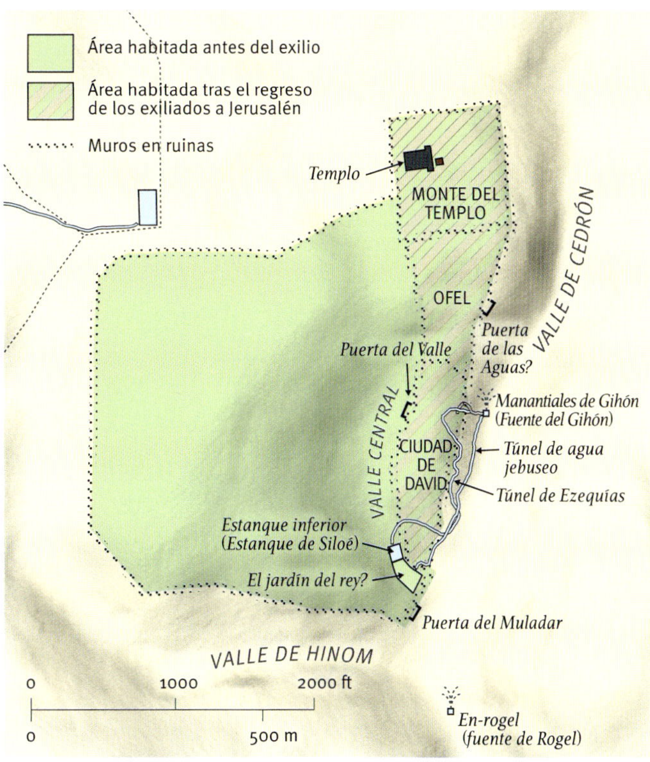

9-3. Jerusalén en tiempos de Zorobabel, 538-515 a. C. (Esd. 3–4). Entre las primeras tareas que se emprendieron al regreso de los exiliados estaba la reconstrucción del altar y el templo. Casi enseguida instalaron el altar y reanudaron el ritual de las ofrendas quemadas. Aproximadamente un año después, colocaron los cimientos del templo, pero el rechazo de otros gobernadores locales detuvo la terminación de la obra por más de 20 años. Al fin, en el 516 a. C. (durante el reinado de Darío) se completó el templo. Sin embargo, las murallas de la ciudad no se reconstruirían hasta unos 70 años después, bajo el liderazgo de Nehemías.

Templo de Zorobabel

La reconstrucción del templo de Jerusalén se realizó por etapas (c. 536-516 a. C.). Primero se construyó el altar, de modo que los sacrificios pudieran hacerse de nuevo (Esd. 3:2-3). La segunda fase fue la colocación de los cimientos del templo, la cual provocó diferentes reacciones en las personas. Algunas se alegraron de que se hubieran puesto, mientras que otras, en especial los sacerdotes mayores, estaban tristes, presumiblemente porque la calidad de la construcción era inferior a la del templo anterior. Debido al rechazo de la población local y la falta de estímulo entre los judíos, tardaron 20 años en completar la construcción del edificio.

La única información que aporta el registro bíblico sobre la arquitectura del templo se relaciona con las dimensiones, que eran sesenta codos (90 pies [27 m]) de alto y de ancho (Esd. 6:3). Como no se menciona la longitud del edificio, las medidas deben referirse a la fachada del templo, es decir, el portal.

de la edificación del templo (Zac. 4:1-14). El Libro de Esdras 5:1-2 comenta: «Profetizaron Hageo y Zacarías hijo de Iddo, ambos profetas, a los judíos que estaban en Judá y en Jerusalén en el nombre del Dios de Israel quien estaba sobre ellos. Entonces se levantaron Zorobabel hijo de Salatiel y Jesúa hijo de Josadac, y comenzaron a reedificar la casa de Dios que estaba en Jerusalén; y con ellos los profetas de Dios que les ayudaban». Los judíos terminaron el templo en «el sexto año del reinado del rey Darío» (Esd. 6:15), es decir, en el 516 a. C. (ver ilustración en la página anterior).

Los últimos años de este monarca se concentraron en una guerra con Grecia; cuya área en la frontera oriental del mar Egeo estaba bajo el dominio de los persas. Sin embargo, las ciudades griegas en dicha región se rebelaron en las postrimerías del reinado de Darío. Recibieron ayuda de Atenas y de Esparta. Darío le declaró la guerra a Grecia. Los persas planearon un gran ataque contra esta. En el 490 a. C. los atenienses los derrotaron en la playa de Maratón. Darío murió en el 486 mientras se preparaba para otra gran embestida contra Grecia.

El sucesor de Darío I fue su hijo Jerjes (486-465 a. C.). Pasó la mayor parte de su reinado sofocando una revuelta tras otra. Egipto se rebeló contra el dominio persa y en el 484 a. C. Jerjes reconquistó Egipto y lo convirtió en una satrapía persa. Babilonia se rebeló en el 486 y, en respuesta, el ejército persa aplastó la ciudad. Jerjes pasó mucho tiempo buscando venganza contra los atenienses por la derrota de Maratón, pero en ese sentido, las cosas no marcharon bien para los persas: derrotaron a su armada en la batalla de Salamina, en el 480 a. C., y también a su ejército en la batalla de Platea, en el 479. Jerjes construyó estructuras monumentales en Persépolis. Fue asesinado en el 465.

ARTAJERJES I (465-423 A. C.)

Artajerjes subió al trono de Persia tras asesinar a su hermano mayor, Darío, porque asumió que este había liderado el complot de asesinato contra su padre Jerjes. Inmediatamente tuvo que sofocar una revuelta de otro hermano, Histaspes, que era

el sátrapa de Bactria. En los primeros años, Artajerjes también tuvo que lidiar con una revolución en Egipto. Inaros, hijo de Psamético III de Egipto, se rebeló y expulsó a los recaudadores de impuestos persas. Inaros recibió el apoyo de los griegos, y enviaron su armada a la desembocadura del río Nilo. La rebelión fue aplastada por el ejército persa en el 455 a. C. y la autoridad persa se restauró por completo en Egipto. Poco después de esta etapa, el historiador griego Heródoto visitó Egipto y su historia presenta una imagen de armonía y orden en la nación.

Los numerosos motines en los primeros años del reinado de Artajerjes provocaron que el rey mostrara cierto recelo con respecto a la reconstrucción de Jerusalén que se describe en el Libro de Esdras; en 4:7-16, Rehum y Simsai enviaron una carta a Artajerjes donde le advertían que los judíos estaban reconstruyendo la ciudad de Jerusalén y que esta actividad podría causar sediciones y revueltas. Afirmaban lo siguiente: «Hacemos saber al rey que si esta ciudad fuere reedificada, y levantados sus muros, la región de más allá del río no será tuya» (v. 16). Se referían a *Eber-Nari*. Como respuesta, Artajerjes emitió un decreto que prohibía la reconstrucción de la ciudad.

En el séptimo año de Artajerjes I (458 a. C.), el rey formuló un decreto que autorizaba el regreso de los judíos a su tierra natal bajo el liderazgo de Esdras (Esd. 7). Se ha estimado que alrededor de 5.000 personas regresaron a Jerusalén con Esdras (8:1-20). El propósito principal de este retorno fue restablecer la debida adoración en el templo, dotarlo de personal y facilitar su funcionamiento. El rey persa ciertamente cambió de opinión cuando, en el 445, autorizó a Nehemías a dirigir un tercer regreso a Jerusalén (Neh. 2:1-8). Cuyo objetivo fue que Nehemías dirigiera la reconstrucción de los muros y las puertas de la ciudad.

Al final del reinado de Artajerjes I, había signos en todas partes de que el Imperio persa comenzaba a desmoronarse. Perdieron Tracia y la flota griega dominaba el este del Mediterráneo. Los sucesores de Artajerjes I fueron una serie de gobernantes débiles: Jerjes II (423 a. C.), que gobernó solo 45 días; Darío II (423-404 a. C.) y Artajerjes II (404-358 a. C.). Numerosos pueblos de todo el imperio se rebelaron, entre ellos los medos y los lidios. En el 404 a. C., Egipto se independizó del control persa.

La Jerusalén de Nehemías

Los judíos que regresaron del exilio se establecieron en la parte más antigua de Jerusalén, en el extremo de la ciudad de David (la colina de Ofel; ver mapa 9-4; e ilustración en la página siguiente). Los Libros de Esdras y Nehemías detallan minuciosamente la reconstrucción de la ciudad. Sin embargo, la arqueología ha descubierto poco de este período de asentamiento en el lugar. Es posible que los programas de construcción a gran escala que sucedieron después, como los realizados por Herodes el Grande, borraran los restos del sitio. Según Nehemías 3:8, el muro de Nehemías no rodeaba toda la Jerusalén prexílica; esto lo confirman las excavaciones de una ciudad más pequeña que los asentamientos anteriores. El texto dice que «dejaron reparada a Jerusalén hasta el muro ancho»; en otras palabras: las áreas más allá del muro ancho no fueron parte de la reconstrucción de Nehemías. Su ciudad era bastante más pequeña que, incluso, el asentamiento de la monarquía unida del siglo X. Se han descubierto rastros del muro de Nehemías en la cima de la ladera oriental (ver foto 9-1). No incluía dicha ladera, la cual había sido parte de la ciudad anterior. Además, la reconstrucción postexílica parece haber reutilizado la «estructura escalonada», que antaño fuera una plataforma de cimentación para estructuras monumentales del siglo X a. C. (ver «La estructura escalonada en Jerusalén», p. 129). En la época de Nehemías, se usaba como parte del muro de fortificación exterior de la ciudad. La Jerusalén de Nehemías era pequeña y para nada monumental. Su proyecto de reconstrucción se completó en solo 52 días (Neh. 6:15).

9-1. Parte del sistema de muros de Nehemías en Jerusalén.

Las excavaciones de los restos de la etapa persa dentro de las murallas de la ciudad de Nehemías han revelado poco. Hay escasos restos de construcción, sin embargo, una gran cantidad de pequeños hallazgos. Se ha encontrado mucha cerámica, algunas con marcas de sellos en los mangos de las jarras; unos tienen impreso la palabra «Jehúd»; otros incluyen el nombre de los sátrapas persas. Aunque en general, los historiadores modernos no poseen amplios conocimientos sobre la Jerusalén del Imperio persa.

9-4. Jerusalén en la época de Nehemías, c. 445 a. C. (Neh. 2:12-15; 3:1-32). Aunque Nehemías da un listado cuidadoso de las secciones de los muros de Jerusalén que se reconstruyeron, es difícil saber con certeza a cuáles paredes y puertas se refería. La urbe se había extendido más allá de la ciudad de David y el monte del templo en la época de Ezequías, pero parece ser que solo estos dos lugares quedaban encerrados dentro de los muros de Nehemías. Un proyecto ambicioso, sin embargo, se completó en solo 52 días, lo que le ofreció a Jerusalén cierta protección contra sus enemigos.

Jerusalén en la época de Nehemías (c. 444-420? a. C.)

Los babilonios destruyeron Jerusalén en el 586 a. C. A su regreso del exilio en el 536 a. C., los judíos, bajo el liderazgo de Zorobabel y Jesúa, primero restauraron el altar y luego pusieron los cimientos del templo. Veinte años después, en el 516 a. C., se completó su reconstrucción.

Más tarde, y en circunstancias muy difíciles, Nehemías restauró la muralla de la ciudad; hecho que en Nehemías 3 se describe con gran detalle. Existe una amplia evidencia arqueológica, tanto positiva como negativa, la cual muestra que solo la colina oriental de Jerusalén estaba fortificada en ese momento y que el muro de esa zona se construyó más arriba que el muro anterior, de modo que la ciudad era más pequeña que la de Salomón.

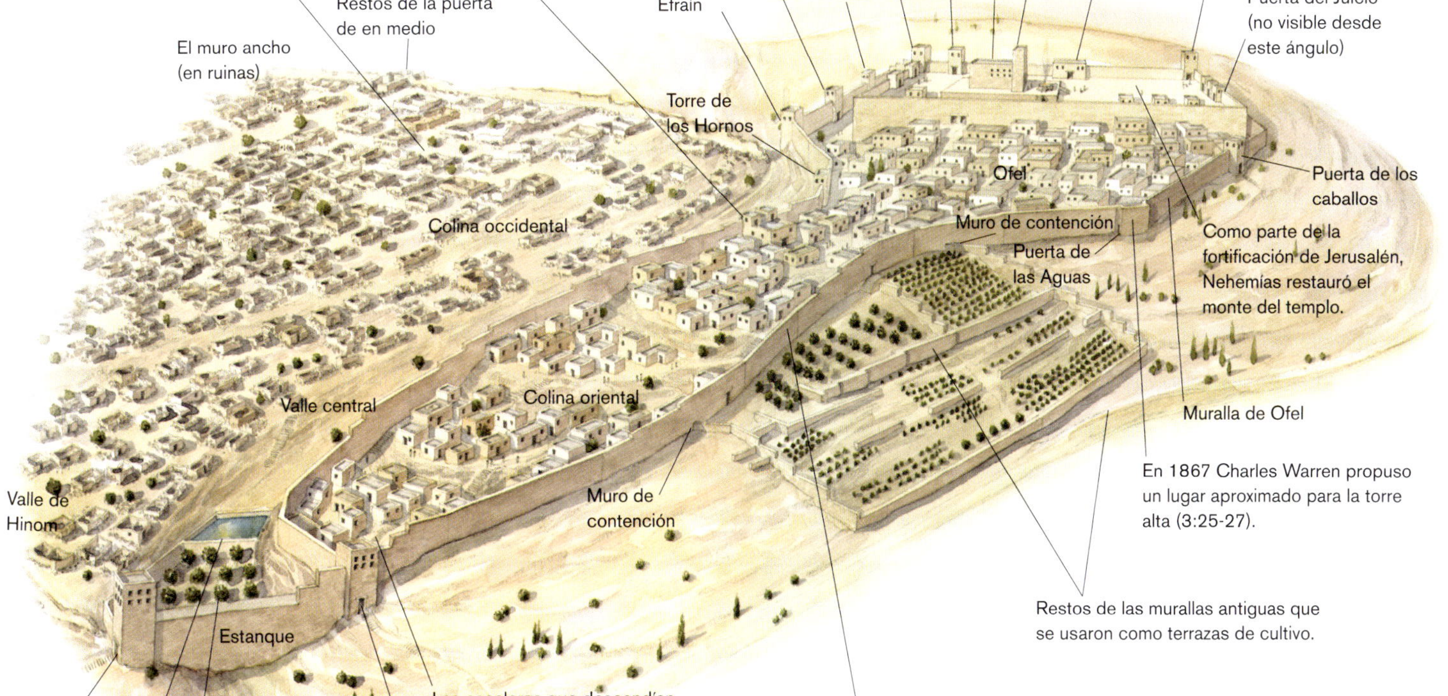

Hubo un último resuello de influencia y poder persa bajo Artajerjes III (358-337) cuando su ejército reconquistó aquella nación. Pero era solo un suspiro de muerte. El último gobernante de Persia fue Darío III (336-331), quien no era rival para otro hombre que ascendió al trono en el mismo año de 336 a. C., Alejandro Magno. A la edad de 20 años, asumió el trono de Macedonia, consolidó rápidamente los estados griegos y comenzó a cumplir su objetivo de conquistar el Imperio persa.

Elefantina

Una de las políticas militares del Imperio persa era emplear tropas y mercenarios extranjeros para el control de las áreas que habían sido conquistadas y sometidas. Uno de esos lugares fue Egipto, que se mantuvo bajo la hegemonía persa la mayor parte del tiempo desde el reinado de Cambises II (530-522 a. C.) hasta el final del siglo V. Los persas colocaron una guarnición fronteriza en Elefantina, en la primera catarata del río Nilo, y era una colonia militar judía. Se ha encontrado en este sitio correspondencia entre la colonia y las ciudades de Jerusalén y Samaria. Los textos se escribieron en arameo, que era el lenguaje administrativo del Imperio persa, y se estamparon principalmente en papiro. La mayor parte de las misivas data del 419-400 a. C., y por lo general proviene del reinado de Darío II (423-404).

Muchos de los textos hallados en Elefantina tratan problemas legales, como contratos matrimoniales y procedimientos de adopción. Sin embargo, también se han descubierto algunas misivas importantes. Por ejemplo, había una carta del sátrapa en Jerusalén que autorizaba a la guarnición de Elefantina a celebrar la Fiesta de los Panes sin Levadura. En ella se menciona que el sátrapa había recibido dicho permiso de un decreto directo de Darío II. La fecha de la carta era «el quinto año de Darío» (419 a. C.). Una epístola de gran interés fue la copia de otra que se había enviado a Jerusalén en el 407 a. C. solicitando credenciales para reconstruir el templo de Yahvé (Yaho) en la colonia militar. ¡Aparentemente había existido un templo dedicado al Dios hebreo en Elefantina desde la época de Cambises (530-522 a. C.), que lo habría hecho más antiguo que el templo de Zorobabel en Jerusalén! En cualquier caso, este santuario fue destruido en el 410 en un motín que instigaron los sacerdotes del dios egipcio Jnum, el dios creador y la deidad patrona de Elefantina.

No hay evidencia ni información sobre cuánto duró la guarnición militar. Quizás se haya disuelto cuando Egipto se independizó de Persia en el 404 a. C.

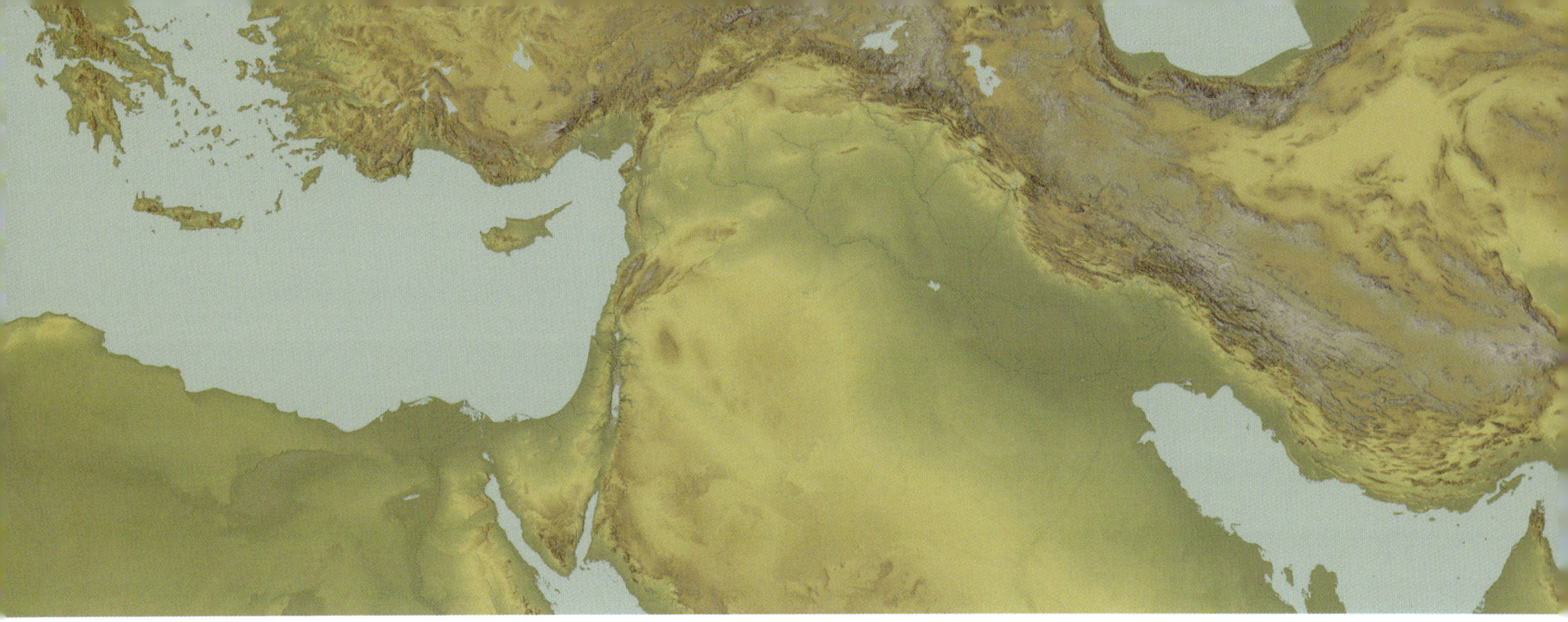

CAPÍTULO 10

PERÍODO HELENÍSTICO

ALEJANDRO MAGNO

En el año 336 a. C., Alejandro Magno sucedió a su padre Filipo II en el trono de Macedonia. Tenía un gran interés en la cultura y las tradiciones griegas, de las que aprendió mucho con uno de sus más famosos maestros, Aristóteles. Su primer acto importante fue unificar toda Grecia bajo su dominio. Luego, en el 334, su ejército cruzó el Helesponto (los Dardanelos) para penetrar en Asia Menor. En respuesta, los persas agruparon todo su poder naval en el Mediterráneo y se aliaron con los chipriotas y los fenicios. Sin embargo, cuando Alejandro invadió el territorio fenicio, las tropas chipriotas y fenicias desertaron y se pusieron de su lado. Esta deserción anunció el fin de los persas. Las tropas de Alejandro destruyeron el ejército persa en Iso en el año 333 a. C., y Darío huyó rápidamente hacia el este (ver mapa 3D 10-A, p. 188). El ejército griego conquistó luego toda Fenicia con bastante rapidez, excepto la isla de Tiro que fue sitiada durante siete meses. Finalmente, los griegos tomaron la ciudad, crucificaron a 2.000 hombres y vendieron a 30.000 de sus habitantes como esclavos.

Desde Fenicia, las tropas de Alejandro marcharon hacia el sur a lo largo de la llanura costera de Palestina sin encontrar oposición hasta que llegaron a Gaza. Asediaron la ciudad durante dos meses. Cuando Gaza capituló, sus habitantes fueron vendidos como esclavos. Alejandro resultó gravemente herido durante este conflicto. Sin embargo, al líder de Gaza le fue peor, pues lo ataron y lo arrastraron alrededor de las murallas de la ciudad de la misma manera que el mítico Aquiles había hecho con Héctor en la guerra de Troya. Después de capturar Gaza, sus tropas avanzaron hacia el suroeste y penetraron en Egipto; allí Alejandro fue coronado como «faraón». Los egipcios veían en él un libertador, porque odiaban a los persas.

En el 331 a. C., Alejandro y su ejército marcharon hacia Babilonia para proteger el extremo oriental del imperio y poner fin a los restos del ejército persa. Los griegos salieron victoriosos en la batalla de Gaugamela ese año. Esto les abrió el camino a Babilonia, que cayó ante Alejandro, pero él no trató a sus habitantes con dureza. Hizo sacrificios a Marduk, el dios principal de los babilonios, y reconstruyó los templos de la ciudad para ganarse la simpatía de la gente. El rey persa, Darío, huyó a Media y Alejandro lo persiguió. En el 330 a. C., Darío fue asesinado por sus propios hombres, quienes pensaban que la causa persa estaba perdida. Alejandro murió en Babilonia en el año 323 a la edad de 32 años, tal vez de un ataque de malaria.

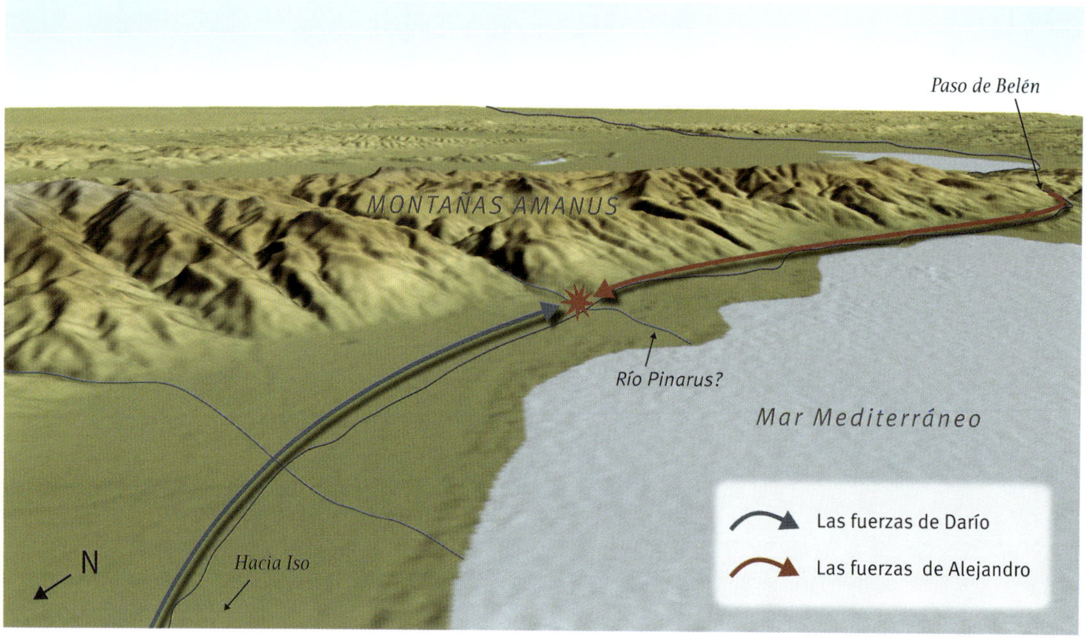

10-A. La batalla de Iso. Una de las batallas más importantes de la carrera de Alejandro Magno tuvo lugar cerca de la ciudad de Iso, en el límite entre Asia Menor y el Levante. Las fuerzas de Alejandro tenían el control de las Puertas Sirias (o Paso de Belén) y mantuvieron a las fuerzas persas, personalmente dirigidas por Darío III, al sureste de los montes Amanus. Darío trató de romper el estancamiento y rodeó las montañas para luego avanzar hacia el sur, a lo largo de la costa, en dirección a las Puertas Sirias. Las fuerzas de Alejandro eran superadas en número dos a uno, pero el limitado espacio entre las montañas y el mar impidió que Darío aprovechara su superioridad numérica (algo similar a lo ocurrido en las Termópilas casi 150 años antes), y Alejandro obtuvo una victoria decisiva.

LOS GENERALES DE ALEJANDRO

Después de la inesperada muerte de Alejandro, su sueño de unir el este y el oeste bajo un imperio dominado por la cultura griega llegó a su fin. Su hijo Alejandro IV aún no había nacido, por lo que su hermano Filipo III Arrideo fue proclamado rey de Macedonia. Su reinado era solo de nombre; el verdadero poder lo tenía un grupo de generales de Alejandro llamado los *diádocos* («sucesores»). Estos generales dividieron el imperio entre sí (ver mapa 10-1) y luego, durante décadas, trataron de evitar que cada uno de ellos se volviera demasiado poderoso y ganara demasiado territorio. Los generales más importantes para nuestro estudio son Ptolomeo I, que obtuvo Egipto, Antígono I Monóftalmos, a quien se le dio Asia Menor y Seleuco I Nicátor, que obtuvo Babilonia.

Antígono era quizás el más ambicioso de ellos. En el 316 a. C., expulsó de Babilonia a Seleuco y este se vio obligado a buscar asilo con Ptolomeo en

Alejandría

En el año 331 a. C. Alejandro Magno decidió fundar una ciudad griega en Egipto a orillas del mar Mediterráneo. Encomendó la construcción de la ciudad al arquitecto Dinócrates y a un alto funcionario llamado Cleómenes. El puerto marítimo se construyó en el sitio de un poblado egipcio llamado Rakotis. En el año 320 Alejandría ya era la capital del Egipto ptolemaico. Los edificios principales de la ciudad no se terminaron hasta el reinado de Ptolomeo II (285-246 a. C.), y otros se terminaron durante el reinado de Ptolomeo III (246-221).

El Serapeum, el templo más importante de la ciudad, estaba dedicado al dios greco-egipcio Serapis. Las placas descubiertas en el sitio, escritas en egipcio y griego, indican que el templo se fundó en la época de Ptolomeo III. El famoso faro que dominaba el puerto, construido en la isla Faro, y que luego se consideró como una de las siete maravillas del mundo antiguo, se construyó a principios del período ptolemaico.

Alejandría era una ciudad griega con una población mixta. Entre las clases bajas, el matrimonio mixto entre griegos y egipcios era bastante común. La población no griega más importante de la ciudad era un gran contingente de judíos. Muchos adoptaron la cultura griega en cuanto a idioma, vestimenta y otras formas culturales. La aculturación fue un catalizador para que se tradujeran las Escrituras hebreas al griego. Esta traducción probablemente comenzó durante el reinado de Tolomeo II, y es conocida como la Septuaginta (LXX). No estuvo lista hasta siglos más tarde; sin embargo, se convirtió en la traducción común usada por la iglesia primitiva en todo el mundo.

10-1. Los imperios de Alejandro y sus sucesores, c. 335-303 a. C. El ascenso de Alejandro Magno al trono del reino macedonio (al norte de Grecia) anunció el fin del poderoso Imperio persa. Después de obtener la lealtad de las otras ciudades-estado de Grecia, la asombrosa destreza militar de Alejandro y las victorias que obtuvo le permitieron ocupar en doce años prácticamente todo el territorio que antes pertenecía a los persas. Poco después de su muerte en Babilonia a la edad de 32 años (323 a. C.), el territorio conquistado por Alejandro fue dividido entre sus generales, quienes compitieron constantemente entre sí por el poder hasta que sus territorios quedaron como se muestran aquí (c. 303).

Egipto. No obstante, Seleuco regresó en el 312, recapturó Babilonia y libró una larga guerra contra Antígono y su hijo Demetrio. La guerra duró cuatro años y fue devastadora para Babilonia. Las Crónicas de Babilonia describen el terrible sufrimiento de esta manera: «Había llanto y luto en la tierra». Sin embargo, después de recapturar la ciudad, Seleuco tuvo éxito en repeler a las fuerzas invasoras de Antígono.

En el año 302 a. C., Ptolomeo I, Seleuco I y Lisímaco, el gobernante macedonio de Tracia, se aliaron en contra de Antígono. Los tres gobernantes acordaron dividir el territorio de Antígono si lo derrotaban. Según el acuerdo al que habían llegado, Palestina quedaría en manos de Seleuco. La batalla decisiva tuvo lugar en Ipsos, Frigia, en el año 301. La coalición derrotó a las fuerzas de Antígono, quien resultó muerto. Seleuco entonces obtuvo el control de Siria y de la mayor parte de Asia Menor, según lo acordado, y estableció su capital en Antioquía. Ptolomeo gobernó desde Alejandría, en Egipto, y obtuvo el control sobre Palestina (ver mapa 10-2). A pesar del acuerdo de que Palestina sería entregada

10-2. Los imperios de los ptolomeos y los seléucidas (etapa inicial), c. 323-198 a. C. Los dos sucesores más poderosos de Alejandro, Ptolomeo y Seleuco, continuaron expandiendo sus dominios en territorios reclamados por otros generales de Alejandro. Se enfrentaron repetidamente a lo largo de la costa oriental del mar Mediterráneo, incluyendo el territorio que más tarde se llamó Palestina.

a Seleuco después de la guerra con Antígono, Ptolomeo se negó a entregarla. Seleuco no quiso luchar contra Ptolomeo por Palestina, pero siempre sostuvo que ese territorio era su posesión legítima. Sus sucesores también creían lo mismo, por lo tanto, Palestina se convirtió en una zona de guerra entre los ptolomeos y los seléucidas durante el siglo III a. C.

LOS PTOLOMEOS

Después de la batalla de Ipsos en el 301 a. C., los ptolomeos gobernaron sobre un imperio de tamaño moderado que incluía Egipto, Palestina, Fenicia, Chipre, Cirenaica (en la costa norte de África), partes de la costa de Asia Menor y algunas de las islas griegas. Su reinado, en el siglo III a. C., fue de relativa estabilidad política y riqueza. Varios factores contribuyeron a esta estabilidad, pero quizás los dos más importantes fueron: 1) los ptolomeos estaban muy preocupados por la seguridad, casi hasta el punto de ser un defecto, y 2) eran grandes y poderosos administradores de su reino.

La seguridad. Los ptolomeos eran conservadores en su visión del mundo. No eran expansionistas; su principal objetivo era proteger y mantener su dominio en Egipto. Desconfiaban profundamente de las potencias helenísticas rivales, en particular de los seléucidas. Con la seguridad como objetivo principal, los ptolomeos construyeron un ejército y una marina fuertes. Además, los territorios que gobernaban fuera de Egipto se consideraban, en su mayor parte, simples barreras contra potencias rivales. Por ejemplo, Palestina era para ellos solo un escudo que protegía a Egipto de las amenazas del este.

La administración. Los ptolomeos tenían un gobierno altamente centralizado en su capital, Alejandría. Desde allí, gobernaban sus posesiones a través de una compleja estructura administrativa similar a la del sistema persa anterior. La unidad administrativa principal era la *hiparquía* (equivalente a la provincia persa), la cual se dividía en una serie

10-1. Vista de las colinas de Samaria desde una torre helenística del siglo IV a. C. en el emplazamiento arqueológico de Samaria.

de unidades más pequeñas llamadas *toparquías*, que consistían en grupos de aldeas. Al frente de la *hiparquía* había un gobernador griego, asistido por un *oeconomus (ecónomo)*, también griego, que recaudaba impuestos y bienes para la casa real de Alejandría. Con este sistema, los ptolomeos pudieron controlar su imperio y consolidar los impuestos, las leyes, el reclutamiento y otros aspectos de la vida.

DOMINACIÓN PTOLEMAICA EN PALESTINA (301-198 A. C.)

Una de las *hiparquías* de la administración ptolemaica se llamaba Judea, y Jerusalén era el centro de la provincia. Judea se había sometido a Alejandro sin luchar y había aceptado pacíficamente el gobierno de Ptolomeo. Nuestro conocimiento de las condiciones en Judea bajo el dominio ptolemaico es mínimo debido a la escasez de restos arqueológicos y textos de la época. Sin embargo, parece que los ptolomeos concedieron a Judea una autonomía y una libertad similares a las que los persas le habían dado. No obstante, la libertad de la *hiparquía* de Judea no era ilimitada; tropas egipcias se encontraban estacionadas en la fortaleza de Acra en Jerusalén y servían como autoridad militar de los ptolomeos en la provincia.

El sumo sacerdote en Jerusalén fungía como autoridad religiosa y civil sobre los judíos. Servía de intermediario entre los ptolomeos y el pueblo judío y su tarea principal era recaudar impuestos. En Bet-sur se descubrió una moneda de esta época que tiene el nombre de la provincia *YHD* estampado en una cara y el nombre de *Ezequías* en la otra. Ezequías fue probablemente el sacerdote principal bajo la administración de Ptolomeo I.

Samaria era otra *hiparquía* en Palestina. No le fue tan bien como a la provincia de Judea bajo el dominio ptolemaico. Los samaritanos se rebelaron contra el gobernador designado por Alejandro y lo quemaron vivo. En respuesta, los griegos tomaron la capital de Samaria y establecieron una colonia de soldados griegos allí. El punto central de la vida samaritana se

Los Papiros de Zenón

En 1915 se encontró en Egipto un alijo de más de 2.000 cartas y documentos del período ptolemaico del siglo III a. C. Tienen una gran importancia, pues son algunos de los primeros y más detallados relatos de la vida en el Egipto helenístico. Todos los documentos fueron reunidos, y algunos escritos, por Zenón, quien era asistente de uno de los principales administradores de la dinastía ptolemaica. Zenón era hijo de Agreofón y natural de la ciudad griega de Cauno, en la parte baja de Asia Menor. Se mudó a Filadelfia, en Egipto, y se convirtió en el secretario privado de Apolonio, ministro de finanzas de Ptolomeo II. La vida de Zenón es particularmente importante para los estudios contemporáneos porque pasó mucho tiempo viajando por todo el imperio ptolemaico en representación de Apolonio. Los documentos cubren un período de poco más de 30 años, c. 261-229 a. C.

Los estudiosos a menudo dividen los documentos en seis períodos que reflejan seis etapas importantes en la vida de Zenón. El primer período abarca sus primeros años al servicio de Apolonio (261-260 a. C.). En el segundo período, trabajaba para Apolonio en Palestina (260-258). Luego regresó a Egipto y se desempeñó como secretario de Apolonio del 258 al 256; este es el tercer período. En el cuarto período, del 256 al 248, también se encontraba en Egipto, pero administraba propiedades. Muchos de los textos que tratan de la vida cotidiana en el Egipto ptolemaico son de esta etapa. En el año 248, Zenón fue despedido como supervisor de las propiedades, y los textos de este quinto período datan desde ese momento hasta el año 239. En esa fecha le entregó el archivo a otra persona, y el resto de los textos pertenece a este período final, del 239 al 229 a. C.

En el archivo hay varias cartas enviadas a Zenón desde Palestina, antes de su viaje a la zona (antes de 260 a. C.). Además, hay un documento que enumera las provisiones destinadas a este viaje. Mientras se encontraba en Palestina, Zenón continuó redactando informes sobre los suministros y las cuentas. También hay documentos de esta época sobre algunos de sus asuntos personales, como el pago por la compra de una esclava. Estos papiros revelan que los ptolomeos trataban a Palestina como a cualquier otra provincia egipcia. También vemos que Palestina exportaba algunas mercancías importantes a Egipto, entre ellas trigo, vino y aceite.

10-3. Primera campaña egipcia de Antíoco III (cuarta guerra de Siria), 219-217 a. C. Desde el comienzo de las luchas entre los ptolomeos y los seléucidas, el territorio de Palestina quedó bajo el control del reino ptolemaico y tres guerras entre los dos imperios no pudieron variar su situación. Sin embargo, el equilibrio de poder en la región comenzó a cambiar después de que Antíoco III llegó al trono del Imperio seléucida en el año 223 a. C. En la primera de dos guerras para arrebatarle a Ptolomeo IV el control de Palestina, los éxitos iniciales de Antíoco en la batalla hicieron que dos de los generales de Ptolomeo se pasaran a su lado y lo ayudaran a capturar varias ciudades en toda Palestina. Una de estas ciudades fue Filadelfia, que inicialmente fue atacada por los aliados nabateos de Antíoco. Mientras tanto, Ptolomeo IV reunió una fuerza considerable de soldados que también incluía a reclutas egipcios nativos (una práctica que generalmente se evitó en las guerras helenísticas). Ptolomeo derrotó a Antíoco en la batalla de Rafia y Antíoco se retiró de Palestina.

desplazó entonces a un nuevo asentamiento y templo en el monte Gerizim. Al norte de Samaria había una tercera *hiparquía* llamada Galilea. Esta provincia se vio más influenciada por la cultura griega que las otras dos provincias. Por ejemplo, la ciudad de Bet-seán se convirtió en un asentamiento griego llamado Escitópolis, que puede haber servido como centro administrativo de toda la provincia.

Casi todo el siglo III a. C. en Palestina se caracterizó por una serie de guerras entre las dinastías ptolemaica y seléucida por el control de ese territorio. Entre el 276 y el 217 a. C., se libraron cuatro de las guerras sirias entre las dos potencias y, aún así, los ptolomeos mantuvieron su dominio sobre el país.

10-4. Segunda campaña egipcia de Antíoco III (quinta guerra de Siria), 201-198 a. C. En el 201, Antíoco III intentó de nuevo arrebatarle a Ptolomeo IV el control de Palestina e invadió la región hasta Gaza. Luego de un duro asedio a la ciudad, Antíoco capturó Gaza, pero se retiró cuando supo que el general ptolemaico Escopas avanzaba para presentarle batalla. Escopas viajó por toda la región, reafirmó el control ptolemaico sobre las ciudades clave y luego se dirigió a Panio para combatir a Antíoco. Cuando el ejército de Antíoco lo derrotó, Escopas y algunos de sus hombres se retiraron a Sidón y el ejército de Antíoco sitió la ciudad. Antíoco tomó el control de Palestina, recorrió toda la región y se estableció como el nuevo poder en la zona.

LOS SELÉUCIDAS

Como se mencionó anteriormente, Seleuco I recuperó Babilonia de manos de Antígono en el año 312 a. C. Él y su hijo, Antíoco I, consolidaron el control sobre Babilonia y luego buscaron expandir sus posesiones. La derrota de Antígono en Ipsos en el 301 aumentó las tierras bajo el dominio de los seléucidas. Al principio del reinado de Antíoco III (223 a. C.), el área bajo la hegemonía seléucida era vasta y se extendía desde Persia hasta orillas del mar Egeo, es decir, abarcaba la meseta iraní, Mesopotamia, el norte de Siria e importantes zonas de Asia Menor.

La dominación seléucida fue muy diferente a la dominación ptolemaica. Los ptolomeos eran conservadores y su objetivo principal era consolidar y mantener su dominio en Egipto. Los seléucidas, en cambio, creían ser los herederos directos de Alejandro Magno. Al igual que este, los seléucidas deseaban unir al mundo bajo la cultura griega. Una de las maneras de lograr esta helenización fue multiplicar en su reino las ciudades basadas en el ideal de la *polis* griega.

A lo largo del siglo III a. C., los seléucidas intentaron ganar terreno en Palestina, pero se vieron frustrados por los ptolomeos. Antíoco III (223-187 a. C.) luchó la cuarta guerra de Siria y fue derrotado en el 217 por una fuerza ptolemaica en Rafia, al sur de la ciudad de Gaza, en la llanura costera (ver mapa 10-3). Sin embargo, Antíoco III no desistió de su empeño. Finalmente, en el 198 logró derrotar al ejército ptolemaico en Panio (durante la época romana, Panio se llamaba Cesarea de Filipo), al norte de Galilea (ver mapa 10-4). Palestina quedó entonces bajo control seléucida y así permaneció durante casi un siglo, hasta el año 104 a. C.

LA DOMINACIÓN SELÉUCIDA EN PALESTINA (198-104 A. C.)

Después de apoderarse de Palestina en el 198 a. C., los seléucidas intentaron unirla con Siria mediante la introducción de la cultura griega a través de la lengua, la literatura, los deportes y el modo de vestir. Este programa de helenización alcanzó su máxima expresión bajo el reinado de Antíoco IV (175-163 a. C.), quien intentó destruir el judaísmo y convertir el templo judío en un santuario donde el dios pagano Zeus fuera adorado (ver mapa 10-5, p. 194). Mucha de la información que tenemos de su sangriento reinado proviene de dos libros apócrifos titulados 1 y 2 Macabeos.

10-5. Campaña egipcia de Antíoco IV (sexta guerra de Siria), 170-167 a. C. Cuando Antíoco IV subió al trono del Imperio seléucida en el 175 a. C., el Imperio romano iba en ascenso en Occidente y el Imperio ptolemaico estaba en declive en Egipto. Para tratar de expandir su imperio y evitar al mismo tiempo un conflicto con Roma, Antíoco atacó Egipto, y en su avance inicial obtuvo una gran victoria cerca de Pelusium (Pelusio, Sin). Después se dirigió a Menfis, donde se declaró rey de Egipto y luego sitió Alejandría. Mientras tanto, Jasón, a quien Antíoco había destituido como sumo sacerdote en el templo de Jerusalén, intentó recuperar su posición con la ayuda de la influyente familia Tobíada. Antíoco regresó a Jerusalén para deponer a Jasón, saqueó el templo y restableció el control. Luego envió su flota a ocupar Chipre y lanzó un segundo ataque contra Egipto. Sin embargo, poco antes de llegar a Alejandría un emisario romano llamado Cayo Popilio Lenas se reunió con él y le ordenó que se retirara de Egipto y Chipre o enfrentaría la ira de Roma. Antíoco accedió a regañadientes, se retiró y abandonó la esperanza de conquistar Egipto, su eterno rival.

10-6. Los Imperios de los ptolomeos y los seléucidas (etapa final), c. 198-133 a. C. En el siglo II a. C., el Imperio seléucida estaba perdiendo el control sobre gran parte de su territorio y el Imperio romano se expandía rápidamente por todo el mundo mediterráneo. Para tratar de unir su imperio y reforzar sus defensas ante estas presiones, Antíoco IV Epífanes impuso una estricta política de helenización sobre sus dominios, que incluían la tierra de Israel. Su política resultó ser demasiado abominable para muchos judíos, entre ellos la familia de los Macabeos (también llamados los Asmoneos), quienes en el 167 a. C. encabezaron una revuelta que dio lugar a un nuevo e independiente reino de Israel.

En el Primer Libro de los Macabeos se menciona que Antíoco IV entró en el lugar sagrado del templo y se llevó sus objetos sagrados, entre ellos la menorá y el altar de oro. En su lugar colocó ídolos y altares paganos y decretó el sacrificio de animales inmundos. Entonces ordenó que los judíos no guardaran las leyes de la Torá y, en efecto, muchos judíos hicieron sacrificios a los ídolos y profanaron el día de reposo. Los que no acataron los edictos de Antíoco IV fueron condenados a muerte y muchos fueron martirizados en Jerusalén. En el año 168 a. C. las abominaciones de los seléucidas alcanzaron un punto culminante con la construcción de un altar en el Monte del Templo sobre el que se ofrecía la carne de los cerdos. Se prohibió la circuncisión y si se encontraba alguna copia de la Torá, era destruida. Antíoco IV tenía el apellido Epífanes, que quiere decir «Dios manifestado», pero pronto se lo llamó Epímanes, que literalmente significa «el loco».

La evidencia material del siglo II a. C. obtenida a través de la arqueología es pobre e incompleta. Sin embargo, varios yacimientos arqueológicos reflejan el proceso de helenización del siglo II a. C. bajo los seléucidas. Por ejemplo, se ha descubierto en su totalidad el plano de la ciudad de Marisa (Maresa en el Antiguo Testamento) durante este período. Fue construida como una ciudad griega bien planificada, de calles en forma de cuadrícula con ángulos rectos y bloques de casas entre las calles. Junto a la entrada se encontraba el ágora o mercado, que incluía tiendas cuidadosamente construidas en tres de sus lados. Otro ejemplo es la ciudad de Bet-sur, destruida por el general pagano Báquides en el 161 a. C. y luego reconstruida según un plano helenístico. Tanto Marisa como Bet-sur son claros ejemplos del proceso de helenización que tuvo lugar en Palestina en el siglo II a. C. bajo influencia y presión seléucida.

10-2. Sitio tradicional de la tumba de Absalón, en el valle del Cedrón, al este de Jerusalén. En realidad, el estilo y la construcción pertenecen a la tradición arquitectónica griega, lo cual lo ubica en el período intertestamentario.

CAPÍTULO 11

LA ERA MACABEA

LA REVOLUCIÓN DE LOS MACABEOS

Una de las cargas que Antíoco IV (175-163 a. C.) le impuso al pueblo judío fue el requisito de que todos ofrecieran sacrificios paganos en cada una de sus ciudades y pueblos. El propósito de los sacrificios era que los judíos demostraran su lealtad al gobernante seléucida y sus políticas. Muchos de ellos colaboraron con los seléucidas en este asunto. Sin embargo, en el año 167 a. C., estos enviaron un emisario a la aldea de Modín, al noroeste de la ciudad de Jerusalén; su misión era obligar a los aldeanos a hacer sacrificios paganos y prohibir las enseñanzas de la Torá (1 Mac. 2:15). Un judío renegado subió al altar para ofrecer dicho sacrificio, pero un sacerdote del pueblo llamado Matatías lo mató y también al emisario seléucida. Luego él y sus hijos huyeron hacia las colinas de Gofna y allí libraron una guerra de guerrillas contra los seléucidas. En el lugar se unieron aquellos leales a la Torá y a la resistencia armada contra los opresores.

Matatías murió al año siguiente (166 a. C.); su hijo Simón quedó como consejero principal y su otro hijo, Judas, como líder militar de la rebelión. Este recibió el apodo de «Macabeo», que probablemente deriva de una palabra hebrea que significa «martillo». Con rapidez, los seléucidas respondieron a la rebelión y enviaron, para sofocarla, fuerzas a Palestina.

11-1. Los comienzos de la revuelta macabea, 167-166 a. C. Para unificar y fortalecer el dominio sobre los diversos territorios de su lejano imperio, el gobernante seléucida Antíoco IV instituyó una política de helenización obligatoria: la aceptación de las formas de vida griegas. Prohibió muchas prácticas religiosas judías y convirtió el templo de Jerusalén en un santuario pagano para el dios griego Zeus. Exigió a todos los judíos que ofrecieran sacrificios paganos en las aldeas locales para demostrar su devoción a Antíoco y sus políticas. En la ciudad de Modín, el sacerdote Matatías y sus hijos se negaron a cumplir la orden e incluso mataron al oficial seléucida que supervisaba la ceremonia. Matatías y sus hijos huyeron a las colinas de Gofna y allí se les unieron muchos otros. El comandante seléucida Apolonio vino desde Samaria para aplastar la rebelión, pero los rebeldes, ahora liderados por el hijo de Matatías, Judas Macabeo, los repelieron, e incluso mataron al propio Apolonio. Más tarde, el comandante seléucida Serón avanzó hacia Jerusalén para rescatar a los judíos prohelénicos de la zona. Sin embargo, los hombres de Judas los aniquilaron mientras recorrían el ascenso de Bet-horón.

Judas las hostigó a través de la guerra de guerrillas y la técnica de ataques nocturnos. De esta manera logró dispersarlas. En el 167 derrotó al general seléucida Apolonio en el ascenso de Lebona y al año siguiente derrotó al ejército de Serón en la ladera de Bet-horón (ver mapa 11-1; y mapa 3D 11-A, p. 198). Tomó Jerusalén en el 164. Purificó y volvió a dedicar el templo que Antíoco IV había

11-A. El paso de Bet-horón y las colinas de Gofna. Después de que Matatías y sus hijos iniciaron una rebelión contra el gobierno seléucida bajo Antíoco IV Epífanes, huyeron a las colinas de Gofna. Desde allí lanzaron varios ataques exitosos contra las fuerzas seléucidas, incluido uno en el ascenso de Bet-horón mientras dichas fuerzas marchaban desde Lida para recuperar el control de Jerusalén (1 Mac. 3:13-24). Judas Macabeo y su pequeño ejército derrotaron a las tropas seléucidas, mucho más grandes, mientras avanzaban por la cuesta.

contaminado con sus atroces actos paganos. El acto se convirtió en una celebración anual llamada «la Fiesta de las Luminarias» o Janucá.

La lucha aún no había terminado. Lisias, comandante de las fuerzas seléucidas en Siria, atacó Judá, derrotó a Judas y asedió Jerusalén. Sin embargo, la muerte de Antíoco IV en el 164 a. C. hizo que aquellas fuerzas adoptaran un enfoque diferente con los judíos. Lisias no los destruyó, sino que les ofreció la paz para obtener su apoyo; les otorgó libertad religiosa. Quitó a Menelao del sumo sacerdocio y le dio amnistía a Judas y sus seguidores. Estos actos satisficieron a muchos de los participantes rebeldes que en esencia buscaban la libertad religiosa. Judas, por su parte, también deseaba plena emancipación política, así que abandonó Jerusalén con una pequeña fuerza y continuó peleando por la independencia que deseaba. Falleció en batalla en el 160.

A la muerte de Judas Macabeo, su hermano menor, Jonatán, tomó su lugar como líder de la revuelta. En ese momento, las fuerzas revolucionarias eran pocas y estaban debilitadas. Entonces se fue al desierto de Tecoa y allí comenzó a reunir más tropas. Contra el general seléucida Báquides, a quien habían enviado para sofocar la rebelión, usó las tácticas de golpear y huir. Jonatán ganó cada vez más poder en la región. Mientras tanto, su hermano Simón se convirtió en gobernador militar de la llanura costera de Palestina y su gobierno se extendió desde Tiro, en el norte, hasta la frontera de Egipto, en el sur (ver mapa 11-2). Al fin, en el 152 a. C., la lucha terminó cuando nombraron a Jonatán como sumo sacerdote y dos años después gobernador de la provincia.

Aunque Judea ahora estaba libre de rebeliones, todavía se consideraba una región autónoma del reino seléucida y aún se mantenía bajo su control. Casi de inmediato Jonatán comenzó a ampliar los límites de sus propiedades, pero para hacer cualquier cambio territorial necesitaba el permiso de los gobernantes seléucidas y sus decretos reales. Como no estaba satisfecho con esta posición de servilismo, buscó la independencia. En el 147 a. C. él y su hermano Simón derrotaron por completo a las fuerzas seléucidas que dirigía Apolonio en Jamnia. Jonatán comenzó a considerar a toda la Palestina como su legítima herencia territorial. Sin embargo, no pudo ver su sueño hecho realidad, ya que Trifón, un general seléucida, lo asesinó en el año 143.

LOS ASMONEOS

Simón, el último hijo sobreviviente de Matatías, corrió a Jerusalén para tomar el control de la provincia de Judea. El Imperio seléucida en este momento estaba en medio de un conflicto de sucesión,

11-2. Israel bajo los primeros macabeos, 167-104 a. C.
A través de numerosas batallas, la familia de los macabeos construyó un nuevo reino independiente de Israel. Consistía principalmente en la pequeña región de Judá bajo el liderazgo de Judas, pero Jonatán y Simón expandieron dicho territorio para incluir a Perea y partes adyacentes a Judea. Hircano, el hijo de Simón, expandió aún más el territorio de Israel, al agregarle Samaria, Idumea y las tierras al este del mar Muerto.

ya que Trifón y Demetrio II se estaban disputando el gobierno. Simón favoreció a Demetrio II. Este, a cambio, le otorgó la independencia a Judea en el 142 a. C. y luego suspendió todos los impuestos sobre la provincia para confirmar su libertad del control seléucida. En respuesta, el pueblo de Judea proclamó a Simón como su «alto príncipe y sumo sacerdote para siempre». El Senado romano lo reconoció oficialmente como el gobernante del estado independiente de Judea, y él y sus familias gobernaron sobre este estado judío independiente durante casi 80 años hasta la intervención romana en el 63 a. C. Los historiadores lo llaman la «dinastía asmonea», el nombre de un antepasado de Matatías que el historiador judío Flavio Josefo menciona.

Simón comenzó a expandir el territorio perteneciente a Judea y lo hizo sin la anuencia seléucida; de hecho, actuó en contra de los deseos de los gobernantes. Su primer movimiento fue la anexión de la ciudad costera de Jope. El comandante asmoneo Jonatán, hijo de Absalón, tomó la urbe y expulsó a todos los habitantes no judíos. Luego los reemplazó con su propia población. Simón «Entre otras glorias suyas, conquistó el puerto de Jope, abriendo una ruta a los países del mar» (1 Mac. 14:5, DHH). La segunda conquista territorial que llevó a cabo fue la ciudad de Gezer, (ver mapa 11-1), un enclave importante porque protegía la carretera principal desde Jerusalén en las tierras altas hasta las zonas costeras de Palestina. También expulsó a los no judíos y los reemplazó por una fuerza militar judía. Gezer se convirtió en el segundo puesto militar judío después de Jerusalén.

Simón fue el primero de los asmoneos en acuñar sus propias monedas; se han encontrado muchas de ellas en excavaciones por todo el país. Tales hallazgos son una prueba fidedigna de que él, sin dudas, fue un monarca que gobernó Judea.

En el 135 a. C. un tal Ptolomeo, que era comandante militar en la región de Jericó, ofreció un lujoso banquete a Simón y a dos de sus hijos que estaban en una inspección militar en Judea. En un acto de sórdida traición, Ptolomeo mató a Simón y a quienes estaban con él. Anhelaba con desespero gobernar Judea, así que convocó a las tropas de los seléucidas para que lo ayudaran a asegurar el reino. Uno de los hijos de Simón, Juan Hircano, no estaba con su padre en Jericó porque se encontraba en Gezer. Ptolomeo envió hombres para asesinarlo, pero él mató a los conspiradores y sucedió a su padre en el gobierno de Judea (1 Mac. 16).

Juan Hircano (135-104 a. C.) ascendió a su posición sobre Judea cuando Antíoco VII, monarca seléucida capaz, enérgico y emprendedor, gobernaba el imperio. Cuando murió en el 129 a. C., el imperio cayó en el caos y, rey tras rey, declararon su independencia de los seléucidas. En este momento de anarquía, Juan Hircano siguió una política de expansión geográfica que incluía no solo la intervención militar, sino también la conversión al judaísmo de los pueblos conquistados. Primero estableció el control sobre las ciudades costeras de Palestina. Luego marchó contra los enemigos al este

11-3. Israel bajo los últimos macabeos, 104-63 a. C Los postreros gobernantes macabeos continuaron expandiendo las conquistas territoriales de los líderes anteriores al sumarles Galilea, Galaad, Gaulanitis (Golán) y las regiones a lo largo de la costa mediterránea y el extremo sur del mar Muerto. El reino macabeo de Israel ahora controlaba lo que era, en esencia, la tierra asignada a las doce tribus de Israel bajo Josué (Jos. 13:6–21:45). Sin embargo, en la medida en que los gobernantes macabeos crecieron en poder y riqueza, decayeron sus intereses religiosos y aceptaron cada vez más las prácticas helénicas.

del río Jordán; atacó Madaba y Hesbón, y anexó a su gobierno los territorios circundantes. Se fue al norte de Jerusalén, capturó Siquem y destruyó el templo samaritano del monte Gerizim. Varias excavaciones en el sitio de Siquem confirman la destrucción que provocó Hircano. También tomó la ciudad de Escitópolis y mandó a sus pobladores al exilio. Sometió a los idumeos en el sur, los obligó a aceptar el judaísmo y los circuncidó. Al final de su reinado, Judea abarcaba todo el interior de Palestina al oeste del Jordán y gran parte de la llanura costera. Además, había adquirido un punto de apoyo sólido al este del río Jordán. La etapa fue el apogeo de la dinastía asmonea.

Tras la muerte de Juan Hircano, estalló una lucha dinástica en su familia. Aristóbulo I (104-103 a. C.), su hijo mayor, resultó ser el vencedor después de encarcelar a sus hermanos y a su madre, quien más tarde murió de hambre. Aunque su reinado duró solo un año, pudo continuar las políticas expansionistas de su padre al extender el gobierno judío a Galilea. Fue el primero de la dinastía en llamarse a sí mismo «rey» y tenía tal deseo de que Judea se convirtiera en un estado secular que adoptó el nombre de *Fileleno*, que significa «amigo de los griegos».

Salomé Alejandra, la viuda de Aristóbulo I, se casó con su cuñado, Alejandro Janneo (103-76 a. C.). Este sucedió a su hermano en el trono y promovió el programa expansionista de sus predecesores. Les agregó territorio a los cuatro puntos cardinales de su reino. Al noroeste, Janeo conquistó la Torre de Estrato y Dora. Penetró en Galaad, al noreste, y capturó su capital, Gadara. Al suroeste, tomó Gaza y sus alrededores; la única ciudad en la llanura costera del sur que no estaba bajo su control era Ashkelon (Ascalón). Cuando Janeo llegó al poder, los asmoneos ya dominaban íntegramente la costa occidental del mar Muerto. Extendió dicho territorio hacia el sureste al conquistar toda el área circundante al mar Muerto. En el momento de su muerte, gobernaba la totalidad de las montañas de Palestina desde Dan hasta Beerseba, toda la llanura costera desde el arroyo de Egipto hasta el torrente de Cisón, y gran parte de Transjordania. Su reino casi alcanzó la extensión del territorio de la monarquía unida bajo David y Salomón (ver mapa 11-3).

Sin embargo, no todo andaba bien en el reino. Una guerra civil de seis años estalló en Judea entre Janeo, sus partidarios saduceos y los fariseos. Los últimos pidieron ayuda al seléucida Demetrio III, quien, como respuesta, envió un ejército a Judea que derrotó a Janeo cerca de la ciudad de Siquem. Al final, Janeo triunfó y se mantuvo en el poder, aunque a un precio muy alto: mató a 800 de los fariseos y sus familias, algo que causó una grieta religiosa y social que duraría décadas.

Sucedió a Alejandro Janeo su viuda, Salomé Alejandra (76-67 a. C.). Como era una mujer, no podía fungir como sumo sacerdote, así que ocupó el puesto con su hijo Hircano II. Otro de sus hijos,

11-4. Lugares relevantes de la era de los macabeos, c. 167-63 a. C. En su lucha por lograr la independencia política y religiosa, los líderes macabeos libraron batallas en toda la tierra de Israel, aunque la mayoría de los enfrentamientos clave ocurrieron en las cercanías de Judea.

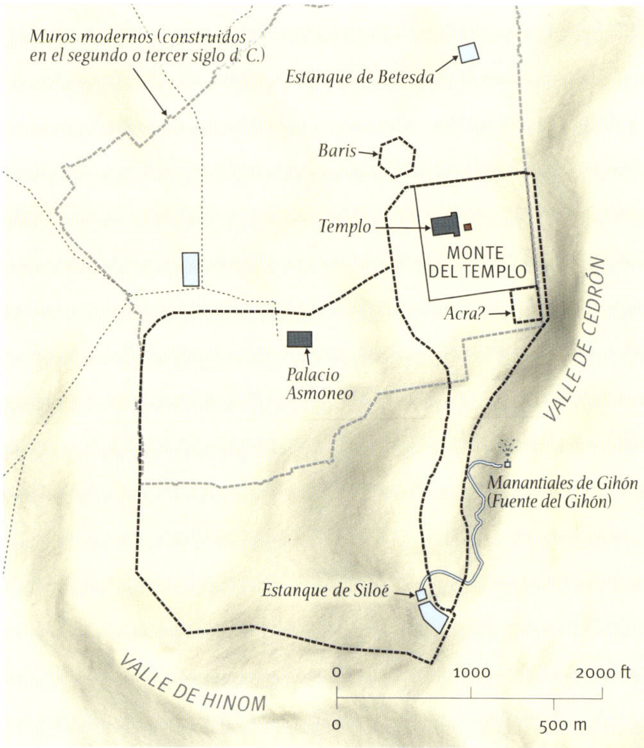

11-5. Jerusalén en la época de los macabeos, c. 120 a. C. Después de que los líderes macabeos obtuvieron el control de la mayor parte de Jerusalén, los muros de la ciudad se expandieron hasta abarcar la colina occidental, tal como sucedió durante los días de Ezequías. Hircano también construyó una fortaleza-palacio, llamada «Baris», en la esquina noroeste del Monte del Templo. Pero los gobernantes seléucidas mantuvieron el control de una parte de Jerusalén al posicionar tropas en Acra, una ciudadela ubicada en el extremo sur del Monte del Templo. De vez en cuando, estas tropas atacaban el templo y hostigaban a los judíos del lugar.

11-1. Muro asmoneo Construido en el Monte del Templo en Jerusalén.

Aristóbulo II, tomó el mando del ejército. El reinado de Salomé Alejandra fue, en su mayor parte, de prosperidad y paz. Sin embargo, cuando murió, Judea estalló en una guerra civil. Los fariseos apoyaron a Hircano II, el sumo sacerdote, y los saduceos, a Aristóbulo II, líder más talentoso que su hermano, y cuyo ejército derrotó a las fuerzas de Hircano en Jericó. Entonces él renunció por completo al trono y al sumo sacerdocio de Judea. No obstante, la lucha no había terminado. Un gobernador de Idumea llamado Antípatro vino a socorrer a Hircano II; era bastante ambicioso y creía que podía aprovecharse de su hermano, más débil. Antípatro aseguró la ayuda militar del rey nabateo Aretas, y juntos derrotaron a Aristóbulo y pusieron a Hircano II en el trono del estado judío.

Mientras el conflicto civil y la guerra se desarrollaban en Judea, un nuevo poder aparecía en la escena mundial: Roma estaba destinada a gobernar gran parte del mundo conocido durante los próximos 700 años. Su ejército, liderado por Pompeyo, invadió Siria y derrotó al rey Mitrídates del Ponto. Los partidarios de ambos lados de la guerra civil de Judea apelaron a Pompeyo, y el comandante romano decidió apoyar a Hircano II. Aristóbulo II resistió y Pompeyo invadió Judea. Tomó prisionero a Aristóbulo II en Alexandrium y luego se dirigió hacia Jerusalén. Pompeyo se apoderó de la ciudad y controló todo menos el complejo del templo, que resistió durante cuatro meses. Judea perdió así su independencia y comenzó la era del dominio romano.

El judaísmo durante la era asmonea

En sus escritos del siglo I d. C., el historiador judío Flavio Josefo menciona que durante el período asmoneo el judaísmo se dividió en tres sectas o escuelas: los fariseos, los saduceos y los esenios. Los primeros eran sucesores de los hasidim (es decir, «los piadosos»), un partido que se originó en la época del gobierno seléucida sobre Judea. Antíoco IV, el gobernante seléucida, intentó apagar el judaísmo al prohibir la circuncisión, la lectura de la Torá y al ordenar que los judíos hicieran sacrificios paganos en los altares de sus ciudades y pueblos. Quiso introducir creencias y costumbres helénicas en la vida de los judíos que habitaban Judea. Los hasidim se unieron a Judas Macabeo en una revuelta contra los seléucidas y su influencia helenizante. Se dedicaron a la ley y «... tuvieron la fuerza y el valor para negarse a comer alimentos impuros. Prefirieron morir antes que profanarse comiendo tales alimentos y violando así el pacto sagrado; y, en efecto, murieron» (1 Mac. 1:62-63, DHH). Así, el comienzo del farisaísmo fue el nacionalismo y la fidelidad a la Torá y al pacto. El nombre «fariseo», de hecho, proviene de una palabra aramea que significa «separar». Los fariseos eran los *separatistas*. En la época del Nuevo Testamento, fueron un partido popular y eran extremadamente meticulosos y precisos cuando se trataba de las leyes de Moisés (Jn. 7:45-48). Jesús, a menudo, entraba en conflicto con ellos (p. ej., Mt. 23:1-36). Fue el partido farisaico el que más tarde produjo la enorme recopilación escrita de leyes judías llamada Talmud.

Los esenios también parecen haberse originado con los hasidim. Sin embargo, mientras que los fariseos eran en esencia un grupo laico, aquellos eran, en gran medida, un grupo sacerdotal. Cuando el sacerdocio en Jerusalén, bajo el gobierno asmoneo, comenzó a secularizarse, el grupo sacerdotal de los esenios no lo soportó. Se creían a sí mismos como los «hijos de Sadoc», es decir, del verdadero sacerdocio que los asmoneos estaban ignorando. Para los esenios, la dinastía asmonea era apóstata. En consecuencia, muchos de ellos se retiraron al desierto para prepararle el camino a Dios (ver Is. 40:3). Tanto Josefo como Filón afirman que los esenios eran 4.000 personas. Un pequeño número de ellos fundó la comunidad del desierto en Qumrán bajo el liderazgo del «Maestro de Justicia». Establecieron su propio Israel microcósmico y se unieron a un «nuevo pacto» que creían que ayudaría a introducir un reino teocrático. Varios estudiosos creen que es este grupo el que escribió los rollos del mar Muerto que estaban escondidos en cuevas en el área de Qumrán.

El origen de la otra secta o partido, a saber, los saduceos, es incierto. Debían su nombre a la familia sacerdotal de Sadoc y pertenecían a la aristocracia liberal de los asmoneos. De esta manera afirmaban que sus sacerdotes descendían de la misma familia que los esenios, pero en realidad, había una profunda división entre estos dos grupos sacerdotales. Mientras que los esenios se aferraron a las especulaciones apocalípticas, las visiones y la doctrina de la resurrección, los saduceos negaban todos estos aspectos. Los saduceos también rompieron con los fariseos con respecto a la ley. Estos últimos creían en una «Torá oral»; sin embargo, los primeros afirmaron que su autoridad era la palabra escrita, en particular la ley de Moisés en el Pentateuco. Josefo menciona otra diferencia significativa entre los tres grupos cuando dice: «Los fariseos decían que algunas cosas, no todas, se deben al destino; otras, depende de nuestra voluntad que se cumplan o no. Los esenios afirmaban que todo se debe al destino y que los hombres nada pueden hacer que escape al destino. En cuanto a los saduceos, suprimían el destino, diciendo que no es nada y que no interviene para nada en los asuntos humanos, sino que todo está sometido a nuestro arbitrio; de modo que somos autores tanto de los bienes como de los males que nos acontecen por imprudencia nuestra» *(Antigüedades 18:1)*. Más tarde, los saduceos se convirtieron en el partido del templo; eran un grupo de élite con un considerable poder. Ellos, como los fariseos, a menudo entraban en conflicto con Jesús (p. ej., Mt. 22:23-33).

CAPÍTULO 12

LA ÉPOCA ROMANA

ALEJANDRO MAGNO SOÑÓ CON UN MUNDO unificado y, a través de sus conquistas, puso gran parte del mundo bajo la hegemonía griega. Plutarco, que escribió en los siglos I y II d. C., explica que Alejandro estaba desanimado respecto a qué hacer con el mundo luego de haberlo conquistado. Cita al emperador romano Augusto (31 a. C.-14 d. C.) cuando expresó su sorpresa de «que Alejandro no considerara la organización correcta del imperio que había obtenido una tarea mayor que la de conquistarlo» (Moralia 207D). Es discutible si en verdad Augusto alguna vez hizo esa declaración, pero las palabras reflejan adecuadamente el fracaso de Alejandro y sus sucesores al tratar de centralizar políticamente el mundo. Fueron los romanos quienes hicieron realidad este sueño: unificaron el mundo a través de la conquista, como Alejandro, pero lograron mucho más. En esencia, brindaron paz y seguridad *(pax romana),* administraron de un modo apropiado las tierras que habían conquistado y fueron incansables constructores de caminos.

Sin embargo, los romanos no trajeron una nueva cultura. Tomaron cosas prestadas de otros, especialmente de los griegos, y las hicieron suyas. Everett Ferguson comentó una vez que «Roma tomó prestado, desde el punto de vista cultural y religioso, pero podía poner su propio sello en las cosas».[1] Lo cierto es que gran parte del área bajo el dominio romano estaba aún bajo la influencia cultural de Grecia; incluso Roma misma estaba bajo esa influencia. La fuerza motriz de Roma era algo diferente; era su crecimiento y expansión. Los romanos no fueron grandes innovadores, pero fueron extraordinarios guerreros, estadistas y constructores.

Una de las primeras declaraciones del Nuevo Testamento afirma: «Aconteció en aquellos días, que se promulgó un edicto de parte de Augusto César, que todo el mundo fuese empadronado. Este primer censo se hizo siendo Cirenio gobernador de Siria» (Lc. 2:1-2). Esa declaración introductoria al nacimiento de Jesús en Belén subraya que el escenario histórico del Nuevo Testamento fue la etapa en que Roma gobernaba el mundo. El trasfondo romano del Nuevo Testamento es un componente esencial para entender e interpretar los escritos sagrados. En otras palabras, para entender el Nuevo Testamento es necesario entender Roma.

LOS COMIENZOS

La fundación de Roma está envuelta en misterio. Existen varios cuentos populares que pretenden describir su origen. Una de las historias más conocidas la cuenta en la *Eneida* el poeta romano Virgilio. Allí nos dice que Eneas y sus descendientes descubrieron

1. *Backgrounds of Early Christianity,* 3.ª ed. (Eerdmans, 2003), 21.

la ciudad a su regreso de la guerra de Troya. Una parte principal de esta tradición señala que el hombre que realmente fundó la ciudad fue Rómulo, en el siglo VIII a. C. Supuestamente era descendiente directo de Eneas, a través de una larga línea de reyes, e hijo del dios Marte. Es dudoso que haya una pizca de verdad en alguna de estas historias.

No se sabe mucho de la fundación de Roma según fuentes arqueológicas e históricas. Al parecer, los primeros habitantes de la zona se asentaron en aldeas sobre las colinas que rodeaban el lugar en el que más adelante se construiría la ciudad. Estos poblados se establecieron entre los siglos X y VIII a. C., y los más antiguos probablemente fueron los del monte Palatino. Durante el siglo siguiente, Roma se convirtió en una ciudad-estado, pero de un tipo diferente a la ciudad-estado griega. Por ejemplo, en Grecia la ciudadanía se controlaba estrictamente y no era muy accesible para las clases sociales más bajas ni para los extranjeros. Los esclavos liberados no podían convertirse en ciudadanos. Roma, en cambio, tenía una política de ciudadanía bastante tolerante. Los esclavos liberados se convertían en ciudadanos, al igual que los pueblos de todas las zonas bajo control romano. Por lo tanto, Roma fue capaz de absorber poblaciones foráneas mientras que Grecia no pudo hacerlo. Roma fue realmente el crisol de las culturas del Mediterráneo.

LA REPÚBLICA (C. 509-31 A. C.)

A finales del siglo IV a. C., el dominio romano se había expandido tanto que controlaba toda la península itálica al sur del río Po (ver mapa 12-1). El valle del Po iba desde el mar Adriático en el este, atravesaba el norte de Italia, pasaba por Turín y llegaba hasta los Alpes. Roma era bastante fuerte para entonces y su principal rival en el Mediterráneo occidental era Cartago, que se ubicaba en la costa norteafricana, en el Túnez actual. Estas dos potencias se enfrentaron en tres grandes guerras, conocidas como las guerras púnicas. Como consecuencia de la primera guerra púnica (262-241 a. C.) los romanos obtuvieron las islas de Cerdeña, Córcega y Sicilia. Cerdeña y Sicilia son las dos islas más grandes del Mediterráneo. La segunda guerra púnica (218-201) es bien conocida por la invasión a la península itálica realizada por el general cartaginés Aníbal, cuando cruzó los Alpes desde España. Roma estuvo en gran peligro y sufrió inmensamente en ese momento. Sin embargo, a la postre, el general romano Escipión el Africano derrotó a Aníbal en África. La tercera guerra púnica (149-146) trajo la derrota definitiva de Cartago a manos de los romanos. Las excavaciones en Cartago han revelado una enorme capa de destrucción que indica que la ciudad fue arrasada completamente por el asalto romano. Después de esta guerra, todo el Mediterráneo occidental quedó en poder de Roma.

También a partir del siglo III a. C., Roma comenzó a tener conflictos militares con Grecia. Los enfrentamientos comenzaron cuando Pirro, rey de Epiro en Grecia, combatió en el sur de la península itálica a favor de la colonia griega de Tarento. Los romanos conquistaron Tarento en el 272 a. C., y más adelante lucharon cuatro guerras macedónicas (214-205, 200-196, 171-167 y 150-148 a. C.). Al finalizar la última de ellas, Macedonia fue sometida y se convirtió en una provincia romana.

En las primeras décadas del siglo II a. C. los romanos ya actuaban en regiones más allá del este de Grecia. El rey seléucida Antíoco III (223-187 a. C.) invadió Grecia en el 193. En respuesta, los romanos lo rechazaron y lo llevaron de vuelta a Asia Menor, donde le infligieron una derrota devastadora en Magnesia. La parte occidental de Asia Menor se libró así de los seléucidas y Roma permitió que el reino de Pérgamo controlara el área. En 168 a. C., los romanos tuvieron conflictos adicionales con los seléucidas. Ordenaron a Antíoco IV que se retirara de Egipto y regresara a Siria. El rey seléucida obedeció y Roma se convirtió en el protector de Egipto. En el 133 a. C., el último rey de Pérgamo otorgó su reino a Roma. Esta iba en ascenso y los seléucidas en declive. A finales del siglo II a. C., los seléucidas controlaban muy poco territorio, y lo que controlaban se centraba en Siria-Palestina.

LA REPÚBLICA TARDÍA: GUERRAS CIVILES (133-27 A. C.)

Durante el siguiente siglo, Roma se vio envuelta en conflictos internos. La agitación comenzó con las reformas agrarias de los hermanos Tiberio Sempronio Graco y Gayo Sempronio Graco Graco. Ambos propusieron un programa para redistribuir

12-1. La expansión del Imperio romano c. 264 a. C.-117 d. C. Desde sus humildes comienzos como la ciudad-estado de Roma, el Imperio romano creció hasta convertirse en la mayor potencia que el mundo occidental había conocido. Organizados inicialmente como un reino (753-509 a. C.), luego como una república (509-31 a. C.) y finalmente como un imperio (31 a. C.-395 d. C.), los romanos consolidaron su dominio sobre la península itálica antes de emprender una serie de guerras contra el cada vez mayor imperio de Cartago en el norte de África e Hispania. Guerras posteriores con otros reinos en la Galia, Asia, etc., continuaron expandiendo el poder romano hasta que Roma se convirtió en la dueña indiscutible del mundo mediterráneo. Si bien las poblaciones locales a menudo se sentían disgustadas con Roma, su gobierno brindaba estabilidad política, seguridad en los viajes y el comercio y un sistema universal de intercambio. Tales condiciones facilitaron la difusión del evangelio por todo el mundo occidental durante la época del Nuevo Testamento.

la tierra entre los campesinos al limitar la cantidad de tierra disponible para los terratenientes ricos. Con la redistribución de la tierra, los hermanos esperaban incrementar el ejército romano, pues su tenencia era un requisito para el servicio militar. El Senado reaccionó con dureza ante estas reformas sociales y políticas, y finalmente ambos hermanos perdieron la vida a causa de sus esfuerzos.

Roma también estaba gravemente amenazada por fuerzas externas. A finales del siglo II a. C. los teutones invadieron desde el norte y hubo una guerra entre las fuerzas romanas y Jugurta, rey de Numidia. En respuesta a estas amenazas militares, el pueblo nombró a Cayo Mario como comandante de los ejércitos romanos en oposición al Senado Romano, que reclamaba el derecho a tener el control militar. Cayo Mario venció al ejército de Jugurta y amenazó así el poder del Senado.

En el año 90 a. C. tuvo lugar una rebelión de una confederación de pueblos itálicos y este suceso dio inicio al período de las guerras civiles en Roma. Un líder militar de Roma llamado Sila jugó un importante papel en sofocar la rebelión y, al hacerlo, se convirtió en uno de los favoritos del Senado. Sila se apoderó de Roma con su ejército y lo utilizó para controlar la ciudad y para reprimir a todas las facciones contrarias al Senado. Sin embargo, Sila y sus tropas fueron llamados para hacer frente a la amenaza militar de Mitrídates VI, rey del Ponto, que invadió Grecia en el año 87 a. C. Sila le infligió una aplastante derrota. Mientras Sila se encontraba en esta campaña, Cayo Mario dirigió un ejército hacia la ciudad de Roma y la ocupó. Sila regresó a la península itálica en el 83, para el 80 había destruido los ejércitos de Cayo Mario. Se hizo nombrar dictador y dispuso que se volviera a promulgar la constitución republicana como la ley del país. Se retiró de su cargo en el año 79 a. C.

En las tres décadas siguientes comenzaron a surgir varios líderes poderosos. Pompeyo se ganó su gran reputación como líder militar al limpiar el Mediterráneo de piratas, derrotar a Mitrídates VI y conquistar los territorios seléucidas restantes y ponerlos bajo el control de Roma. Ocupó Siria en el 64 a. C. y al año siguiente incorporó Palestina a la provincia de Siria. Marco Licinio Craso era famoso porque había dirigido las legiones romanas contra la rebelión de Espartaco en el 71 a. C. Julio César ganó notoriedad como líder militar al frente de las tropas romanas en la guerra de las Galias (58-51 a. C.). En el año 60 a. C. estos tres líderes, Pompeyo, Craso y Julio César, formaron lo que se conoce como el Primer Triunvirato. Esta fue una asociación no oficial de poder compartido entre los tres hombres; cada uno la usaba para salvaguardar sus propios intereses. Cuando Craso murió en el año 53 a. C., se produjo una fuerte rivalidad entre Pompeyo y César por el control de Roma. En el 49, César cruzó el río Rubicón e invadió Italia. La batalla decisiva ocurrió en Farsalo, Tesalia, en el año 48 a. C., y Julio César aplastó al ejército de Pompeyo. Entonces César tomó el control de Roma y se hizo nombrar dictador vitalicio en el 44 a. C. El Senado Romano vio con disgusto el ejercicio del poder de César, de modo que Cayo Casio Longino y Marco Junio Bruto organizaron su asesinato en los idus de marzo del año 44 a. C.

Después del asesinato de César se formó el Segundo Triunvirato: los que compartieron el poder fueron Octaviano (sobrino de Julio César), Marco Antonio (principal ayudante militar de César) y Lépido (exgobernador de Galia y España). Casio y Bruto compitieron por el poder con el Segundo Triunvirato y organizaron un ejército en Siria. Sin embargo, los ejércitos combinados de Octaviano y Marco Antonio los derrotaron en la batalla de Filipos, en Grecia, en el año 42 a. C. Como resultado de esta victoria, Octaviano recibió el mando del Mediterráneo occidental, incluida Italia, y Marco Antonio obtuvo las provincias orientales. No obstante, el conflicto era inevitable. Octaviano hizo que Roma se volviera contra Marco Antonio debido a la relación de este con Cleopatra de Egipto. Octaviano derrotó a las fuerzas de Marco Antonio y Cleopatra en Accio, en el año 31 a. C. Posteriormente, tanto Marco Antonio como Cleopatra regresaron a Egipto y se suicidaron. Egipto quedó así en manos de los romanos; la dinastía ptolemaica había terminado, al igual que la República Romana. Octaviano llevaría a Roma en una nueva dirección con una nueva constitución.

OCTAVIANO / AUGUSTO (31-14 A. C.)

Con la derrota de Marco Antonio en Accio, Octaviano reclamó la supremacía indiscutible y el poder absoluto en Roma. Sin embargo, fue lo suficientemente sabio como para no hacer alarde de su poder, por lo que permitió que los cónsules lo reeligieran cada año; esto daba la impresión de que se le otorgaba ese poder y ese privilegio. Octaviano solo trataba de no alienar a las voces conservadoras del Senado. En el año 27 a. C. se llegó a un acuerdo constitucional en el que se proclamó la *res gestae* (testamento político) de Octaviano. La posición de Octaviano era una en la que nadie excedía su autoridad debido a su *auctoritas* innata, es decir, su poder y prestigio inherentes. En ese momento el Senado le otorgó el título de «Augusto», que daba a entender una especie de naturaleza sobrehumana. El Senado también lo nombró *princeps senatus* («primero en el Senado»), lo que significa que Augusto fijaba la agenda para cualquier asunto del Senado y tenía el derecho de hablar primero en el debate. Después del 27 a. C. su título oficial fue *Imperator Caesar divi filius Augustus*; parte de este título significa «hijo de un dios».

Un nuevo orden se estaba desarrollando en Roma. En el año 23 a. C. Augusto recibió un gran poder ejecutivo con el *maius imperium proconsulare*, que le otorgó autoridad completa sobre todas las provincias y los funcionarios provinciales de Roma. También ostentaba el *imperium* sobre los militares, por lo tanto, comandaba todas las legiones de Roma. Además, tenía el poder de eludir el Senado y apelar directamente al pueblo de Roma sobre cualquier asunto. En realidad Augusto tenía los recursos financieros, el ejército y la mayor parte del Senado en su bolsillo. Con él vemos el comienzo del Imperio romano.

Las contribuciones de Augusto son muy significativas; sus logros fueron grandes. Después de muchas décadas de disturbios civiles y guerras en toda el área de influencia romana, Augusto dio inicio a un período de paz conocido como la *pax romana*. Promovió la paz en todas las provincias y el pueblo respondió con gratitud, pues le devolvió la tranquilidad a Roma. Esta *pax romana* se tradujo en seguridad y protección en los viajes por todo el mundo mediterráneo. Hubo un renovado desarrollo económico; el comercio fue posible en todas las provincias y prosperó. Augusto también inició el restablecimiento de la religión de la República;

construyó numerosos templos a los dioses romanos tradicionales. También emprendió grandes proyectos de construcción en Roma. Según el historiador Suetonio, Augusto se jactaba: «Encontré Roma construida con ladrillos secados al sol; la dejo vestida de mármol» (*Augustus* 28.3).

Roma en tiempos de Augusto fue el contexto en el que surgió el cristianismo; Jesús nació bajo el reinado de Augusto (Lc. 2:1). Las contribuciones de Augusto a la nueva religión incluyen la paz, el extenso sistema de carreteras y la mejora de la comunicación entre todas las áreas del mundo. Una de las razones por las que el cristianismo prosperó y se extendió rápidamente fue la *pax romana*. El apóstol Pablo estaba en lo cierto cuando expresó que Cristo vino «a su tiempo» para morir por su pueblo (Ro. 5:6).

PALESTINA EN EL SIGLO I A. C.

En el 64 a. C. Pompeyo penetró con el ejército romano en Siria, la conquistó y eliminó los últimos vestigios del dominio seléucida al convertirla en una provincia romana. Al año siguiente se dirigió al sur, cruzó el río Jordán e invadió Judea, capturó a Aristóbulo II en Alexandrium y luego se dirigió a Jerusalén. Esta se sometió rápidamente a los romanos, excepto el recinto del templo, que resistió durante cuatro meses. El sometimiento del Estado judío al dominio romano trajo grandes cambios en Siria y Palestina. Pompeyo no mantuvo el *statu quo* del anterior estado de los asmoneos, sino que dividió el país en dos áreas, Galilea en el norte y Judea en el sur. A Judea se le negó el acceso al mar y quedó rodeada por un cinturón de ciudades griegas. Después de la redistribución de Pompeyo, el área que permaneció judía fue mucho más pequeña y más fragmentada que la existente en el momento de la muerte de Alejandro Janneo en el año 76 a. C.

El sucesor de Pompeyo fue Aulo Gabinio. Intentó dividir el territorio judío restante en cinco regiones, pero su plan no funcionó. En el año 47 a. C. Julio César reunificó Judea, nombró a Hircano II como etnarca de la región y devolvió a los judíos parte de la tierra que les había sido arrebatada. Sin embargo, el verdadero poder en Judea no era Hircano II, sino Antípatro de Idumea, que había sido nombrado procurador de Judea. Fasael, hijo de Antípatro, gobernó Jerusalén y sus alrededores, y Herodes, el hijo menor de Antípatro, gobernó en Galilea a partir del año 40 a. C.

En el 40 a. C. los partos invadieron Palestina, tomaron Jerusalén y pusieron en el trono al último rey asmoneo, Antígono Matatías. Antípatro y Fasael perecieron, este último por su propia mano cerca de la ciudad de Tolemaida. Herodes huyó a Roma, defendió su caso ante los romanos y el Senado lo confirmó como rey de los judíos. Regresó a Judea en el año 39 a. C. para reclamar su reino. Sin embargo, tuvo que conquistar primero el territorio, una proeza que no logró hasta la rendición de Jerusalén en el año 37. Entonces Herodes hizo ejecutar a Antígono Matatías y a muchos de sus seguidores, y de este modo acabó definitivamente con los reyes asmoneos. Esta conquista le permitió a Herodes controlar Judea, Galilea, Samaria, Edom y Perea.

HERODES I EL GRANDE (37-4 A. C.)

El reinado de Herodes

El reinado de Herodes en Palestina puede dividirse en dos períodos. El primero abarca los años 37-30 a. C. y coincide con la última etapa de las guerras civiles romanas. Herodes era astuto políticamente y fue experto en apoyar a las personas adecuadas en el momento adecuado durante esa etapa tan peligrosa. Mantuvo su reino intacto; en realidad aumentó sus posesiones. El mayor peligro para él fue Marco Antonio, quien gobernó la parte oriental del territorio de Roma como uno de los triunviros romanos. Antonio tenía estrechos lazos con Egipto durante el reinado de la reina Cleopatra. Ella deseaba tener el control de Siria-Palestina y restablecer el dominio ptolemaico en esas zonas. Antonio le entregó algunos territorios en Palestina, incluido el rico oasis de Jericó. Herodes ciertamente habría perdido mucho, incluso todo su territorio, si Augusto no hubiera derrotado a Antonio y Cleopatra en Accio en el año 31 a. C. Herodes pudo persuadir a Augusto de que era un súbdito leal, por lo que el gobernante romano le devolvió todas las tierras que Antonio le había quitado y también le dio más territorios.

La segunda parte del reinado de Herodes fue un período de paz definido por la *pax romana* de César Augusto. Herodes demostró ser un administrador capaz y pudo mantener a raya a sus revoltosos súbditos. Este fue un período de prosperidad, pues el reino de Herodes se expandió aún más. En el año 20 a. C., los territorios adicionales de Gaulanitis, Paneas y Ulata fueron cedidos a Herodes y en este momento su reino alcanzó su mayor extensión.

Herodes el constructor

Algunos de los proyectos constructivos más ambiciosos y magníficos de la historia de Palestina fueron realizados por Herodes el Grande (ver mapa 12-2). La mayoría de estos proyectos comenzaron a mediados de su reinado, luego de haber consolidado su reino tanto militar como políticamente. ¿Por qué construyó tanto y tan fastuosamente? El historiador Flavio Josefo aporta una razón fundamental: «Apenas había un lugar de su reino que no tuviera algo en honor del César [...] construyó muchas ciudades que llamó Cesarea» (*La guerra de los judíos* 1.21) para honrar al emperador romano. Por supuesto, así Herodes se congraciaba con Augusto y consolidaba su posición política en la jerarquía romana.

12-2. Reino de Herodes el Grande, c. 37-4 a. C. (Mt. 2:1-15). Poco antes de la época del Nuevo Testamento, la tierra de Israel (llamada de forma general Palestina) quedó bajo el dominio de los romanos. El general romano Pompeyo se apoderó de Palestina en el 63 a. C., pero no fue hasta el ascenso de Herodes el Grande que el dominio sobre la región se consolidó. Una vez que Herodes estableció un control firme sobre su reino, demostró ser un gran constructor. Emprendió extensos proyectos constructivos en todo su reino e incluso más allá.

Herodes también construyó muchos refugios y centros de retiro para protegerse de las amenazas extranjeras y las intrigas palaciegas. Parece haber sido bastante paranoico, pues dio muerte a tres de sus propios hijos, ahogó a su cuñado y mató a su esposa Mariamna porque pensó que le era infiel y se rebelaba. Según Flavio Josefo: «Herodes envió a la eternidad a muchos de sus familiares y amigos» (*La guerra de los judíos* 21.10). Debido a la crueldad de Herodes, César Augusto dijo de él: «Prefiero ser el cerdo de Herodes que su hijo» (citado en Macrobio, *Saturnales* 2.4.1). (Herodes se negó a comer cerdo para no molestar a sus súbditos judíos, pero, como se señaló anteriormente, no tuvo reparos en matar a sus propios hijos). En definitiva, Herodes, en su arrogancia, ciertamente construyó magníficos edificios para su propia gloria.

Samaria. Augusto entregó la ciudad de Samaria a Herodes el Grande en el año 30 a. C. Herodes la reconstruyó según las normas romanas y la convirtió en la principal ciudad del norte. Para honrar a Augusto, su patrón, Herodes cambió el nombre de la ciudad y la llamó Sebaste, que es el equivalente griego del nombre Augusto. Transformar Samaria en una ciudad de estilo romano fue bastante fácil y hubo poca fricción con los habitantes de la zona. Los pueblos de esta región habían sido progriegos y favorables a la helenización y luego se volvieron proromanos. Herodes mismo fue muy activo en el lugar: ¡se casó con una de sus esposas y mató a dos de sus hijos en Sebaste!

Las excavaciones en Samaria han revelado partes significativas de la ciudad romana de Herodes. La cima de la ciudad estaba coronada por un templo que Herodes construyó y dedicó a Augusto. Sus ingenieros acondicionaron primero el área al nivelar y rellenar las ruinas de los períodos helenísticos e israelitas anteriores. Sobre esta superficie llana construyeron una gran explanada con el templo encima. Los arqueólogos han desenterrado dos muros que sostenían columnas que enmarcaban el pórtico del templo. En una excavación cercana se encontró parte de una gran estatua de Augusto. Se descubrió un foro romano con una hilera de columnas. Estas formaban parte de los pórticos que lo rodeaban. En un extremo del foro había una basílica (un gran salón público con columnas) con dos hileras de columnas pertenecientes a la estructura herodiana original. A este último edificio los ingenieros de Herodes le incorporaron un acueducto que traía agua desde un manantial en una colina adyacente a una distancia de unas 2,7 millas (4,4 km). El acueducto incluía un puente de 164 pies (50 m) de altura que atravesaba parte del valle entre las colinas. También se han excavado en el yacimiento restos de un estadio y un teatro de estilo romano que podrían haber sido originalmente de la época de Herodes.

Jericó. Durante la primera parte del reinado de Herodes, Jericó perteneció a la reina Cleopatra de Egipto. Herodes le alquiló la ciudad del oasis; sin embargo, después del suicidio de la reina en el 30 a. C., Augusto, el nuevo gobernante del mundo romano, recompensó la lealtad de Herodes al entregarle la ciudad. Allí, Herodes se construyó un palacio de invierno a ambos lados del Wadi Qelt. Jericó se encuentra junto al mar Muerto y está a unos 850 pies (258 m) por debajo del nivel del mar. También está a solo 14 millas (23 km) de Jerusalén, pero Jerusalén se encuentra a unos 2400 pies (730 m) sobre el nivel del mar. En esa corta distancia el clima cambia notablemente: Jerusalén recibe 21 pulgadas (53 cm) de lluvia al año y la temperatura promedio es de 64 °F (18 °C); Jericó recibe apenas 15 cm (6 pulgadas) de lluvia al año y la temperatura promedio es de 77 °F (25 °C). Herodes construyó su palacio de invierno en Jericó (ver imagen 12-1) para poder tener un clima cálido en invierno, pero también para estar cerca de Jerusalén, el centro de poder de su reino.

En Jericó, Herodes construyó dos palacios, jardines de diseño formal, un hipódromo, una piscina de tamaño olímpico (¡en la que hizo ahogar a uno de sus hijos!) y nuevos acueductos para traer agua de las colinas e irrigar la zona. En uno de los palacios los arqueólogos han descubierto un complejo baño romano que incluía dos *tepidariums*, un *caldarium* y un *frigidarium*.

Cesarea Marítima. Cuando Augusto se convirtió en el único gobernante del mundo romano en el año 30 a. C., cedió el antiguo fondeadero mediterráneo de la Torre de Estratos a Herodes por su lealtad. Herodes construyó allí una ciudad que serviría como la gran entrada a su reino. Cuando se terminaron los trabajos, fue uno de los puertos más

12-1. La Jericó de Herodes. Aquí Herodes el Grande construyó dos palacios, jardines formales y una gran piscina. Detrás de las ruinas se observan cubiertas de plástico que protegen los cultivos regados.

grandes de todo el mundo mediterráneo. Herodes le dio el nombre de Cesarea en honor a su amigo y patrón César Augusto. Flavio Josefo comentó extensamente sobre las maravillosas hazañas de ingeniería de Cesarea; mencionó un templo dedicado a Augusto, un teatro, un anfiteatro, un palacio y el gran tamaño de la ciudad que estaba construida según un patrón cuadriculado de calles. Flavio Josefo quedó particularmente impresionado por el tamaño del puerto y la ingeniosa construcción de un sistema de alcantarillado. Cesarea se construyó para que pareciera una ciudad romana; incluía un hipódromo y muchas termas romanas.

Los trabajos arqueológicos en Cesarea han revelado muchos restos de la ciudad herodiana. La razón principal de la existencia de la ciudad fue el uso del puerto, que se ha encontrado en las excavaciones. Era un rompeolas artificial de 200 pies (61 m) de ancho construido por los ingenieros de Herodes. Consistía en bloques de 50 × 18 × 10 pies (15 × 5,5 × 3 m), cada uno de ellos fue colocado en el agua manualmente. En realidad, cada bloque era una estructura de madera rellena de escombros que se mantenían unidos mediante un mortero de uso submarino; el mortero estaba hecho de cal y puzolana, una ceniza volcánica que solo se encuentra en el centro de Italia. Flavio Josefo describió así el puerto: «A intervalos, a lo largo del puerto, había grandes torres [...]. Había numerosas cámaras abovedadas para la recepción de los que entraban en el puerto [...] en la entrada del puerto había estatuas colosales, tres a cada lado, colocadas sobre columnas» (*La guerra de los judíos* 1.408). Junto al puerto, tierra adentro, se encontró un podio mencionado por Flavio Josefo sobre el que se erguía un templo dedicado a Augusto.

Se ha excavado el teatro herodiano, aunque algunos de sus elementos actuales pertenecen a reconstrucciones posteriores. Cerca del teatro hay un promontorio rocoso en el que se ha encontrado un vivero de peces; se trata de un depósito o estanque donde tal vez se echaban peces capturados en el mar para mantenerlos vivos o donde la gente podía ver especímenes exóticos. No es seguro, pero probablemente data de la época de Herodes. Al norte del puerto todavía se pueden ver dos acueductos paralelos. El acueducto del lado terrestre fue construido por Herodes para llevar agua de los manantiales de Shuni a Cesarea (ver fotografía 12-15, p. 248).

Cesarea jugó un importante papel en el siglo I d. C. Allí vivió Poncio Pilato, el procurador romano de Judea que juzgó a Jesús. En el emplazamiento se descubrió una inscripción con su nombre, que dice: «Poncio Pilato, prefecto de Judea, hizo y dedicó el *Tiberieum* al divino Augusto». Cuando el apóstol Pablo apeló al César en Roma, fue enviado desde Cesarea en barco. En Hechos 10, el apóstol Pedro compartió las buenas nuevas de Cristo con Cornelio en Cesarea.

Herodión. En el desierto de Judea, al sur de Jerusalén, a unas 8 millas (13 km), Herodes construyó una colina artificial como refugio y centro de retiro. Sus ingenieros aumentaron la altura de una colina natural en unos 61 m (200 pies). El complejo se construyó entre los años 24 y 15 a. C. para conmemorar la exitosa retirada de Herodes cuando huyó a Masada en el año 40 a. C. Herodión habría sido un asombroso palacio de verano; según Flavio Josefo, Herodes agasajó allí a Agripa, yerno de César Augusto, en el año 15 a. C. Herodión era una fortaleza bien escondida y sirvió como centro administrativo del distrito. Herodes la eligió como lugar para su sepultura.

Las excavaciones en el sitio han revelado un enorme complejo palaciego, un teatro, una gran piscina, los típicos baños romanos y jardines. El recinto estaba rodeado por una doble muralla de defensa con cuatro torres. Las excavaciones más recientes han descubierto el mausoleo de Herodes; contenía un sarcófago muy elaborado que al parecer es el suyo. También se han descubierto fragmentos de otros sarcófagos, que posiblemente pertenecían a su familia.

Masada. Sobre la fortaleza natural que es la roca de Masada, la cual se eleva 122 metros (400 pies) por encima de la costa oeste del mar Muerto, Herodes construyó el que quizás fue su complejo arquitectónico más espectacular. Todo lo que sabemos sobre el sitio, según documentos históricos, proviene de Flavio Josefo. Según él, Masada se fortificó por primera vez bajo el dominio del asmoneo Alejandro Janneo (103-76 a. C.) con el fin de proteger su frontera sureste. Herodes el Grande se apoderó de Masada durante la lucha por el poder que siguió al asesinato de su padre Antípatro de Idumea en el año

12-2. Esta torre formaba parte de las fortificaciones del palacio de Herodes en el lado oeste de la Jerusalén romana.

43 a. C. Cuando los partos invadieron Judea en el año 40 a. C., Herodes se vio obligado a abandonar el país. Primero huyó a Masada, dejó a su familia protegida allí y luego escapó a Roma a través del desierto. Masada fue asediada por el títere de los partos Antígono Matatías, pero Herodes regresó y liberó la fortaleza sitiada.

Debido a la importancia que demostró tener Masada durante el asedio de los partos, Herodes estaba convencido de que sería un formidable último refugio si sus adversarios se lanzaban contra él violentamente. Cleopatra y Marco Antonio fueron una grave amenaza desde el año 40 al 30 a. C., y los súbditos judíos de Herodes podían rebelarse en cualquier momento. Debido a esos peligros, Herodes convirtió a Masada en una fortaleza inexpugnable. Las excavaciones han revelado que la fortaleza solo tenía una entrada, y era por el peligroso «camino de la serpiente». Según Flavio Josefo, a este camino «lo llamaban la serpiente pues se asemejaba a ese reptil por su estrechez y sus continuas curvas» (*La guerra de los judíos* 7.282). Un doble muro defensivo rodeaba la parte superior y entre los dos muros había una serie de habitaciones donde los soldados deben haber vivido y vigilado. En Masada, Herodes construyó dos hermosos palacios aislados. El palacio norte era un complejo de tres niveles con vista al mar Muerto; aquí los arqueólogos han encontrado frescos asombrosos. El palacio occidental también era magnífico: contenía el salón del trono de Herodes y hermosos mosaicos cubrían los pisos. En las excavaciones se han encontrado enormes almacenes y cisternas donde se guardaban las provisiones necesarias para el refugio.

Jerusalén. Herodes realizó sus más grandes proezas constructivas en la ciudad central de Judea, Jerusalén. Hizo que sus ingenieros construyeran un sistema defensivo para proteger su palacio en la parte noroeste de la ciudad. Se la llamaba la Ciudadela y constaba de tres torres principales: una que llevaba el nombre de Fasael, hermano de Herodes; otra que llevaba el nombre de Hípico, un amigo de Herodes, y la tercera tenía el nombre de Mariamna, una de las nueve esposas de Herodes. Una de estas torres se conserva en la Jerusalén moderna, aunque ha sido reconstruida muchas veces desde la época romana. El trabajo herodiano de la torre es evidente a simple vista: consiste en grandes bloques con una protuberancia decorativa plana y lisa; los bloques se acentúan mediante una estrecha franja en los bordes. En la esquina noroeste de la ciudad, junto al Monte del Templo, Herodes construyó una fortaleza dedicada a Marco Antonio; era un complejo de cuatro torres llamado la fortaleza Antonia. Ubicó la fortaleza junto al templo para que los soldados pudieran mirar hacia sus atrios, donde era muy probable que estallara una rebelión judía. La fortaleza Antonia era un símbolo del dominio opresivo de Herodes sobre la nación judía.

El más grandioso de los proyectos de Herodes fue la construcción de un templo para reemplazar al templo posexílico. La construcción comenzó durante el reinado de Herodes en el año 20 a. C., pero no culminó hasta alrededor del año 50 d. C. (ver Juan 2:20). Poco queda del templo herodiano excepto un enorme muro de contención que sus ingenieros construyeron para extender el extremo sur de la plataforma del templo. El podio resultante cubría 36 acres (14,5 hectáreas) y sostenía numerosos edificios de la época de Herodes. Todos los edificios herodianos han sido destruidos.

Hacia el final de su reinado, Herodes al parecer se tornó extremadamente paranoico. En el año 7 a. C. mató a dos de sus hijos (Alejandro y Aristóbulo) a

Restos arqueológicos de la época de Jesús en Jerusalén

Herodes el Grande (37-4 a. C.) realizó algunos de los proyectos constructivos más ambiciosos en la historia de Jerusalén. Jesús debe haber caminado y enseñado en muchas de esas calles, edificios y fortificaciones. El proyecto más grandioso de Herodes fue la construcción de un bello templo para los judíos que reemplazó al templo posexílico de la época de Zorobabel. Herodes comenzó a construirlo en el año 20 a. C., pero murió antes de que se terminara en el 50 d. C. (ver Juan 2:20). Muy poco queda del templo de la época de Herodes; todos los edificios del recinto fueron arrasados cuando los romanos destruyeron Jerusalén y el Monte del Templo en el año 70 d. C. (ver las ilustraciones en las páginas siguientes).

Lo que se conserva del templo de Herodes (a menudo llamado segundo templo) es la enorme plataforma de ampliación que se construyó en el lado sur del monte para agrandar el recinto. Es decir, los ingenieros de Herodes construyeron un enorme muro de contención, de aproximadamente 130 pies (40 m) de largo, para agrandar la plataforma del templo y construir los edificios encima (ver imagen 12-3). El podio resultante cubría 36 acres (14,5 hectáreas). Sin embargo, el muro tenía dos entradas, las llamadas puerta Doble y puerta Triple, que daban acceso al interior. Dentro del muro había doce largos pasillos abovedados, que se han llamado erróneamente «establos de Salomón». Estos pasillos se convirtieron en rampas que conducían a la parte superior de la plataforma del templo. Las excavaciones han descubierto un empedrado de 21 pies (6,4 m) de ancho construido por Herodes directamente frente a las entradas. Escaleras monumentales, de más de 61 m (200 pies) de ancho, descendían desde el empedrado hasta una plaza más abajo. Estos 30 escalones se construyeron con adoquines de piedra lisa. El Talmud se refiere a Gamaliel y a otros rabinos parados encima de estos escalones; eran los «escalones de la enseñanza» del templo de Herodes (ver imagen 12-4).

La altura total del muro de contención herodiano es de unos 130 pies (40 m). Los bloques utilizados en su construcción son enormes; cerca de la esquina suroeste del podio algunos de los bloques miden 39 pies (12 m) de largo y pesan más de 100 toneladas. La mampostería de los bloques es elegante, con marcas de cinceles característicos de la arquitectura herodiana. También, cerca de la esquina suroeste, los arqueólogos encontraron el llamado «arco de Robinson»; era parte de un puente que sostenía una escalera la cual conducía desde Jerusalén oeste hasta el Monte del Templo. Entre los escombros de la parte inferior de esa esquina, los arqueólogos encontraron una piedra con una inscripción hebrea que dice: «Hacia el lugar de la trompeta». Esta piedra probablemente estaba ubicada en la parte superior de la esquina suroeste del Monte del Templo para indicar el lugar donde la trompeta habría anunciado el principio y el final del día de reposo (ver imagen 12-5).

Flavio Josefo cuenta que dentro del recinto del templo el área judía estaba «rodeada por un muro de piedra divisorio con una inscripción que prohibía a cualquier extranjero entrar, bajo pena de muerte» (*Antigüedades* 15.11.5). Dos de estas inscripciones han sido descubiertas (ver imagen 12-6). Estaban escritas en griego y señalaban: «Ningún extranjero debe entrar en el atrio ni en la balaustrada que rodea el santuario, el que sea capturado será culpable de su propia muerte ulterior».

En la zona noroeste de la ciudad, Herodes el Grande construyó tres grandes torres que pertenecían al sistema defensivo occidental. Estas torres formaban parte de su palacio y a menudo se las llamaba la Ciudadela. Las nombró en honor a parientes y un amigo: Fasael (su hermano), Hípico (un amigo cercano) y Mariamna (una de sus nueve esposas). Parte de la Torre Fasael se ha conservado. La mampostería herodiana se distingue claramente allí: se

12-3. El Monte del Templo en Jerusalén visto desde el monte de los Olivos a través del valle del Cedrón.

caracteriza por grandes bloques con una protuberancia decorativa plana y lisa; los bloques se acentúan mediante una estrecha franja en los bordes.

Al sur de la Torre Fasael se ha descubierto un gran podio. Mide aproximadamente 1.100 × 200 pies (335 × 60 m). Sobre el podio había un empedrado, y algunos historiadores sostienen que Jesús fue juzgado ante Poncio Pilato en ese lugar. Otros creen que la confrontación tuvo lugar en la Fortaleza Antonia, que colindaba con el Monte del Templo al norte. Las pruebas parecen concordar con la primera hipótesis. El Evangelio de Marcos menciona que «los soldados le llevaron dentro del atrio, esto es, al pretorio» (Mr. 15:16). Por lo tanto, la residencia de la autoridad romana debe haber sido el palacio de Herodes. Gesio Floro, prefecto romano a partir del año 64 d. C., vivió en el palacio. Además, Filón de Alejandría, escritor del siglo I d. C., señaló que Poncio Pilato vivió en el palacio de Herodes durante una de las fiestas judías y que el palacio era «la residencia de los prefectos» (*Embajada a Gayo* 38).

12-4. Los llamados «escalones de la enseñanza» de la época herodiana en Jerusalén. Estos escalones permitían el acceso a las puertas y rampas que conducían a la parte superior del Monte del Templo durante el período romano y del Nuevo Testamento.

12-5. La inscripción hebrea dice: «Hacia el lugar de la trompeta». La piedra estaba originalmente en la parte superior del Monte del Templo herodiano, en su esquina suroeste. Aquí la trompeta habría anunciado el principio y el final del día de reposo.

12-6. Aviso en griego del templo herodiano que prohíbe el acceso de los gentiles a sus áreas interiores.

El apóstol Juan menciona que Jesús sanó a un enfermo el día de reposo, el hombre hacía 38 años que estaba así. Este milagro ocurrió «en Jerusalén, cerca de la puerta de las ovejas, [en] un estanque, llamado en hebreo Betesda, el cual tiene cinco pórticos» (Juan 5:2). Las excavaciones han revelado un estanque doble con pórticos cerca de la más moderna puerta de los Leones, en la parte noreste de la ciudad. Los estanques fueron excavados en la roca y luego enlucidos con yeso; probablemente se alimentaban de manantiales subterráneos y agua de lluvia. En las excavaciones se han encontrado muchos fragmentos de columnas, bases de pilares y capiteles, los cuales es probable que pertenezcan a los cinco «pórticos» que menciona Juan.

En Juan 9:1-12, parte de la curación de un ciego realizada por Jesús incluía que el hombre fuera al estanque de Siloé y se lavara los ojos. El hombre «fue entonces, y se lavó, y regresó viendo» (v. 7). Ezequías construyó originalmente el estanque de Siloé, en el siglo VIII a. C., para recibir el agua a través de un túnel desde los manantiales de Gihón. Recientes excavaciones en el área han descubierto un gran estanque de al menos 150 pies (46 m) de longitud que tal vez se unía a un estanque más pequeño que estaba en la entrada del túnel de Ezequías. En realidad, los dos estanques pueden formar parte del mismo complejo conocido como el estanque de Siloé. El más grande tiene escalones de piedra en todos sus lados, para que las personas pudieran entrar a él. Los arqueólogos también han encontrado un empedrado que va hacia el norte, desde el estanque hasta el Monte del Templo.

Se ha especulado mucho en torno a los lugares de la traición, la crucifixión y el entierro de Jesús. La evidencia arqueológica es mínima con respecto a estos eventos, y la evidencia que existe es a menudo ambigua.

El Monte del Templo en la época de Jesús

El Monte del Templo de Herodes fue el punto central de Jerusalén durante la época de Jesús. Situado sobre la cresta noreste de Jerusalén, ocupaba una sexta parte del área de la ciudad. Bajo Herodes el Grande, la base del Monte del Templo fue ampliada para abarcar aproximadamente 1,5 millones de pies cuadrados (140.000 m²). Los muros que le servían de cimientos fueron construidos con piedras gigantescas, la más grande de ellas de 13,7 m de largo, 3,5 m de alto y 3,7 m de espesor (45 × 11,5 × 12 pies).

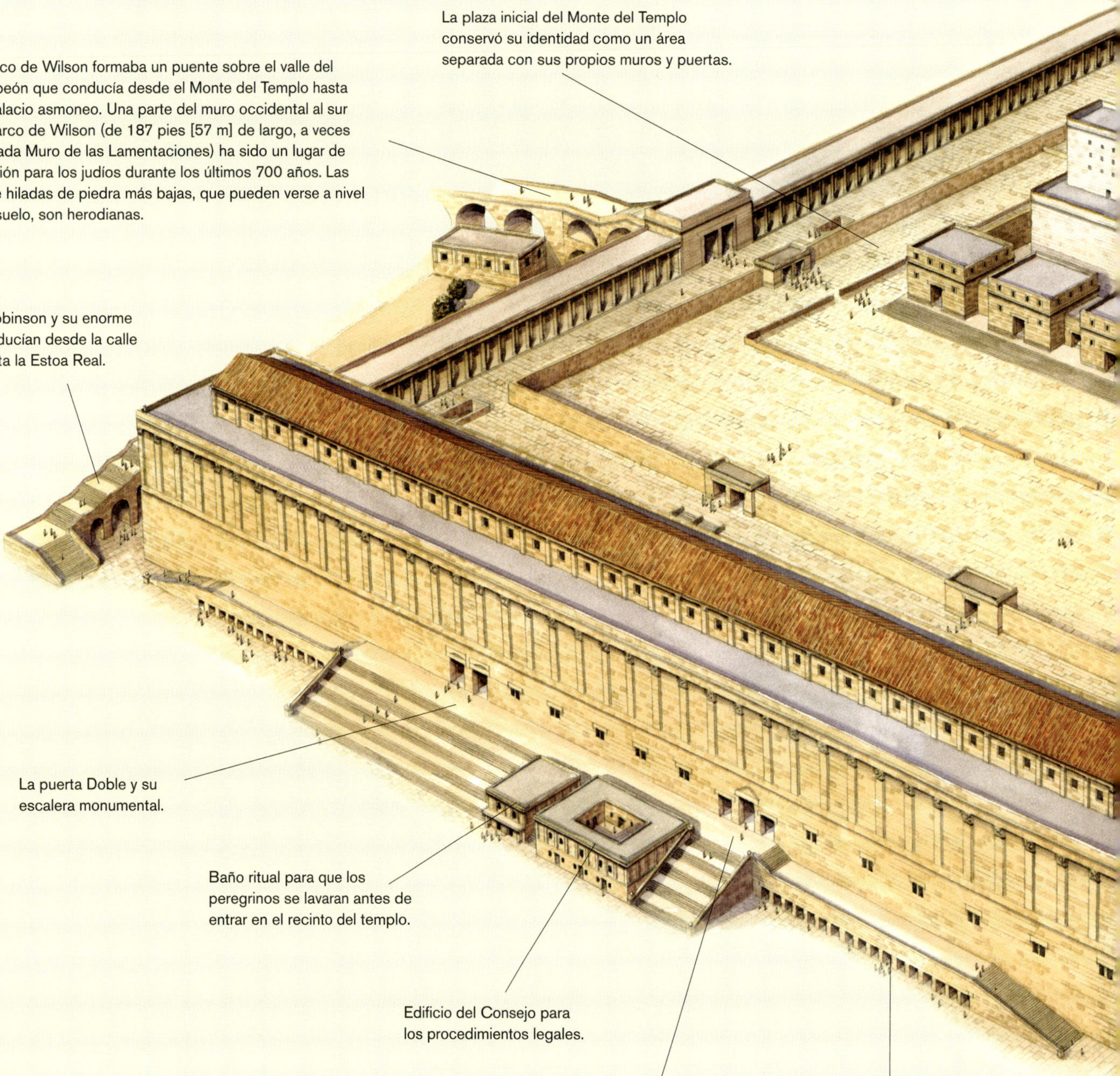

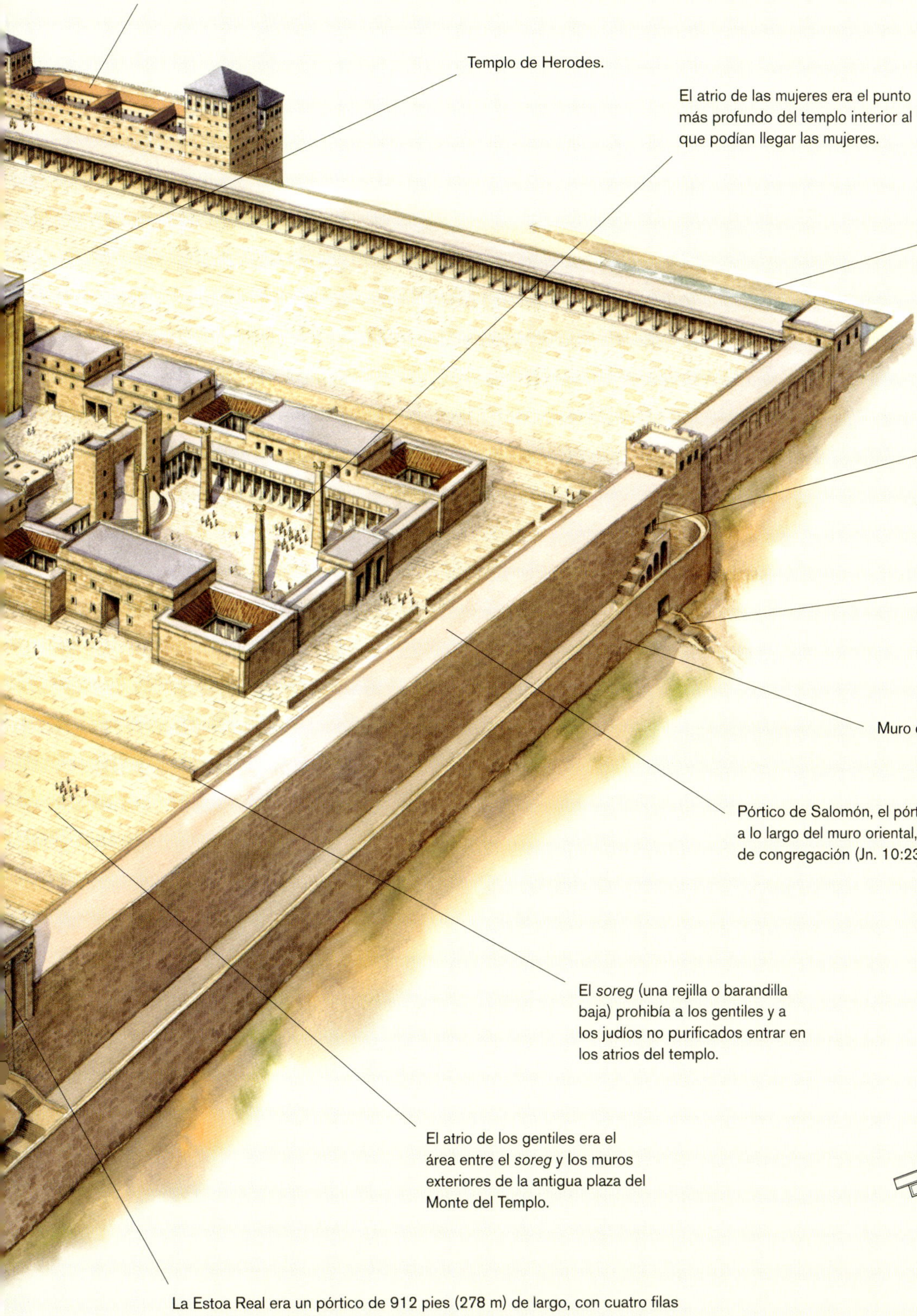

La fortaleza Antonia fue el lugar donde Herodes (y más tarde los romanos) ubicó la guarnición para proteger el templo y reprimir cualquier rebelión por motivos religiosos.

Templo de Herodes.

El atrio de las mujeres era el punto más profundo del templo interior al que podían llegar las mujeres.

El estanque de Israel se utilizó probablemente para lavar los animales destinados al sacrificio antes de llevarlos al Monte del Templo.

La puerta Dorada, entonces conocida como la puerta de Susa.

Escaleras que descendían desde la puerta del Juicio hacia el valle del Cedrón y finalmente subían hasta el monte de los Olivos.

Muro oriental de la ciudad de Jerusalén.

Pórtico de Salomón, el pórtico construido a lo largo del muro oriental, era un lugar de congregación (Jn. 10:23; Hch. 3:11).

El *soreg* (una rejilla o barandilla baja) prohibía a los gentiles y a los judíos no purificados entrar en los atrios del templo.

El atrio de los gentiles era el área entre el *soreg* y los muros exteriores de la antigua plaza del Monte del Templo.

La Estoa Real era un pórtico de 912 pies (278 m) de largo, con cuatro filas de 40 columnas. El Sanedrín se reunía en el ábside central después del año 30 d. C. Aquí pudo haber sido donde Jesús limpió el templo. La esquina sureste con vista al valle del Cedrón tenía una caída de 140 pies (43 m) hasta la calle de abajo y de 91 m (300 pies) hasta el valle. Este puede ser el «pináculo del templo» mencionado en Mateo 4:5 y Lucas 4:9.

Plano arquitectónico del Monte del Templo.

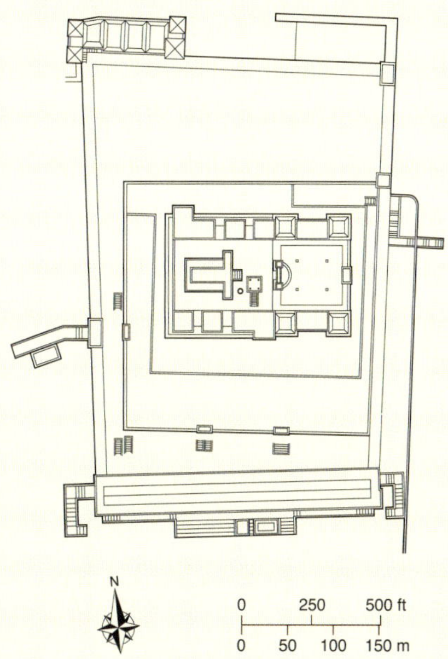

El templo y sus atrios

Cuando los Evangelios y el Libro de los Hechos hablan de entrar en el templo o enseñar en él, a menudo no es una referencia al templo de Herodes en sí, sino más bien al complejo del templo, que incluye los diferentes atrios y cámaras que lo rodeaban. Estas últimas estructuras eran los grandes y maravillosos edificios a los que se referían los discípulos en Mateo 24:1; Marcos 13:1-2.

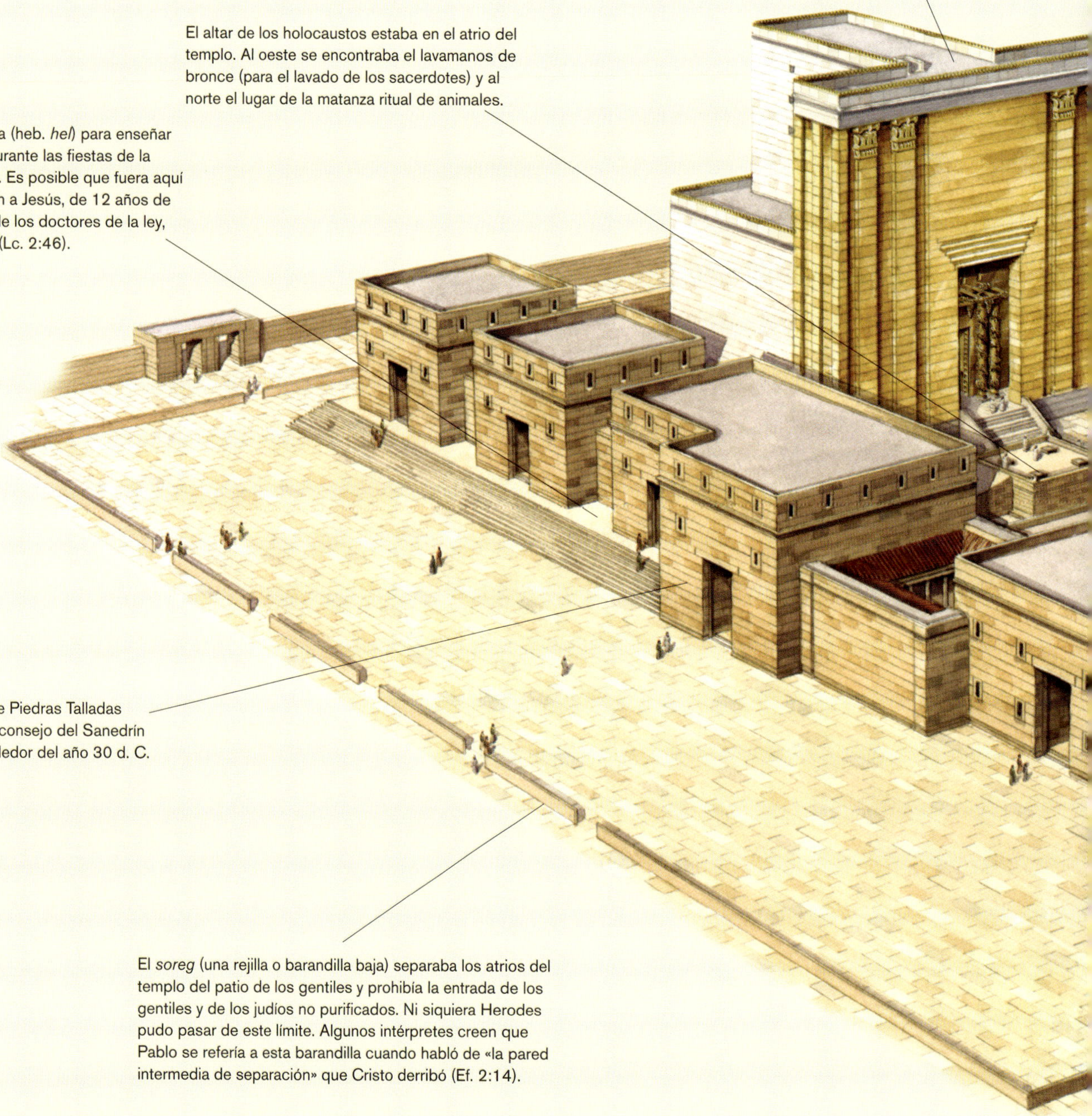

Plano arquitectónico del templo y sus atrios

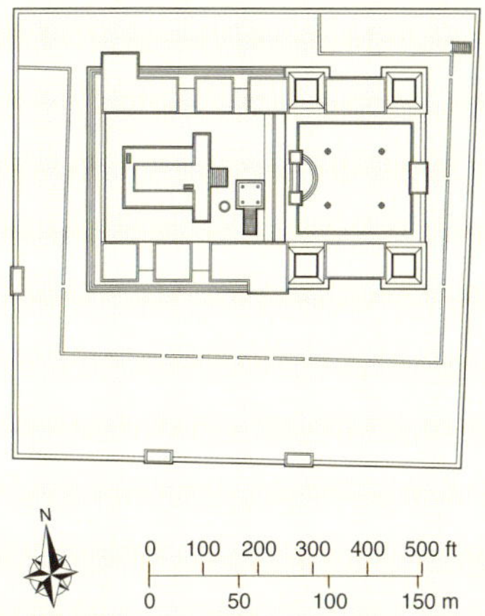

La cámara de la chimenea era el edificio que albergaba a los sacerdotes que servían cuando su grupo estaba de turno (p. ej., Zacarías en Lc. 1:8).

La puerta de Nicanor separaba el atrio occidental de los israelitas (donde los hombres judíos podían observar lo que sucedía en el templo) del atrio oriental de las mujeres. A las mujeres se les permitía pararse en el lado sur de la puerta de Nicanor y observar cómo se hacían los sacrificios para su purificación (Lc. 2:22-24).

La Cámara de los leprosos era donde se realizaban los procedimientos para los leprosos que habían sido sanados (Mt. 8:4; Mr. 1:44; Lc. 5:14).

Los cuatro candelabros enormes (86 pies [26 m] de alto) ubicados en el atrio de las mujeres tenían una escalera por la cual se llegaba a cuatro tazones dorados que brindaban iluminación durante la noche.

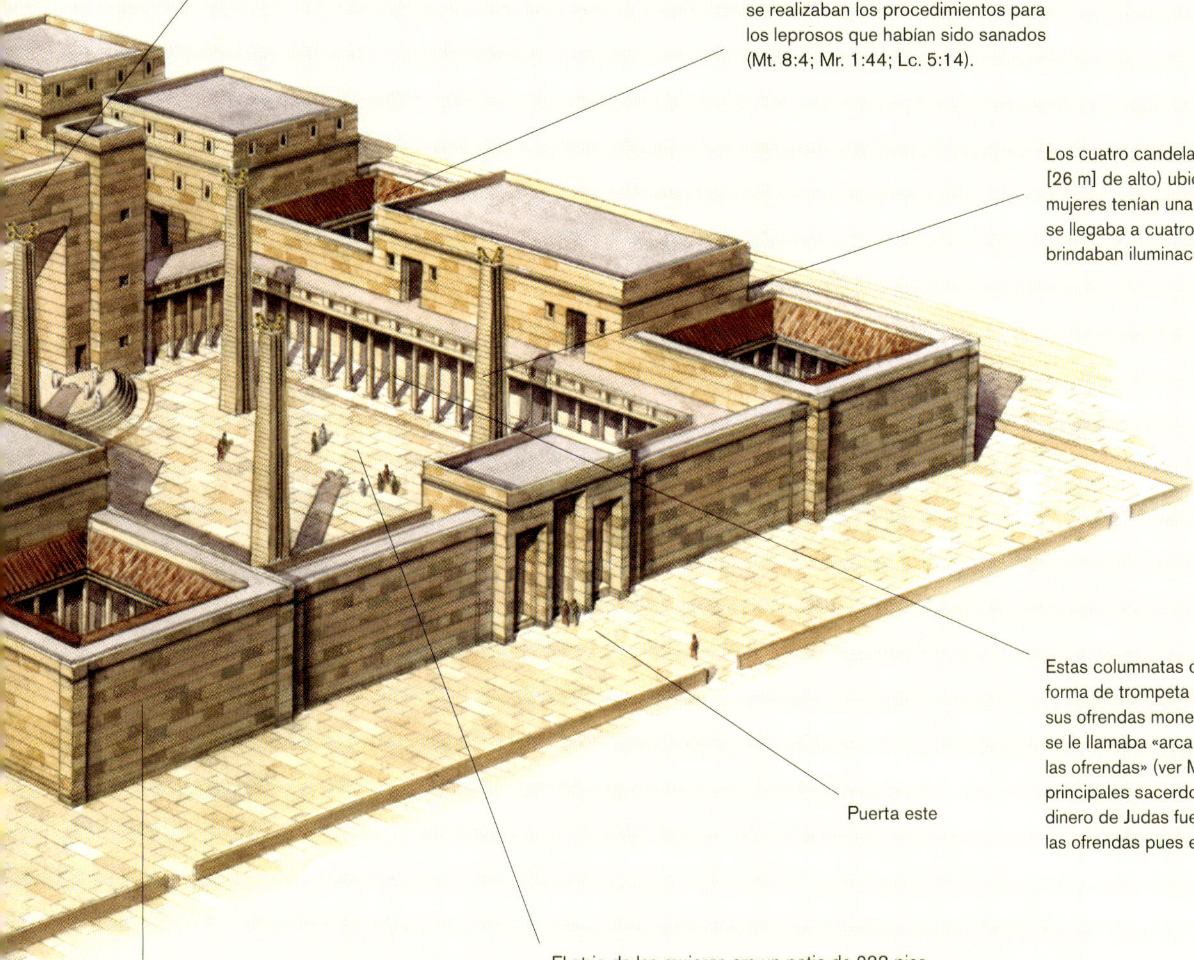

Estas columnatas contenían 13 recipientes en forma de trompeta en los que la gente depositaba sus ofrendas monetarias (Lc. 21:1-4); al sitio se le llamaba «arca de la ofrenda» o «lugar de las ofrendas» (ver Mr. 12:41; Juan 8:20). Los principales sacerdotes no permitieron que el dinero de Judas fuera depositado en el tesoro de las ofrendas pues era precio de sangre (Mt. 27:6).

Puerta este

El atrio de las mujeres era un patio de 233 pies cuadrados (71 m²), con capacidad para albergar hasta 6000 fieles a la vez. Su nombre no indica que era solo para las mujeres, sino que a ellas no se les permitía ir más allá en el templo. Su presencia se limitaba normalmente a los balcones sobre las columnatas. En este atrio, Simeón y Ana, la profetisa, conocieron al niño Jesús (Lc. 2:25-38).

La cámara de los nazareos era el lugar donde los nazareos traían sus sacrificios una vez que cumplían su voto.

El templo

Herodes comenzó la construcción de este magnífico templo entre el 20 y 19 a. C., durante el decimoctavo año de su reinado. La etapa principal de la construcción se completó en aproximadamente una década. Existen descripciones detalladas del templo en la obra de Flavio Josefo (*Antigüedades* 15.380-425; *La guerra de los judíos* 5.184-247) y en los primeros escritos rabínicos (especialmente Mishná, Midot). El ejército romano comandado por Tito destruyó el templo durante la toma de Jerusalén en el año 70 d. C. El templo medía 172 pies (52 m) de largo, ancho y alto (entre 16 y 20 pisos de altura).

Un enorme velo separaba el lugar santo del lugar santísimo. Cuando Jesús murió, este velo se rasgó en dos de arriba hacia abajo (Mt. 27:51; Mr. 15:38; Lc. 23:45).

Había una cámara encima del santuario que permitía la limpieza (a través de agujeros en el piso) de sus paredes cubiertas de oro. Una escalera (que se muestra parcialmente aquí) daba acceso al nivel superior del techo.

El sumo sacerdote entraba al lugar santísimo una vez al año, el día de expiación, para ofrecer incienso y rociar sangre. Flavio Josefo explica que esta sala estaba vacía, aunque el lugar original donde se ubicaba el arca del pacto en la «piedra fundacional» todavía era visible.

El santuario interior estaba rodeado en tres de sus lados por tres pisos de cámaras, que contenían 38 compartimentos en los que se guardaban suministros y utensilios para las ceremonias rituales.

El lugar santo contenía el candelero, la mesa para el pan de la proposición y el altar del incienso. Un ángel del Señor se le apareció a Zacarías a la derecha del altar del incienso (Lc. 1:11).

Plano arquitectónico del templo

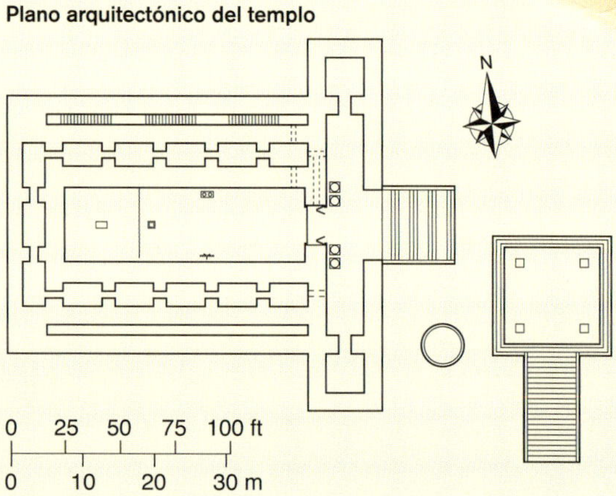

quienes acusó de traición. Además, cinco días antes de su propia muerte en el año 4 a. C., hizo ejecutar a su hijo Antípatro. Herodes era implacable cuando se trataba de proteger su reinado, lo que se confirmó con la matanza de los niños de Belén mencionada en Mateo 2:16-18. Este fue un intento de destruir al rey prometido que venía (Mt. 2:5-6).

ETAPA INICIAL DEL IMPERIO ROMANO

Reinado de Tiberio (14-37 d. C.)

Tiberio se convirtió en emperador de Roma de una manera inusual. Era el hijo de la esposa de Augusto, Livia, de un matrimonio anterior, pero Augusto lo posicionó para que se convirtiera en emperador al exigirle que se casara con su hija Julia y luego adoptarlo como su hijo. Por lo tanto, Tiberio llegó al trono siendo el hijastro, el yerno y el hijo adoptivo de César Augusto. La fortaleza de Tiberio como emperador estaba en los asuntos exteriores y en el mando de los ejércitos romanos. No estaba muy interesado en las cuestiones internas, y cedió mucho poder al Senado para la dirección del Estado. En realidad, se aisló de los asuntos de Roma, sobre todo después del año 26 d. C., al vivir en la isla de Capri y tener poco que ver con el Senado.

Tal aislamiento creó un vacío de poder en Roma. Un hombre llamado Sejano, el prefecto de la guardia pretoriana, intentó llenar ese vacío y para ello utilizó métodos crueles y violentos. Al parecer, Sejano era vehementemente antijudío; durante su mandato los judíos fueron expulsados de Roma y muchos de sus jóvenes fueron convertidos en mercenarios para luchar en tierras extranjeras. Sejano nombró a Poncio Pilato como gobernador de Judea. La manera en que Pilato trató a los judíos durante sus diez años de mandato puede reflejar las inclinaciones de su padrino. Con el tiempo, Sejano intentó obtener demasiado poder y Tiberio lo ejecutó en el año 31 d. C.

El reinado de Cayo Calígula (37-41 d. C.)

Con la ayuda de la guardia pretoriana, Cayo asumió el trono de Roma a la muerte de su tío abuelo Tiberio. De joven, recibió el apodo de «Calígula» («botitas») por parte de los soldados romanos a los que acompañó en expediciones militares en Germania. Su gobierno comenzó bien, con el apoyo del Senado. Sin embargo, pronto se hizo evidente que estaba mentalmente enfermo; lo cual era tal vez resultado de una enfermedad de la infancia o de haber crecido en una familia de asesinatos y tragedias. Su inestabilidad provocó una disminución drástica del tesoro de Roma, gran parte del cual se utilizó para el entretenimiento de la ciudadanía. Calígula también estaba convencido de su propia divinidad y exigió que las personas lo trataran como a un dios.

Un «momento culminante» del reinado de Calígula fue el conflicto con los judíos. Se produjeron persecuciones contra ellos en todo el imperio. Por ejemplo, en Jamnia los helenistas proromanos levantaron un altar dedicado a Calígula. Los judíos de la ciudad lo derribaron en el año 40 d. C. En respuesta, Calígula ordenó que se erigiera una estatua suya en el templo de Jerusalén. Sin embargo, Petronio, gobernador de Siria, no cumplió la orden y argumentó que tal acción ciertamente provocaría una rebelión judía. Calígula invalidó la decisión de Petronio, pero fue asesinado por la guardia pretoriana antes de que sus órdenes pudieran ser cumplidas.

El reinado de Claudio (41-54 d.C.)

Tras el asesinato de Calígula, la guardia pretoriana actuó rápidamente y nombró como emperador a Claudio, tío de Calígula. El Senado no estaba muy de acuerdo con las acciones de la guardia pretoriana, por lo que se buscó un mediador que llevara las negociaciones entre ambas partes. Este mediador fue Herodes Agripa I, a quien luego Claudio le otorgó un reino ampliado en Palestina como recompensa. Claudio era un candidato inesperado para ocupar el puesto de emperador; cuando joven una herida le provocó una grave cojera, además, tartamudeaba y babeaba. Por supuesto, cuando la guardia pretoriana lo seleccionó para reinar, los soldados pensaron que era tonto y que sería fácil controlarlo. Pero la realidad es que resultó ser un estadista y administrador muy capaz.

Una constante entre los emperadores y uno de los asuntos más importantes del reinado de Claudio fue el problema judío. Claudio expulsó temporalmente a los judíos de Roma porque, según Suetonio (*Vidas de los doce césares* 25.4), estaban causando disturbios allí debido a una persona llamada Cresto (¿Cristo?). (Aquila y Priscila estaban entre los que tuvieron que irse; ver Hch. 18:2).

En otras partes del imperio, Claudio fue menos duro con los judíos. Durante la época romana, la ciudad de Alejandría fue un punto de conflicto entre helenistas y judíos. Claudio advirtió a los dos grupos que se llevaran bien y aconsejó a los judíos que no pidieran más privilegios. Herodes Agripa I recibió una Palestina ampliada y, cuando murió en el año 44 d. C., Claudio convirtió ese territorio en una procuraduría, lo que significó un gobierno más directo por parte de Roma.

En los asuntos exteriores, Claudio logró dos cosas trascendentales: incluyó a Britania dentro de la esfera romana y construyó la ciudad portuaria romana de Ostia, que estimuló el comercio en todo el mundo conocido. En cuestiones internas, el emperador centralizó el gobierno bajo el poder de los libertos: los más poderosos fueron Palas, jefe de las finanzas imperiales; Calisto, jefe de las demandas y las reclamaciones legales; y Narciso, secretario jefe de la correspondencia oficial del gobierno. Por supuesto, al Senado le molestaba el poder de estos libertos. La cuarta esposa de Claudio, Agripina, tenía una gran influencia sobre el emperador y sus asuntos. Finalmente elaboró un plan que llevó a su hijo Nerón al trono como sucesor de Claudio; se dice que Agripina envenenó a Claudio, pero esto no ha sido corroborado.

El reinado de Nerón (54-68 d. C.)

Al morir Claudio, Nerón subió al trono sin dificultades. La guardia pretoriana lo proclamó gobernante y luego fue presentado al Senado para su aprobación. Nerón tenía apenas 16 años, pero obtuvo la aprobación del Senado. Los primeros años del reinado de Nerón fueron de seguridad y estabilidad, y continuó gozando del favor del Senado. Este período se denominó el *quinquennium aureum* (quinquenio dorado), es decir, los cinco años buenos.

Sin embargo, Nerón resultó ser un dictador despiadado y violento. Flavio Josefo comenta sobre «las muchas cosas en las que Nerón actuó como un loco, por el insólito grado de felicidad y riquezas que disfrutó, y por ese medio utilizó su buena fortuna para lastimar a los demás; y la manera en que mató a su hermano, a su esposa y a su madre, de quienes su atrocidad se extendió a otros muy cercanos a él...». (*La guerra de los judíos* 2.13). En el año 59 d. C., se apartó de todos sus consejeros y luego mató a su madre. A partir de ese momento, Nerón se hizo de poder en Roma. En el año 62 ordenó asesinar a su esposa Octavia para poder casarse con Popea Sabina. Según Josefo, Popea era una «adoradora de Dios», es decir, tal vez era una prosélita judía. El gran incendio de Roma ocurrió durante el reinado de Nerón, en el año 64 d. C.; Nerón culpó a los cristianos. Esto condujo a un corto, pero intenso período de persecución en el que muchos cristianos fueron martirizados. La tradición señala que este fue el momento de las ejecuciones de los apóstoles Pablo y Pedro. En el año 66 d. C. estalló la guerra judía en Palestina; Vespasiano fue puesto al mando de las legiones romanas encargadas de reprimir esta rebelión.

Como resultado del incendio, Roma quedó en ruinas. Nerón enfrentó una oposición cada vez mayor debido a su régimen de terror y a los problemas financieros ocasionados por el incendio. Pronto comenzaron las conspiraciones para deponerlo, pero las reprimió despiadadamente. A causa de sus tácticas opresivas, estallaron revueltas entre las legiones romanas en el oeste. Por último, cuando la guardia pretoriana se rebeló en Roma, Nerón huyó de la ciudad y terminó suicidándose. Solo tenía 30 años.

Todos los emperadores desde Augusto hasta Nerón estaban relacionados de alguna manera con una de dos familias senatoriales: la *gens* Julia o la *gens* Claudia. Con la muerte de Nerón finalizó esa dinastía y comenzó la dinastía Flavia.

PALESTINA EN EL SIGLO I D. C. (HASTA LA GUERRA JUDÍA)

Antes de su muerte en el año 4 a. C., Herodes el Grande consideró cuidadosamente quién le sucedería en el trono de Palestina. No creía que ninguno de sus tres hijos pudiera gobernar adecuadamente todo su reino, por lo que en su testamento recomendó que César Augusto dividiera las posesiones entre sus tres hijos. Augusto estuvo de acuerdo y cumplió los deseos de Herodes. Los romanos le otorgaron al hijo mayor de Herodes, Herodes Arquelao, el control de Judea, Idumea y Samaria, incluidas las dos grandes ciudades de Cesarea y Sebaste; Augusto también lo nombró etnarca, el cargo más alto de los asignados a los tres hermanos. A Herodes Antipas se le dio Galilea y Perea; y Augusto lo nombró tetrarca de la región. Al tercer hermano, Filipo, le entregaron las regiones de Batanea, Traconite, Haurán, Gaulanitis, Paneas y Ulata, y también fue nombrado tetrarca (ver mapa 12-3).

Como hijo mayor de Herodes el Grande, Arquelao recibió en cierto sentido la parte más importante del reino. Los romanos le otorgaron Samaria. Se suponía que la región le sería leal porque su madre era samaritana. La segunda región bajo su gobierno era Idumea, la tierra de la familia de su padre, probablemente leal a él porque era de la dinastía herodiana. La zona problemática que recibió era sin duda Judea. Allí vivía la mayoría de los judíos en Palestina. Muchos de ellos eran antiherodianos y antiromanos. Arquelao recibió la mayor parte del reino, pero fue el primero en fracasar. Luego de permitir diez años de una administración mala y turbulenta, Augusto exilió a Arquelao en el año 6 d. C. y lo reemplazó con un funcionario romano cuyo cargo era el de prefecto. Filipo murió en el año 34 d. C. sin descendencia que lo sucediera. El gobernador romano de Siria se ocupó de sus tierras temporalmente. Herodes Antipas fue el más inteligente de los tres hermanos y demostró ser hábil y perspicaz para la política. Por ejemplo, cuando fundó la ciudad de Tiberias junto al mar de Galilea, le puso el nombre del emperador romano en el trono. Antipas pudo permanecer en el poder hasta el año 39 d. C.

En el año 37 d. C. surgió un nuevo poder en Palestina. Herodes Agripa I era nieto de Herodes el Grande y Mariamna; Herodes hizo asesinar a Aristóbulo, el padre de Agripa I. Agripa I era amigo de Calígula, el nuevo emperador (37-41 d. C.), y había apoyado su ascenso al trono romano. En agradecimiento, Calígula le entregó a Agripa I las tierras que habían pertenecido a Filipo, el hijo de Herodes, y lo nombró rey de esa región. Poco después, en el año 39 d. C., Antipas fue exiliado de su territorio y Agripa I heredó sus tierras. Finalmente, cuando Claudio subió al trono romano en el 41, le entregó a Agripa I las tierras que habían pertenecido a Arquelao. En general, Agripa I fue capaz de poner bajo su control todas las tierras de su abuelo, Herodes el Grande. Sin embargo, cuando Agripa I murió repentinamente en el año 44 d. C., todo su territorio pasó a la administración del prefecto romano que residía en Cesarea; por lo tanto, casi toda Palestina pasó a estar bajo el control directo de Roma.

Herodes Agripa I fue uno de los primeros perseguidores de la Iglesia. Según Hechos 12:1-2: «... echó mano a algunos de la iglesia para maltratarles. Y mató a espada a Jacobo, hermano de Juan». Esta persecución pudo haber sido una jugada política para ganarse el favor de la población judía bajo control. Hechos 12:3 expresa que Agripa I vio «... que esto [la persecución] había agradado a los judíos...» y también hizo arrestar y encarcelar al apóstol Pedro.

Unos años más tarde, Herodes Agripa II, hijo de Agripa I, comenzó a ganar poder en Palestina. Claudio fue entregándole poco a poco territorios en Palestina y Transjordania. Hacia el año 54 d. C.,

12-3. Palestina bajo el dominio romano, c. 37 a. C.-39 d. C. Después de un largo y próspero reinado como rey de Palestina subordinado a Roma, Herodes el Grande murió poco después del nacimiento de Jesucristo y su territorio se dividió entre los hijos que lo sobrevivieron. Sin embargo, su hijo mayor, Arquelao, pronto demostró ser un líder tiránico y los romanos lo depusieron para evitar la sublevación del pueblo.

Agripa II tenía el control del norte de Transjordania, dos tercios de Perea y aproximadamente la mitad de la Baja Galilea. Estaba en vías de restablecer los reinos de su padre y de su abuelo. Sin embargo, sus esperanzas y planes se vieron frustrados por el estallido de la gran guerra judía en el año 66 d. C.

LA VIDA Y EL MINISTERIO DE JESÚS

Cerca del final del gobierno de Herodes el Grande en Palestina (37-4 a. C.), César Augusto ordenó que las personas en todo el mundo romano se empadronaran para los impuestos (Lc. 2:1). En Palestina, el censo requería que las familias judías regresaran a sus hogares ancestrales (v. 3). María y José vivían en Nazaret, Galilea, pero eran nativos de Belén en Judea. Por lo tanto, regresaron a Belén para empadronarse allí. María dio a luz al niño Jesús en Belén. Herodes el Grande escuchó el rumor de que el «rey de los judíos» había nacido en Belén según la profecía del Antiguo Testamento. Para detener la llegada del nuevo rey, masacró a todos los niños varones menores de dos años que había en Belén (Mt. 2:16-18). Sin embargo, José y María habían sido advertidos por un ángel sobre esa desgracia inminente y huyeron a Egipto (ver mapa 12-4).

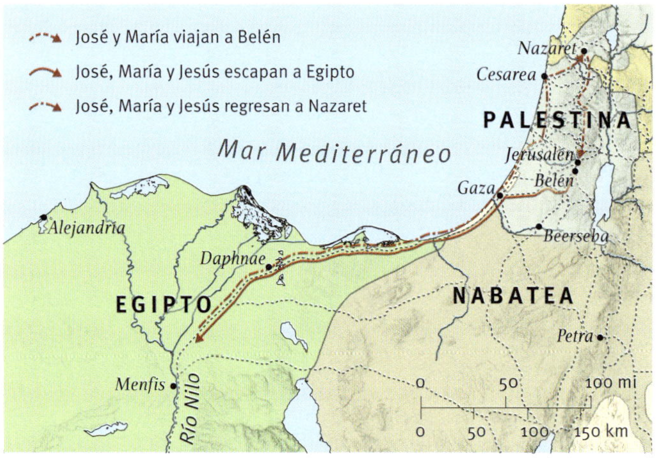

12-4. El nacimiento y la huida de Jesús a Egipto, c. 5 a. C. (Mt. 1:18-25; 2:13-15; Lc. 2:1-7). Cuando se acercaba el momento del nacimiento de Jesús, un censo romano obligatorio hizo que José regresara a su hogar ancestral en Belén. María dio a luz a Jesús allí y luego unos magos del oriente vinieron a adorarlo. Sin embargo, el reconocimiento de un nuevo rey por parte de los magos perturbó al rey Herodes y a la élite gobernante en Jerusalén. Por lo tanto, Herodes trató de matar a Jesús. José y su familia escaparon a Egipto y permanecieron allí hasta que Herodes murió. Cuando regresaron a Palestina, se establecieron en el lejano distrito de Galilea. Allí creció Jesús, en el poblado norteño de Nazaret, lejos de la atención de los gobernantes en Jerusalén.

Los trabajos arqueológicos en Belén han descubierto algunos restos de la antigua ciudad, pero nada que pueda relacionarse claramente con el siglo I d. C. Sin embargo, la tradición menciona una cueva en Belén en la que nació Jesús. El autor Justino Mártir y el texto extrabíblico el *Protoevangelio de Santiago*, ambos del siglo II d. C., hablan de una cueva en el pueblo donde nació Jesús. La reina Helena, madre de Constantino, consagró una iglesia en el lugar de esta cueva en el año 339 d. C. El lugar, conocido hoy como la Basílica de la Natividad, sigue siendo ampliamente considerado como el lugar de nacimiento de Cristo.

Después de la muerte de Herodes el Grande en el año 4 a. C., la familia de José regresó a Palestina. Sin embargo, no volvieron a vivir en Belén porque oyeron «que Arquelao reinaba en Judea en lugar de Herodes su padre» (Mt. 2:22). Judea, bajo la administración de Arquelao, era inestable y turbulenta. Así que José y su familia regresaron a vivir a Nazaret, en la región de Galilea que estaba bajo la administración de Herodes Antipas. Esta zona era obviamente menos peligrosa para los judíos y un lugar más estable y pacífico. También se ha sugerido que la decisión de Herodes Antipas de reconstruir la ciudad de Séforis en el año 3 a. C. puede haber atraído al artesano José y a su familia a establecerse en la cercana aldea de Nazaret. Este proyecto habría brindado trabajo a los artesanos durante muchos años. Nazaret, por lo tanto, se convirtió en la «tierra» de Jesús (Mt. 13:54; Lc. 4:16).

Las excavaciones en Nazaret han revelado una pequeña pero próspera comunidad durante el siglo I d. C. En el patio de la actual Basílica de la Anunciación, los arqueólogos han encontrado silos, depósitos, prensas de aceite y cimientos de casas que datan del siglo I.

No se sabe mucho sobre los primeros años de Jesús. El evangelista Lucas narra dos acontecimientos durante su infancia. Lucas 2:21-24 habla de los rituales de purificación de Levítico 12:1-8 cuando Jesús era un bebé. Según el pasaje de Levítico, se requería un proceso de tres pasos: 1) antes de venir al templo de Jerusalén, el niño debía ser circuncidado al octavo día; 2) la madre debía permanecer 33 días purificándose; y 3) los padres debían ofrecer un sacrificio en el templo para poder regresar a la plena comunión con el pueblo de Israel. Esta última ofrenda debía ser un cordero, pero si se era pobre, era posible ofrecer dos pájaros. En el caso de Jesús, María ofreció dos pájaros, uno para el holocausto y otro para la expiación; presentó la ofrenda de la persona pobre o común.

Séforis

La antigua ciudad de Séforis se encuentra a unos 4 millas (6,4 km) al noroeste de Nazaret y domina el valle de Beit Netofa (ver mapa 12-5). Importantes excavaciones se han realizado allí desde 1983 y se han encontrado muchos restos. Flavio Josefo menciona a menudo la ciudad en sus escritos. Según él, Séforis fue el centro administrativo de Galilea durante el período asmoneo (152-37 a. C.). Después que Pompeyo conquistó Palestina en el año 63 a. C., Séforis se convirtió en la capital del distrito de Galilea bajo el dominio romano. Cuando Herodes el Grande intentó consolidar su poder en Judea y Galilea en el año 37 a. C., atacó Séforis y la tomo durante una fuerte tormenta de nieve. Luego de la muerte de Herodes, en el año 4 a. C., se produjo una rebelión allí. El general romano Publio Quintilio Varo quemó la ciudad y vendió a sus habitantes como esclavos. Toda Galilea fue entonces dividida y entregada al hijo de Herodes, Herodes Antipas. Este reconstruyó inmediatamente la ciudad, a partir del año 3 a. C. y, según Flavio Josefo, la convirtió en «la joya de Galilea». Séforis no se menciona en el Nuevo Testamento. Sin embargo, algunos historiadores creen que la reconstrucción de la ciudad durante la época de Antipas pudo haber sido un estimulo para que el artesano José y su familia fueran a vivir a Nazaret en Galilea, en lugar de Belén en Judea, a su regreso de Egipto. Las obras habrían proporcionado trabajo a muchos artesanos durante mucho tiempo.

El hallazgo arqueológico más importante del siglo I d. C. en Séforis es el teatro construido por Antipas cuando reedificó la ciudad. Esta estructura habría albergado entre 4.000 y 5.000 personas. La popularidad del teatro de Séforis puede haber sido la razón por que Jesús empleó la palabra griega *hipócritas* con respecto a los líderes religiosos de su tiempo. «Hipócrita» era la palabra griega clásica para referirse a un «actor de teatro» y Jesús la usó para denunciar a personas que eran piadosas solo en apariencia. Utilizó el término 20 veces en sus enseñanzas, algo digno de mención, pues era una palabra que no debe haber sido parte del vocabulario de un artesano promedio de un pueblo.

Lucas narra un segundo suceso en la vida de Jesús. A la edad de doce años subió con sus padres a Jerusalén para los siete días de la Fiesta de los Panes sin Levadura, de la cual la fiesta de la Pascua era el primer día. Jesús estuvo en el templo escuchando e interrogando a doctores de la ley (Lc. 2:46). El comentario final de Lucas sobre los primeros años de Jesús expresa: «Jesús crecía en sabiduría y en estatura, y en gracia para con Dios y los hombres» (v. 52).

El ministerio del Bautista

Lucas 3:1-2 afirma: «En el año decimoquinto del imperio de Tiberio César, siendo gobernador de Judea Poncio Pilato, y Herodes tetrarca de Galilea, y su hermano Filipo tetrarca de Iturea y de la provincia de Traconite, y Lisanias tetrarca de Abilinia, y siendo sumos sacerdotes Anás y Caifás, vino palabra de Dios a Juan, hijo de Zacarías, en el desierto». Como Tiberio comenzó su reinado en el mundo romano en el año 14 d. C., la fecha evidente de la recepción de la palabra de Dios por parte de Juan, y su aparición, es el año 29 d. C. Sin embargo, puede haber ocurrido ya en el 26 porque Tiberio reinó con Augusto como corregente desde el 11 o el 12 d. C. Pilato fue gobernador de Judea del 26 al 36 d. C. y, por lo tanto, Juan pudo haber salido del desierto durante el primer año de su gobierno.

Al parecer, Juan había pasado mucho tiempo viviendo en el desierto (Lc. 1:80). Esa es una de las razones por las que algunos eruditos lo asocian con la comunidad esenia de Qumrán. Ministró principalmente en el valle del río Jordán, a lo largo del borde del desierto de Judea (Mt. 3:1). También predicó en Perea, «... en Betábara, al otro lado del Jordán...» (Juan 1:28). Se dirigió hacia el norte y bautizó y predicó en Enón, junto a Salim, en la región de Escitópolis (antigua Bet-seán), en el lado oeste del río Jordán.

Juan bautizó a las personas y proclamó «el bautismo de arrepentimiento para perdón de pecados» (Mr. 1:4). También sirvió como precursor del Mesías, pues vino a preparar «el camino del Señor» (v. 3). Jesús llegó de Galilea para ser bautizado por Juan en el río Jordán (Mt. 3:13-17). El lugar exacto del bautismo es incierto; una tradición lo ubica donde el río Jordán sale del mar de Galilea, y otra tradición lo sitúa al este de Jericó. Después del bautismo, el Espíritu condujo a Jesús al desierto; el relato bíblico no nos dice la ubicación de este, aunque muchos comentaristas asumen que es el desierto de Judea. Allí Jesús sufrió las tentaciones del diablo, lo venció y luego vinieron ángeles de Dios a servirlo.

Durante su ministerio de predicación, Juan el Bautista condenó públicamente a Herodes Antipas por su matrimonio con Herodías, la esposa de su medio hermano Herodes Filipo I (no confundir con su hermano carnal Filipo tetrarca de Iturea, uno de los hijos de Herodes el Grande). Al parecer, tanto Herodes Antipas como Herodías se divorciaron de sus cónyuges para casarse. Herodes Antipas hizo arrestar a Juan a causa de sus críticas y, según Flavio Josefo, lo mantuvo encarcelado en la fortaleza de Maqueronte. Este sitio, al este del río Jordán cuando desemboca en el mar Muerto, se encontraba en la cima de una empinada colina y estaba muy fortificado. Finalmente Herodes Antipas decapitó a Juan el Bautista.

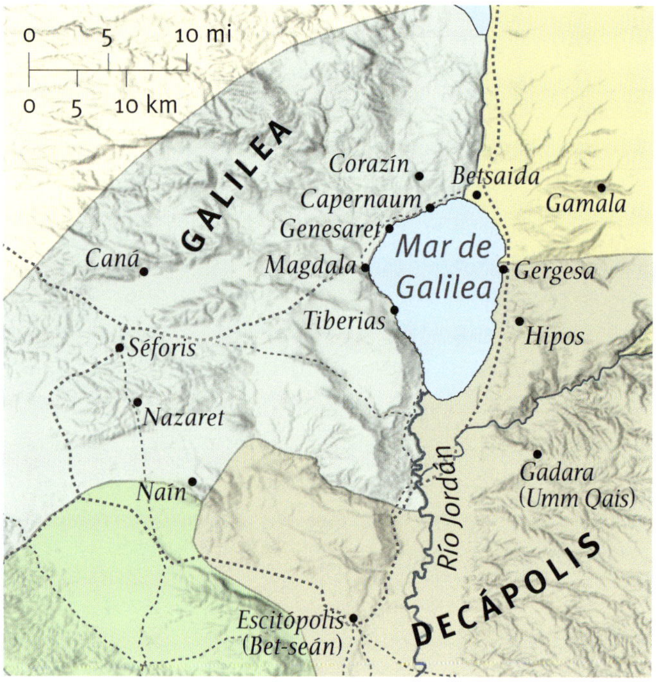

12-5. El ministerio de Jesús en Galilea. (Mt. 4:12-25; 15:29; 17:22; Mr. 1:14-39; Lc. 4:14–9:27). Jesús pasó la mayor parte de su vida y ministerio en la región de Galilea, un área montañosa en el norte de Palestina. Creció en el pueblo de Nazaret, al sur del centro administrativo gentil de Séforis, a unos 3,5 millas (5,6 km). Poco después de comenzar su ministerio público, Jesús se trasladó a Capernaum, junto al mar de Galilea. En la época de Jesús, se había desarrollado una próspera industria pesquera en torno a ese mar. Varios de sus discípulos eran pescadores.

El ministerio de Jesús en Galilea

Después de las tentaciones en el desierto, Jesús fue a Galilea y estableció la base operativa de su ministerio

12-7. Cueva 4 en Qumrán, en la que se encontraron algunos de los manuscritos del mar Muerto a finales de la década de 1940.

en Capernaum (Mt. 4:12-13; ver mapa 12-5). Capernaum estaba en la frontera entre los dominios de Herodes Antipas y Filipo, pero se consideraba parte de la tetrarquía de Herodes Antipas. Era la primera ciudad con que se encontraban los viajeros cuando venían del territorio de Filipo al otro lado del río Jordán. En ella había una oficina de aduanas donde trabajaba Mateo, el futuro discípulo de Jesús (Mt. 9:9), y también había una guarnición romana (8:5-13). Aunque Pedro y Andrés eran originarios de Betsaida (Juan 1:44), en el momento del ministerio de Jesús se habían mudado al pueblo de pescadores de Capernaum (Mr. 1:29). Las excavaciones arqueológicas allí han encontrado algunos restos del período del Nuevo Testamento. Se ha descubierto parte del área de las viviendas del siglo I d. C. Las casas eran pequeñas y se agrupaban alrededor de patios irregulares. Las paredes se construyeron con basalto, sin mortero, y habrían soportado un techo muy ligero; esto nos recuerda la historia en Marcos 2:1-12 donde los hombres bajan al paralítico a través del techo de la casa para que Jesús lo sane. La sinagoga que hay actualmente en el lugar fue construida probablemente en el siglo IV d. C. (ver imagen 12-8). Sin embargo, el plano de su estructura es el mismo que el de la sinagoga del siglo I d. C. que se encuentra debajo. Las paredes de la sinagoga del período del Nuevo Testamento estaban hechas de bloques de basalto y eran dos veces más grandes que las de la sinagoga del siglo IV d. C. También se ha descubierto el piso empedrado de la primera sinagoga.

Flavio Josefo cuenta que después de la muerte de Herodes el Grande en el año 4 a. C. Betsaida pasó a ser parte de la tetrarquía de Filipo, uno de los hijos de Herodes. Se encontraba al este de la sede de Jesús en Capernaum y jugó un papel importante en su ministerio en Galilea. Los Evangelios explican que era una ciudad portuaria en la orilla norte del mar de Galilea (Mr. 6:45) y el lugar de nacimiento de al menos tres de los discípulos de Jesús: Andrés, Pedro y Felipe (Juan 1:44). Todos ellos se dedicaban a la pesca. Jesús sanó a un ciego en Betsaida (Mr. 8:22-25) y realizó muchos otros milagros allí (Mt. 11:21). Tal vez la alimentación de los 5.000 ocurrió cerca de allí (Lc. 9:10-17).

Betsaida se encuentra en el antiguo yacimiento de et-Tell, que ha sido objeto de importantes excavaciones en las últimas décadas. Allí se descubrió una residencia típica de principios del período romano.

12-8. Sinagoga restaurada en Capernaum, del siglo IV d. C. Se construyó sobre los cimientos de una sinagoga de basalto de la época de Cristo.

12-6. El ministerio de Jesús más allá de Israel (Mt. 15:21-28; 16:13-20; Mr. 7:24-31; 8:27-30). Casi todo el ministerio de Jesús se desarrolló dentro de las fronteras tradicionales de Israel, en áreas dominadas por los judíos. Pero Jesús también viajó a la región de Tiro y Sidón, donde sanó a la hija de una mujer gentil, y a la región de Decápolis, donde curó a muchas personas. Fue también en el extremo norte de Israel, en Cesarea de Filipo, donde Pedro confesó: «Tú eres el Cristo, el Hijo del Dios viviente», y Jesús declaró: «sobre esta roca edificaré mi iglesia» (Mt. 16:18).

Se trata de un gran edificio, construido alrededor de un patio central, según la costumbre de la época. Los propietarios eran probablemente pescadores. Así lo demuestran los numerosos utensilios de pesca, como agujas y plomadas, encontrados en la casa. Uno de los hallazgos más importantes del período del Nuevo Testamento es un sello que representa la pesca. La impresión parece mostrar a dos hombres que lanzan una red al agua desde una barca de fondo plano con una proa en forma de caballo. Cerca de la barca hay un junco idéntico a los que crecen en la zona pantanosa cercana a Betsaida, junto al río Jordán. Debajo del junco se distingue un pez.

Otro pueblo importante de Galilea durante el ministerio de Jesús fue Corazín. Los arqueólogos han excavado el yacimiento. Aunque solo se han encontrado unos pocos restos del siglo I d. C., es evidente que en esa época existía una ciudad. Junto con Capernaum y Betsaida, Corazín fue condenada por Jesús debido a su falta de fe y arrepentimiento (Mt. 11:20-24).

Durante su ministerio en Galilea, Jesús no permaneció exclusivamente allí. También viajó para predicar y ministrar en la «región de Tiro y Sidón» (ver mapa 12-6); allí expulsó a un demonio de la hija de una mujer gentil (Mr. 7:24-30). También fue al territorio que está al este del mar de Galilea, a ciertas ciudades de Decápolis (las «diez ciudades»; Mt. 8:28; Mr. 5:1; Lc. 8:26). Cuando predicó, atrajo personas no solo de Galilea, sino también de todas las regiones circundantes: «Mas Jesús se retiró al mar con sus discípulos, y le siguió gran multitud de Galilea. Y de Judea, de Jerusalén, de Idumea, del otro lado del Jordán, y de los alrededores de Tiro y de Sidón» (Mr. 3:7-8).

Jesús también penetró en el área de la tetrarquía de Filipo, al noreste del mar de Galilea. Los Evangelios hablan de su visita a Cesarea de Filipo, donde Pedro hizo su gran profesión de fe (Mt. 16:13-20). Cesarea de Filipo era conocida como un centro de culto pagano. El hijo de Herodes el Grande, Filipo, construyó esta ciudad como su capital y la llamó así en honor a César Augusto y a sí mismo. Construyó un templo para el dios Pan, el cual se edificó encima de centros de culto cananeos anteriores destinados a Baal. Jeroboam había colocado uno de sus becerros de oro cerca de Cesarea de

Barco de pesca galileo
Esta ilustración muestra el tipo de barco que Jesús y sus discípulos probablemente usaron. Está basada en los restos de un barco de pesca de aproximadamente 2000 años de antigüedad encontrado en la orilla noroeste del mar de Galilea. Tenía capacidad para 15 hombres y medía 26,5 pies de largo por 7,5 pies de ancho por 4,5 pies de alto (8,1 m por 2,3 m por 1,4 m).

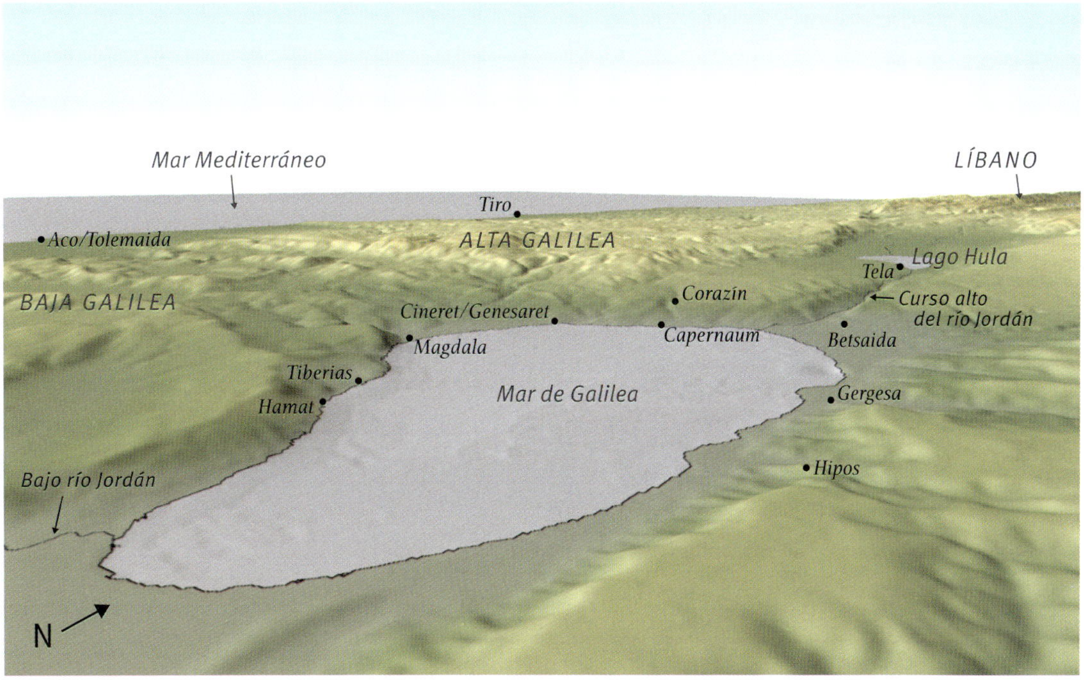

12-A. El mar de Galilea. El mar de Galilea, en el norte de Israel, es un lago de agua dulce alimentado por el tramo superior del río Jordán, que luego desemboca en el tramo inferior de ese mismo río. Aunque no se dice prácticamente nada sobre el mar de Galilea (o mar de Cineret) en el Antiguo Testamento, para la etapa del Nuevo Testamento se había desarrollado en él una próspera industria pesquera. Jesús trasladó el centro de su ministerio a Capernaum, en la orilla norte, y varios de sus discípulos provenían de otras ciudades ubicadas en sus orillas.

Filipo (1 R. 12:28-30). Es notable que, en medio de tal ceguera pagana, Pedro reconociera a Jesús como el Mesías (ver mapa 3D 12-B).

Hacia Jerusalén

Jesús viajó muchas veces desde Galilea a Jerusalén para asistir a las fiestas del judaísmo. Los Evangelios hablan de al menos tres fiestas de la Pascua a las que asistió (Lc. 2:41; Juan 2:13,23; 11:55-56), y probablemente iba anualmente (comp. Lc. 2:41). Juan también cuenta que Jesús fue a Jerusalén para la Fiesta de los Tabernáculos (Jn. 7:1-52). Un judío que viajara a Jerusalén desde Galilea habría tomado una de dos rutas. La primera la menciona Flavio Josefo (*Antigüedades* 20.6.1): «Era costumbre de los galileos, cuando venían a la ciudad santa en las fiestas, hacer sus viajes por el país de los samaritanos; y en esa época había en el camino que tomaban

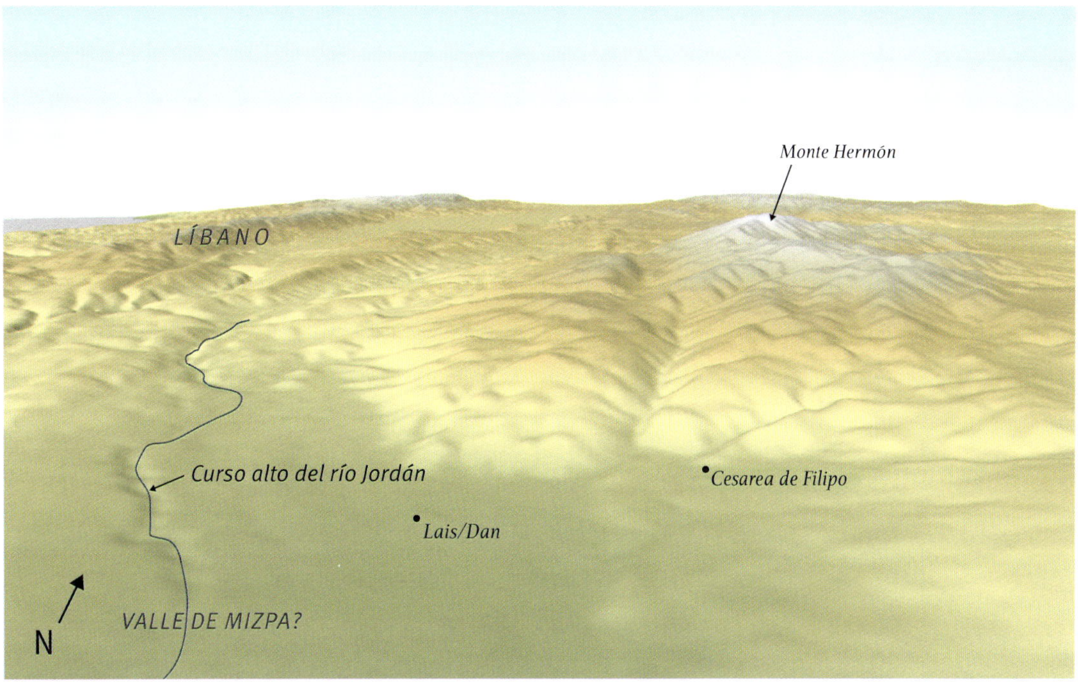

12-B. Cesarea de Filipo y el monte Hermón. El área de Dan y el monte Hermón se menciona a menudo en el Antiguo Testamento como la frontera norte de Israel. Los antiguos santuarios encontrados en el sitio de Cesarea de Filipo pueden haber sido dedicados a Baal-gad o Baal-hermón en los tiempos del Antiguo Testamento (Jos. 11:17; Jue. 3:3; 1 Cr. 5:23). En la época del Nuevo Testamento, Herodes había construido un templo de mármol en el lugar, y más tarde su hijo Filipo lo rebautizó como Cesarea de Filipo. Fue en esta región donde Pedro hizo su famosa confesión de que Jesús es el Mesías (Mt. 16:13-20; Mr. 8:27-30).

1 La puerta de los esenios permitía a estos acceder a letrinas fuera de las murallas de la ciudad de acuerdo con sus estrictas leyes de higiene.

2 El palacio de Herodes fue el hogar de Herodes el Grande en Jerusalén desde el año 23 hasta el 4 a. C. Pilato, quien normalmente residía en Cesarea Marítima, se quedó en este palacio durante sus visitas a Jerusalén, incluyendo la visita para la Pascua que precedió a la crucifixión de Cristo.

3 El pretorio estaba en el palacio de Herodes (Mt. 27:27; Mr. 15:16), que servía como sede oficial de Pilato y como fortaleza. Para los juicios oficiales se utilizaba una plataforma empedrada que había fuera del palacio. Este fue probablemente el lugar donde se condenó a Jesús bajo el mando de Pilato (Juan 19:13).

4 5 6 Herodes el Grande fortificó tres torres para proteger su palacio: de oeste a este estaban la torre Hípico (155 pies [47 m] de altura), la torre de Fasael (138 pies [42 m] de altura) y la torre de Mariamna (95 pies [29 m] de altura).

7 La mansión palaciega de dos niveles (604 m2 [6500 pies cuadrados]) puede haber sido el palacio de Anás, que sirvió como sumo sacerdote desde el año 6 al 15 d. C. El yerno de Anás, Caifás, ocupó este cargo del 18 al 36 d. C. y presidió el juicio de Jesús (Mt. 26:57).

8 A menudo se considera que esta es la ubicación más probable del Gólgota, el lugar de la muerte de Jesús. Estaba en una colina que sobresalía en una cantera, fuera del segundo muro de la ciudad y cerca de la puerta de Gennat (huerto).

9 Herodes el Grande vivió en el lujoso palacio asmoneo desde mediados de los años 30 hasta el año 23 a. C. mientras esperaba la construcción de su propio palacio. Herodes Antipas («Herodes el tetrarca») vivió en este palacio durante su reinado, 4 a. C.-39 d. C. Jesús compareció ante él aquí.

10 El edificio de los archivos contenía los registros públicos (que incluían genealogías) así como los pagarés que aceptaban los prestamistas y permitían el cobro de las deudas.

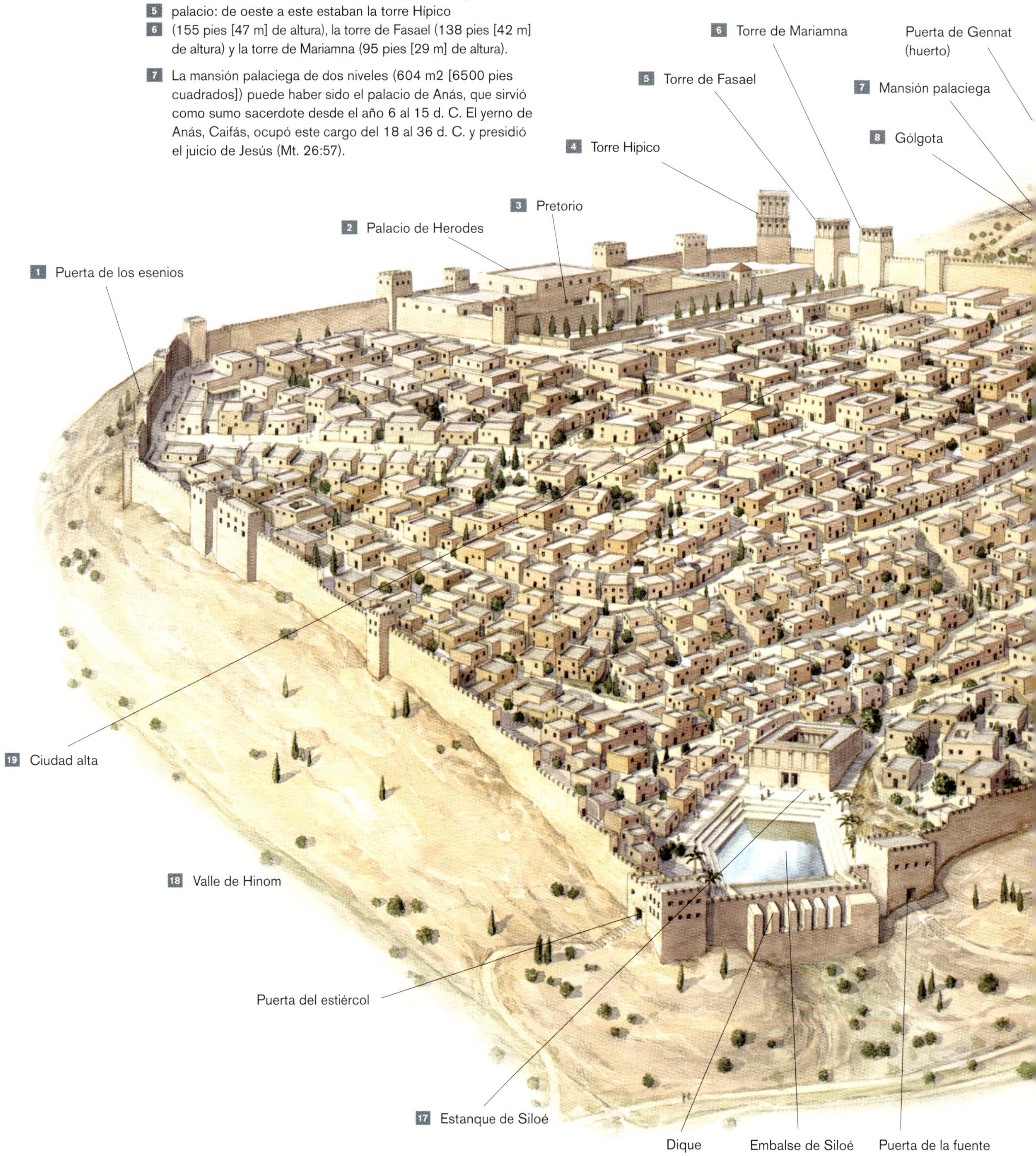

11 El *Xystus*, construido en el sitio del antiguo gimnasio griego, era un lugar público de reunión.

12 El edificio del Consejo era una edificación pública que tal vez funcionaba como una oficina municipal.

13 El templo fue reconstruido por Herodes el Grande, los trabajos comenzaron en el año 20 a. C.

14 El estanque de Betesda (ver Juan 5:2) era un estanque doble. Cada uno medía unos 312 × 164-196 pies (95 × 50-60 m) y unos 50 pies (15 m) de profundidad. Al este de los estanques había un pequeño templo romano dedicado a Asclepio.

15 El huerto de Getsemaní estaba situado a unas 300 yardas (274 m) de Jerusalén y del Monte del Templo. La distancia entre el monte de los Olivos y Jerusalén era un «camino de un día de reposo» (Hch. 1:12), aproximadamente 1.100 yardas o 3/5 de milla (1.005 m).

16 El barranco del valle del Cedrón siempre ha servido como límite oriental de Jerusalén.

17 El estanque de Siloé (Juan 9:7), un punto central de Jerusalén, colindaba con un gran dique y un embalse. Recibía el agua de los manantiales de Gihón.

18 El valle de Hinom estaba al sur de la colina que fue la ciudad de David original.

19 La ciudad alta albergaba lujosas villas de gente rica durante el período herodiano.

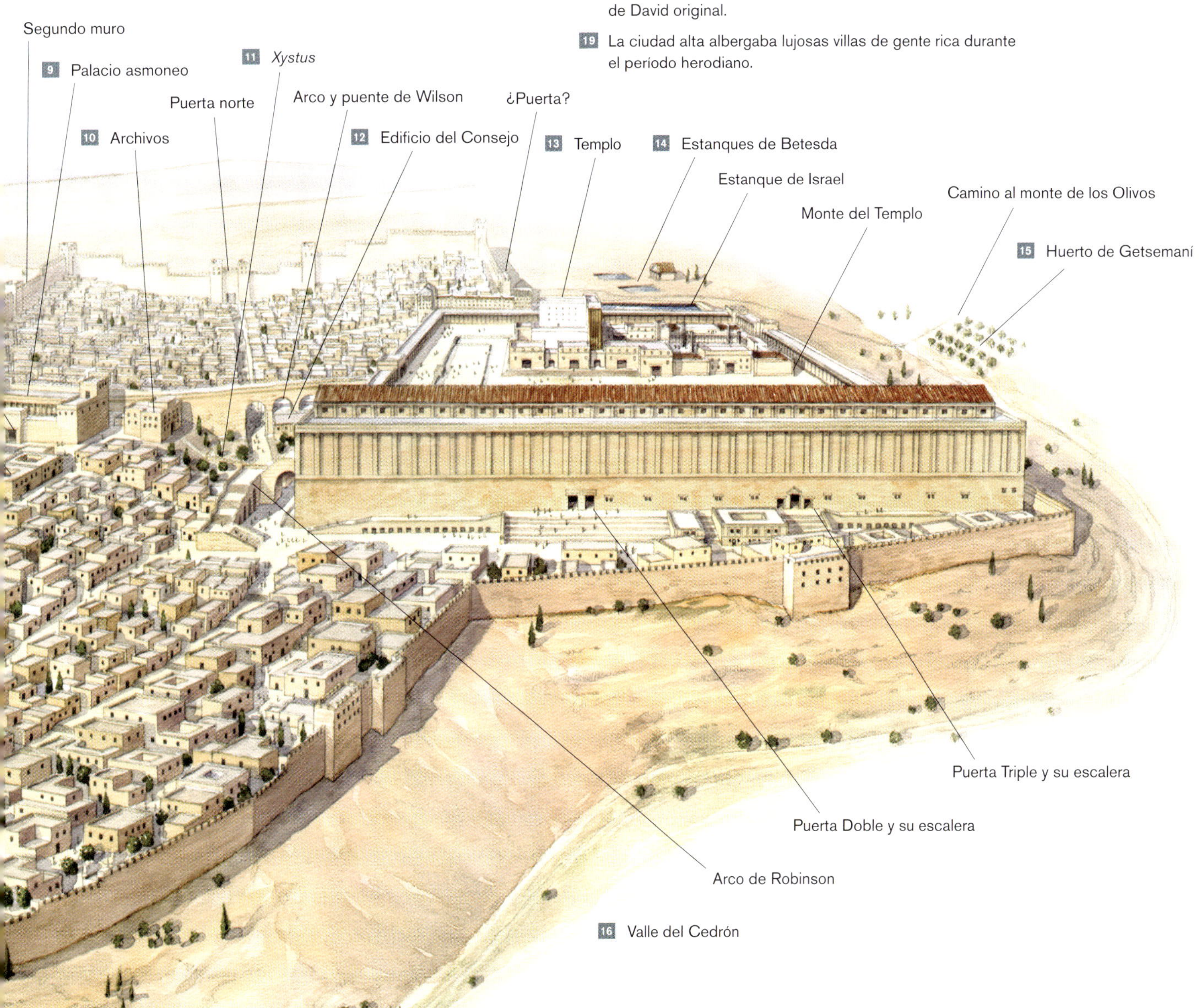

Jerusalén en la época de Jesús

La muy fortificada ciudad de Jerusalén se encontraba en lo alto de colinas adyacentes en la región montañosa de Judea. Por lo tanto, no fue fácil para los romanos recapturarla durante la revuelta judía, aunque finalmente lo hicieron en el año 70 d. C. después de un duro asedio. La parte más antigua de Jerusalén, llamada «la ciudad de David» y «el monte de Sion», estaba al sur del templo, pero en el siglo I las murallas de la ciudad también abarcaban la nueva ciudad alta al oeste del templo. Al este, al otro lado del valle del Cedrón (Juan 18:1), estaba el monte de los Olivos (Mr. 13:3). Al sur de Sion estaba el valle de Hinom. La reconstrucción representa a Jerusalén alrededor del año 30 d. C., y la orientación general del dibujo es hacia el norte.

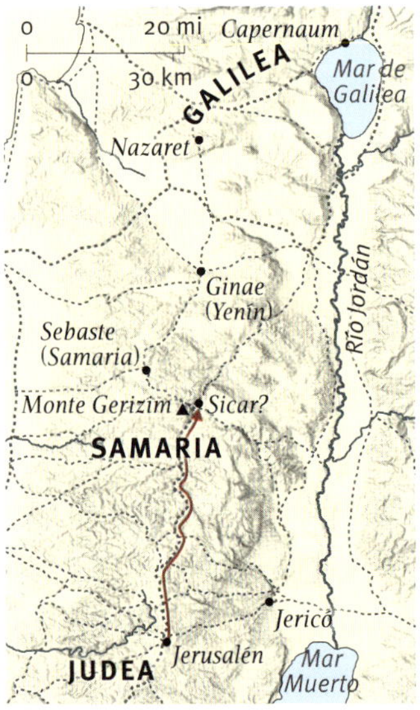

12-7. Los viajes de Jesús a través de Samaria (Juan 4:4-42). Cuando Jesús y sus discípulos regresaron de Jerusalén a Galilea, tomaron la ruta más directa y atravesaron Samaria. Se detuvieron a descansar en el poblado de Sicar, cerca de la antigua ciudad de Siquem (que ya no existía en la época del Nuevo Testamento). Aquí Jesús habló con una mujer samaritana junto a un pozo.

12-8. El último viaje de Jesús a Jerusalén. (Mt. 16:21; 17:22-27; 19:1-2; 20:17, 29-34; Mr. 8:31; 10:1, 32, 46-52; 11:1-2; Lc. 9:51-56; 10:38-42; 13:22; 18:31–19:10; 19:28-35; Juan 12:1-8) Aunque Juan menciona varios viajes de Jesús a Jerusalén durante su ministerio, Mateo, Marcos y Lucas solo hablan de uno, que ocurrió cuando Jesús se preparaba para su entrada triunfal y su posterior muerte y resurrección. Jesús partió de Capernaum, pero al parecer se desvió de la ruta más directa cuando los samaritanos se negaron a recibirlo (Lc. 9:51-56), entonces pudo haber cruzado el Jordán y atravesado Perea. Luego habría pasado por Jericó y continuado camino a Jerusalén.

una aldea llamada Ginae, que estaba situada en los límites de Samaria y la gran llanura…». Ginae se identifica con la Yenín moderna (también deletreada «Ginin») y la gran llanura es la llanura de Esdraelón. Desde ese punto hacia el sur, el viajero habría ascendido a la región montañosa de Samaria y luego habría seguido «la columna vertebral» de las tierras altas hasta Jerusalén. Flavio Josefo (*La vida de Josefo* 52) dice que era un viaje de tres días.

Jesús y sus discípulos usualmente tomaban esta ruta. Su viaje más conocido fue cuando regresaban a Galilea desde Jerusalén y se detuvieron en el poblado de Sicar (ver mapa 12-7). Jesús se encontró con una mujer samaritana en el pozo de Jacob y discutió con ella el significado de «agua viva» (Juan 4:1-26). Los discípulos, que habían ido a la ciudad a comprar comida, regresaron y se sorprendieron «de que hablaba con una mujer» (v. 27). Jesús transgredía algunas de las costumbres y actitudes sociales de la época: compartió el evangelio con una mujer samaritana («judíos y samaritanos no se tratan entre sí» [v. 9]).

Los judíos que tomaban esta ruta directa a través de Samaria se exponían a peligros. Flavio Josefo menciona que una disputa entre judíos y samaritanos terminó con el asesinato cerca de Samaria de

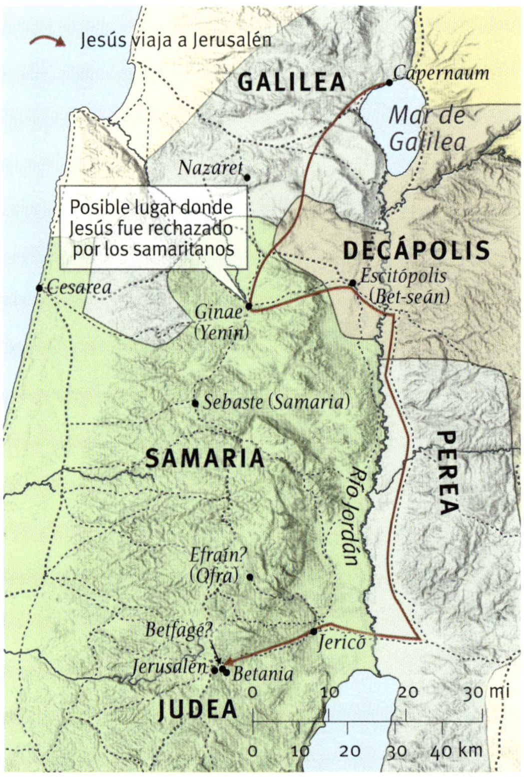

muchos peregrinos judíos que viajaban a Jerusalén (*Antigüedades* 20.6.1). De modo que los viajeros judíos a veces bordeaban el territorio de Samaria al cruzar el río Jordán cerca de Escitópolis, atravesar Perea y luego volvían a cruzar el Jordán cerca de Jericó. En su último viaje a Jerusalén, Jesús parece haber tomado ese camino (Lc. 18:35; 19:1).

El ministerio final en Jerusalén y Judea

Los Evangelios Sinópticos (Mateo, Marcos y Lucas) dedican mucho tiempo a describir el ministerio de Jesús en Galilea. Por otro lado, el Evangelio de Juan está mucho más centrado en el ministerio de Jesús en Judea y, en particular, en la ciudad de Jerusalén. Juan menciona numerosos viajes que Jesús hizo a Jerusalén desde Galilea. Ya en Juan 2, se relata que Jesús fue a Jerusalén para la Pascua; en ese momento expulsó del templo a los cambistas (2:13-22). Juan menciona otro viaje a Jerusalén en el que Jesús sanó a un enfermo en el estanque de Betesda (5:1-9).

El viaje final de Jesús a Judea, cuando fue a Jerusalén para la Fiesta de los Tabernáculos, en el otoño, se describe en Juan 7:1-39 (ver mapa 12-8). Al parecer todavía estaba en Jerusalén a principios del invierno, pues se encontraba enseñando en el templo en el momento de la Fiesta de la Dedicación (10:22-23). Sin embargo, Jesús no limitó su actividad a Jerusalén en este viaje final; en Juan 10:40 cruza el río Jordán al este de Jerusalén y ministra allí. Inmediatamente después, regresa a Jerusalén, a la aldea de Betania. Allí resucitó a Lázaro de entre los muertos (11:1-46). Debido a un complot para matarlo, Jesús y sus discípulos fueron a la ciudad de Efraín, ubicada en una región contigua al desierto, al noreste de Jerusalén. En Juan 12:1 Jesús fue a Betania «seis días antes de la pascua», a la casa de sus amigos Lázaro, María y Marta. María tomó una libra de un costoso perfume y ungió los pies de Jesús con él; así comenzó la preparación para su muerte y sepultura. La semana de pasión en Jerusalén estaba a punto de comenzar.

Los detalles precisos de la última semana de Jesús son difíciles de poner en orden, pero se puede discernir una secuencia cronológica general. La semana de la pasión comenzó el domingo con la entrada triunfal de Jesús en Jerusalén. Él y sus discípulos pasaron por Betfagé y Betania en el lado oeste del monte de los Olivos, cruzaron el monte de los Olivos, atravesaron el valle del Cedrón y entraron a Jerusalén por una puerta occidental. De allí Jesús fue inmediatamente al templo y observó todas las cosas. Ya era tarde, así que él y sus discípulos regresaron a Betania para pasar la noche (Mr. 11:1-11; ver mapa 12-9).

Los escritores de los Evangelios cuentan que el martes de la semana de pasión Jesús enseñó en el templo, y la enseñanza incluyó parábolas (Mr. 12:1) e interpretaciones de pasajes del Antiguo Testamento (vv. 35-37). También discutió con los líderes religiosos (11:27). Ese día Jesús vio en el templo a la viuda que echó como ofrenda todo lo que tenía (12:41-44). Luego de dejar el templo, Jesús profetizó su destrucción y la tribulación venidera y el final de los tiempos (13:1-37). Muchos estudiosos no identifican ningún suceso que ocurriera el miércoles de la semana de pasión, aunque este puede haber sido el día en que Judas hizo su trato con los principales sacerdotes para traicionar a Jesús (Mt. 26:14-16).

El jueves, Jesús dio indicaciones a los discípulos para que prepararan la cena pascual: los envió a un hombre de la ciudad de Jerusalén que les permitiría usar su casa para la celebración (Mt. 26:17-19). Esa noche cenaron juntos y Jesús reinterpretó los elementos de la comida como signos de su muerte como el cordero pascual (Mr. 14:22-25). Luego finalizaron la cena con un himno. Entonces Jesús y los discípulos salieron de Jerusalén, cruzaron el valle del Cedrón hacia el este y fueron a un huerto en el monte de los Olivos llamado Getsemaní (ver mapa 12-10). Allí Jesús oró con fervor. La tradición ubica a Getsemaní en las laderas inferiores del monte de los Olivos. El sitio se puede visitar en la actualidad. Judas traicionó a Jesús en ese huerto y una turba de hombres armados lo arrestó allí (v. 43).

Jesús fue juzgado en varias etapas y en varios lugares (ver mapa 12-11). El juicio comenzó el jueves por la noche y duró hasta el viernes por la mañana. Primero lo llevaron a la casa del sumo sacerdote Caifás. Allí el Sanedrín se reunió, consideró el asunto y determinó que Jesús merecía la muerte (Mr. 14:64). En Jerusalén se descubrió una tumba del segundo templo que contenía varios osarios con el nombre «Caifás». Probablemente era una tumba familiar. Un osario magníficamente decorado tenía inscrito el nombre «José ben Caifás». Los restos encontrados dentro del osario

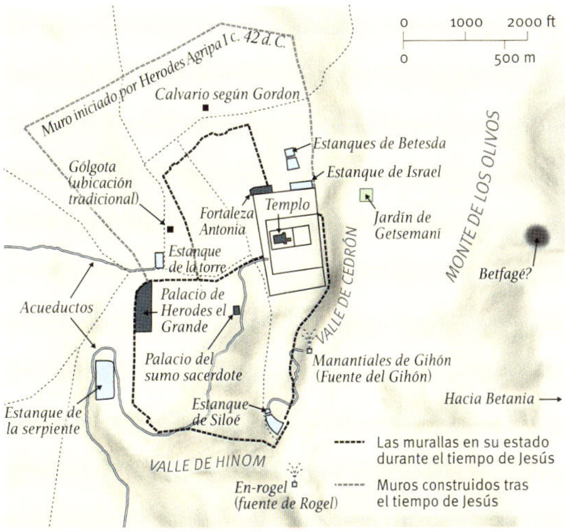

12-9. Jerusalén en la época de Jesús. En la época de Jesús, Jerusalén había dejado de ser una modesta fortaleza militar y se había convertido en una ciudad de clase mundial con un templo recién renovado que rivalizaba con casi cualquier otro en el mundo antiguo. Los estanques públicos se alimentaban de los manantiales de Gihón y de dos acueductos que traían el agua a la ciudad desde una distancia de hasta 7 millas (11 km). Los poblados de Betfagé y Betania se encontraban en la ladera oriental del monte de los Olivos, al este de Jerusalén.

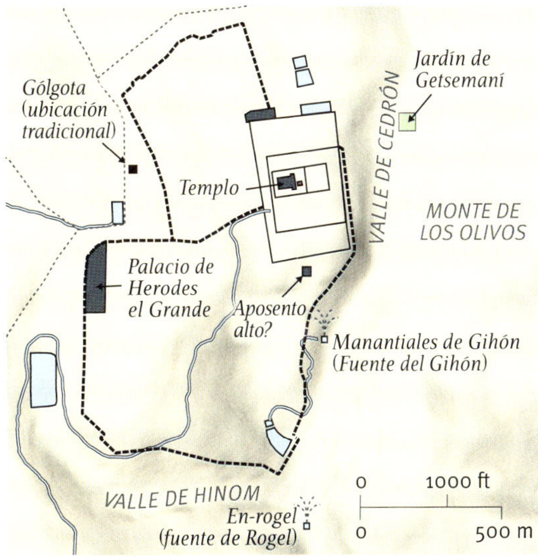

12-10. La última cena. (Mt. 26:17-29; Mr. 14:12-16; Lc. 22:14-23; Juan 18:1). Después de comer la cena pascual, Jesús y sus discípulos cruzaron el valle del Cedrón y entraron en un huerto llamado Getsemaní (que significa «prensa de aceite»), donde a menudo pasaban tiempo mientras visitaban Jerusalén (comp. Lc. 22:39).

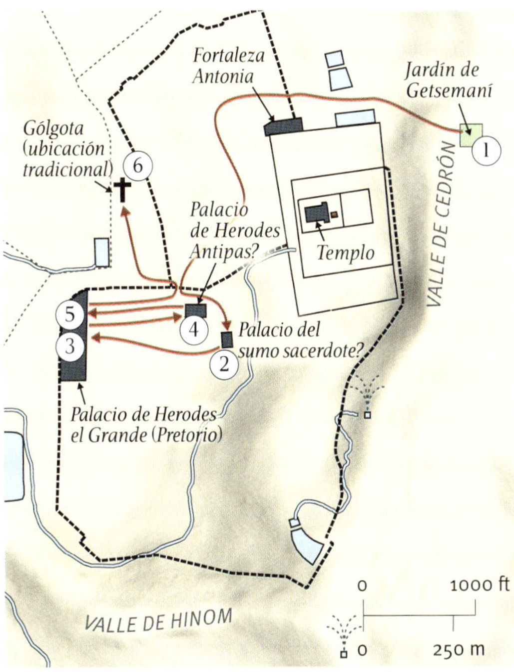

12-11. El arresto, el juicio y la crucifixión de Jesús (Mt. 26:47–27:66; Mr. 14:32–15:47; Lc. 22:47–23:56; Juan 18:2–19:42). Es difícil determinar con certeza el recorrido desde el arresto de Jesús hasta su crucifixión (parte del cual se llama a menudo la Vía Dolorosa). Según una concordancia posible de los relatos evangélicos, después de la cena pascual Judas guio a un contingente de soldados a Getsemaní para arrestar a Jesús (1). De allí lo llevaron ante Anás (en un lugar desconocido), quien lo envió a su yerno Caifás, el sumo sacerdote (2). Los líderes judíos recurrieron entonces al gobernador romano Pilato para que ejecutara a Jesús (3). Lucas menciona que Pilato lo envió a Herodes Antipas (4), quien interrogó a Jesús, pero luego lo devolvió a Pilato sin emitir juicio alguno (5). Pilato entonces entregó a Jesús para que fuera crucificado en el Gólgota (6).

El Gólgota y el Monte del Templo

Durante muchos siglos, los cristianos han adorado en la iglesia del Santo Sepulcro según la creencia de que este es el lugar donde Jesús fue crucificado, sepultado y luego resucitó de entre los muertos. En 1883, el general Charles Gordon puso en duda esta opinión al argumentar que la tumba del jardín, un sitio al norte de la ciudad vieja de Jerusalén, era el verdadero sitio del Calvario.

Según los escritores bíblicos, los requisitos del lugar eran que estuviera fuera de los muros de Jerusalén en aquel momento (He. 13:12), en un huerto (Juan 19:41), cerca de la ciudad (Juan 19:20) y que se llamara Gólgota, que significa «Lugar de la Calavera» (Mt. 27:33).

En la década de 1960 se realizaron excavaciones bajo la iglesia del Santo Sepulcro. Se determinó que se había construido sobre un macizo rocoso aislado en medio de una gran cantera (la cual estuvo en uso desde el siglo VIII hasta el I a. C.). Este promontorio no se explotó en la antigüedad debido a la mala calidad de su piedra caliza. En los laterales de la cantera y de esta roca se encontraron una serie de tumbas excavadas al estilo del siglo I d. C.

Esto indicaría que el área no estaba dentro de los muros, ya que los muertos siempre se enterraban fuera de la ciudad. En relación con los puntos segundo y tercero, algunos restos fortificados encontrados en la parte norte de las excavaciones en el cercano barrio judío se han identificado como la puerta de Gennat (huerto) mencionada por Flavio Josefo en su descripción del segundo muro (*La guerra de los judíos* 5.146). Se supone que esta puerta tomó su nombre de un huerto que se encontraba al norte de ella. En verdad, se ha encontrado una capa de tierra cultivable sobre el relleno de la cantera.

La afirmación de que el sitio podría haber sido conocido como el «Lugar de la Calavera» se basa en una antigua tradición judía de la que hablaron algunos de los primeros escritores cristianos, como Orígenes y Epifanio. Según esta tradición, el cráneo de Adán se conserva en esta colina.

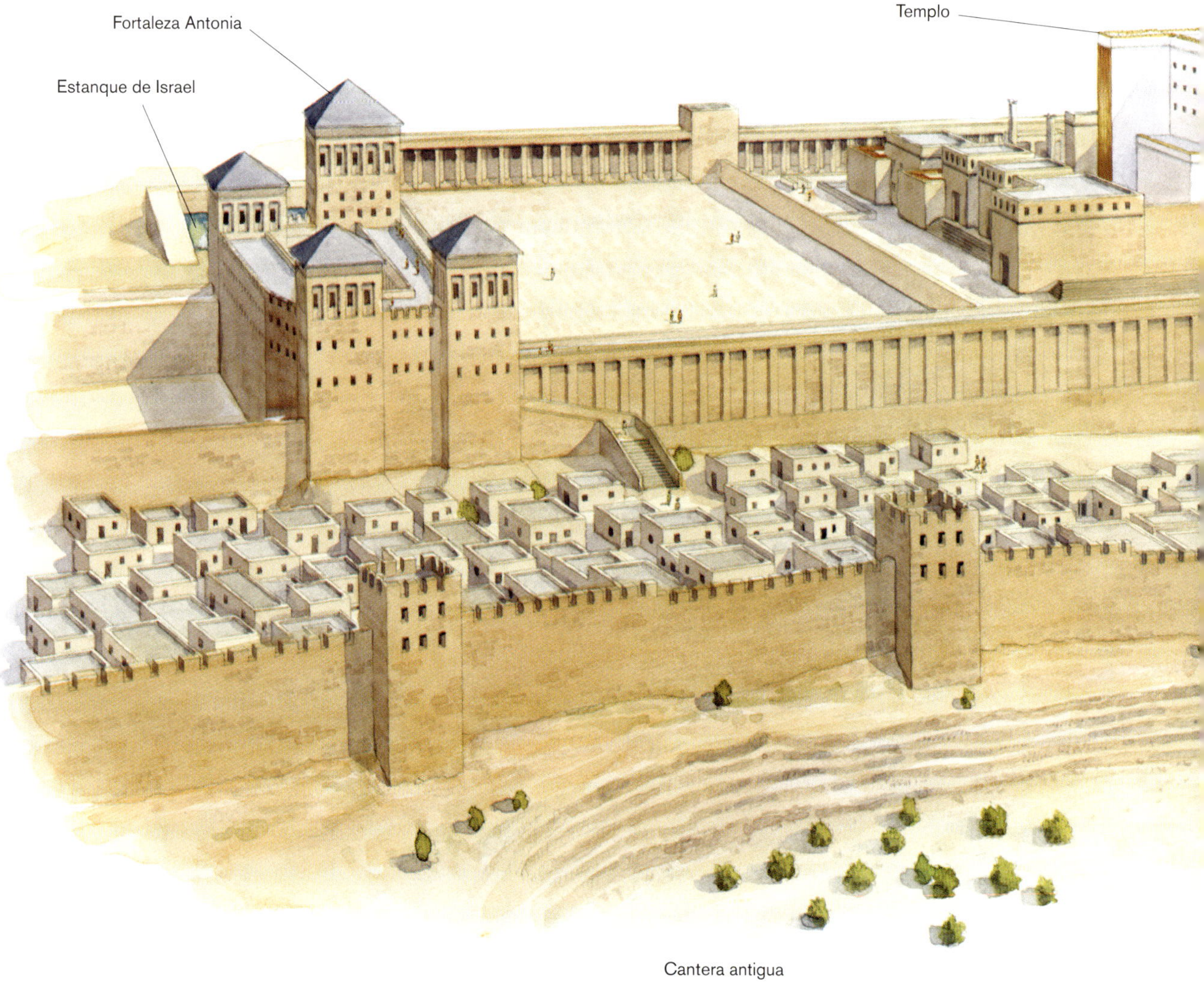

El general Gordon opinaba que la tumba del jardín era la de Cristo porque apreciaba la forma de un cráneo en los contornos de la colina en cuya escarpa occidental se encuentra la tumba. Posteriormente se ha comprobado que es en realidad un sepulcro típico del período del primer templo y que nunca podría haber sido llamado «sepulcro nuevo» en la época de Cristo. Sin embargo, debido a su tranquilidad y a su contraste con el bullicio del Santo Sepulcro, el lugar sigue siendo considerado por muchos como la tumba de Cristo.

El dibujo muestra el lugar tradicional de la crucifixión (es decir, el Santo Sepulcro). Tres cruces aparecen en la colina del Gólgota. El segundo muro de Jerusalén se construyó sobre un lado de la cantera. Al fondo se aprecia el Monte del Templo, con la fortaleza Antonia a la izquierda, el templo en el centro y la Estoa Real a la derecha.

Plano arquitectónico del Monte del Templo

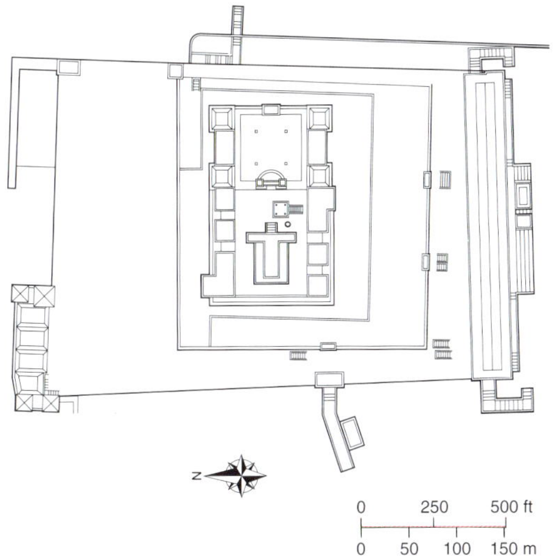

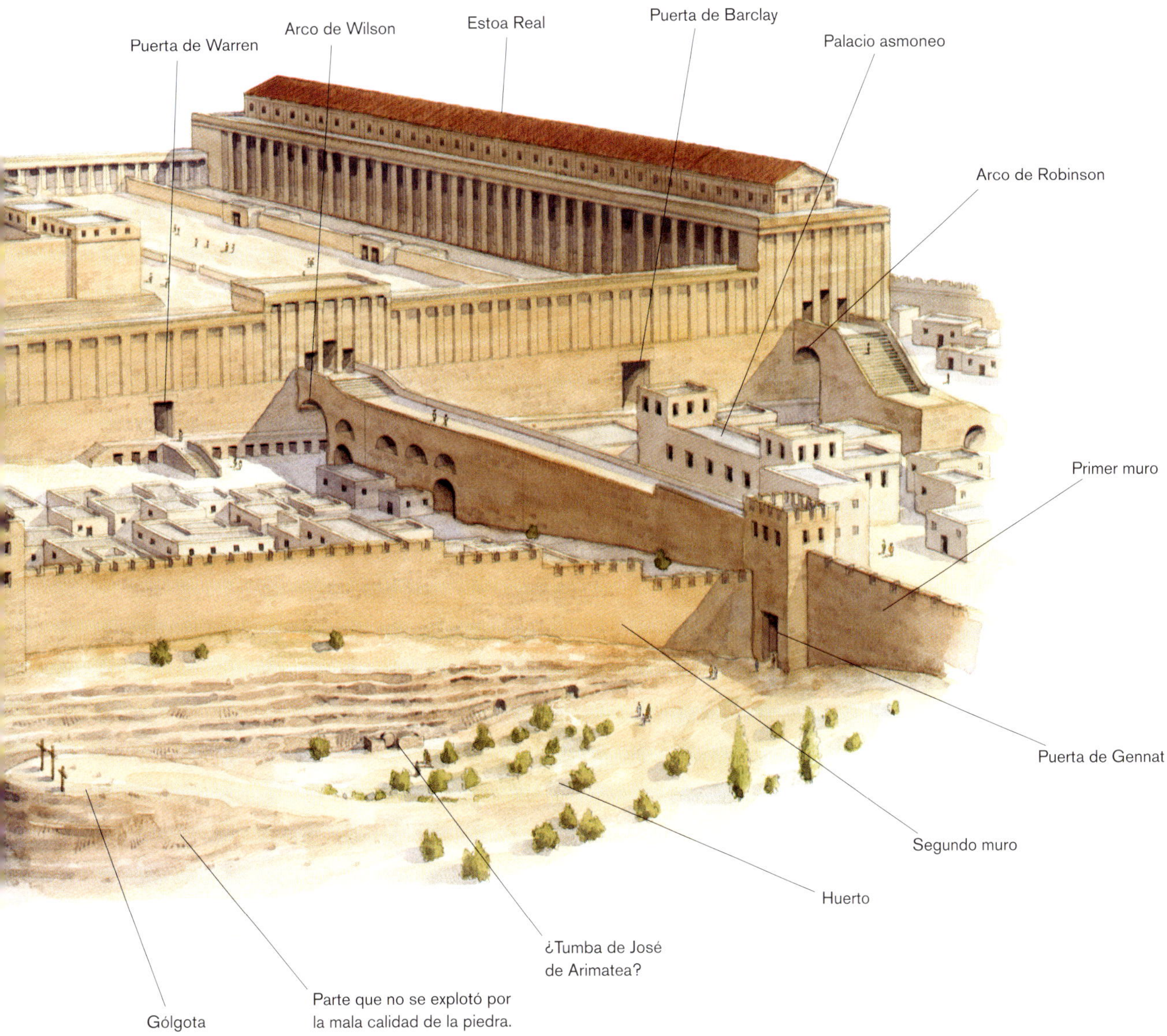

12-9. Los osarios eran cajas funerarias de piedra utilizadas por los judíos durante la época romana. Allí se depositaban los huesos del difunto una vez que la carne se había descompuesto en una forma de entierro secundario.

pertenecían a un hombre de 60 años que probablemente fue el sumo sacerdote de la época de Jesús y del juicio.

Aunque el Sanedrín realizó el primer juicio, no tenía el poder de condenar a muerte a Jesús. Entonces, temprano en la mañana del viernes, lo llevaron a las autoridades romanas para obtener la sentencia de muerte (Mr. 15:1). No hay certeza de a qué lugar lo llevaron; es posible que fueran a la fortaleza Antonia, que se encontraba justo al lado del templo, o quizás lo llevaron al palacio occidental de Herodes. Poncio Pilato, el procurador romano, interrogó a Jesús y al conocer que era galileo, lo envió a Herodes Antipas, que era tetrarca de Galilea y se encontraba en Jerusalén en ese momento. Luego de maltratar a Jesús, Herodes lo envió de vuelta a Pilato (Lc. 23:8-12). Pilato finalmente cedió a las demandas de los líderes judíos y Jesús fue crucificado en el Gólgota. El lugar de la crucifixión es motivo de debate, aunque la tradición lo sitúa en la iglesia del Santo Sepulcro. Jesús fue ejecutado en el Gólgota, colgado de una cruz, según la costumbre romana. Después de su muerte fue enterrado en una tumba cercana que pertenecía a José de Arimatea.

Según los Evangelios, Jesús se levantó de entre los muertos temprano en la mañana del domingo (Lc. 24:1-3). Después de su resurrección se apareció a muchos de sus discípulos en diferentes momentos y lugares (ver mapa 12-12): se apareció a varios en Jerusalén (Mr. 16:14-18), a dos discípulos en el camino a Emaús (Lc. 24:13-35) y a varios en Galilea (Mt. 28:16; Jn. 21). La última aparición de Jesús ocurrió en el monte de los Olivos cerca de Betania, desde donde ascendió al cielo ante los ojos de sus discípulos (Hch. 1:6-12).

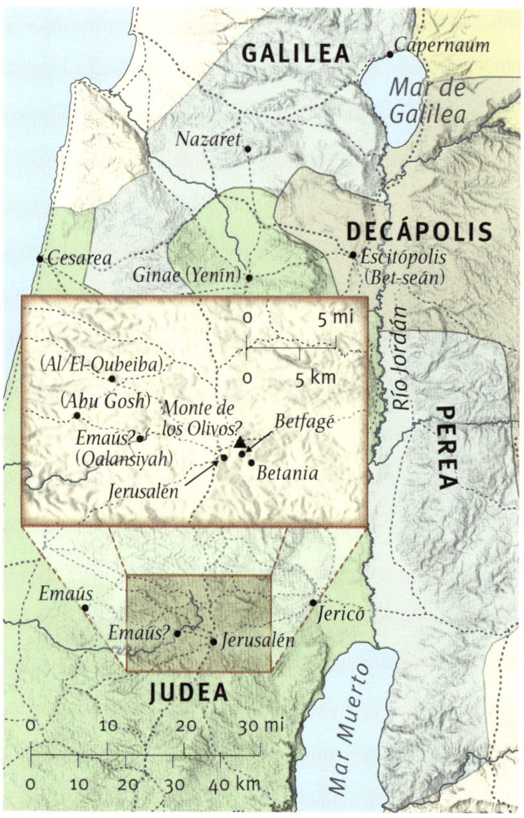

12-12. Las apariciones de Jesús después de su resurrección (Mt. 28:16-20; Mr. 16:9-13; Lc. 24:13-53; Jn. 20:11–21:19). Los cuatro Evangelios y algunos otros libros del Nuevo Testamento mencionan varias apariciones de Jesús después de su resurrección, pero solo Lucas señala que Jesús ascendió al cielo desde el monte de los Olivos en las afueras de Jerusalén. Lucas también relata la conversación de Jesús con los dos discípulos en el camino a Emaús (probablemente la Qalansiyah moderna, no la Emaús del período intertestamental, que estaba demasiado al oeste). Mateo y Juan mencionan que Jesús también se apareció a sus discípulos en la región de Galilea.

LA PROPAGACIÓN DEL CRISTIANISMO

Antes de ascender al cielo como se relata en Hechos 1, Jesús encomendó a sus discípulos una misión. Les dijo: «Pero recibiréis poder, cuando haya venido sobre vosotros el Espíritu Santo, y me seréis testigos en Jerusalén, en toda Judea, en

La tumba de Jesús

Los evangelistas nos dicen que después de su muerte, el cuerpo de Jesús fue llevado a un huerto y depositado en una tumba recién labrada en la peña (Mt. 27:60; Lc. 23:53; Jn. 19:41). Esta es una información importante desde el punto de vista arqueológico. Las tumbas de este período consistían generalmente en varias cámaras funerarias que tenían lóculos (nichos de entierro) excavados en las paredes laterales para colocar el cuerpo del difunto, y también arcosolios (nichos en forma de arco) donde se colocaban los osarios (cofres para los huesos).

Que algunas mujeres vieran dónde fue colocado el cuerpo de Jesús (Mr. 15:47) y que también, después de la resurrección, el discípulo Juan pudiera ver los lienzos puestos allí y el sudario enrollado (Jn. 20:5-6), indica que el cuerpo de Jesús fue colocado en un banco frente a la abertura de la tumba.

Lo cierto de esta información puede confirmarse mediante la arqueología, en particular por la arquitectura de la tumba. Las tumbas recién labradas usualmente tenían una cámara simple con tres bancos alrededor de un hoyo excavado. Este hoyo permitía a los trabajadores permanecer de pie mientras trabajaban.

Posteriormente se añadían cámaras adicionales con lóculos y arcosolios después de retirar los bancos iniciales. Una tumba recién tallada podría utilizarse para el «entierro primario», que es la primera parte del ritual del *ossilegium*. (Esto solo significa que el cuerpo del difunto, después de envolverse en una mortaja de lino, se colocaba en un estante, en un banco o en un nicho. Aproximadamente un año después, cuando los tejidos blandos se hubieran descompuesto, los huesos se depositaban en un osario. Este sería el «entierro secundario»). Por lo tanto, todo parece indicar que el cuerpo de Jesús en realidad fue depositado en una tumba recién excavada en la roca.

La entrada al sepulcro habría sido baja, por lo que los discípulos habrían tenido que inclinarse para mirar dentro y entrar (Lc. 24:12; Jn. 20:5). Muy pocas de las casi 1000 tumbas de este período, excavadas en Jerusalén y sus alrededores, tenían piedras rodantes para cerrar la entrada. Solo los ricos podían permitirse ese lujo. Por lo general, las entradas tenían piedras de cierre cuadradas o rectangulares. Estas piedras encajaban como un corcho en una botella en la abertura de la tumba. La parte estrecha encajaba exactamente en la abertura interior, mientras que la parte más ancha cerraba la abertura exterior.

Sin embargo, el relato bíblico afirma que la piedra fue rodada (Mt. 27:60; Mr. 15:46; Lc. 24:2), y por lo tanto, en este dibujo de reconstrucción se muestra una gran piedra rodante (4,5 pies [1,4 m] de diámetro). La rara piedra rodante para la entrada se ajustaría a la idea de que José de Arimatea era «un hombre rico» (Mt. 27:57).

Samaria, y hasta lo último de la tierra» (v. 8). El Libro de los Hechos cuenta el desarrollo de la misión y el testimonio en el siguiente orden: en Jerusalén (caps. 1–7), en Judea y Samaria (caps. 8–12) y hasta lo último de la tierra (caps. 13–28).

En Jerusalén

El día de Pentecostés, en Hechos 2, comenzó a cumplirse la promesa de Jesús de que los discípulos «recibirían poder cuando viniera sobre ellos el Espíritu Santo». Muchos judíos de todo el mundo habían venido a esta fiesta de peregrinaje en Jerusalén y escucharon el evangelio hablado en sus propias lenguas (Hch. 2:7-8). El texto relata que judíos de Partia, Media, Elam, Mesopotamia, Judea, Capadocia, Ponto, Asia, Frigia, Panfilia, Egipto, regiones de África más allá de Cirene y de Roma asistieron a la fiesta de Pentecostés (ver mapa 12-13). En ese momento, alrededor de 3.000 personas fueron bautizadas (v. 41). Por supuesto, estos 3.000 viajeros convertidos llevaron el evangelio y dieron testimonio del cristianismo por todo el mundo.

Los apóstoles Pedro y Juan fueron los protagonistas principales del testimonio evangélico en Jerusalén. Pedro predicó en Pentecostés (Hch. 2:14-41), sanó a un cojo en la puerta del templo llamada la Hermosa (3:1-10) y predicó en el pórtico de Salomón, en el templo (vv. 11-26). Pedro y Juan fueron arrestados y

12-13. Naciones en Pentecostés (Hch. 2:1-12). Pentecostés atrajo a Jerusalén a judíos de todo el mundo para celebrar la fiesta anual. Aquellos que escucharon en Pentecostés el mensaje de los apóstoles en sus lenguas nativas provenían de varias regiones pertenecientes a los dos grandes imperios que competían en esa época (el romano y el parto). Jerusalén se encontraba en el área central entre ambos imperios.

12-14. El ministerio de Felipe el evangelista (Hch. 8:26-40). Felipe, un líder de la iglesia en Jerusalén, comenzó su ministerio evangelístico en Sebaste (también llamada Samaria). Luego Dios lo condujo hacia el sur, hacia Gaza. Allí le explicó el evangelio a un funcionario real etíope temeroso de Dios. Posteriormente fue transportado por Dios a Azoto, donde predicó y continuó su ministerio hasta llegar a Cesarea.

12-15. Primera etapa del ministerio de Pedro, c. 39? d. C. (Hch. 2–4; 9–12). El apóstol Pedro viajó a la ciudad de Lida, ubicada en un cruce de caminos, y sanó a un paralítico. Esto hizo que muchos en esa región se volvieran al Señor. Luego viajó a Jope y levantó a una mujer de entre los muertos. Mientras Pedro estaba en la casa de Simón, un curtidor de Jope, el centurión romano Cornelio envió a buscarlo para que viniera a Cesarea.

llevados ante el sanedrín por proclamar la resurrección de entre los muertos (4:1-22). Aunque inicialmente liberaron a Pedro y a Juan, los miembros del Sanedrín, llenos de celos, volvieron a arrestar a Pedro y a algunos de los apóstoles (5:17-41). Sin embargo, estas medidas no los disuadieron: «Y todos los días, en el templo y por las casas, no cesaban de enseñar y predicar a Jesucristo» (v. 42).

En Judea y Samaria

La persecución en Jerusalén se intensificó y llevó a la muerte por lapidación del discípulo Esteban (Hch. 6:8–7:60). La destrucción de la iglesia en Jerusalén y especialmente el martirio de Esteban hicieron que se dispersaran cristianos por toda Judea y Samaria (11:19). Felipe dio testimonio a los samaritanos (8:4-8), al eunuco etíope que iba de la llanura costera de Gaza a Jerusalén (vv. 26-39) y en muchas ciudades a lo largo de la costa hasta llegar a Cesarea (v. 40; ver mapa 12-14). Saulo, el violento perseguidor de la iglesia, se convirtió cuando se dirigía a Damasco, donde había un nuevo y creciente grupo de cristianos (9:1-22). El apóstol Pedro viajó a Cesarea para compartir el evangelio con Cornelio y otros gentiles (10:1-48; ver mapa 12-15).

La conversión de Saulo

Saulo nació en Tarso, capital de la provincia romana de Cilicia, en la costa sur de la actual Turquía. La ciudad fue un centro cultural e intelectual durante el siglo I d. C. Saulo testifica que creció en Jerusalén (Hch. 22:3; 26:4) y expresa que «en el judaísmo aventajaba a muchos» y que era «mucho más celoso de las tradiciones de mis padres» (Gá. 1:14). Era miembro de la tribu de Benjamín, fariseo y había sido instruido por el conocido rabino Gamaliel (Hch. 22:3). Debido a su celo por la ley y las tradiciones ancestrales del judaísmo, persiguió a la iglesia primitiva (Gá. 1:13-14; Fil. 3:5-6; Hch. 22:3-5). Jugó un papel en la lapidación de Esteban (7:58; 8:1). Cuando los cristianos de Jerusalén fueron dispersados, Saulo persiguió a algunos de ellos hasta Damasco. Sin embargo, en el camino tuvo una visión de Cristo resucitado (9:1-19; ver mapa 12-16).

En el camino de Damasco, Pablo no solo se convirtió al cristianismo, sino que también recibió una comisión apostólica (1 Co. 9:1). Y al responder al llamado apostólico, se dio cuenta de que sería un misionero no solo para los judíos, sino también para las naciones (Gá. 1:15-16). Después de su conversión, no volvió a Jerusalén, sino que se fue «a Arabia» (v. 17). Pasó tres años en el desierto antes de retornar a Damasco. A su regreso viajó a Jerusalén para visitar a Pedro y Jacobo durante quince días (vv. 18-19). Los discípulos en Jerusalén sospechaban de Pablo, pero cuando vieron que predicaba audazmente el evangelio de Jesucristo quedaron convencidos de su fe. Los helenistas de Jerusalén trataron de matarlo, así que los discípulos lo llevaron a Cesarea. De allí viajó a su ciudad natal, Tarso (Hch. 9:30; Gá. 1:21). El discípulo Bernabé encontró a Pablo en Tarso y lo llevó a ministrar en la ciudad de Antioquía (Hch. 11:25-26).

El método común de Pablo en los primeros años de ministerio era entrar en la sinagoga local (Hch. 9:20) y predicar a los judíos y a las personas «temerosas de Dios». Un individuo «temeroso de Dios» era un gentil que se sumaba a la adoración

12-16. La conversión de Pablo y sus primeros viajes, c. 35-39? d.C. (Hch. 9:1-19; 22:1-21; 26:12-32). Cuando Pablo se dirigía a Damasco para arrestar a los seguidores del Camino, Jesús se le apareció (1). Gálatas 1:17 deja claro que poco después de esto Pablo pasó un tiempo en Arabia (2 y 3) antes de ir a encontrarse con líderes de la iglesia en Jerusalén (4). Cuando algunos creyentes conocieron de un complot para matarlo en Jerusalén, lo llevaron a Cesarea, y él regresó a su ciudad natal de Tarso (5).

12-17. Reino de Herodes Agripa I, c. 41 d. C. (Hch. 12:1-5,20-23). Debido en gran medida a su influyente amistad con los emperadores romanos Cayo (Calígula) y Claudio, Herodes Agripa I, nieto de Herodes el Grande, pudo obtener la mayor parte del antiguo reino de su abuelo más la región de Abilinia, al norte. Ejerció gran poder sobre toda la región de Palestina, así como sobre Siria, incluyendo Tiro y Sidón.

judía, pero no era un prosélito pleno ni un converso. En la adoración en la sinagoga era costumbre que, después de leer una lección de la Escritura, el líder de adoración llamara a alguien para hacer una exhortación. Esta práctica le permitió a Pablo encontrar una audiencia dispuesta, principalmente entre los temerosos de Dios, quienes se convirtieron en una cabeza de puente hacia el mundo gentil (Hch. 13:13-16, 43; 14:1; 17:1-4).

Pablo y Bernabé pasaron un año entero en Antioquía, enseñando a la iglesia (Hch. 11:26). Antioquía, en Siria, era una gran ciudad grecorromana con alrededor de 300.000 habitantes en el siglo I d. C. En esta urbe cosmopolita había una gran población judía. La gente respondió a la predicación del evangelio y un «gran número creyó y se convirtió al Señor» (v. 21). En realidad, fue aquí donde se les llamó por primera vez cristianos a los discípulos de Cristo (v. 26). No hay muchos restos arqueológicos de la etapa del Nuevo Testamento en el lugar. Sabemos por fuentes escritas de ese período que los romanos construyeron mucho allí. Julio César construyó un acueducto para el suministro de agua. Se han excavado algunas de las residencias de la época. César también edificó un teatro y un anfiteatro en la ciudad, construidos alrededor de la época en que Pablo utilizó Antioquía como su centro de operaciones. Tiberio reconstruyó la muralla exterior de la ciudad. Augusto visitó la ciudad dos veces y encargó a sus arquitectos que emprendieran un gran proyecto constructivo allí.

Primer viaje misionero de Pablo

Pablo, Bernabé y Juan Marcos dejaron Antioquía y descendieron a Seleucia, la ciudad portuaria de Antioquía (Hch. 13:4; ver mapa 12-18). Seleuco I fundó este puerto en el año 300 a. C., y le puso su nombre en recuerdo de sus victorias militares en Siria. Los discípulos zarparon hacia Chipre y desembarcaron en Salamina, el puerto principal y la ciudad más importante de Chipre durante el período del Nuevo Testamento. Las excavaciones en Salamina han sacado a la luz importantes restos romanos que incluyen un teatro, un gimnasio, baños públicos y un foro. Pablo y sus compañeros de viaje predicaron en las sinagogas de Salamina (v. 5). Después viajaron a la parte suroeste de la isla, a la ciudad de Pafos. Aquí ocurrió el milagro de la ceguera que le sobrevino a Barjesús, el falso mago, lo cual provocó la conversión del procónsul romano (vv. 6-12).

Luego los tres hombres zarparon hacia Asia Menor y desembarcaron en Perge, Panfilia (Hch. 13:13). Como resultado de extensas excavaciones, los arqueólogos han descubierto parcialmente una impresionante ciudad helenística-romana en el emplazamiento de Perge. La muralla de la ciudad con sus torres fue construida en el siglo III a. C., pero aún estaba en pie en la época de Pablo. Se han excavado un gran ágora y un foro, junto con los cimientos de un templo y varios baños públicos. Un teatro con capacidad para más de 14.000 espectadores se ha excavado parcialmente, y en las afueras de la ciudad aún existe un enorme estadio. Por alguna razón desconocida, Juan Marcos dejó a Pablo y a Bernabé y regresó a Jerusalén.

Pablo y Bernabé pronto partieron para la provincia de Galacia y fueron a la ciudad de Antioquía de Pisidia (Hch. 13:14). Esta ciudad también ha sido objeto de extensas excavaciones. En las primeras décadas del siglo I, antes de la visita de Pablo, se realizaron allí importantes construcciones. Las obras incluían un templo dedicado a Augusto, la reconstrucción y la expansión del teatro griego original y una enorme muralla que rodeaba 115 acres (46,5 hectáreas). Un importante descubrimiento que se relaciona con el viaje de Pablo es una inscripción en latín con el nombre de Sergio Paulo; este era el nombre del procónsul que se convirtió en la isla de Chipre mediante el ministerio de Pablo (Hch. 13:7-12). La visita a Antioquía fue un momento crucial en la obra misionera de Pablo, pues allí fundó la primera iglesia cristiana compuesta principalmente por no judíos (vv. 45-46).

Pablo y Bernabé fueron expulsados de Antioquía. Luego viajaron a Iconio, donde también fueron perseguidos y forzados a huir (Hch. 14:1-7). Entonces se dirigieron a Listra y allí Pablo sanó a un hombre lisiado de los pies. El pueblo proclamó que ambos eran dioses, a lo cual Pablo respondió con el evangelio (vv. 15-17). Su popularidad duró poco, pues llegaron los opositores de Antioquía e Iconio e incitaron a la gente. Apedrearon a Pablo y lo dejaron por muerto (v. 19).

Pablo y Bernabé viajaron entonces a Derbe, en la parte oriental de Galacia. Predicaron allí y muchas personas se convirtieron. De modo que ambos fundaron por lo menos tres nuevas iglesias en el área: Iconio, Listra y Derbe. Estas son las iglesias de Galacia a las que Pablo escribió una epístola más adelante. De Derbe, Pablo y Bernabé decidieron regresar a través de las mismas ciudades en las que habían fundado iglesias y sufrido persecución. De Perge navegaron de vuelta a Antioquía de Siria.

Segundo viaje misionero de Pablo

En Antioquía, Pablo y Pedro tuvieron diferencias sobre el tema de la circuncisión con respecto a los gentiles (Gá. 2:11-14). ¿Era necesario que un gentil

12-18. Primer viaje misionero de Pablo, c. 46-48 d. C. (Hch. 13:1–14:28.) Bernabé y Pablo visitaron primero la región natal de Bernabé en Chipre antes de navegar hacia el sur de Asia Menor. Cuando llegaron a Perge en Panfilia, Juan Marcos dejó el grupo y regresó a Jerusalén. En su recorrido por Antioquía (en Pisidia), Iconio, Listra y Derbe, Pablo y Bernabé fueron expulsados de cada una de estas ciudades por líderes religiosos judíos celosos. Más tarde regresaron por el mismo camino y fortalecieron las nuevas iglesias a su paso. Desde Atalia zarparon hacia su hogar en Antioquía de Siria.

se circuncidara para ser un creyente? Esta era una pregunta peligrosa para la iglesia primitiva, y por eso se convocó un concilio en Jerusalén para tratar el problema (Hch. 15:1-29). La decisión tomada por el concilio de Jerusalén fue que los judíos y los gentiles eran salvos solo por fe y no por obediencia a la ley ni por obras. Poco tiempo después, Pablo y Bernabé regresaron a Antioquía y allí continuaron predicando y enseñando la Palabra de Dios (v. 35). Pablo pronto decidió volver a visitar las iglesias de Galacia. Sin embargo, él y Bernabé tuvieron un serio desacuerdo con respecto a Juan Marcos y se separaron. Pablo llevó a Silas en su viaje a Galacia, mientras que Bernabé partió con Marcos hacia Chipre (ver mapa 12-19, p. 242).

Pablo y Silas volvieron a visitar las iglesias de Galacia. En Listra, recogieron a un nuevo compañero de viaje llamado Timoteo (Hch. 16:1-3). Los tres viajeros continuaron desde la región de Galacia hacia la costa oeste de la Turquía moderna y llegaron a la ciudad romana de Troas. Al norte de Troas, a unas 10 millas (16 km), estaban las ruinas de la antigua Troya, inmortalizada en la *Ilíada* de Homero. En Troas Pablo tuvo la visión de un hombre que le rogaba que fuera a Macedonia; Pablo concluyó que debía ir y predicar el evangelio allí (vv. 9-10). Así que navegaron hasta la costa macedonia y desembarcaron en la Neápolis romana. A partir de ese momento Pablo se dedicó sobre todo a plantar

12-C. Puertas Cilicias. Los formidables montes Tauro se extienden al noroeste de la ciudad natal de Pablo, Tarso. La ruta que cruzaba las Puertas Cilicias era la única vía terrestre entre el sur de Asia Menor y el Levante. Es casi seguro que Pablo cruzara este paso en su segundo y tercer viajes misioneros (Hch. 15:39–16:1; 19:1).

12-19. Segundo viaje misionero de Pablo, c. 50-52 d. C. (Hch. 15:22–18:23). Pablo y Silas volvieron a visitar los lugares de Asia Menor donde Pablo había predicado en su primer viaje, mientras que Bernabé llevó a Juan Marcos y navegó hacia Chipre. Pablo y Silas visitaron Derbe, Listra y Antioquía en Pisidia. De allí Pablo y Silas viajaron a Troas, donde Pablo tuvo la visión de un hombre de Macedonia que los llamaba. Cruzaron a Europa, pasaron por varias ciudades a lo largo de la Vía Egnatia y llegaron a las ciudades de Atenas y Corinto en el sur de Grecia. Luego, navegaron hacia Éfeso y Cesarea y visitaron la iglesia de Jerusalén antes de regresar a Antioquía de Siria.

iglesias y a compartir el evangelio en territorio completamente gentil. La membresía de las iglesias que fundó era en su mayor parte gentil.

De Neápolis, Pablo y sus compañeros de viaje fueron inmediatamente a Filipos, la ciudad más importante de Macedonia (ver fotografía 12-10). Los arqueólogos han descubierto allí el foro de la ciudad del siglo I. Fue aquí donde Pablo y Silas fueron azotados antes de ser encarcelados (Hch. 16:22-24). Esa noche el carcelero de Filipos se convirtió cuando Pablo y Silas dieron testimonio: «Cree en el Señor Jesucristo, y serás salvo, tú y tu casa» (v. 31). Luego de reclamar su libertad de acuerdo con su ciudadanía romana, Pablo y Silas fueron liberados. Se dirigieron entonces hacia Tesalónica, al oeste, a lo largo de la *Vía Egnatia*, es decir, la principal vía romana que conectaba Roma con Bizancio (ver fotografía 0-13, p. 39).

12-10. Restos arqueológicos del siglo I d.C. en la ciudad de Filipos. El apóstol Pablo fundó una iglesia aquí (Hch. 16). Las ruinas más altas en la fotografía son los restos de una iglesia bizantina.

Filipos en la época de Pablo

El plano muestra las partes de la ciudad de Filipos que los arqueólogos han identificado hasta ahora como de la época de Pablo. La «prisión de Pablo» no se cree que sea el lugar auténtico, sino que fue una cisterna asociada más tarde con la adoración cristiana.

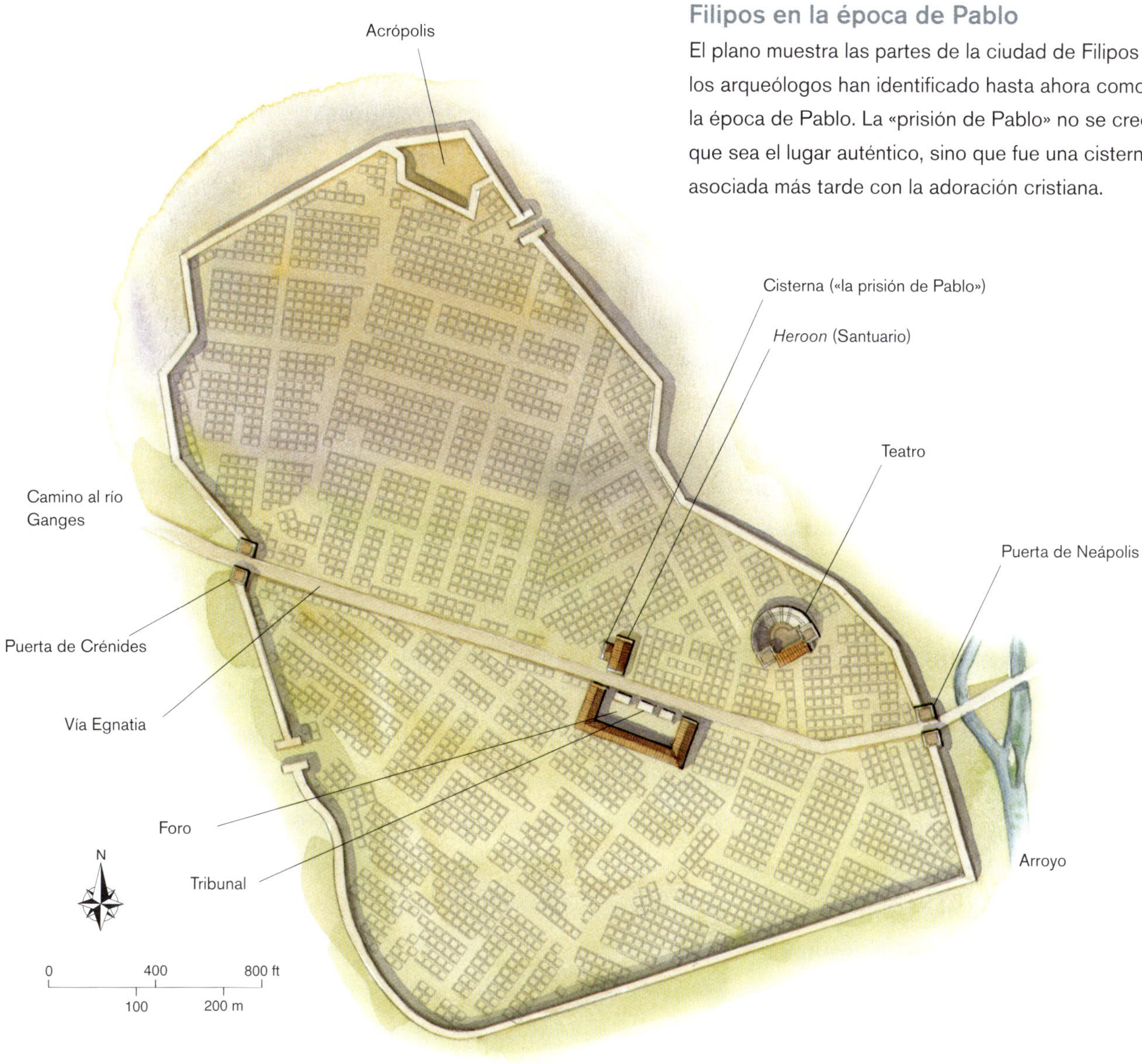

12-11. Arco romano que se levantaba sobre la Vía Egnatia a la entrada de la antigua ciudad de Tesalónica, la capital romana de la provincia de Macedonia (ver Hch. 17:1-9).

En Tesalónica, la capital romana de la provincia de Macedonia, Pablo fue inmediatamente a la sinagoga (Hch. 17:1-3). Allí razonó con la gente y muchos respondieron positivamente a su mensaje evangélico. Sin embargo, los tres hombres se vieron obligados a abandonar la ciudad debido a la acción violenta de ciertos judíos (v. 5). Pablo, Silas y Timoteo se dirigieron entonces a Berea, pero Pablo tuvo que abandonar también Berea porque algunos de los judíos de Tesalónica lo siguieron hasta allí e incitaron a las multitudes en su contra. Pablo navegó a Atenas, pero Silas y Timoteo permanecieron en Berea. Luego envió un mensaje para que Silas y Timoteo se reunieran con él en Atenas (v. 15).

El centro de Atenas en ese momento era la acrópolis, sobre la que se levantaba el Partenón, un templo dedicado a Atenea, la diosa griega de la sabiduría (ver fotografía 12-12). También había otros templos en la acrópolis, como el templo de

12-12. El Partenón, que corona la acrópolis de Atenas, todavía estaba en uso durante la época de Pablo, unos cinco siglos después de su construcción.

Atenea Niké. Al este del Partenón estaba el templo de Roma y Augusto, construido en el año 27 a. C. en honor a la investidura del emperador de Roma. Atenas era una ciudad de gran idolatría. Pablo discutía a diario con la gente en el ágora (plaza pública), que había sido construida por César Augusto en la última década del siglo I a. C. Después de escuchar a Pablo día tras día, algunos de los filósofos epicúreos y estoicos lo llevaron al Areópago para oírlo hablar de «nuevos dioses» (Hch. 17:18-19). El consejo del Areópago tenía jurisdicción sobre la introducción de nuevos dioses en Atenas. Pablo presentó el evangelio con un énfasis en la resurrección de Cristo de entre los muertos. Algunos de los que lo escucharon creyeron su mensaje.

Pablo luego se fue a Corinto, donde permaneció por un año y medio. Corinto era una bulliciosa ciudad portuaria. Antes de la época de Pablo, Corinto tenía una reputación desagradable. A las afueras de la ciudad se levantaba la colina del Acrocorinto, que en su día tuvo un famoso templo de Afrodita donde miles de prostitutas religiosas ejercían su oficio. En la época romana, el epíteto «chica corintia» se usaba para poner en entredicho

Corinto en la época de Pablo

El plano de la ciudad muestra las partes de Corinto que los arqueólogos han identificado hasta ahora como de la época de Pablo. Otras quedan por descubrir en futuras excavaciones arqueológicas.

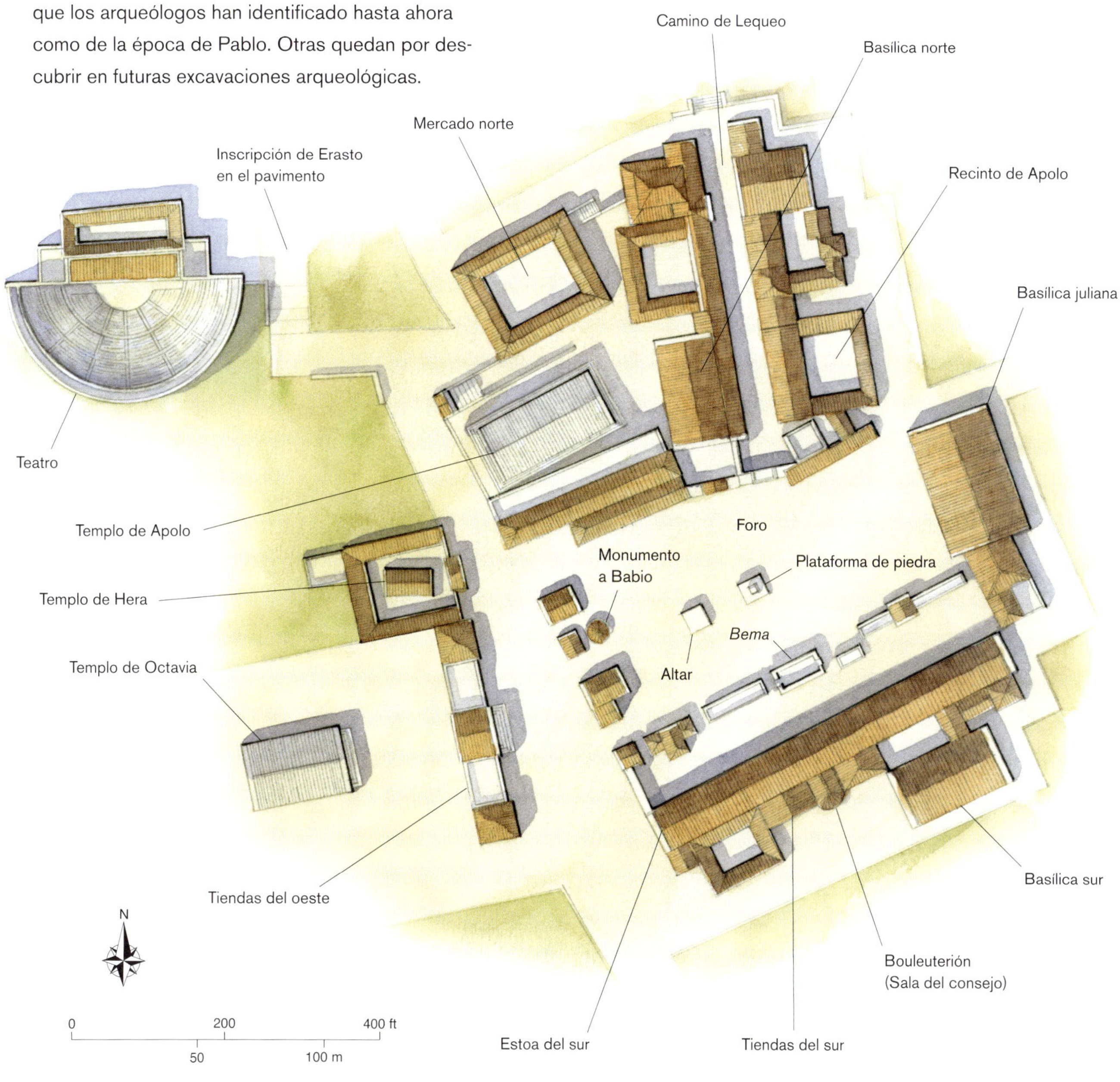

12-13. En primer plano se encuentra el *bema* de Corinto. Sobre él se paraban los funcionarios romanos cuando hacían apariciones públicas. El apóstol Pablo fue llevado a este lugar por gente furiosa de la ciudad (Hch. 18:12-17). Al fondo se levanta el Acrocorinto con un templo de Afrodita en su cima.

la reputación de una mujer. En la plaza central de la ciudad, los arqueólogos han descubierto un *bema* sobre el que se paraban los funcionarios romanos cuando hacían apariciones y declaraciones públicas (ver fotografía 12-13). Hechos 18:12-17 cuenta que Pablo fue llevado a ese lugar por miembros furiosos de la comunidad, pero Galión el procónsul de Acaya desestimó los cargos contra Pablo y lo liberó. Cuando Pablo dejó Corinto, luego de fundar una iglesia, decidió regresar a Antioquía en Siria. Navegó por el Egeo y se detuvo en Éfeso. No se quedó mucho tiempo allí, pero prometió que pronto regresaría.

Tercer viaje misionero de Pablo

El viaje de regreso de Pablo a Éfeso, en Hechos 19, se considera comúnmente como su tercer viaje misionero (ver mapa 12-20). Esta vez se quedó en la ciudad durante dos años y medio. Éfeso fue la urbe más importante de Asia Menor durante la época romana. Se estima que su población rondaba los 250.000 habitantes. Importantes excavaciones se han realizado allí. Lo más relevante para los estudios paulinos es que los arqueólogos han excavado el teatro (ver imagen 12-14). Se construyó originalmente en la época helenística, pero se modificó y se amplió en tiempos de Claudio (41-54 d. C.) y Nerón (54-68). Pablo habría estado en la ciudad durante parte de esa etapa. Fue en este teatro que una turba de 24.000 efesios realizó una ruidosa

12-14. Teatro de Éfeso, donde una turba de 24.000 personas organizó una protesta amenazante contra Pablo, pues creían que intentaba socavar el culto de Diana en la ciudad.

12-20. Tercer viaje misionero de Pablo, c. 53-57 d. C. (Hch. 19:1–21:16). El tercer viaje misionero de Pablo cubrió casi el mismo territorio que el segundo. Luego de pasar por Galacia y Frigia, se dirigió directamente a la gran ciudad portuaria de Éfeso. Al cabo de por lo menos dos años de predicar y enseñar allí, Pablo viajó de nuevo por Macedonia y Acaya, lo cual fortaleció a los creyentes, y luego terminó con una visita a Jerusalén.

Éfeso en la época de Pablo

El plano de la ciudad muestra los lugares de Éfeso que los arqueólogos han identificado hasta ahora como de la época de Pablo. Muchos de los edificios importantes descubiertos en la excavación de Éfeso datan de épocas posteriores.

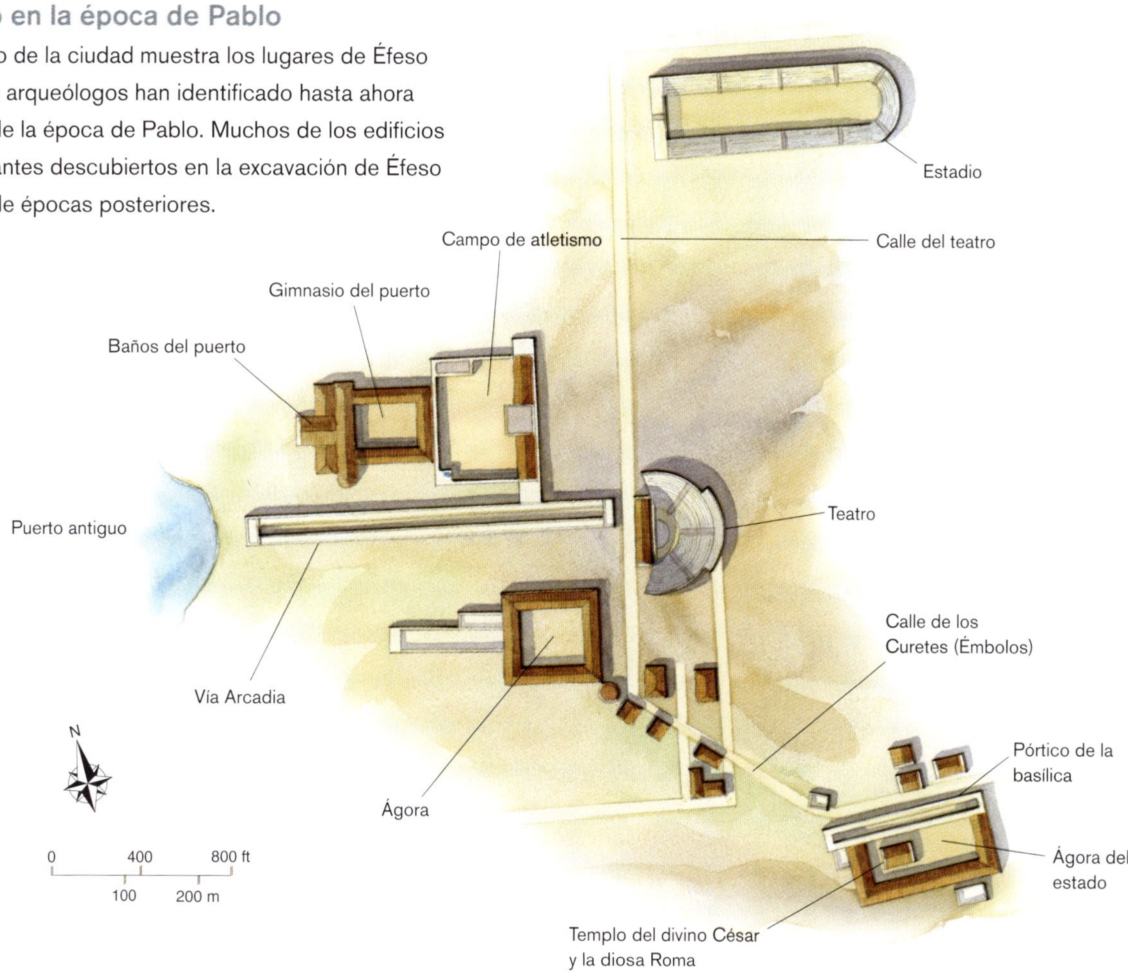

protesta contra la predicación del evangelio de Pablo (Hch. 19:23-41). Creían que Pablo trataba de socavar el culto de Diana en la ciudad.

En Éfeso se encontraba el templo de Diana, considerado una de las «Siete maravillas del mundo antiguo». Poco queda de él, solo algunas partes de sus cimientos. Al norte del teatro se ha descubierto un estadio; una inscripción indica que fue reconstruido en tiempos de Nerón. Había en él un área circular que servía para la lucha de gladiadores y las matanzas y combates de animales. Pablo puede haber estado haciendo un juego de palabras respecto a esta arena cuando declaró en una carta a la iglesia de Corinto que «batalló en Efeso contra fieras» (1 Co. 15:32).

De Éfeso, Pablo partió hacia Macedonia y Grecia para dar aliento a las iglesias que había fundado allí. Regresó a Troas en barco y luego zarpó hacia Mileto: allí se encontró con los ancianos de la iglesia de Éfeso y los alentó en el evangelio. Finalmente desembarcó en Cesarea, en la costa de Palestina, y se dirigió a Jerusalén (Hch. 21:15).

El arresto de Pablo y su viaje a Roma

Cuando Pablo llegó a Jerusalén, los opositores judíos conspiraron contra él y las autoridades romanas lo arrestaron. Sin embargo, ejerció su derecho como ciudadano romano y apeló su caso directamente al César en Roma. Pablo y el centurión romano que lo acompañaba zarparon de Cesarea (ver mapas 12-21; 12-23), se detuvieron brevemente en Sidón y luego desembarcaron en Mira, en la costa de Licia, Asia Menor (Hch. 27:2-5). Allí el centurión los embarcó en una gran nave egipcia de cereales. Pasaron por la isla de Rodas y al sur de Creta. El viaje desde Creta por el Mediterráneo fue una prueba de dos semanas que terminó cuando encallaron en la isla de Malta (vv. 11-44).

Pablo y su guardia pasaron el invierno en Malta. Luego tomaron un barco en dirección a la península itálica que los llevó al puerto de Puteoli (Hch. 28:13). Completaron su viaje a Roma a través de la Vía Apia, una calzada construida en el año 312 a. C. que era la mejor parte de la famosa red

12-15. Acueducto de Cesarea Marítima, visto desde el lado de la tierra. En realidad se trata de dos acueductos paralelos: el del lado del mar pertenece al período del Nuevo Testamento, mientras que el visible aquí data del siglo V d. C.

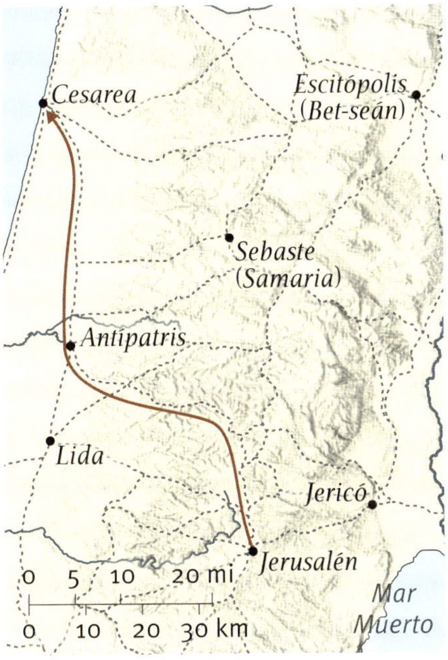

12-21. Arresto y encarcelamiento de Pablo, c. 58 d. C. (Hch. 21:27–25:12). Después de su arresto en Jerusalén, el tribuno romano conoció de un complot de algunos judíos para matar a Pablo. Entonces, durante la noche, lo envió fuertemente custodiado por el camino de Antípatris hacia la ciudad administrativa romana de Cesarea.

12-22. Reino de Herodes Agripa II, c. 63 d. C. (Hch. 25:13–26:32). Poco después de que Festo sucediera a Félix como procurador de Palestina, Herodes Agripa II vino a visitarlo a Cesarea. Agripa llegó al poder después de la muerte de su padre, pero los romanos redujeron grandemente el territorio que estaba bajo su control. Aunque Agripa no tenía jurisdicción sobre Judea ni Samaria, Festo buscó su consejo sobre el caso de Pablo, pues no estaba familiarizado con las disputas judías.

12-23. Viaje de Pablo a Roma, c. 60 d. C. (Hch. 27:1–28:31). Luego de que Pablo apelara su caso al César, Festo ordenó que fuera transferido a Roma. El viaje se caracterizó por un clima adverso, pues zarparon a finales de la temporada propicia para navegar. La mala decisión de tratar de alcanzar el puerto de Fénice para pasar el invierno hizo que una tormenta arrastrara el barco hasta la isla de Malta, donde encalló. Sin embargo, todos sobrevivieron y Pablo pronto subió a otro barco que lo llevó a Puteoli. De allí Pablo fue llevado a Roma.

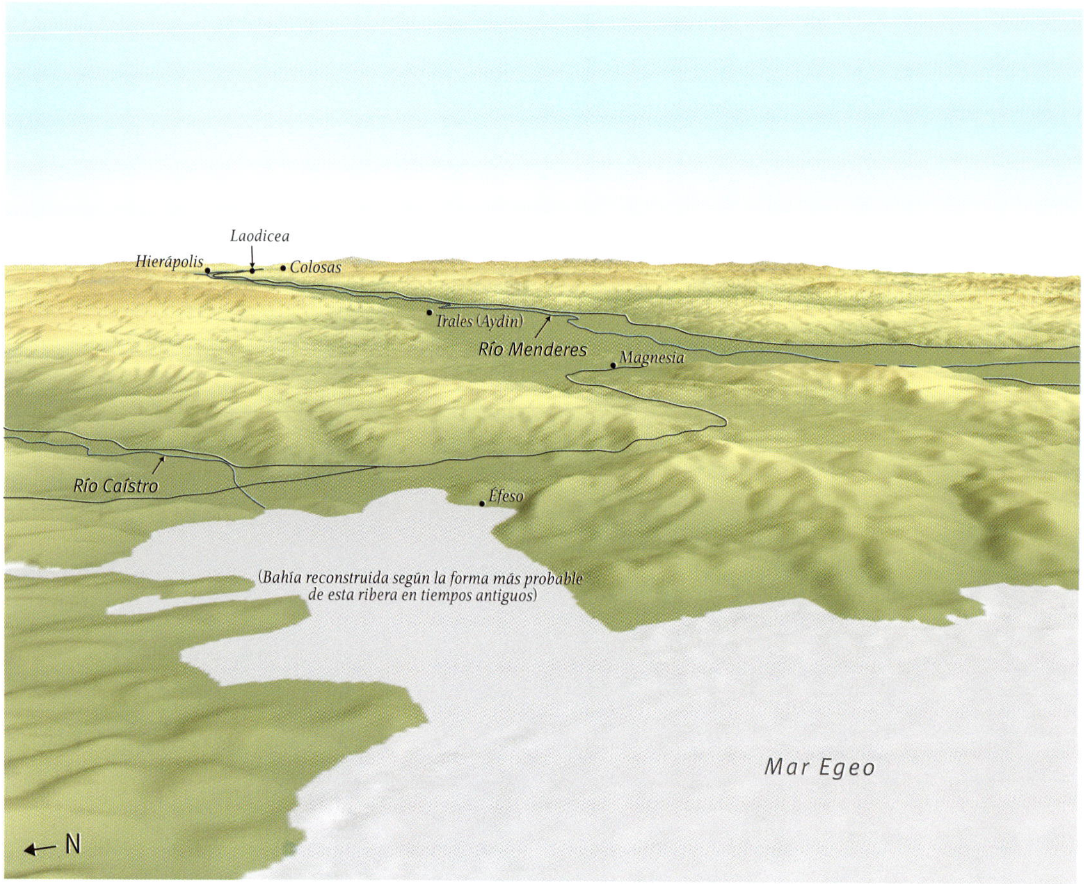

12-D. Área de Éfeso. Éfeso era el puerto marítimo más importante de la provincia romana de Asia y brindaba un fácil acceso a la mayoría de las principales ciudades de la región. Aunque el río Caístro se ha enarenado desde entonces y ha dejado la ciudad a unos 8 km (5 millas) de la costa, en la antigüedad Éfeso se encontraba en una pequeña bahía en el mar Egeo. Pablo pasó cerca de dos años aquí en su tercer viaje misionero.

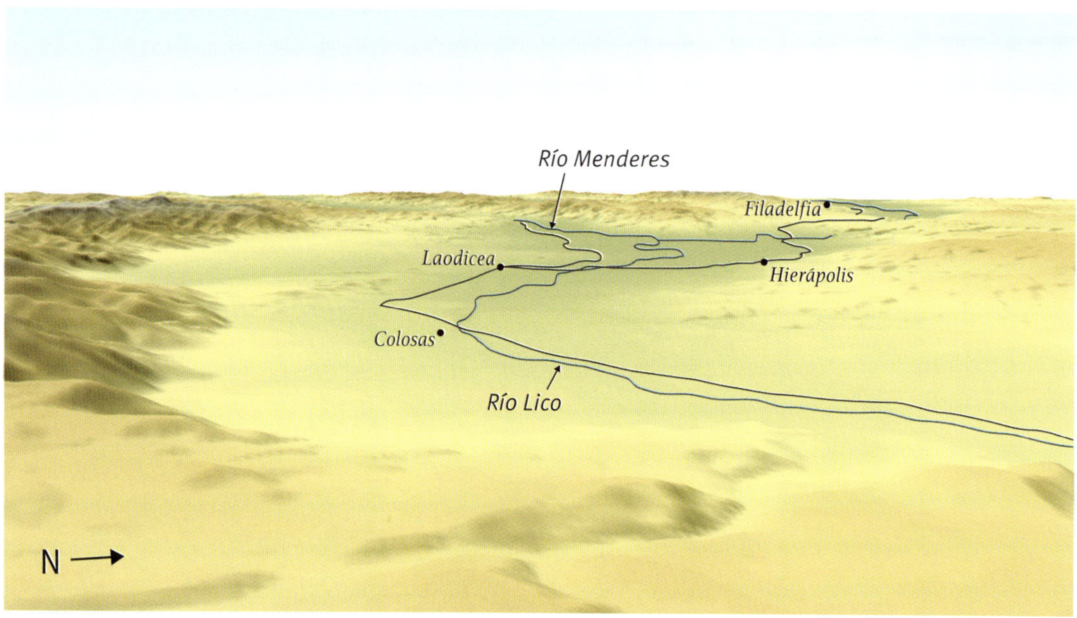

12-E. Ciudades del valle del Lico. Las ciudades de Colosas, Laodicea, Hierápolis y Filadelfia se mencionan en el Nuevo Testamento y estaban cerca unas de otras. Entre las tres primeras había aproximadamente unos 16 km (10 millas), y Filadelfia se encontraba más al noroeste, a unos 72 km (45 millas). Era posible llegar a las ciudades de Mileto y Éfeso si se seguía el río Menderes hacia el oeste, hasta la costa.

de carreteras romanas. Al llegar a Roma, Pablo habría encontrado una ciudad bulliciosa y concurrida con grandes monumentos públicos construidos a lo largo de siete siglos de civilización romana. En el centro de la ciudad estaba el Foro Romano (ver fotografía 12-16). Junto a él había dos edificios que quizás fueron importantes durante la época en que Pablo estuvo en Roma. El primero, la Basílica Julia, puede haber sido donde Pablo recibió su sentencia de muerte; fue construida por Julio César en el lado occidental del Foro. Es posible que Pablo haya pasado sus últimos días en la Cárcel Mamertina, que se encuentra cerca del Foro, al pie de la colina del Capitolio. Durante su prisión en Roma, Pablo escribió sus cuatro «epístolas de la prisión» (Filemón, Colosenses, Efesios y Filipenses).

12-16. Foro Romano.

Roma en la época de Pablo

El plano de la ciudad muestra la mayoría de los lugares de Roma que los arqueólogos han identificado hasta ahora como de la época de Pablo. Algunas partes de la ciudad habrían sido muy impresionantes en su época, pero la mayoría de los excepcionales edificios visibles en Roma hoy son posteriores a Pablo.

LA GRAN REVUELTA JUDÍA (66-73 D. C.)

Causas de la revuelta judía

Para el año 66 d. C. el territorio de Palestina había estado bajo el dominio romano durante casi 130 años. Este dominio a veces era llevadero para los judíos, pero a menudo no lo era. Los romanos podían ser particularmente crueles, duros y con frecuencia exigían un impuesto muy alto al pueblo judío. Muchos romanos también despreciaban las prácticas religiosas judías. El emperador Calígula (37-41 a. C.) fue particularmente hostil cuando intentó erigir una estatua suya en el templo de Jerusalén. Los grupos nacionalistas judíos, como los zelotes y los *sicarii* (sicarios), se oponían al dominio romano. Los zelotes estaban decididos a librar el territorio de los romanos y a construir un estado judío a toda costa. Algunos grupos judíos, como los herodianos (Mt. 22:15-22), se habían secularizado en el helenismo y se habían vuelto proromanos. Muchos judíos simplemente trataban de vivir su vida lo mejor que podían bajo un gobierno extranjero. La combinación de todos estos elementos creó una atmósfera de efervescencia en la que una revuelta podía desatarse fácilmente.

La revuelta comenzó con una serie de enfrentamientos que estallaron en el año 66 d. C. (ver mapa 12-24). Primero tuvo lugar un choque entre judíos y griegos en Cesarea, por un sacrificio pagano a la entrada de la sinagoga de la ciudad. Al intervenir las autoridades judías para detener el proceso, estalló un motín entre la población; los habitantes judíos se vieron obligados a huir a la cercana ciudad de Narbata. Cuando las noticias de este acontecimiento llegaron a Jerusalén, se produjeron disturbios. El procurador romano Gesio Floro y sus soldados marcharon sobre Jerusalén y exigieron un enorme pago del tesoro del templo. Esto avivó las llamas de la rebelión. Bajo el liderazgo de hombres como Manahem, hijo de Judas, los judíos tomaron la ciudad. La revuelta se extendió de Jerusalén a todo el país. Los rebeldes incluso tomaron algunas de las fortalezas periféricas como Masada, Maqueronte y Chipre.

Cuando el gobernador de Siria, Cestio Galo, conoció del levantamiento en Jerusalén, decidió intervenir y envió a la Duodécima Legión Imperial (apodada *Fulminata*, que significa «relámpago») para sofocar la revuelta. El ejército romano penetró en Palestina a lo largo de la llanura costera hasta llegar a la ciudad de Antípatris y luego avanzó hacia Jerusalén. Llegaron hasta la ciudad, pero flaquearon ante los muros del templo. Galo decidió retirarse por el mismo camino que había venido, pero al descender por el paso de Beth-horón cayó en una emboscada de los rebeldes judíos. Los romanos fueron derrotados y huyeron a Siria. Así los judíos obtuvieron la independencia nacional, al menos por un tiempo. Establecieron un gobierno en Jerusalén, acuñaron monedas y dividieron su territorio en siete distritos militares, cada uno bajo un comandante. El mando de Galilea, la zona más vulnerable,

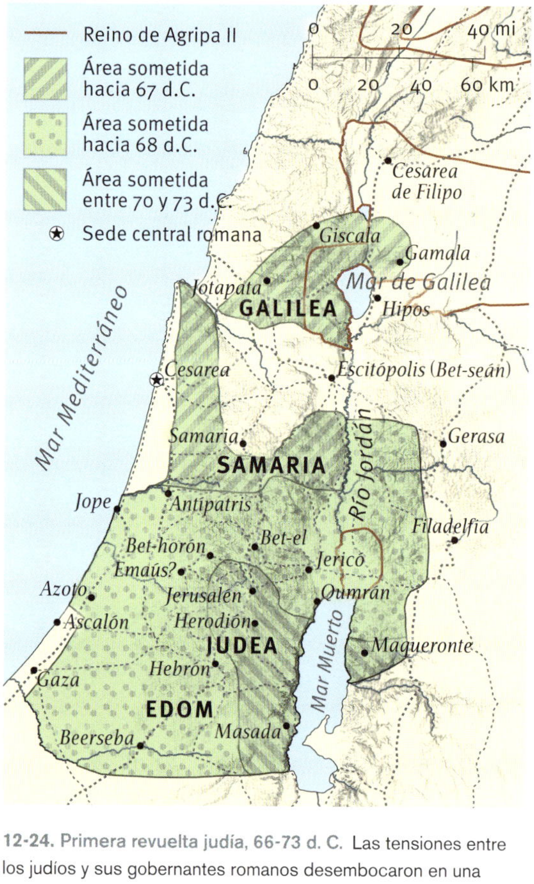

12-24. Primera revuelta judía, 66-73 d. C. Las tensiones entre los judíos y sus gobernantes romanos desembocaron en una revuelta en el año 66 d. C. cuando los funcionarios del templo dejaron de ofrecer sacrificios en nombre del emperador y del pueblo romano. El rey Agripa II y Berenice huyeron a Galilea luego de no lograr convencer a los judíos para que no se revelaran contra Roma. A pesar de la victoria judía inicial en Bet-horón, los romanos aplastaron sistemáticamente la revuelta ciudad por ciudad. Primero en Galilea, luego en Samaria, Jope y las regiones al este del río Jordán y, finalmente, en Idumea y Judea. Jerusalén cayó ante los romanos en el año 70 d. C. y el templo fue completamente destruido. Los pocos remanentes de resistencia se concentraron sobre todo en el desierto de Judea a lo largo de la costa del mar Muerto. Las fortalezas de Maqueronte y Masada estuvieron entre las últimas en caer ante los romanos.

se le otorgó al inexperto José, hijo de Matatías, más conocido hoy como el historiador Flavio Josefo.

La respuesta romana inicial (67 d. C.)

Al enterarse de la rebelión en Judea, el emperador Nerón envió a su general más capaz, Vespasiano, con tres de las mejores legiones romanas. Vespasiano estableció su cuartel general en Tolemaida, en la costa norte de Palestina, en el mar Mediterráneo. Galilea estaba seriamente amenazada por los romanos. Josefo, el comandante rebelde del distrito, hizo algunos preparativos para la defensa, pero no tenía suficiente personal y sus tropas carecían de la unidad necesaria, pues pertenecían a facciones políticas opuestas. Vespasiano comenzó a aplastar la rebelión en Palestina al ocupar la zona de Galilea parte por parte. Primero se dirigió tierra adentro hacia Séforis. La gente de Séforis no se resistió porque la ciudad en sí era proromana. Josefo y sus fuerzas se retiraron a la ciudad de Jotapata, pero se vieron obligados a rendirse 47 días después. Josefo fue capturado, aunque con engaños pudo salvar su vida.

Mientras tanto, Vespasiano envió una fuerza secundaria al monte Gerizim, cerca de Siquem, para hacer frente a un levantamiento allí. Esta incursión ayudó a dividir a Palestina y a aislar a Galilea del resto del país. El grueso de las tropas romanas avanzó a través del valle de Jezreel, desde Cesarea, en la costa, hasta Escitópolis. De allí, marcharon hacia el norte, a lo largo del río Jordán, hasta el mar de Galilea, capturaron la ciudad de Tiberias y libraron una batalla en Tariquea. Los romanos entonces avanzaron hacia el este y tomaron la fortaleza de Gamala.

Gamala es conocida como la «Masada del norte». Josefo había preparado las defensas de esta fortaleza. Durante la batalla, los romanos se abrieron paso rápidamente a través del muro oriental mediante tres brechas. Sin embargo, según Josefo, sufrieron una derrota dentro de los límites y las calles estrechas de la ciudad. Se reagruparon y atacaron de nuevo, lo cual hizo que la ciudad entrara en pánico. Muchos habitantes huyeron a la ciudadela, en la parte más alta de la fortaleza. Al día siguiente tuvo lugar una feroz batalla. Unos 4.000 judíos murieron en la lucha y, según Josefo, 5.000 se suicidaron al arrojarse por un acantilado junto a la ciudadela. Las excavaciones han descubierto las brechas en el muro oriental junto a una torre redonda (la cual fue socavada por los romanos, según cuenta Josefo). Se han desenterrado más de 2.000 puntas

12-17. La antigua sinagoga de Gamala, quizás la más antigua que se ha encontrado en Israel.

Sinagoga de Gamala

Con excepción de Jerusalén, en las ciudades judías la sinagoga era el centro del culto durante la época de Cristo. La mayoría de las principales ciudades de Israel contaba con una sinagoga. En Gamala, hay extensos restos arqueológicos de una sinagoga judía típica que tendría mucho en común con las que Jesús visitó en Nazaret y otras ciudades.

La ilustración se basa en la excavación de la sinagoga de Gamala, una de las más antiguas de Israel. La ciudad de Gamala estaba a 6 millas (9,7 km) del mar de Galilea, al noreste. Fue destruida por los romanos en el año 67 d. C., a principios de la revuelta judía.

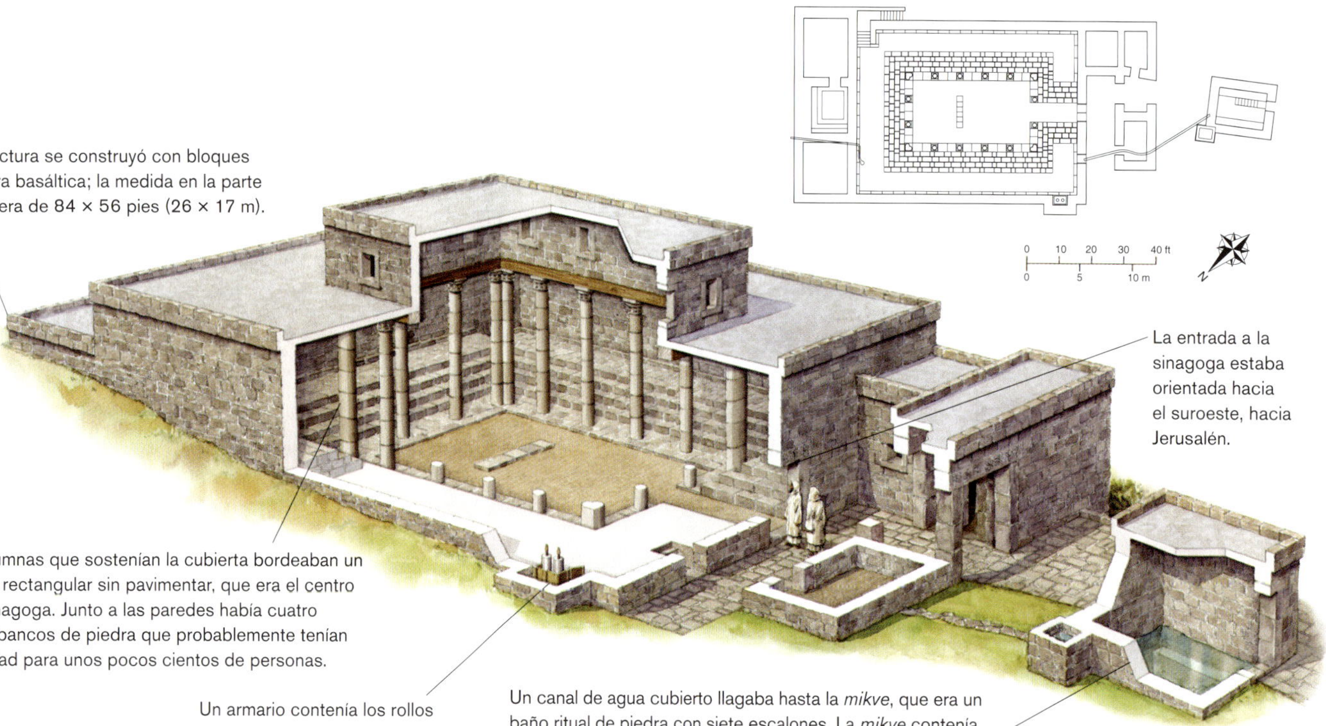

La estructura se construyó con bloques de piedra basáltica; la medida en la parte exterior era de 84 × 56 pies (26 × 17 m).

La entrada a la sinagoga estaba orientada hacia el suroeste, hacia Jerusalén.

Las columnas que sostenían la cubierta bordeaban un espacio rectangular sin pavimentar, que era el centro de la sinagoga. Junto a las paredes había cuatro filas de bancos de piedra que probablemente tenían capacidad para unos pocos cientos de personas.

Un armario contenía los rollos de la ley y de los profetas.

Un canal de agua cubierto llagaba hasta la *mikve*, que era un baño ritual de piedra con siete escalones. La *mikve* contenía agua suficiente para la inmersión completa de personas y objetos que debían ser purificados, tales como recipientes y utensilios usados en la adoración.

de flecha en el emplazamiento. Además, se ha descubierto una sinagoga muy antigua (ver fotografía 12-17). Después de su destrucción, Gamala no volvió a ser habitada. Y, a todos los efectos, Galilea fue sometida y permaneció en manos de los romanos.

Campaña de Vespasiano del año 68 d. C.

En la primavera del año siguiente, Vespasiano decidió tomar Judea distrito por distrito. Comenzó con la conquista de la Perea judía, en el lado oriental del río Jordán. Primero conquistó Gadara. Encontró poca resistencia, por lo que la mayor parte del ejército regresó a Cesarea, en la costa, y una fuerza secundaria permaneció allí para limpiar la zona. Las tropas conquistaron Abila, Julias y Besimot. Toda Perea cayó en manos de los romanos, excepto la fortaleza de Maqueronte y sus alrededores al este del mar Muerto, que permanecieron en manos de los judíos.

Después, ese mismo año, Vespasiano realizó una segunda campaña que se centró en áreas de la costa y la Sefela. Marchó desde Cesarea y tomó Antípatris, Tamna, Adida, Lida y Emaús. Luego giró hacia el sur y tomó Betogabris y Cafartobas. Toda esta zona quedó bajo el dominio de los romanos. Vespasiano conquisto grandes áreas al oeste y al este de Judea en un movimiento de pinza que estaba a punto de aplastar a quienes quedaron atrapados en él. Comenzó a ejercer presión al enviar una fuerza que atravesó Samaria, a lo largo del río

Jordán, y se dirigió a tomar la ciudad de Jericó. Allí estacionó una de sus legiones.

Las campañas de 69-70 d. C.

El suicidio de Nerón en el 68 d. C. dejó un vacío de liderazgo en Roma. Había varios pretendientes al trono, entre ellos Galba, Otón y Vitelio. Debido a la inestable situación en Roma, Vespasiano suspendió las operaciones militares en Judea. No fue hasta la primavera del 69 d. C. que el general reanudó su plan para aplastar la rebelión judía. La presión sobre Judea fue tan fuerte que a mediados de año los judíos solo controlaban las zonas de Jerusalén, Herodión y Masada, al oeste del mar Muerto, y una pequeña área alrededor de Maqueronte al este del mar Muerto. En julio del 69 Vespasiano fue proclamado emperador por sus tropas en Cesarea y por otras tropas en Alejandría. Para la primavera del año 70 d. C. ya había ascendido al trono de Roma. Vespasiano envió entonces a su hijo mayor Tito para terminar la tarea de aplastar la revuelta judía en Judea.

Tito reunió dos legiones en Cesarea y avanzó a Jerusalén desde el norte. Se le unieron la Décima Legión Romana, que vino desde Jericó en el este, y la Quinta Legión Romana, que se acercó a Jerusalén por el oeste. Jerusalén no solo estaba fuertemente defendida por tropas judías que sumaban unos 25.000 hombres, sino que también la ciudad misma estaba muy fortificada. A finales de mayo del año 70 d. C., los romanos habían atravesado las dos principales murallas exteriores y habían establecido su campamento dentro de los muros de la ciudad. A mediados de junio asaltaron el palacio de Herodes y la fortaleza Antonia; este ataque fue rechazado por los defensores judíos, quienes le ocasionaron muchas bajas al ejército romano. Tito respondió con la construcción, a principios de julio, de un muro de asedio alrededor de la ciudad, con el fin de matar de hambre a sus defensores. La resistencia comenzó a decaer: a finales de julio cayó la fortaleza Antonia y a finales de agosto los romanos tomaron el templo y lo incendiaron. Muchos de los ciudadanos de Jerusalén que no habían muerto de hambre fueron asesinados por los romanos, aunque algunos fueron convertidos en esclavos. Jerusalén fue demolida completamente, salvo tres torres de Herodes que se utilizaron para brindarle protección a la Décima Legión Romana.

Después de la caída de Jerusalén, los romanos enviaron fuerzas de infantería para tomar las fortalezas de Herodión y Maqueronte. Ambas cayeron

12-18. Uno de los fuertes romanos al pie de Masada. Masada fue la última fortaleza de los zelotes judíos después de la caída de Jerusalén en el año 70 d. C. La impresionante defensa de Masada terminó en el año 73 d. C. con el suicidio colectivo de sus defensores.

12-25. La rebelión de Bar Kojba, c. 132-135 d. C. Una nueva revuelta estalló en Judea cuando el emperador Adriano anunció planes para reconstruir el templo en Jerusalén como un santuario pagano y reorganizar la ciudad como una colonia romana. Simón Barcokebas, más tarde llamado Bar Kojba («hijo de una estrella»), lideró la rebelión y recibió el apoyo de muchos rabinos prominentes, algunos de los cuales lo aclamaron como el Mesías. Los partidarios de la rebelión de Bar Kojba, aunque más organizados que los de revueltas anteriores, se limitaron mayormente a la zona de Judea. Para sofocar la rebelión, los romanos fueron tomando sistemáticamente las aldeas más pequeñas en toda Judea y, por último, obligaron a los líderes a abandonar Jerusalén. Simón bar Kojba y la mayoría de los miembros de la resistencia escaparon a Battir, donde por último fueron asesinados. Unos pocos combatientes huyeron a cuevas en el desierto de Judea, allí algunos sobrevivieron mientras que otros perecieron.

rápidamente; todo lo que quedaba era el puesto de avanzada zelote en Masada (ver imagen 12-18). Por último, en el año 73 d. C., las fuerzas romanas bajo el mando del general Lucio Flavio Silva construyeron una rampa de asedio en uno de los laterales de Masada, colocaron una torre de asedio en la parte superior y rompieron el muro de la ciudad. En lugar de convertirse en esclavos romanos, los 960 defensores zelotes (hombres, mujeres y niños) se suicidaron; este fue el acto de rebeldía final de los judíos contra Roma. Así terminó la Gran Revuelta Judía.

LA REBELIÓN DE BAR KOJBA (132-135 D. C.)

Después de aplastar la rebelión judía en el año 73 d. C., los romanos tomaron medidas para asegurarse de que no ocurriera otro levantamiento. Antes de la guerra se habían cometido errores en la administración de Palestina y era necesario rectificarlos bajo el gobierno de Vespasiano. En primer lugar, los romanos convirtieron a Judea en una provincia independiente bajo el control de un gobernador de rango senatorial que residía en Cesarea. Antes de la Gran Revuelta Judía, el gobernador de Judea residía en la lejana Siria. La nueva provincia incluía todas las zonas costeras desde Cesarea hasta Refaías, Idumea, Samaria, Judea y partes de Perea y Galilea. Esta medida centralizó el poder administrativo romano en la provincia. En segundo lugar, se ubicó una legión completa en Jerusalén bajo la autoridad del gobernador. Palestina estaba ahora verdaderamente bajo el control de los romanos.

Las disposiciones de Vespasiano permanecieron en vigor hasta la rebelión de Bar Kojba en los años 132-135 d. C. (ver mapa 12-25). Adriano fue el emperador (117–138) durante esta segunda revuelta judía. Su gobierno trajo un período de estabilidad al Imperio romano, tanto en Roma como en el extranjero. Era amante de todas las cosas griegas e impulsó la helenización en todo el imperio. Adriano promulgó dos edictos que provocaron la rebelión de los judíos en Judea. El primero fue la imposición de la pena de muerte, en todo el imperio, para aquellos que se sometieran a la castración; desafortunadamente, la redacción del edicto incluía el acto de la circuncisión. El segundo era un plan para construir en Jerusalén una colonia romana llamada *Aelia Capitolina*; la pieza central de la colonia iba a ser un templo de Júpiter construido en el sitio de los templos judíos anteriores.

En ese momento surgió un líder nombrado Simón. Algunos líderes judíos, como Rabí Akiva, proclamaron que era el Mesías y que restablecería el dominio judío en Judea. Sus partidarios lo llamaron Bar Kojba; este nombre significa «hijo de una estrella», que es una denominación mesiánica de Números 24:17. Sus enemigos lo llamaban Bar Koziba, que significa «hijo de la mentira» o el falso Mesías. Manuscritos de esta época encontrados en cuevas en el desierto de Judea se refieren a él como «Simón bar Kosiba, príncipe de Israel».

La revuelta tuvo éxito inicialmente; duró tres años y medio. Bar Kojba controló toda Judea y al menos la mitad de Samaria. Durante los dos primeros años de la rebelión, Jerusalén sirvió como capital y cuartel general de la administración militar. Se han encontrado numerosas monedas que fueron acuñadas por el gobierno de Jerusalén; en más del 80 % de ellas se aprecia Jerusalén y el templo. Varias de las monedas tienen inscripciones tales como «a la libertad de Jerusalén» o «año segundo de la libertad de Israel». Los romanos reaccionaron con rapidez y dureza a la revuelta: se necesitaron al menos cinco legiones para aplastarla. La devastación causada por el ejército romano fue enorme y generalizada. El historiador Dion Casio comenta sobre las pérdidas judías: «Fueron arrasados hasta los cimientos 50 de sus puestos de avanzada más importantes y 985 de sus aldeas más famosas. Fueron asesinados 580.000 hombres [...]. Por lo tanto, casi toda Judea quedó desolada» (*Historia romana* 69.12.1). La batalla final ocurrió en Battir, al suroeste de Jerusalén, en el año 135 d. C. Los romanos penetraron el muro de la ciudad y mataron a todos los defensores, entre ellos a Bar Kojba.

El nacionalismo judío fue aplastado. El número de judíos asesinados y vendidos como esclavos hizo que Judea dejara de ser judía. Adriano entonces llevó a cabo su plan de convertir Jerusalén en la *Aelia Capitolina*, es decir, en una ciudad romana (ver mapa 12-26). Los judíos que quedaron en la ciudad fueron expulsados. Incluso se les prohibió

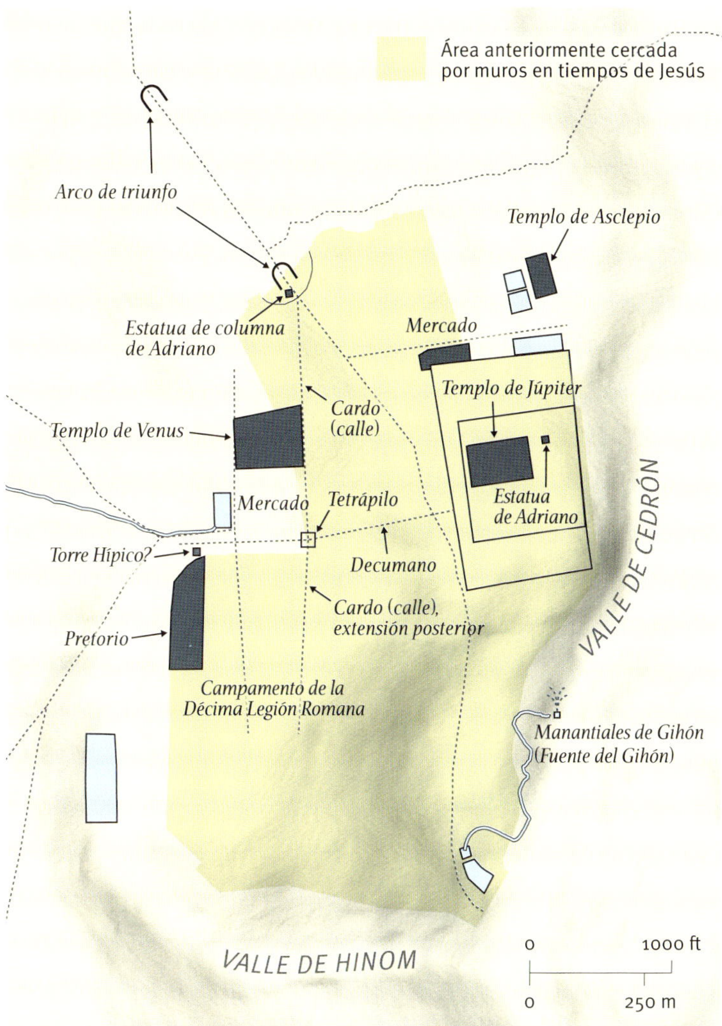

12-26. Jerusalén después de los tiempos de Adriano, c. 138 d. C. Luego de aplastar la rebelión de Bar Kojba, Adriano pudo comenzar a transformar las ruinas de Jerusalén y convertirlas en la Aelia Capitolina, una colonia romana con santuarios y monumentos paganos. El sitio del antiguo templo albergaría un nuevo templo dedicado al dios romano Júpiter y las calles se reorganizarían según el diseño romano típico. Una vía principal llamada Cardo finalmente se extendió desde el límite norte de la ciudad hasta el límite sur, y el Decumano se extendió de oeste a este. A los judíos se les prohibió entrar en la ciudad, aunque no está del todo claro hasta qué punto se aplicó esta medida.

12-19. Mapa que aparece en el mosaico de Madaba, de los siglos VI y VII d. C., encontrado en el piso de una iglesia bizantina en Madaba, Jordania. Esta parte del mosaico representa la ciudad de Jerusalén.

12-27. El Imperio romano y la propagación del cristianismo, c. 30-200 d. C. La estabilidad, la relativa seguridad en los viajes y el sistema universal de leyes y gobierno que el Imperio romano instauró resultaron ser una gran ventaja para la difusión del evangelio durante los primeros siglos de la iglesia cristiana. El cristianismo se centró primero en Jerusalén y Siria, pero pronto se extendió a Asia, Acaya e incluso Roma. A pesar de la persecución, durante el siglo II d. C. los cristianos continuaron llevando el evangelio a lugares tan lejanos como España, Galia y el norte de África. Finalmente, incluso los emperadores romanos llegaron a reconocer el cristianismo como una religión legal dentro del Imperio romano y patrocinaron muchas de sus actividades.

entrar en ella bajo pena de muerte. Jerusalén se convirtió en una ciudad pagana habitada por colonos gentiles. En ese momento el centro de la vida judía en Palestina se trasladó a Galilea. Por otra parte, el cristianismo continuó extendiéndose por todo el mundo romano del siglo II (ver mapa 12-27). Gran parte de esta expansión ocurrió durante las persecuciones esporádicas de los cristianos bajo los emperadores del siglo II, con más mártires durante la etapa de Marco Aurelio (161-180 d. C.) que bajo cualquier emperador anterior. El autor cristiano Tertuliano (hacia 160-220) tenía razón al afirmar que «la sangre de los mártires es la semilla de la iglesia» (*Apologeticus* 50).

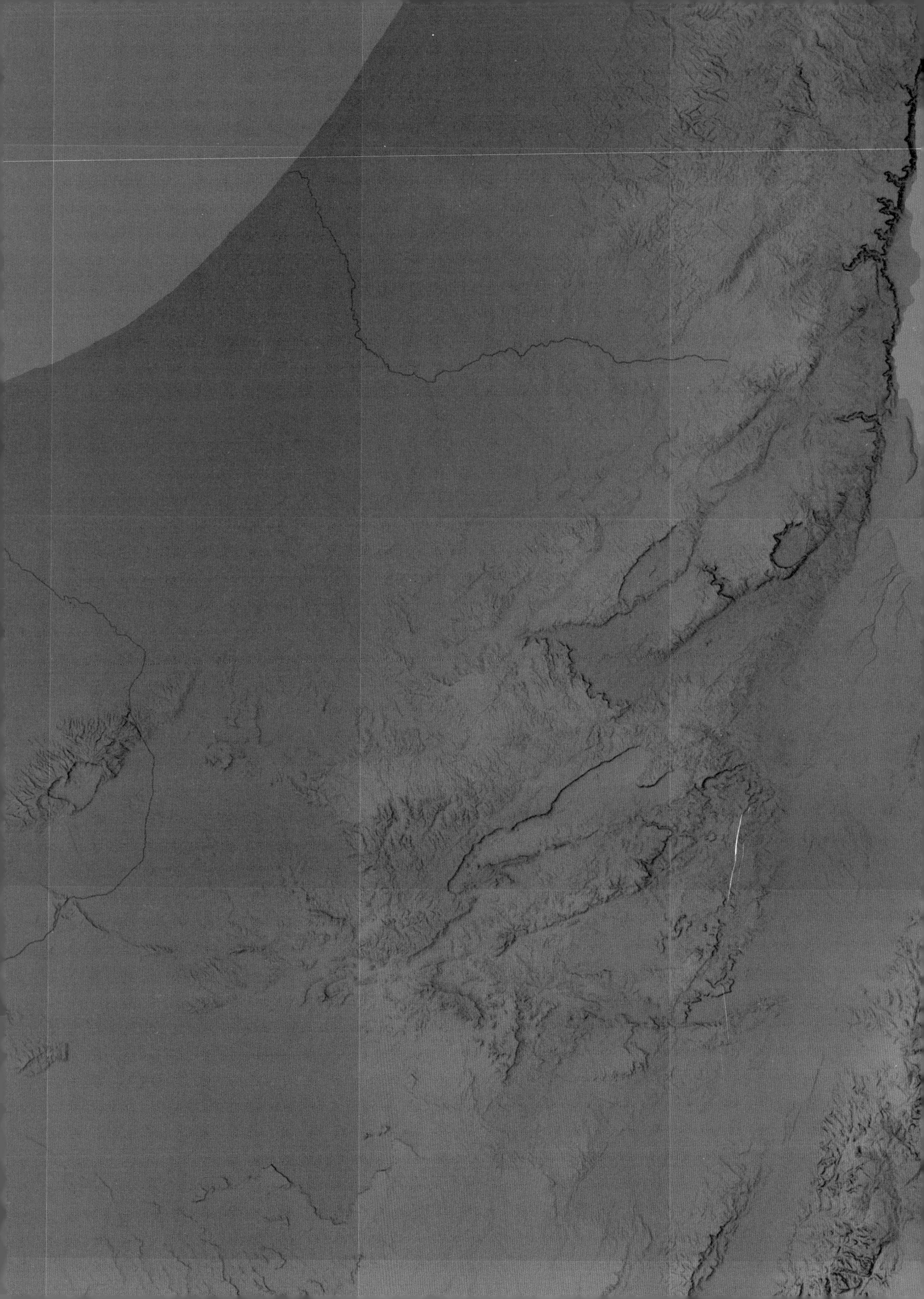

PARTE 3:
GEOGRAFÍA REGIONAL DEL MUNDO BÍBLICO

INTRODUCCIÓN A LOS MAPAS REGIONALES

ESTA SECCIÓN ESTÁ COMPUESTA POR mapas de elevaciones de varias regiones geográficas del mundo bíblico. En contraste con los mapas de la sección Geografía Histórica (Parte 2), la cual presenta información bíblica y arqueológica en modo *sincronizado* (específicamente de ciertos eventos o períodos de la historia de la Biblia), estos mapas presentan dicha información en modo *diacrónico* (incluye datos sobre toda la historia de la Biblia), muy similar a la manera en la que un visitante de una región encuentra la evidencia arqueológica en la actualidad. En lo que respecta a los períodos en los que existieron cada uno de los sitios bíblicos, no se ha hecho distinción en estos mapas. Sin embargo, cuando se trata de las rutas antiguas, el estilo de las líneas (rayas, puntos, etc.) indica en qué período(s) posiblemente existieron dichas rutas (ver leyenda).

Todos los mapas se presentan en proyección conforme cónica de Lambert superpuestos por una cuadrícula geodésica estándar (longitud y latitud). En cuanto a los mapas de Palestina y sus subregiones, se han incluido también señales y marcas para la cuadrícula de Palestina de 1923 (la cual utiliza otra proyección), en vista de que muchos recursos arqueológicos y bíblicos utilizan este sistema de coordenadas para Palestina. Toda la coloración de las elevaciones se deriva de información provista por la NASA y el Servicio Geológico de EE. UU. (para mayor información, ver la página de derechos). En el caso de los mapas de Jerusalén, Todd Bolen (www.BiblePlaces.com) generosamente ha provisto una superposición del Servicio Nacional de Cartografía de Jerusalén Charles Wilson (1865).

- • Ciudad / sitio antiguo
- ▲ Cúspide de montaña
- |||| Ascenso
-][Paso montañoso
- Cuadrícula de Palestina, 1923
- Cuadrícula geodésica (longitud / latitud)
- --·-- Ruta (AT / NT)
- ······· Ruta (principalmente AT)
- ---- Ruta (principalmente NT)
- +++ Antiguo canal

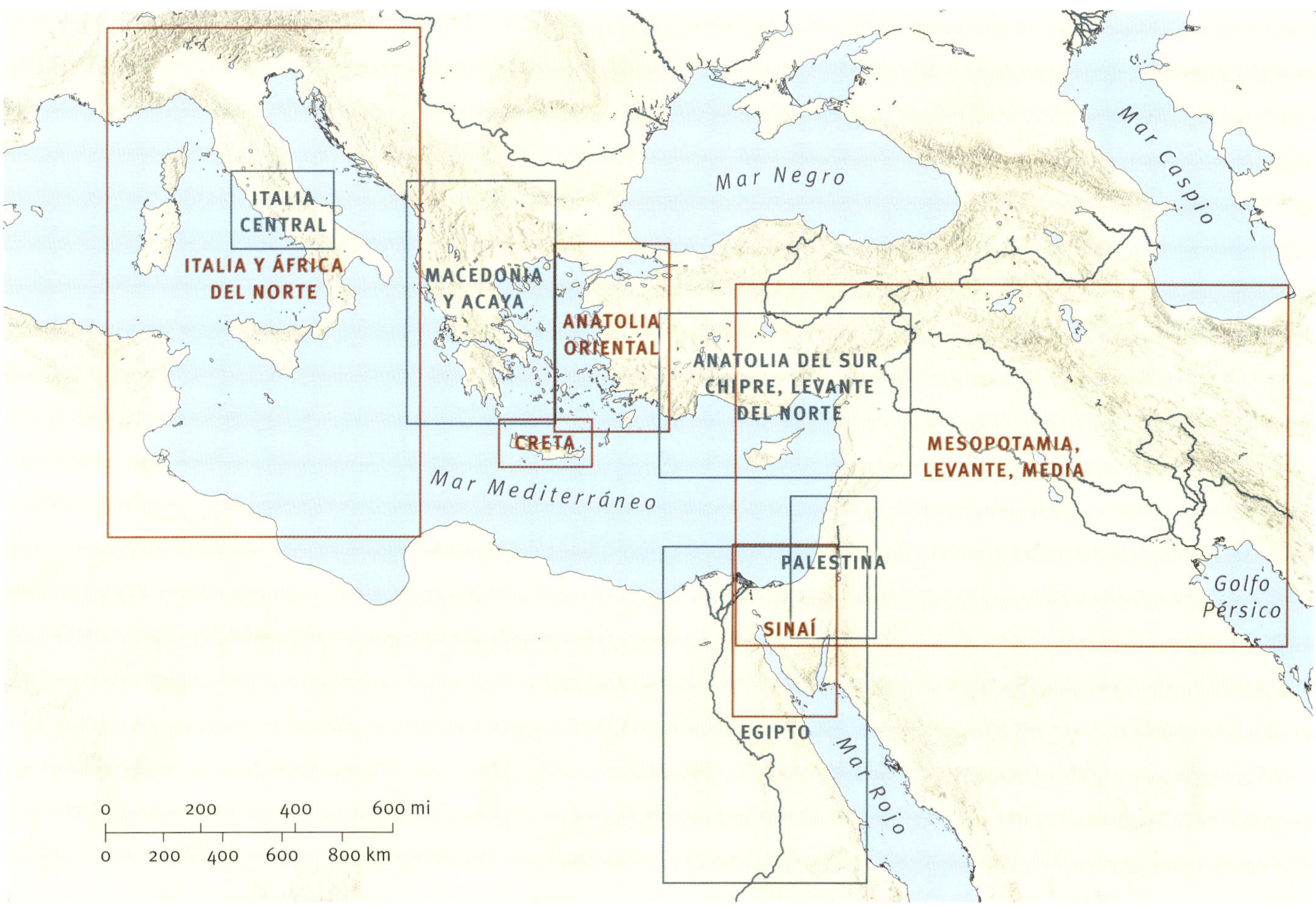

45° N
5° E
10° E
15° E
20° E
25° E
30° E
Trieste/Tergeste
Génova
Massalia
Río Po
Ariminum
Sirmio
ILIRIA
Salona
CÓRCEGA
Río Dniester
Roma
ITALIA
40° N
Olbia
CERDEÑA
Tharros
Puteoli
Mesembria/Mesambria
Epidamnos/Dyrrachium
Brundisium
(Bríndisi)
Nora
Filipos
Tesalónica
Bizancio
Calcedón o Calcedo
Troya
Hipona o Hippo Regios
Cartago
SICILIA
Regio
Nicópolis
GRECIA
ANA
Sardis
ÁFRICA
Hadrumetum
Siracusa
Corinto
Atenas
Éfeso
Mileto
Esparta
35° N
Perge
Rodas
Cnosos/Cnoso
CRETA
Pafos
Mar Mediterráneo
Leptis Magna
Cirene
30° N
Alejandría
Menfis
EGIPTO
25° N
Ajetatón
Río Nilo
Elevación
(metros)
(pies)
3000+
8450+
2500
7050
2000
5600
1500
4220
1000
2820
500
1410
0
0
-500
-1410
DESIERTO DEL SAHARA
Tebas
Sevene (Elefantin
20° N
0
100
200
300 mi
0
100
200
300
400 km
[Abu Simbel]
CUSH
15° E
20° E
25° E
30° E
Querso
Ma
Zoa

40° E
45° E
50° E
55° E
60° E
Río Rha
Río Oxus (río Amu Daria)
40° N
Mar Caspio
gro
Sinope
Trapezus (Trebisonda)
Río Cyrus (río Kura)
ttusa/Pteria
ARARAT
Río Aras
PARTIA
Río Halis
Tushpa
Melidu/Melitene
Hecatómpylos
35° N
Río Tigris
MEDIA
Rayy/Europus/Arsacia
Carquemis
Nínive
Tarso
ioquía
Alepo/Berea
Assur (Asiria)
Acmeta o Echatana
MESOPOTAMIA
garit
Hamat
Dura Europos
Eshnunna (Tell Asmar)
Aspadana (Isfahan)
Río Éufrates
Gebal/Biblos
Damasco
SIRIA
Babilonia
Susa
Kermán
30° N
ISRAEL
Erec/Uruk
Persépolis
Jebús/Jerusalén
Ur
PERSIA
aza
Golfo Pérsico
Hormozia (Minab)
Duma
Ezión-geber?
DESIERTO DE ARABIA
25° N
Taima
Dedán
Mar Rojo
Yatrib (Medina)
20° N
35° E
40° E
45° E
50° E
55° E

Lago Tuz
Río Halis
Kanesh
Mazaca/Eusebia/Cesarea
Melidu/Melitene
Iconio
Listra
Derbe
Laranda
MONTES TAURO
Puertas Cilicias
Río Sarus
Adana
Tarso
Mersín
Malo
Iso
Puertas Amanias/Paso Baghche
Carquemis
Harán
Gozán
Sikan (Ras al-Ayn)
Urkesh
Nagar
Puertas Sirias/Paso de Belén
Arfad
Alalakh
Calno?
Antioquía
Seleucia
Alepo/Berea
Emar
Tifsa/Tápsaco
Tuttul?
Qarqar/Karkar
Ugarit
Ebla
Río Orontes
Resef?
Río Éufrates
Río Habor
Lapithos
Solos
Ledri
Salamis
Enkomi
Mario/Arsínoe
Pafos
Kitión (Lárnaca)
Curio
Amatunte
Hamat
Arvad/Arados
Qatna
Zemar
Hamat de Soba?/Emesa (Homs)
Terqa
Dura Europos
Athar (Eter)/Trípoli
Arqa
Cades
Ribla
Berotai?
Tadmor/Palmira
Mari
Cun?
Zedad
Gebal/Biblos
Lebo-hamat (entrada de Hamat)
Heliópolis
Beirut
Calcis
Beta?
Helbón
Sidón
Abila
Damasco
Mar Mediterráneo
Tiro
Monte Hermón
Lais/Dan
Hazor
Aco/Tolemaida
Astarot
Meguido
Gadara
Edrei
Torre de Estratos/Cesarea
Bet-seán/Escitópolis
Bosra
Siquem
Gerasa
Jope
Jericó (AT)
Rabá/Filadelfia
Asdod/Azoto
Jebús/Jerusalén
Ascalón
Mar Muerto
Gaza
Hebrón
Dibón
Beerseba
Carcor?
DESIERTO DE ARABIA
Rinocorura
Kir-hareset/Charachmoba
Avdat
Beer-lajai-roi?
Bosra
Cades-barnea
Punón
Petra
PENÍNSULA DEL SINAÍ
Timna/Tamna
Elot
Duma
Ezión-geber?
Mar Rojo
Dofca?
32° E
34° E
36° E
38° E
40° E
38° N
36° N
34° N
32° N
30° N

Lago de Van
Tushpa
Río Aras
Mar Caspio
Lago Urmía
MONTES DE KURDISTÁN
MONTES ELBURZ
ur Sharrukin
Gaugamela
Nínive
Imgur-Enlil
Erbil
Cala
Rayy/Europus/Arsacia
Assur (Asiria)
Arrapha
Gasur/Nuzi
Acmeta o Ecbatana
Río Tigris
Inscripción de Behistún
MONTES ZAGROS
Eshnunna (Tell Asmar)
Dur-Kurigalzu
Shaduppum
Opis
Sippar
Ctesifonte
Seleucia
Cuta
Babilonia
Cis
Borsippa
Susa
Nippur
Isin
Adab
Río Choaspes
Río Quebar?
Uma
Girsu
Lagash
Erec/Uruk
Elasar?
Río Ulai
Ur
Elevación
(metros)
(pies)
3000+
8450+
2500
7050
2000
5600
1500
4220
1000
2820
500
1410
0
0
-500
-1410
Golfo Pérsico
0
50
100 mi
0
50
100
150 km
44° E
46° E
48° E
50° E
52° E
38° N
36° N
34° N
32° N

FRIGIA
PISIDIA
LICAONIA
MONTES TAURO
PANFILIA
LICIA
CHIPRE
Mar Mediterráneo
Lago Tuz
Lago Akşehir
Lago Limnai
Lago Karalis
Lago Sanaos
Lago Ascanius
Docimium
Prymnessus
Arzawa?
Apamea
Antioquía de Pisidia
Iconio
Listra
Derbe
Laranda
Termeso
Atalia
Perge
Aspendos
Side
Mira
Río Aksu
Río Eurimedonte
Río Calycadnus
Lapithos
Quitri
Ledri
Enkomi
Solos
Mario/Arsínoe
Tamasos
Idalión
Kitión
Pafos
Antigua Pafos
Amatunte
Kalavasos
Curio
29.5° E
30° E
30.5° E
31° E
31.5° E
32° E
32.5° E
33° E
33.5° E
38.5° N
38° N
37.5° N
37° N
36.5° N
36° N
35.5° N
35° N
34.5° N
Elevación
(metros)
(pies)
3000+
2500
2000
1500
1000
500
0
-500
8450+
7050
5600
4220
2820
1410
0
-1410
0 10 20 30 40 50 mi
0 20 40 60 80 km

34.5° E
35° E
35.5° E
36° E
36.5° E
37° E
37.5° E
38° E
38.5° E
38.5° N
38° N
37.5° N
37° N
36.5° N
36° N
35.5° N
35° N
34.5° N
Halis
Kanesh
Mazaca/Eusebia/Cesarea
Melidu/Melitene
CAPADOCIA
CILICIA
Puertas Cilicias
Puertas Amanias/Paso Baghche
Río Éufrates
Río Cidno
Adana
Tarso
Río Sarus
Malo
Iso
MONTAÑAS AMANUS
Carquemis
Puertas Sirias/Paso de Belén
Arfad
Calno?
Antioquía (Siria)
Alalakh
Alepo/Berea
Seleucia
Emar
Tifsa/Tápsaco
Ebla
Qarqar/Karkar
Ugarit
Río Orontes
Hamat
Qatna
Arvad/Arados
Zemar
Hamat de Soba/Emesa (Homs)
Tadmor/Palmira
Hetlón?
Arqa
Cades
Athar (Eter)/Trípoli
Ribla
Berotai?

Propontis
MARMARA
MISIA
Lago Ascania
Lago Artynia
Lago Dascylitis
Calcedon o Calcedonia
Bizancio
Cicico
Dascilio
Tiatira
Lisimaquia
Río Gránico
Edremit
Pergamo
Río Selinus
Mitilene
LESBOS
Asón (Assos)
Troas
Troya
Abido
Sesto
Vía Egnatia
Río Ergino
Río Hebro
IMBROS
SAMOTRACIA
LEMNOS
Ma
Elevación
(metros) (pies)
3000+ 8450+
2500 7050
2000 5600
1500 4220
1000 2820
500 1410
0 0
-500 -1410
41° N
40° N
39° N
25° E
26° E
27° E
28° E
29° E

geo
Esmirna
Filadelfia
LIDIA
Río Caístro
38° N
Éfeso
Magnesia
Trales (Aydin)
Río Menderes
Hierápolis
Río Lico
Diospolis/Laodicea
Colosas
Afrodisias
SAMOS
TÍNOS
ICARIA O NICARIA
Priene
Mileto
MICONOS
CARIA
Dídima
PATMOS
NAXOS
PAROS
37° N
Halicarnaso
AMORGOS
COS
Río Indo
IOS
Gnido
ASTIPALEA
Telmeso
Rodas
Río Janto
Janto
Patara
RODAS
36° N
0 10 20 30 40 50 mi
0 20 40 60 80 km
26° E
27° E
28° E
29° E
271

Río Hebro
Río Nesto
Río Estrimón
Lago Cercinitis
Lago Prasias/Cercinitis
Neápolis
TASOS
Mar de Tracia
Filipos
Anfípolis
Apolonia
Kassandra
Vía Egnatia
Tesalónica
Golfo de Tesalónica o Termaico
Pella
Lago Ludíaco
Dion
Berea
Monte Olimpo
Edesa
Río Astibo
Río Vardar
Río Margus
Heraclea Lincestis
Río Erigón
Río Haliacmón
Lago Prespa
Ohrid
Lago Ohrid
MONTE PINDO
Epidamnos/Dyrrachium
Lissus
Scodra
Olcinium
Doclea
Apolonia
Thyamis
25° E
24° E
23° E
22° E
21° E
20° E
42° N
41° N
40° N

Farsalo
Ambracia
SKÓPELOS
39° N
Nicópolis
Accio
ESCIROS
Río Esperqueo
El paso de las Termópilas
LEUCAS
(Léucade)
Río Aqueloo
EUBEA
Calcis
Delphi
(Delfos)
Río Cefiso
Eretria
Tebas
Patras
Golfo de Corinto
Maratón
CEFALONIA
38° N
Sición
Lequeo
Corinto
Céncreas
SALAMINA
Atenas
El Pireo
ANDROS
ZANTE
Micenas
EGINA
Olimpia
Argos
Epidauro
Golfo
Sarónico
CEOS
Río Alfeo
Mar Jónico
Megalópolis
Río Eurotas
CITNOS
Mesene
SERIFOS
Antigua Pilos
Esparta
Mar de
Mirtos
37° N
SIFNOS
Pilos
MELOS
Elevación
(metros)
(pies)
3000+
2500
2000
1500
1000
500
0
-500
8450+
7050
5600
4220
2820
1410
0
-1410
0 10 20 30 40 50 mi
0 20 40 60 80 km
Mar de Creta
CITERA
20° E
21° E
36° N
22° E
23° E
24° E

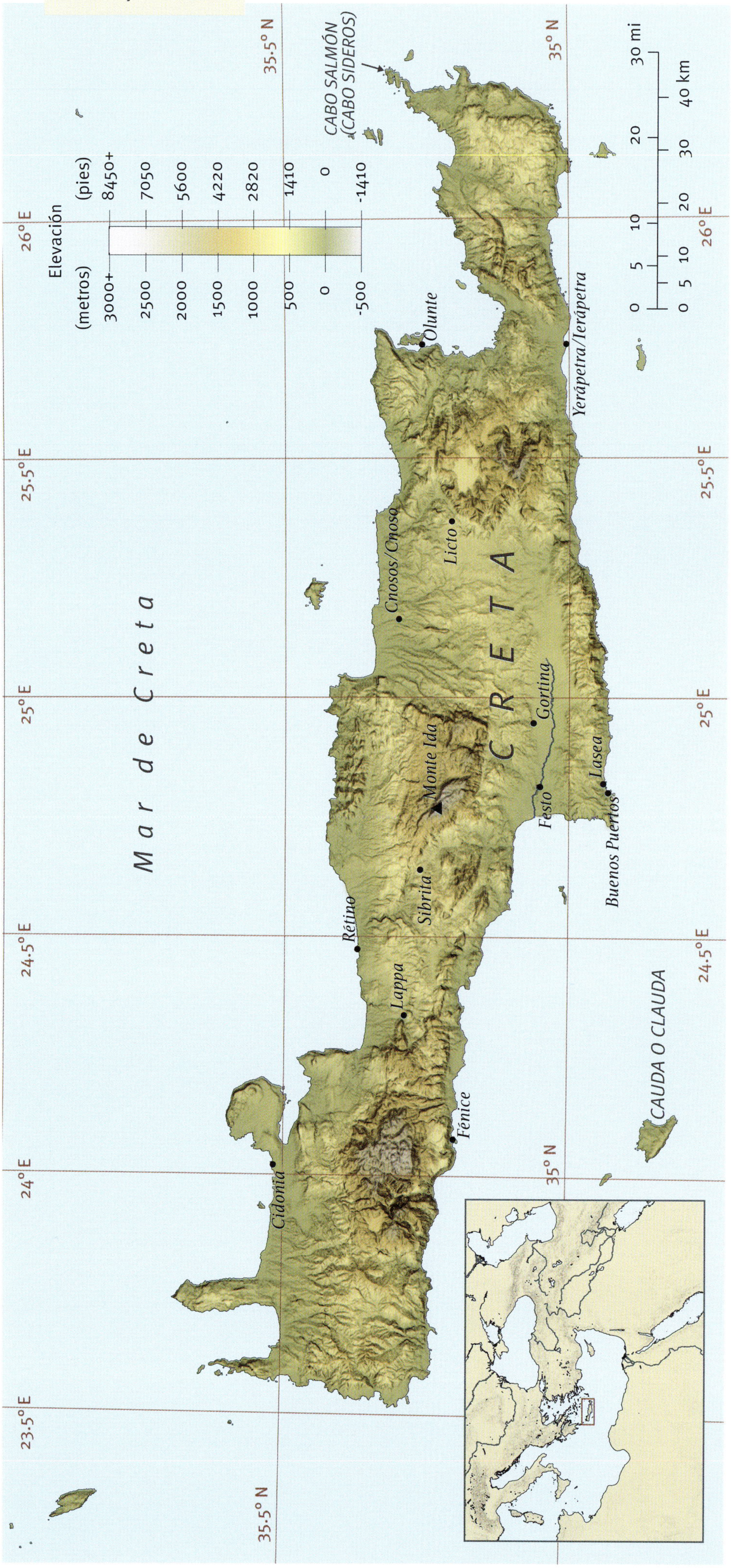
Mar de Creta
CRETA
Elevación
(metros) 3000+ 2500 2000 1500 1000 500 0 -500
(pies) 8450+ 7050 5600 4220 2820 1410 0 -1410
CABO SALMÓN (CABO SIDEROS)
Olunte
Yerápetra/Ierápetra
Cnosos/Cnoso
Licto
Gortina
Monte Ida
Festo
Lasea
Buenos Puertos
Sibrita
Rétino
Lappa
Fénice
Cidonia
CAUDA O CLAUDA
35.5° N
35° N
23.5° E
24° E
24.5° E
25° E
25.5° E
26° E
0 5 10 20 30 mi
0 5 10 20 30 40 km

Mar Adriático
Mar Tirreno
Aternum (Pescara)
Sagrus (actual río Sangro)
Amiternum
Lago Fucino
Reate (Rieti)
Vía Salaria
Vía Flaminia
Otricoli
Río Tíber
Tibur
Gabii
Praeneste
Anagnia
Tusculum
Roma
Bovillae
Lavinio
Vía Apia
Las Tres Tabernas
Foro de Apio
Anzio
Terracina
San Felipe Circeo
Benevento
Eclano
Capua
Río Volturno
Puteoli
Herculano
Monte Vesubio
Pompeya
Vía Cassia
Lago de Vico
Falerii Veteres (Civita Castellana)
Sutri
Veyes
La Storta
Tumba de Nerón
Ostia Antica
Portus
Lago Sabatino
Vía Clodia
Vía Aurelia
Tuscania
Orcia
Blera
Respampani
Elevación
(metros)
(pies)
3000+
2500
2000
1500
1000
500
0
-500
8450+
7050
5600
4220
2820
1410
0
-1410
0
10
20
30 mi
0
10
20
30
40 km
12° E
13° E
14° E
15° E
41° N
42° N

PANONIA
ILIRIA
DALMACIA
ITALIA
MONTAÑAS ALPINAS
MONTES APENINOS
CÓRCEGA
CERDEÑA
Mar Adriático
Mar de Liguria
Golfo de
Río Dniester
Río Savus/Sava
Río Po
Río Arno
Río Tíber
Río Rubicón
Rhizon
Ascruvium
Narona
Salona
Tragurio (Trogir)
Nin
Nesactium
Trieste
Aquilea
Tarvisium (Treviso)
Vía Postumia
Padua
Vicenza
Bolzano
Trento
Verona
Mantua
Bedriacum
Brixia (Brescia)
Bergomum (Bérgamo)
Milán/Mediolanum
Cremona
Plasencia
Iria
Tortona
Brigantium
Embrun
Génova
Parma
Regium
Módena
Bononia (Bolonia)
Foro Cornelia
Vía Aemilia
Ariminum
Fanum Fortunae (Fano)
Ancona
Luni
Lucca
Pisa
Pistoia/Pistoya
Florencia
Populonia
Vía Aurelia
Vía Cassia
Arretio
Cortona
Clusium (Chiusi)
Aurinia
Volsinii
Tuscania
Blera
Cales
Vía Flaminia
Tagina
Nuceria Camellana
Fulginiae (Foligno)
Trevi
Vicus Martis
Spoletum (Spoleto)
Castrum Truentinum (Martinsicuro)
Asculo
Vía Salaria
Aternum (Pescara)
Amiternum
Civita Castellana
Falerii Veteres
Reate/Rieti
Sutri
Veyes
Roma
Portus
Ostia Antica
Vía Apia
Las Tres Tabernas
Foro de Apio
Capua
Puteoli
Herculano
Monte Vesubio
Pompeya
Eclano
Benevento
Aquilonia
Venusia/Venosa
Bari
Tarento
Brundisium (Brindisi)
Alalia (Aleria)
Olbia
46° N
44° N
42° N
40° N
6° E
8° E
10° E
12° E
14° E
16° E
18° E

Mar
Jónico
Sulcis
Nora
Lipari
Mesene/Zancle/Mesina/Mesana
Locria (Locris, Locros)
Regio
Segesta
Himera
Naxos
Monte Etna
Selinus
SICILIA
Catania
Siracusa
Gela
Estrecho de Sicilia
Hipona o Hippo Regios
Útica
Cartago
Kerkouane
Río Bagradas
Thugga/
Dougga
Thuburbo Maius
ÁFRICA
Hadrumetum
Tapso
Thysdrus
MALTA
Mar
Mediterráneo
Oea
Sabratha
Leptis Magna
Elevación
(metros)
(pies)
3000+
2500
2000
1500
1000
500
0
-500
8450+
7050
5600
4220
2820
1410
0
-1410
0
20
40
60
80
100 mi
0
50
100
150 km
38° N
36° N
34° N
32° N
8° E
10° E
12° E
14° E
16° E
18° E

Mar Mediterráneo
BAJO EGIPTO
SINAÍ
ISRAEL
MADIÁN
Golfo de Suez
Golfo de Aqaba
Mar Muerto
Lago Paralios
Lago Serbonis
Lago de Tanis
Gran lago Amargo
Lago Moeris
Canal ptolemaico
Río Nilo
Río de Egipto
Torrente de Besor
Ramal de Bolbitine
Ramal de Canopo
Ramal de Sebennitos
Ramal de Mendes
Ramal de Busiris (Damieta)
Ramal de Tanis
Ramal de Pelusio
Alejandría
Canopo
Bolbitine
Naucratis
Imu (Kom el-Hisn)
Jasuut/Xois
Per Uadyet/Buto
Sais
Sebennitos
Busiris
Pibeset/Bubastis
Atribis
Mendes
Thmuis
Zoán/Tanis
Imet (Tell el-Faraún)
Ramsés
Pitón?
Sucot?
Tafnes/Daphnae
Migdol
Sin/Pelusium (Pelusio)
Leontópolis
Heliópolis (ON)
Babilonia
Menfis
"Grandes pirámides"
Meidum
Heracleópolis Magna
Tuedjoi/Ankirómpolis
Oxirrinco
Jmun/Khemnu/Hermópolis Magna
Ajetatón
Mara?
Elim?
Dofca?
Refidim?
Monte Sinaí (Jebel Musa)
Hazerot?
Jotbata?
Ezión-geber
Elat/Ayla/Elat
Timna/Tamna
Beer-lajai-roi?
Rinocorura
Refaias
Gaza
Ascalón
Asdod
Gezer
Jerusalén
Jericó (AT)
Hesbón
Dibón
Laquis
Hebrón
Arad
Beerseba
Elusa (Haluza)
Monte Hor (Monte Madeira)
Avdat
Cades-barnea
Zeboim?
Tamar?
Zoar
Adma?
Sodoma?
Gomorra?
Kir-hareset
Sela/Jocteel
Bosra
Punón
Temán?
Petra
Monte Hor (Monte de Aarón)
29° E
30° E
31° E
32° E
33° E
34° E
35° E
36° E
28° N
29° N
30° N
31° N

Rojo
Abidos
Dendera
Gebtu/Coptos
ALTO
EGIPTO
Hermontis (Armant)
Tebas
Edfu/Apolinópolis Magna
DESIERTO
DEL SAHARA
Sevene (Elefantina)
File
Berenice
[Abu Simbel]
26° N
25° N
24° N
23° N
30° E
31° E
32° E
33° E
34° E
35° E
Elevación
(metros) (pies)
3000+ 8450+
2500 7050
2000 5600
1500 4220
1000 2820
500 1410
0 0
-500 -1410
0 50 100 mi
0 50 100 150 km

Mar Mediterráneo
Lago Serboniano
Lago de Tanis
Ramal de Busiris (Damieta)
Ramal de Mendes
Ramal de Tanis
Ramal de Pelusio
Sin/Pelusium (Pelusio)
Migdol
Zoán/Tanis
Imet (Tell el-Faraun)
Tafnes/Daphnae
Ramsés
Lago Balla
Canal antiguo
Lago Timsah
Gran lago Amargo
Canal antiguo
Sucot?
Pitón?
Mara?
DESIERTO DE SHUR
DESIERTO DE ZIN
DESIERTO
NEGUEV
Rinocorura
Río de Egipto
Refaías
Saruhén?
Gaza
Ascalón
Asdod/Azoto
Jabnia/Jamnia
Jope
Afec/Antipatris
Siloh
Lod/Lida
Bet-horón de arriba
Bet-el
Bet-horón
Gezer
Gabaón
Jebús/Jerusalén
Belén
Tecoa
Ecrón
Gat
Laquis
Hebrón
Juta
Arad
Malata
Beerseba
Horma?
Aroer?
Asán?
Torrente de Besor
Elusa (Haluza)
Tamar?
Monte Hor (Monte Madeira)
Avdat
Cades-barnea
Beer-lajai-roi?
Monte Sinaí? (Monte Kharif)
Monte Sinaí? (Har Karkom)
Monte Sinaí? (Jebel Helal)
Monte Sinaí? (Jebel Yeleq)
Monte Sinaí? (Monte Maghara)
32° N
31.5° N
31° N
30.5° N
30° N
32° E
32.5° E
33° E
33.5° E
34° E
34.5° E
35° E

PENÍNSULA DEL SINAÍ
DESIERTO DE SIN
MADIÁN
Mar Rojo (golfo de Ákaba)
Mar Rojo (golfo de Suez)
Mar Rojo
Elot
Ayla
Jotbata?
Ezión-geber?
(Hashem el-Tarif)
Hazerot?
Refidim?
Monte Sinaí? (Jebel Musa)
Monte Sinaí? (Monte Serbal)
Dofca?
Elim?
Elevación
(metros) (pies)
3000+ 8450+
2500 7050
2000 5600
1500 4220
1000 2820
500 1410
0 0
-500 -1410
0 10 20 30 40 mi
0 20 40 60 km
29.5° N
29° N
28.5° N
28° N
27.5° N
32° E
32.5° E
33° E
33.5° E
34° E
34.5° E
35° E

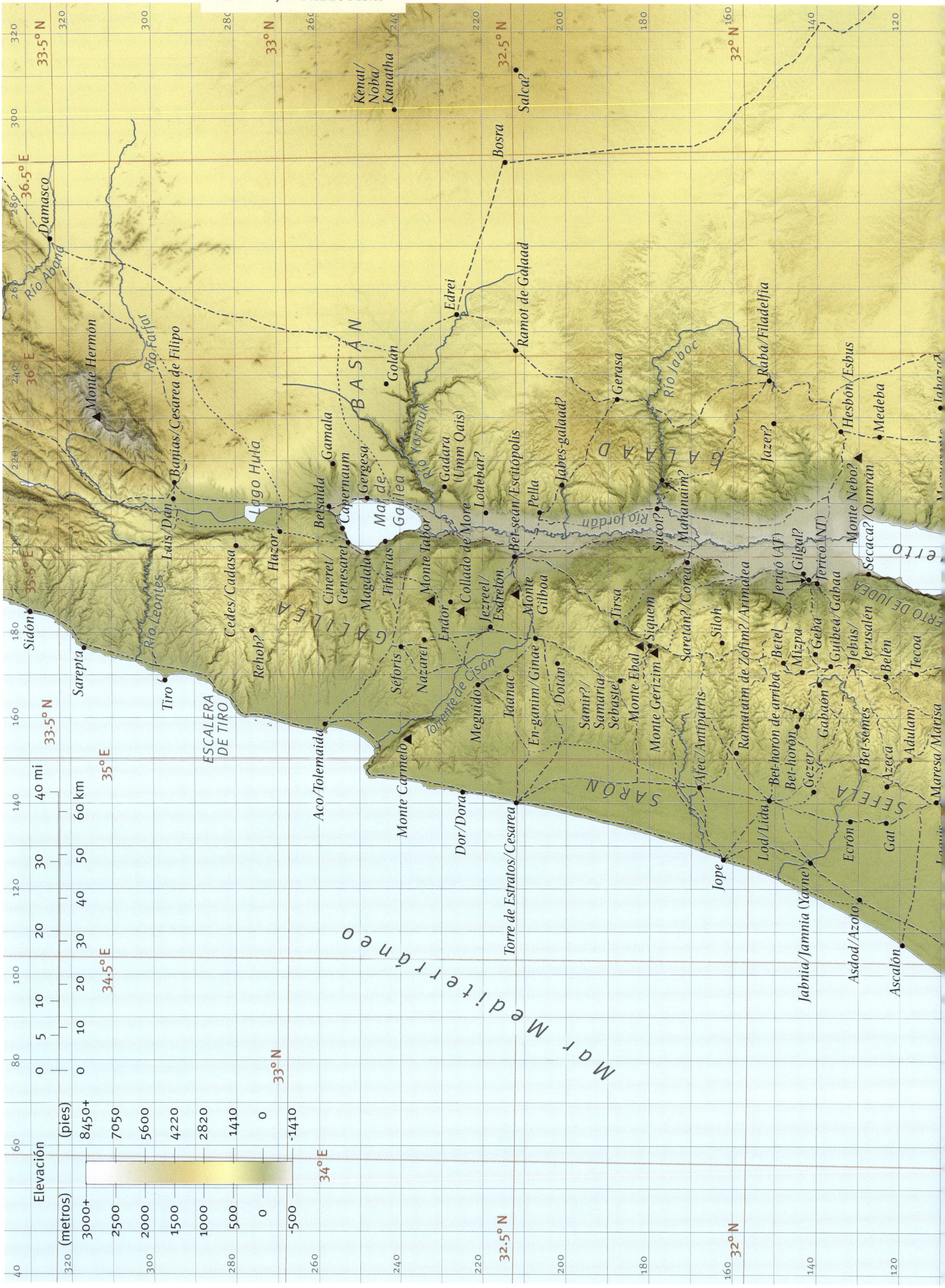

Damasco
Río Abana
Monte Hermón
Río Farfar
Banias/Cesarea de Filipo
Lago Hula
Laís/Dan
Río Leontes
Cedes/Cadasa
Hazor
Sidón
Sarepta
Tiro
ESCALERA DE TIRO
Rehob?
GALILEA
Betsaida
Capernaum
Gamala
Gergesa
Mar de Galilea
Cineret/Genesaret
Magdala
Tiberias
Golán
BASÁN
Río Yarmuk
Gadara (Umm Qais)
Lodebar?
Edrei
Ramot de Galaad
Bosra
Salca?
Kenat/Noba/Kanatha
Monte Tabor
Endor
Collado de More
Jezreel/Esdrelón
Bet-seán/Escitópolis
Pella
Jabes-galaad?
Monte Gilboa
Séforis
Nazaret
Torrente de Cisón
Meguido
Taanac
En-ganim/Ginae
Dotán
Aco/Tolemaida
Monte Carmelo
Dor/Dora
Torre de Estratos/Cesarea
Samir?/Samaria/Sebaste
Tirsa
Monte Ebal
Siquem
Monte Gerizim
Gerasa
Río Jaboc
GALAAD
Río Jordán
Sucot?
Mahanaim?
Saretán?/Corea
Siloh
Afec/Antipatris
SARÓN
Jope
Ramataim de Zofim?/Arimatea
Raba/Filadelfia
Jazer?
Jericó (AT)
Gilgal?
Jericó (NT)
Betel
Mizpa
Geba
Guibea/Gabaa
Bet-horón de arriba
Bet-horón
Gabaón
Gezer
Lod/Lida
Jabnia/Jamnia (Yavne)
Ecrón
Asdod/Azoto
Ascalón
Gat
Azeca
Bet-semes
Adulam
Maresa/Marisa
Belén
Tecoa
Jebús/Jerusalén
Secaca?/Qumrán
Monte Nebo?
Hesbón/Esbus
Medeba
SEFELA
Mar Mediterráneo
33.5° N
33° N
32.5° N
32° N
36.5° E
36° E
35.5° E
35° E
34.5° E
34° E
0 5 10 20 30 40 mi
0 10 20 30 40 50 60 km
Elevación
(metros) 3000+ 2500 2000 1500 1000 500 0 -500
(pies) 8450+ 7050 5600 4220 2820 1410 0 -1410

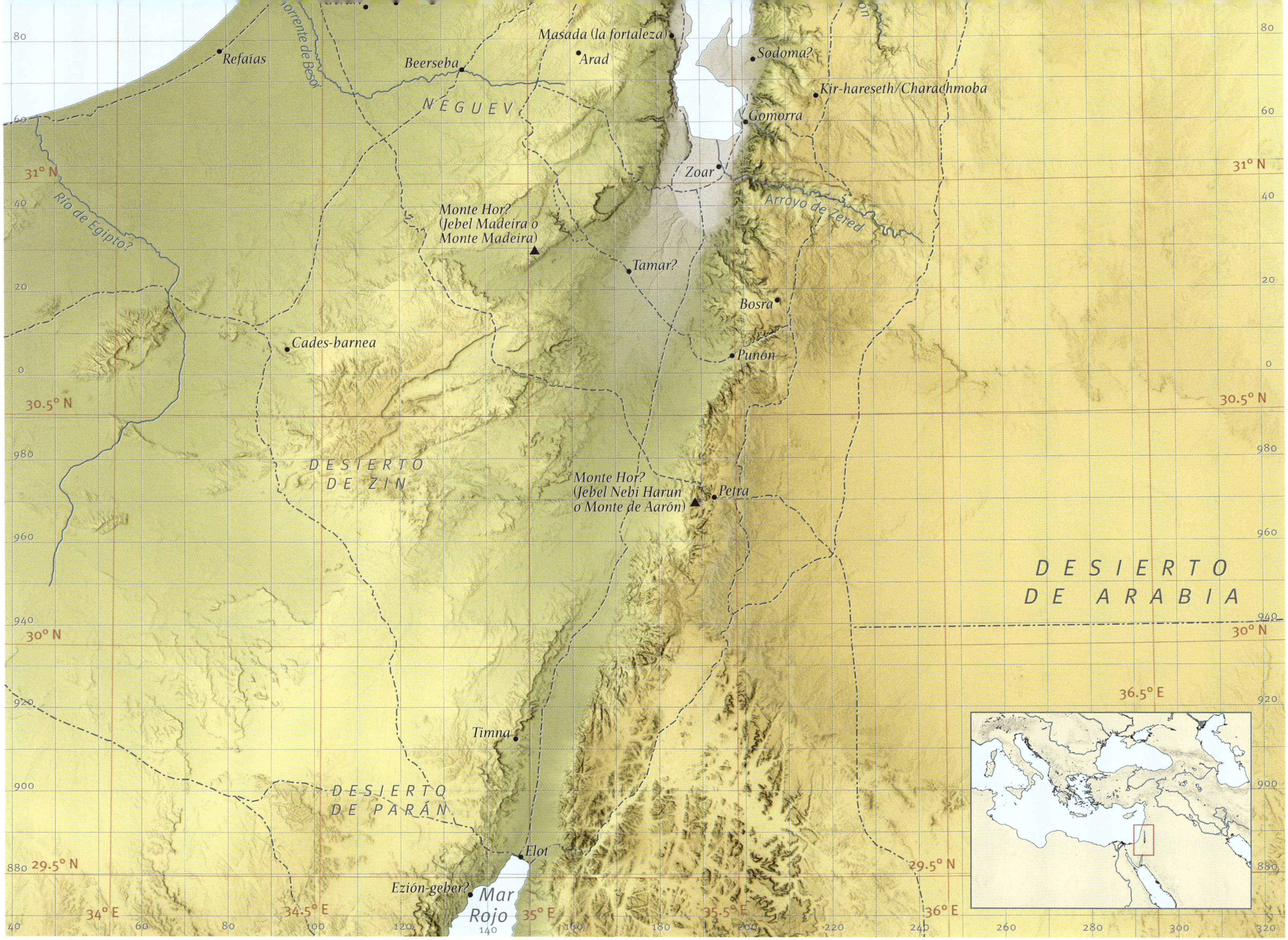
Refaías
Torrente de Besor
Beerseba
NEGUEV
Masada (la fortaleza)
Arad
Sodoma?
Kir-hareseth/Charachmoba
Gomorra
Zoar
Arroyo de Zered
Río de Egipto?
Monte Hor?
(Jebel Madeira o
Monte Madeira)
Tamar?
Bosra
Cades-barnea
Punón
DESIERTO
DE ZIN
Monte Hor?
(Jebel Nebi Harun
o Monte de Aarón)
Petra
DESIERTO
DE ARABIA
Timna
DESIERTO
DE PARÁN
Elot
Ezión-geber?
Mar
Rojo
31° N
30.5° N
30° N
29.5° N
34° E
34.5° E
35° E
35.5° E
36° E
36.5° E

Río Jordán
Mar Muerto
DESIERTO DE JUDEA
SEFELA
VALLE DE ELA
Río de Sorec
35.5° E
35.25° E
35° E
31.75° N
31.5° N
Naarat?
Gilgal?
Jericó (AT)
Jericó (NT)
Dok
Chipre
Betania? (más allá del Jordán)
Bet-hogla
Bet-arabá?
Secacá?/Qumrán
Nibsán?
Ciudad de sal?
Engadi
Hircania
Subida de Adumín
Gilgal?
Debir?
Pará?
Micmas
Geba
Migrón?
Bet-azmavet
Alemet
Anatot
Gabaa/Guibeá
Galim
Lais
Nob
Ananías/Betania
En-semes
Betfagé?
En-rogel
Jebús/Jerusalén
Bet-haquerem
Belén
Betbasi
Netofa
Herodión
Elam
Tecoa
Berea?
Zemaraim?
Elasa?
Mizpa
Atarot-adar?
Ramá
Adasa
Hazor
Beerot?
Neftoa
Gabaón
Cafarsalama
Lugar alto de Gabaa/Guibeá
Mozah?/Emaús?
Emaús?
Subida de Bet-horón
Bet-horón de arriba
Bet-horón
Emaús?
Cafira
Quiriat-jearim
Bethther (Battir/Bittir)
Husa?
"Piscinas de Salomón"
Peor
Nehelam
Bet-Zacarías
Gedor
Bet-sur/Betsura
Halhul
Bet-anot
Mamre
Hebrón
Caín
Zif
Maón
Carmelo
Juta
Estemoa
Quesalón
Estaol
Lehí?
Zanoa
Gedera
Adulam
Keila
Nezib
Bet-tapúa
Adora/Adoraim
Debir?
Ajalón
Saalbim
Gitaim?
Emaús
Zora
Bet-semes
Jarmut
Soco
Azeca
Aczib
Moreset-gat?
Maceda
Duma
Anab
Soco (Josué 15:48)
Eglón?
Gezer
Gibetón
Timnat
Ecrón
Gat
Libna?
Eter?
Maresa/Marisa
Laquis
Migdal-gad?
Elteque?
Baalat
Sicrón
Cedrón

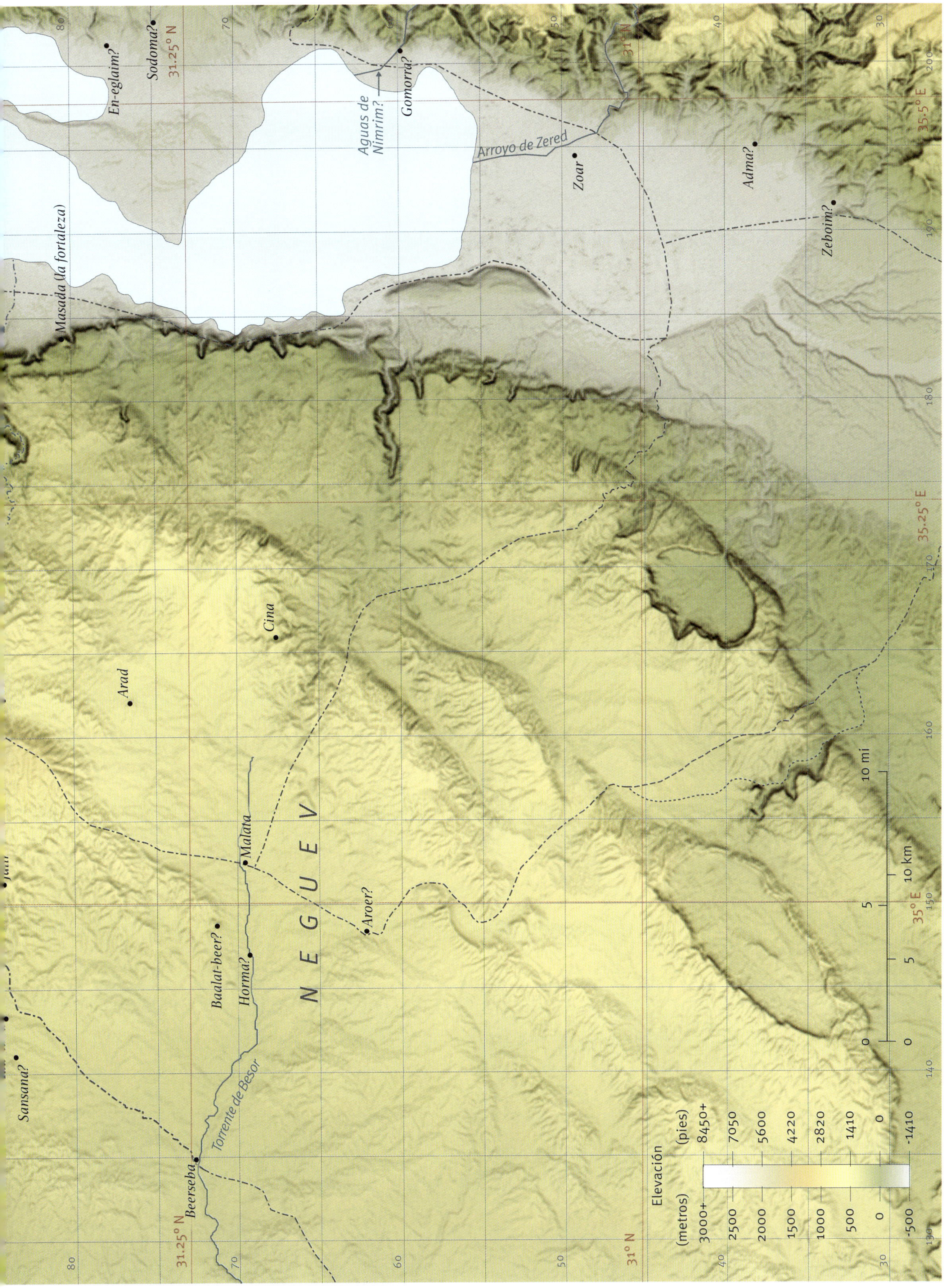
Masada (la fortaleza)
En-eglaim?
Sodoma?
31.25° N
Aguas de Nimrim?
Gomorra?
Arroyo de Zered
Zoar?
Adma?
Zeboim?
35.5° E
31° N
35.25° E
Cina
Arad
NEGUEV
Malata
Aroer?
Baalat-beer?
Horma?
Sansana?
Beerseba
Torrente de Besor
35° E
0 5 10 mi
0 5 10 km
Elevación
(metros) (pies)
3000+ 8450+
2500 7050
2000 5600
1500 4220
1000 2820
500 1410
0 0
-500 -1410

Mar de Galilea
Gergesa
Hipos
Magdala
Racat
Tiberias
Hamat
Senabris
Filoteria
Cedes de Neftalí?
Jabneel
Adami-neceb
Madón?
Bet-semes? (Jos. 19; Jue. 1)
Río Yarmuk
Lodebar?
Pella
Abel-mehola?
Salim?
Enón?
Bet-seán/Escitópolis
Rehob
Anaharat
Saananim?
Helef?
Monte Tabor
Daberat
Quisión
Endor
Collado de More
Naín
Sunem
Fuente de Harod
Bet-sita
Monte Gilboa
Bezec
Aznot-tabor?
Quislot-tabor?
Gat-hefer
Rimón
Caná
Jotbata?/Jotapata
Séforis
Nazaret
Jafía?
Ofra?
Jezreel/Esdrelón
Subida de Gur
En-ganim/Ginae
Ibleam
Dotán
Hanatón
Naalal?
Sarid
Simrón
VALLE DE JEZREEL
Torrente de Cisón
Belén
Alamelec
VALLE DE JEFTE-EL?
Meguido
Legio
Taanac
Hefer?
Arubot?
Helcat?
Jocneam
Geba?
Aruna
Narbata?
Soco
Monte Carmelo
Dor/Dora
Torre de Estratos/Cesarea
35.5° E
35.25° E
35° E
32.75° N
32.5° N
Elevación
(metros) (pies)
3000+ 8450+
2500 7050
2000 5600
1500 4220
1000 2820
500 1410
0 0
-500 -1410
0 5 10 mi
0 5 10 km

32.25° N
32° N
35° E
35.25° E
35.5° E
Zafon?
Sucot?
Amatunte
Río Jaboc
Adam
Río Jordán
Saretán?/Corea
Alexandrium
Bet-nimra
Abel-sitim/Abela
Bet-aram
Betania? (más allá del Jordán)
Bet-jesimot
Mar Muerto
Bet-hogla
Bet-arabá?
Gilgal?
Jericó (AT)
Jericó (NT)
Naarat?
VALLE DE ACOR?
Dok
Chipre
Subida de Adumín
Gilgal?
Debir?
Fasayil
Atarot?
Taanat-silo
Janoa
Aqraba
Aruma
Micmetat?/Gilgal? (Deut. 11)
Sicar?
Pozo de Jacob
Monte Ebal
Siquem
Monte Gerizim
Siloh
Jesana
Baal-hazor?
Efraín (Ofra)?
Rimón?
Hai?
Bet-el
Hai?
Hai?
Micmas
Migrón?
Geba
Bet-azmavet
Pará?
Alemet
Anatot
Gabaa/Guibeá
Galim
Laís
Nob
Ananías/Betania
En-semes
Betfagé?
Jebús/Jerusalén
En-rogel
Neftoa
Tapúa
Lebona
Gilgal?
Jifna
Zemaraim?
Berea?
Elasa?
Mizpa
Atarot-adar?
Ramá
Adasa
Hazor
Beerot?
Gabaón
Cafarsalama
Lugar alto de Gabaa/Guibeá?
Emaús?
Cafira
Emaús?
Quiriat-jearim
Mozah/Emaús?
Quesalón
Monte Jearim
Estaol
Zora
Piratón
Arroyo/río de Gaas
Ramataim de Zofim?/Arimatea
Timnat-sera/Tamnata
Zerera
Bet-horón
Subida de Bet-horón
Bet-horón de arriba
Gitaim?
Ajalón
Modiín
Saalbim
Monte de Heres?
Emaús
Eben-ezer?
Arroyo de Caná
Nebalat
Hadid
Gimzo
Lod/Lida
Gibetón
Gezer
Timnat
Río de Sorec
Afec/Antipatris
Río Yarkon
Jehúd
Ono

Elevación
(metros) (pies)
3000+ 8450+
2500 7050
2000 5600
1500 4220
1000 2820
500 1410
0 0
-500 -1410
0 5 10 mi
0 5 10 km
35° E
35.25° E
33.25° N
33° N
32.75° N
Mar Mediterráneo
Ahlab
Tiro
Caná
ESCALERA DE TIRO
Hamón?
Rehob?
Irón
Abdón
Aczib/Ecdipa
Giscala
ALTA GALILEA
Bet-emec?
Ramá?
Bet-anat?
Tolemaida
Aco
Miseal?
Neiel?
Acsaf?
Cabul
Afec?
Jotbata?/Jotapata
Caná
VALLE DE JEFTE-EL?
Madón?
Hanatón
Rimón
Alamelec
Séforis
Saananim?
Adami-nece
Gat-hefer
Monte Carmelo
Torrente de Cisón
Belén (Jos. 19)
Aznot-tabor?
BAJA GALILEA
Helef?
Simrón
Naalal?
Nazaret
Jafía?
Daberat
Monte Tabor
Helcat?

Monte Hermón
35.75° E
36° E
Río Farfar
Ijón
Abel-bet-maaca
Janoa
Lais/Dan
Banias/Cesarea de Filipo
33.25° N
Curso alto del río Jordán
gdal-el?
VALLE DE MIZPA?
Cedes/Cadasa
Lago Hula
Tela
Hazor
33° N
Seleucia
Corazín
Betsaida
Gamala
Nave
Capernaum
Cineret/Genesaret
BASÁN
Mar de Galilea
agdala
Gergesa
Karnaim
Astarot
Racat
Tiberias
Golán
Hipos
Afec? (1 Rey. 20; 2 Rey. 13)
Hamat
Dión?
32.75° N
Cedes de Neftalí?
Senabris
Filoteria
abneel
Río Yarmuk
Bajo río Jordán
Bet-semes? (Jos. 19; Jue. 1)
Abila

36.25° E
36° E
35.75° E
35.5° E
32.75° N
32.5° N
Helam?
Edrei
Dión?
Astarot
Golán
Ramot de Galaad
Abila
Bet-arbel
Cam?
Tisbé de Galaad?
D
A
Afec? (1 R. 20; 2 R. 13)
Río Yarmuk
Gadara (Umm Qais)
Camón?
Camus?
Guefrún?
Jabes-galaad?
Arroyo Querit?
Hipos
Gergesa
Bet-semes? (Jos. 19; Jue. 1)
Lodebar?
Pella
Mar de Galilea
Cedes de Neftalí?
Senabris
Filoteria
Tiberias
Hamat
Magdala
Racat
Jabneel
Bet-seán/Escitópolis
Rehob
Salim?
Enón?
Abel-mehola?
Río Jordán

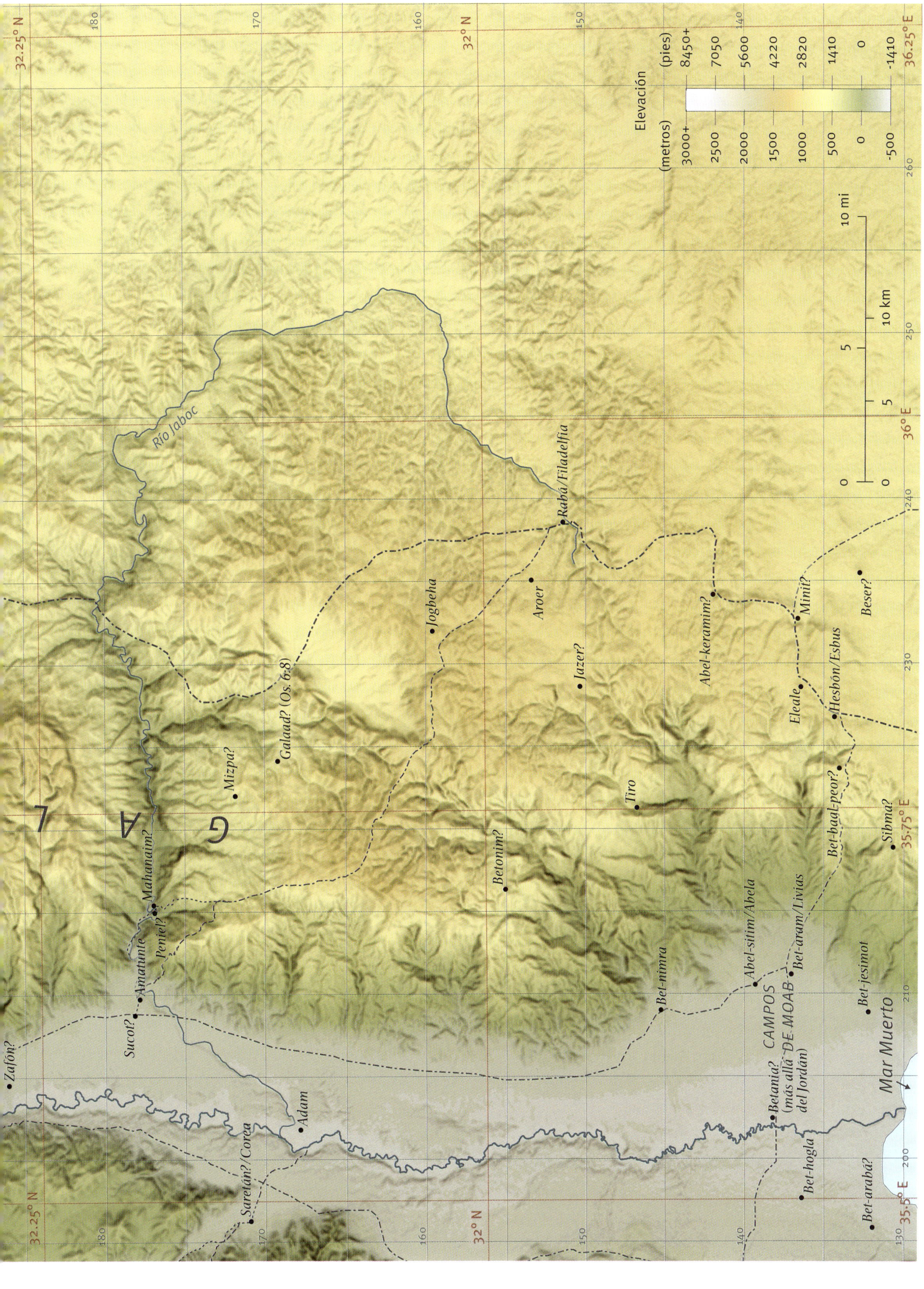
Elevación
(metros)
(pies)
3000+
8450+
2500
7050
2000
5600
1500
4220
1000
2820
500
1410
0
0
-500
-1410
0
5
10 mi
0
5
10 km
Río Jaboc
Rabá/Filadelfia
Jogbeha
Aroer
Jazer?
Abel-keramim?
Minit?
Beser?
Eleale
Hesbón/Esbus
Galaad? (Os. 6:8)
Mizpa?
Tiro
Bet-baal-peor?
Sibma?
Betonim?
Mahanaim?
Peniel?
Amatunte
Sucot?
Zafón?
Adam
Saretán?/Corea
Bet-nimra
Abel-sitim/Abela
Bet-aram/Livias
CAMPOS DE MOAB
Betania? (más allá del Jordán)
Bet-jesimot
Mar Muerto
Bet-hogla
Bet-araba?
G
A
L
32.25° N
32° N
35.5° E
35.75° E
36° E
36.25° E

36° E
35.75° E
35.5° E
31.75° N
31.5° N
Abel-keramim?
Minit?
Beser?
Eleale
Hesbón/Esbus
Medeba
Bet-diblataim?
Jahaza?
Queriot?
Mefaat?
Bet-gamul?
Cademot
Aroer
Dibón
Bet-baal-peor?
PISGA
Monte Nebo?
Sibma?
Bamot-baal?
Quiriataim?
Bet-baal-meón?
Atarot?
Maqueronte
Bet-nimra
Abel-sitim/Abela
Bet-aram/Livias
CAMPOS DE MOAB
Bet-jesimot
Betania? (más allá del Jordán)
Río Jordán
Río Arnón
Mar Muerto
Bet-arabá?
Bet-hogla
Gilgal?
Jericó (AT)
Jericó (NT)
Naarat?
Dok
Chipre
Secaca?/Qumrán
Nibsán?
Ciudad de sal?
Engadi

En-eglaim?
Madmena?
Sodoma?
Horonaim?
Kir-hareset/Charachmoba
Luhit?
Gomorra?
Aguas de Nimrim?
Zoar
Arroyo de Zered
Ije-abarim?/Hai? (Jer. 49)
Adma?
Zeboim?
31.25° N
31° N
35.5° E
35.75° E
36° E
Elevación
(metros)
(pies)
3000+ 8450+
2500 7050
2000 5600
1500 4220
1000 2820
500 1410
0 0
-500 -1410
0 5 10 mi
0 5 10 km

Admá?
Zeboim?
35.5° E
35.75° E
Arroyo de Zered
Sela/Jocteel
Bosra
30.75° N
Punón
DESIERTO DE ARABIA
30.5° N
Temán?
Petra
Monte Hor?
(Jebel Nebi Harun
o Monte de Aarón)
Elevación
(metros)
(pies)
3000+
2500
2000
1500
1000
500
0
-500
8450+
7050
5600
4220
2820
1410
0
-1410
0
5
10 mi
0
5
10 km

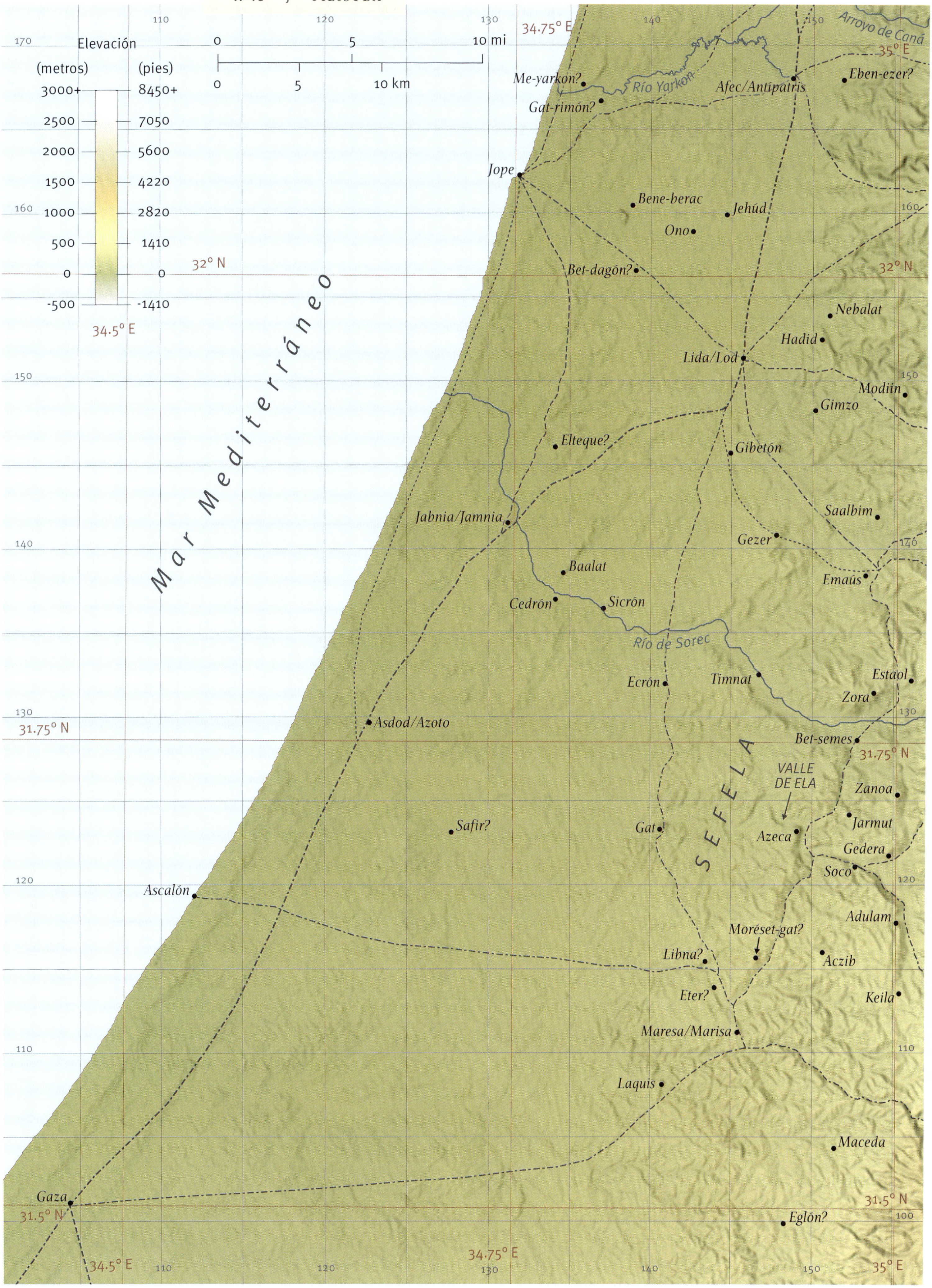
Elevación
(metros)
(pies)
3000+
8450+
2500
7050
2000
5600
1500
4220
1000
2820
500
1410
0
0
-500
-1410
0
5
10 mi
0
5
10 km
34.5° E
34.75° E
35° E
32° N
31.75° N
31.5° N
Mar Mediterráneo
Arroyo de Caná
Río Yarkon
Río de Sorec
SEFELA
VALLE DE ELA
Me-yarkon?
Gat-rimón?
Afec/Antípatris
Eben-ezer?
Jope
Bene-berac
Jehúd
Ono
Bet-dagón?
Nebalat
Hadid
Lida/Lod
Modiín
Gimzo
Elteque?
Gibetón
Saalbim
Jabnia/Jamnia
Gezer
Baalat
Emaús
Cedrón
Sicrón
Ecrón
Timnat
Estaol
Zora
Asdod/Azoto
Bet-semes
Zanoa
Jarmut
Safir?
Gat
Azeca
Gedera
Soco
Ascalón
Adulam
Moréset-gat?
Libna?
Aczib
Eter?
Keila
Maresa/Marisa
Laquis
Maceda
Gaza
Eglón?

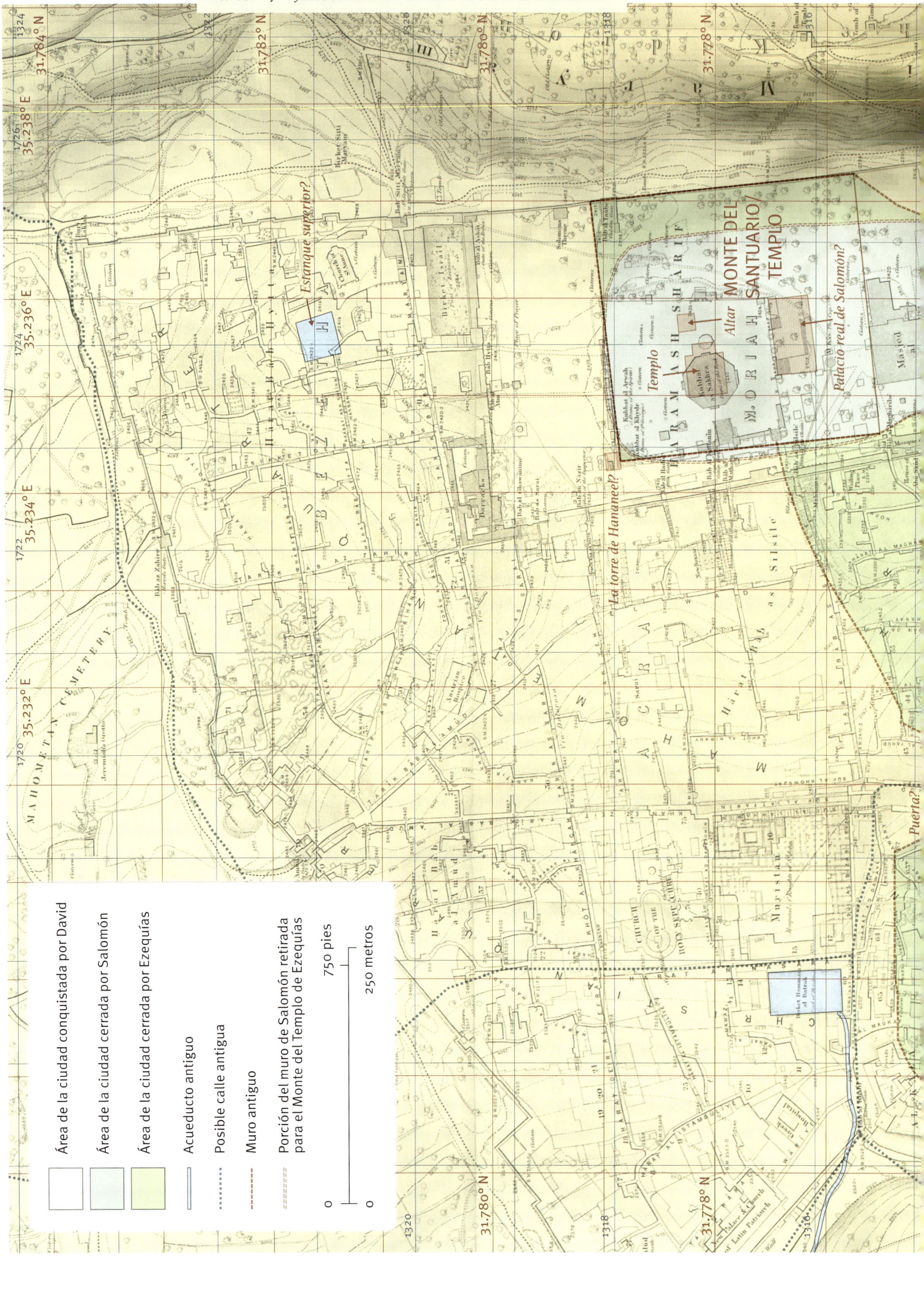
Estanque superior?
MONTE DEL SANTUARIO/TEMPLO
Templo
Altar
Palacio real de Salomón?
La torre de Hananeel?
Puerta?
Área de la ciudad conquistada por David
Área de la ciudad cerrada por Salomón
Área de la ciudad cerrada por Ezequías
Acueducto antiguo
Posible calle antigua
Muro antiguo
Porción del muro de Salomón retirada para el Monte del Templo de Ezequías
0 750 pies
0 250 metros

VALLE DE CEDRÓN
Túnel jebuseo
Túnel de Ezequías
Manantiales de Gihón
"Agujero de Warren"
CIUDAD DE DAVID
MILO?
Palacio del rey David?
Puerta del Valle
VALLE CENTRAL
Estanque inferior
El jardín del rey?
Puerta?
En-rogel
VALLE DE HINOM
SEGUNDO DISTRITO
Puerta?
Silwan or Siloam
Cœnaculum
Jewish Cemetery
31.774° N
31.772° N
31.770° N
31.768° N
35.228° E
35.230° E
35.232° E
35.234° E
35.236° E
35.238° E

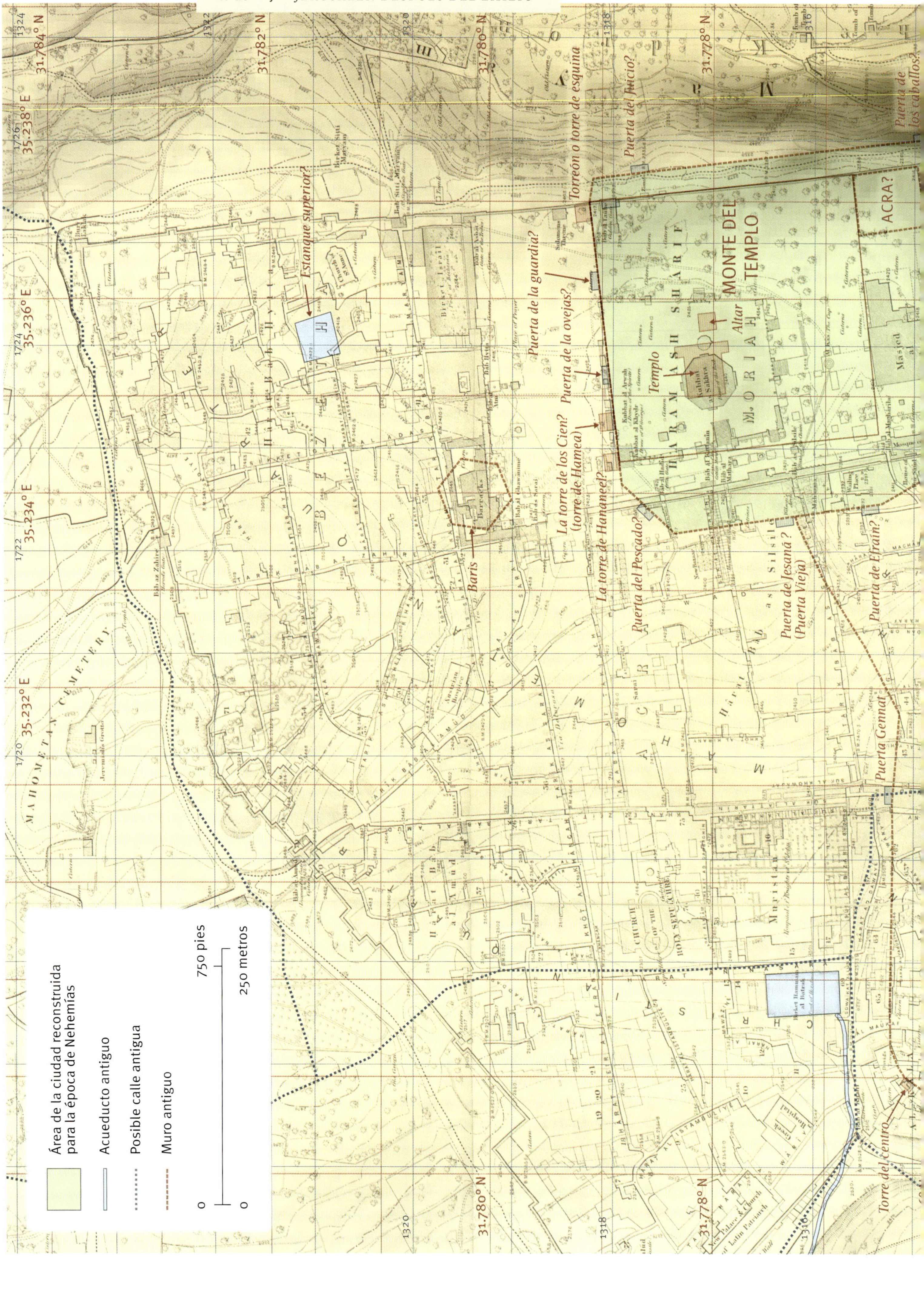
31.784° N
31.782° N
31.780° N
31.778° N
35.238° E
35.236° E
35.234° E
35.232° E
Estanque superior?
Torreón o torre de esquina
Puerta del Juicio?
Puerta de los caballos?
ACRA?
MONTE DEL TEMPLO
Altar
Templo
Puerta de la guardia?
Puerta de la ovejas?
La torre de los Cien? (torre de Hamea)
La torre de Hananeel?
Baris
Puerta del Pescado?
Puerta de Jesaná? (Puerta Vieja)
Puerta de Efraín?
Puerta Gennat
Torre del centro?
Área de la ciudad reconstruida para la época de Nehemías
Acueducto antiguo
Posible calle antigua
Muro antiguo
0 750 pies
0 250 metros

Puerta de las Aguas?
Manantiales de Gihón (Fuente del Gihón)
VALLE DE CEDRÓN
Puerta de la Fuente
En-rogel
La torre de los Hornos?
Puerta del Valle
VALLE CENTRAL
Estanque inferior (Estanque de Siloé)
El jardín del rey?
Puerta del Muladar
Palacio del sumo sacerdote?
VALLE DE HINOM
Puerta de los esenios?
31.774° N
31.772° N
31.770° N
31.768° N
35.228° E
35.230° E
35.232° E
35.234° E
35.236° E
35.238° E

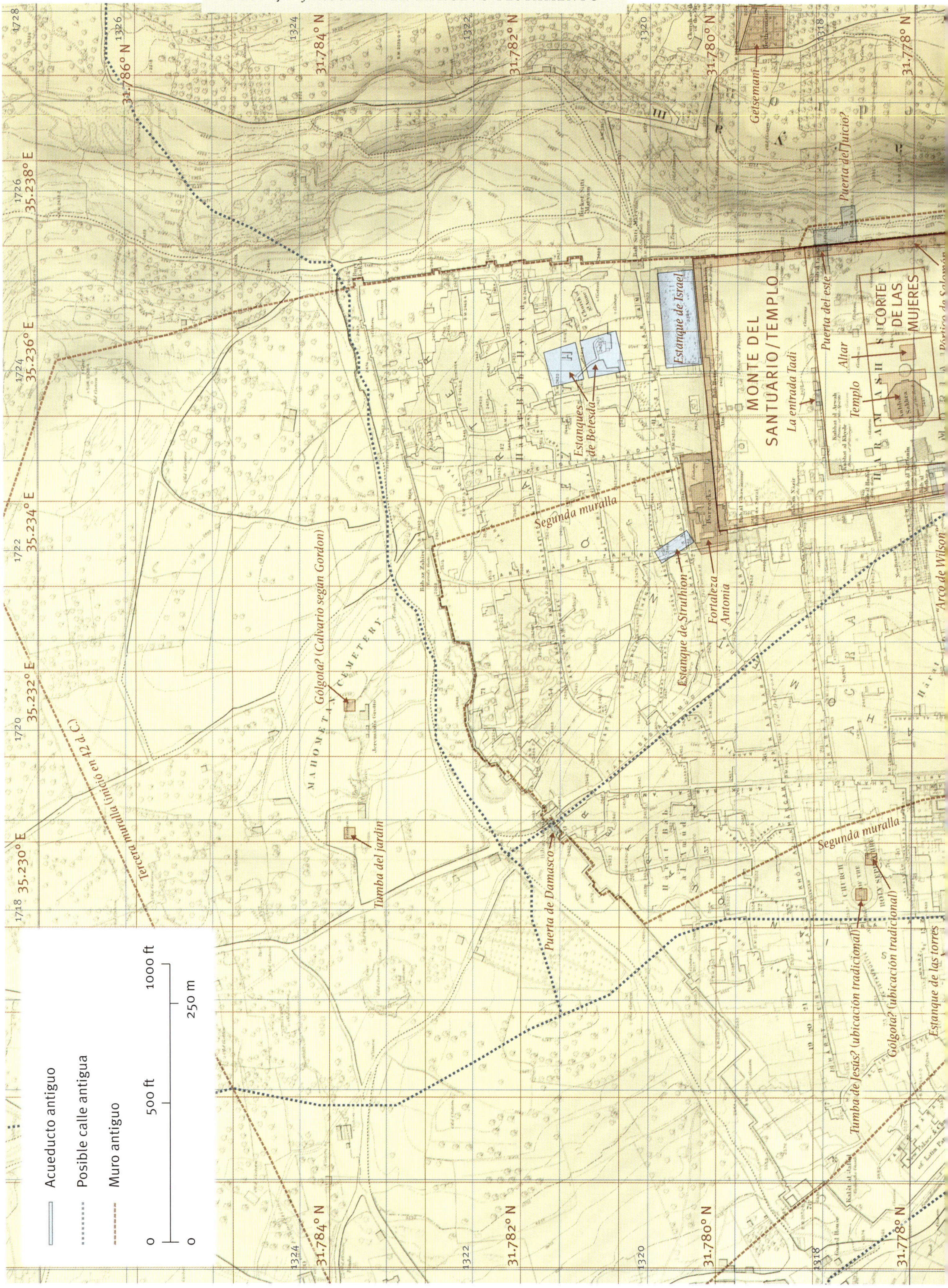
Getsemaní
Puerta del Juicio?
Puerta del este
Pórtico de Salomón
CORTE DE LAS MUJERES
Altar
Templo
MONTE DEL SANTUARIO/TEMPLO
La entrada Tadi
Estanque de Israel
Estanques de Betesda
Segunda muralla
Estanque de Struthion
Fortaleza Antonia
Arco de Wilson
Gólgota? (Calvario según Gordon)
Tumba del jardín
Tercera muralla (inicio en 42 d.C.)
Puerta de Damasco
Segunda muralla
Tumba de Jesús? (ubicación tradicional)
Gólgota? (ubicación tradicional)
Estanque de las torres
31.786° N
31.784° N
31.782° N
31.780° N
31.778° N
35.238° E
35.236° E
35.234° E
35.232° E
35.230° E
Acueducto antiguo
Posible calle antigua
Muro antiguo
0
500 ft
1000 ft
0
250 m

VALLE DE KIDRON O CEDRÓN
PARTE BAJA DE LA CIUDAD
PARTE ALTA DE LA CIUDAD
VALLE CENTRAL
VALLE DE HINOM
OFEL
Manantiales de Gihón (Fuente del Gihón)
Puerta de las Aguas?
Escalones
Casa del Consejo
Casa de baño ritual
Escalones
Estoa Real
Cámara del Consejo/concilio
"Arco de Robinson"
Xystus?
Palacio del sumo sacerdote?
Puerta de la Fuente
Estanque de Siloé
Depósito de Siloé
Puerta del Muladar
En-rogel
Primer muro
Puerta de los esenios?
Casa de Caifás? (ubicación tradicional)
Habitación superior? (ubicación tradicional)
Puerta Gennat
Primer muro
Palacio de Herodes Antipas?
Torre de Mariamna?
Torre Fasael?
Palacio de Herodes el Grande (Pretorio?)
Torre Hípico
Torre del centro
Torre del sur
Estanque de la serpiente?
Piscinas de Salomón
"Tumba de Zacarías"
Silwan or Siloam
31.776° N
31.774° N
31.772° N
31.770° N
31.768° N
35.226° E
35.228° E
35.230° E
35.232° E
35.234° E
35.236° E
35.238° E

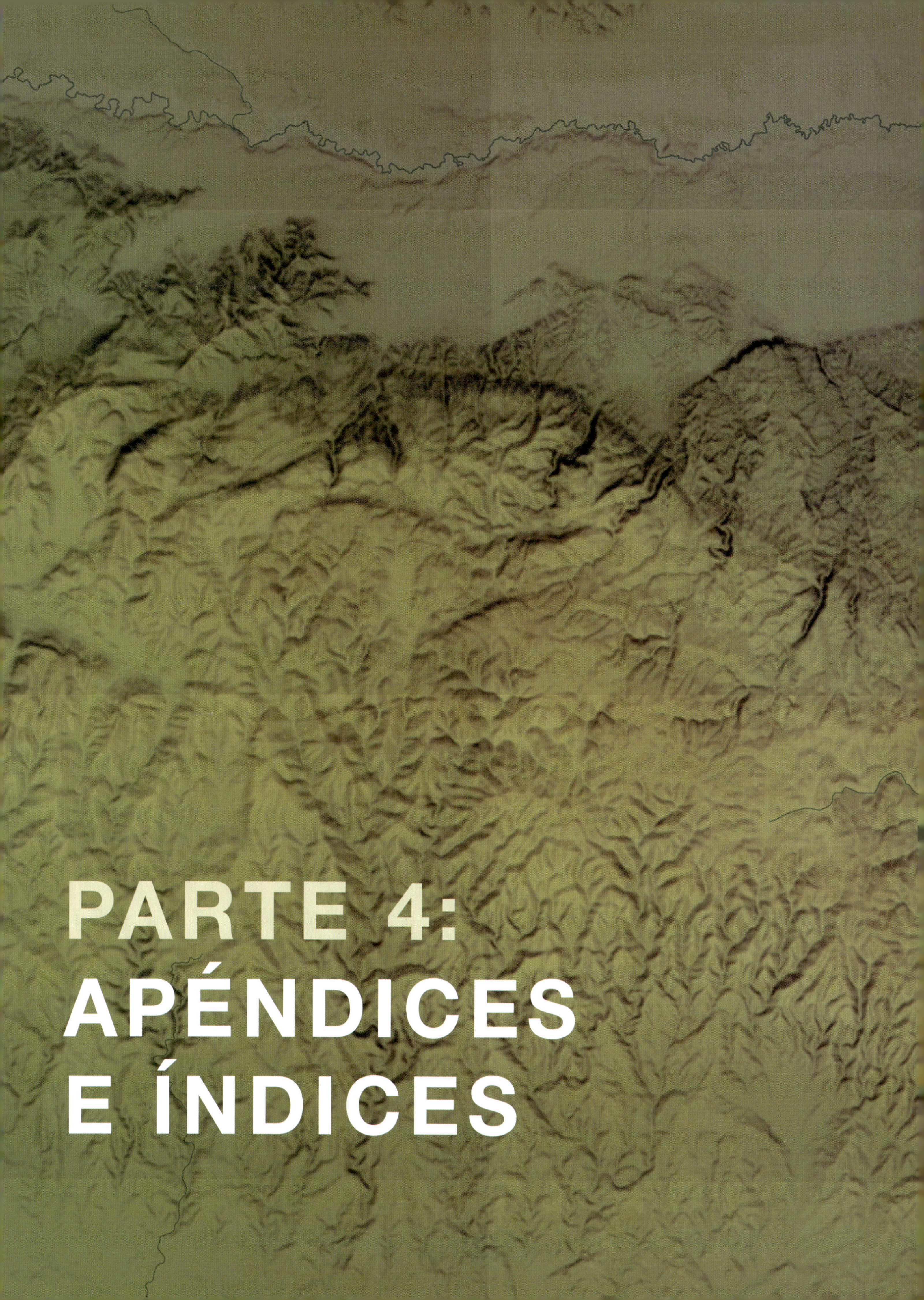

PARTE 4: APÉNDICES E ÍNDICES

LÍNEA DEL TIEMPO DE LA HISTORIA BÍBLICA

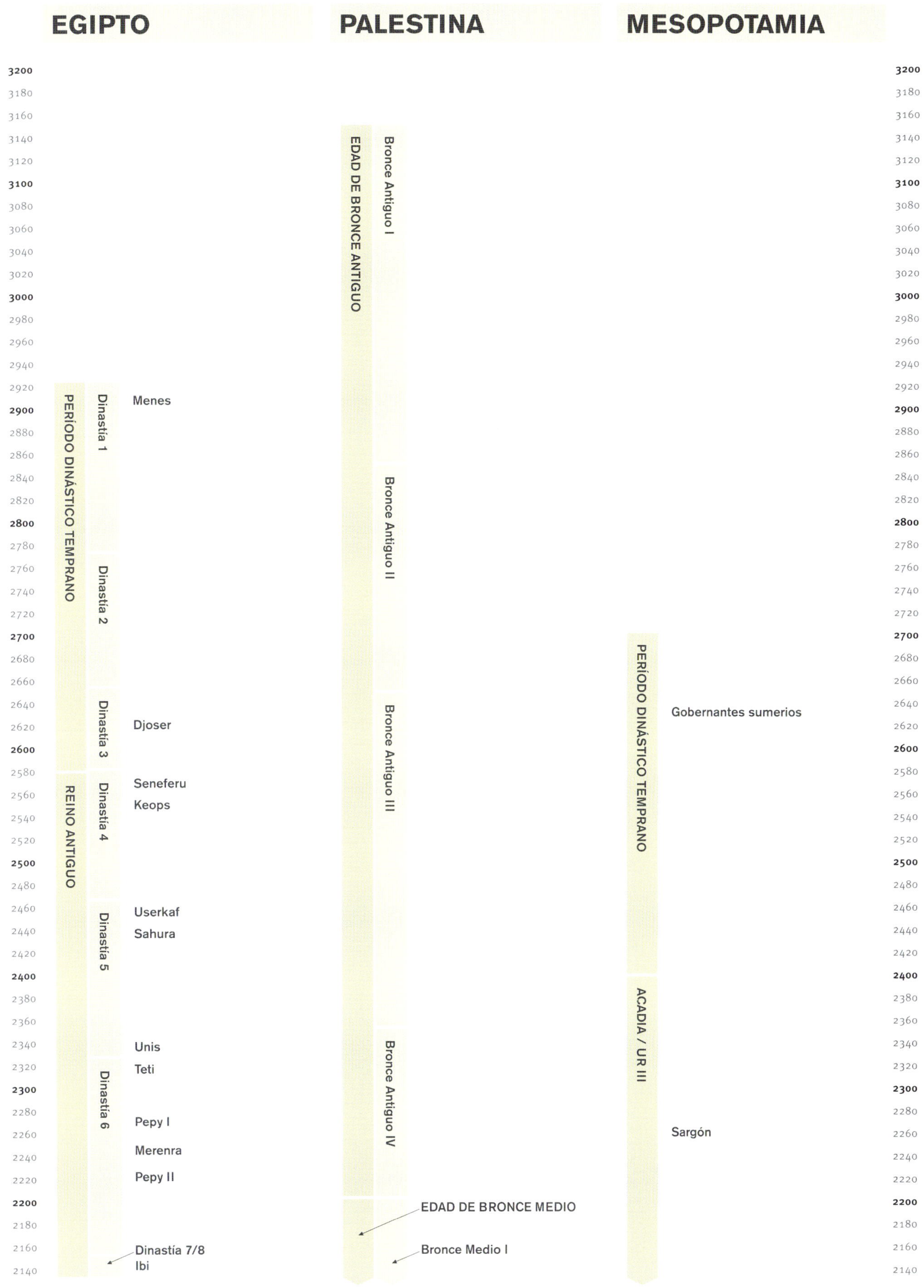

Año	EGIPTO	PALESTINA	MESOPOTAMIA
2120	PRIMER PERÍODO INTERMEDIO; Dinas. 9/10	EDAD DE BRONCE MEDIO; Bronce medio I	ACAD / UR III; Ur-Nammu
2100			
2080			
2060	Dinas. 11; Merikara		
2040	IMPERIO MEDIO; Mentuhotep I		
2020	*Alto y Bajo Egipto unificados bajo un mismo gobernante*		
2000	Dinastía 12	Bronce Medio II; Petriarcas hebreos	ANTIGUA BABILONIA/ANTIGUA ASIRIA
1980	Amenemhat I		
1960			
1940	Sesostris		Lipit-Ishtar
1920			
1900			
1880			
1860	Amenemhat III		
1840			
1820			
1800	Dinastía 13		Shamshi-Adad I
1780			Hammurabi
1760	Sebekhotpe II		
1740			
1720			
1700			
1680			
1660			
1640	Dinastía 14		
1620	SEGUNDO PERÍODO INTERMEDIO		
1600			CASITAS
1580	Dinastía 15/16/17		
1560			
1540	Apepi	BRONCE FINAL; Bronce Final I	
1520	IMPERIO NUEVO; Dinastía 18; Tutmosis		
1500	Hatshepsut		
1480	Tutmosis III		
1460	Amenofis II		
1440	Tutmosis IV	Éxodo (fecha temprana)	
1420	Amenofis III		
1400	Akenatón	Bronce Fiinal II	
1380			
1360	Tutankamón		
1340	Ay		
1320	Horemheb		
1300	Dinastía 19; Ramsés I		
1280	Seti I		
1260	Ramsés II	Éxodo (fecha temprana)	Salmanasar
1240	Merenptah		Tukultininurta I
1220	Seti II		
1200	Dinastía 20	EDAD DE HIERRO; Edad de Hierro I; Jueces	MEDIO ASIRIO/MEDIO BABILONIO
1180	Ramsés III		
1160	Ramsés IV		
1140			
1120	Ramsés IX		
1100	Ramsés XI		Tiglat-Pileser I
1080			
1060	Dinastía 21; Esmendes		
1040	Amenemnesu		
1020	Psusenes I	Saúl	
1000	Amenemope	David	
980	Siamón	Edad de Hierro II	
960	Psusenes II		

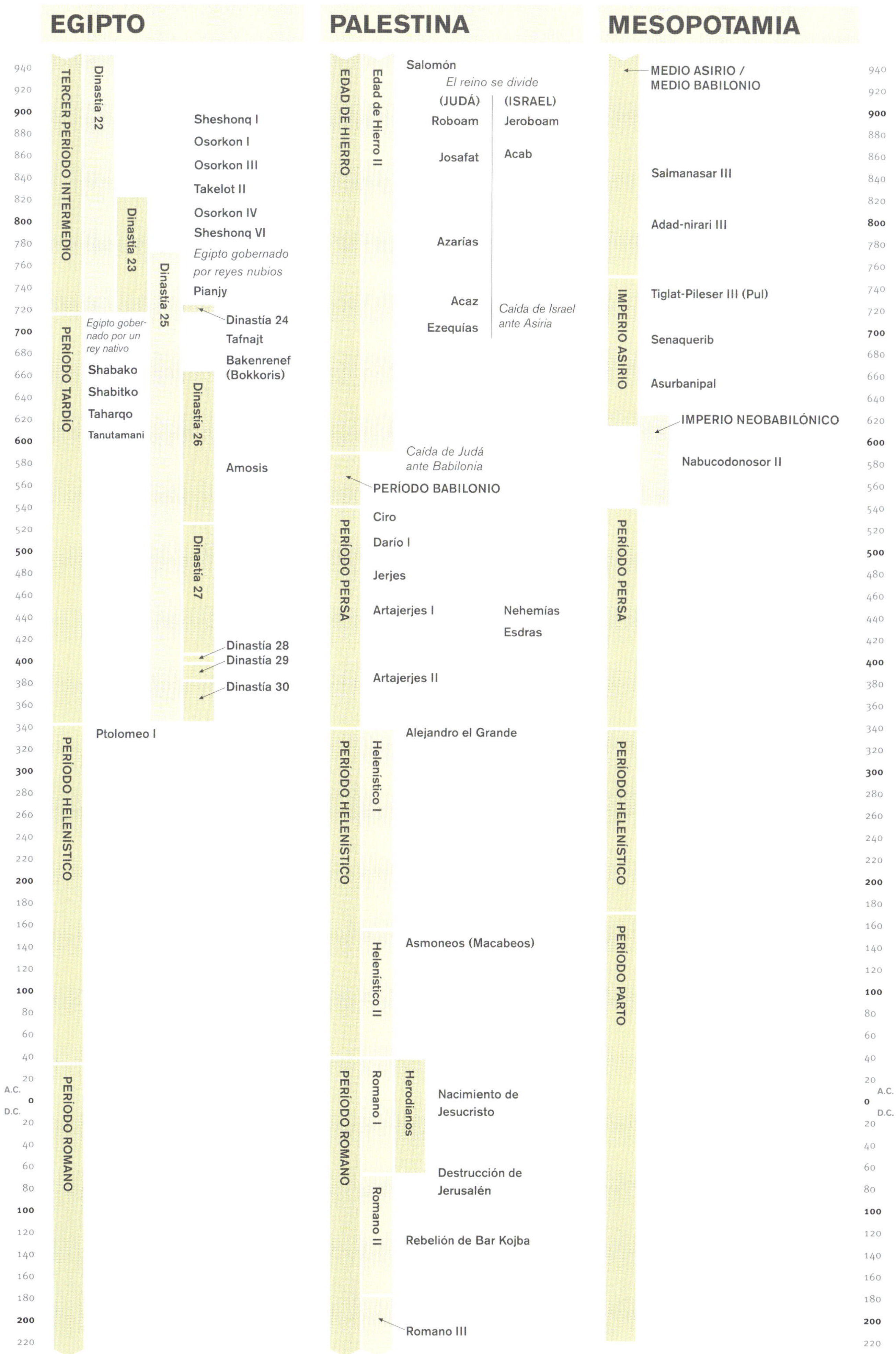
EGIPTO
PALESTINA
MESOPOTAMIA
TERCER PERÍODO INTERMEDIO
Dinastía 22
Dinastía 23
Dinastía 25
Sheshonq I
Osorkon I
Osorkon III
Takelot II
Osorkon IV
Sheshonq VI
Egipto gobernado por reyes nubios
Pianjy
Dinastía 24
Tafnajt
Bakenrenef (Bokkoris)
PERÍODO TARDÍO
Egipto gobernado por un rey nativo
Shabako
Shabitko
Taharqo
Tanutamani
Dinastía 26
Amosis
Dinastía 27
Dinastía 28
Dinastía 29
Dinastía 30
PERÍODO HELENÍSTICO
Ptolomeo I
PERÍODO ROMANO
EDAD DE HIERRO
Edad de Hierro II
Salomón
El reino se divide
(JUDÁ)
(ISRAEL)
Roboam
Jeroboam
Josafat
Acab
Azarías
Acaz
Caída de Israel ante Asiria
Ezequías
Caída de Judá ante Babilonia
PERÍODO BABILONIO
PERÍODO PERSA
Ciro
Darío I
Jerjes
Artajerjes I
Nehemías
Esdras
Artajerjes II
PERÍODO HELENÍSTICO
Helenístico I
Alejandro el Grande
Helenístico II
Asmoneos (Macabeos)
PERÍODO ROMANO
Romano I
Herodianos
Nacimiento de Jesucristo
Destrucción de Jerusalén
Romano II
Rebelión de Bar Kojba
Romano III
MEDIO ASIRIO / MEDIO BABILONIO
Salmanasar III
Adad-nirari III
IMPERIO ASIRIO
Tiglat-Pileser III (Pul)
Senaquerib
Asurbanipal
IMPERIO NEOBABILÓNICO
Nabucodonosor II
PERÍODO PERSA
PERÍODO HELENÍSTICO
PERÍODO PARTO
940
920
900
880
860
840
820
800
780
760
740
720
700
680
660
640
620
600
580
560
540
520
500
480
460
440
420
400
380
360
340
320
300
280
260
240
220
200
180
160
140
120
100
80
60
40
20
A.C.
0
D.C.
20
40
60
80
100
120
140
160
180
200
220

REYES DE ISRAEL Y JUDÁ

REINO UNIDO DE ISRAEL Y JUDÁ

Saúl (c. 1050–1010)
David (1010–970)
Salomón (970–930)

REINO DIVIDIDO: ISRAEL

Jeroboam I (930–910)
Nadab (910–909)
Baasa (909–886)
Ela (886–885)
Zimri (885)
Tibni (885–884)
Omri (884–874)
Acab (874–853)
Ocozías (853–852)
Joram/Joram (852–841)
Jehú (841–814)
Joacaz (814–798)
Joás/Joás (798–782)
Jeroboam II (782–753 [corregente de 793])
Zacarías (753–752)
Salum (752)
Manahem (752–742)
Pekaía (742–740)
Peka (740–732)
Oseas (732–722)

REINO DIVIDIDO: JUDÁ

Roboam (930–913)
Abiam (913–910)
Asa (910–870)
Josafat (870–848 [corregente de 872])
Joram/Joram (848–841 [corregente de 853])
Ocozías (841)
Atalía (841–835)
Joás/Joás (835–796)
Amasías (796–767)
Azarías/Uzías (767–740 [corregente de 792])
Jotam (740–732)
Acaz (732–716 [corregente de 735])
Ezequías (716–687)
Manasés (687–643 [corregente de 696])
Amón (643–640)
Josías (640–609)
Joacaz (609)
Joacim (609–597)
Joaquín (597)
Sedequías (597–586)

LA DINASTÍA HERODIANA

Esta versión simplificada del árbol familiar de la familia herodiana se centra en los más relevantes para el estudio del N. T. Las fechas indican los períodos de reinados, a no ser que se indique lo contrario. Las líneas sólidas indican la ascendencia; las líneas punteadas indican matrimonio.

hombre

mujer

- **Antípatro I de Idumea,** asesor en jefe de Hircano II (asmoneo), 63 a. C.; nombrado procurador de Judea por Julio César, 47 a. C.
  - Married: **Cipros** Nabatea, dio a luz a cuatro hijos y a una hija
  - **Fasael** Nombrado gobernador de Jerusalén, 47 a. C.
  - **Herodes I («Herodes el Grande»)** Rey de Judea, Galilea, Iturea, Traconite, 37-4 a. C.; Jesús nació durante su reinado (5 a. C.). *Mt. 2:1-22; Lc. 1:5.*
    - Married: **(1) Doris**, **(2) Mariamna I**, **(3) Mariamna II**, **(4) Maltace**, **(5) Cleopatra de Jerusalén**
    - **Antípatro**
    - **Alejandro** (madre: Mariamna I); primer esposo de Glafira
      - Married: **Glafira**
    - **Herodes Filipo I** (madre: Mariamna II); primer esposo de su sobrina Herodías; 34 d. C.; no gobernó. *Mt. 14:3; Mr. 6:17; Lc. 3:19.*
      - Married: Herodías
    - **Arquelao («Herodes el Etnarca»)** (madre: Maltace); segundo esposo de Glafira; etnarca de Judea, Idumea y Samaria, 4 a. C.-6 d. C.
    - **Herodes Antipas («Herodes el Tetrarca»)** (madre: Maltace); desposó a la hija del rey nabateo Aretas IV; se divorció de ella para convertirse en el segundo esposo de su sobrina Herodías; tetrarca de Galilea y Perea, 4 a. C.-39 d. C.; hizo decapitar a Juan el Bautista; tiempo después, Pilato le envió a Jesús. *Mt. 14:1-10; Mr. 6:14-28; Lc. 3:1,19-20; 9:7-9; 13:31; 23:6-16.*
      - Married: **Hija del rey nabateo Aretas IV**
      - Married: Herodías
    - **Herodes Filipo II** (madre: Cleopatra de Jerusalén); tetrarca de Iturea y Traconite, 4 a. C.-34 d. C. *Lc. 3:1.*
      - Married: Salomé
    - **Aristóbulo** (madre: Mariamna I); d. 20 a. C.
      - Married: Berenice I
      - **Herodes de Cálcis**
      - **Aristóbulo**
      - **Herodías** Desposó a su tío Herodes Filipo I y después a otro de sus tíos, Herodes Antipas. *Mt. 14:3-11; Mr. 6:17-28; Lc 3:19.*
        - **Salomé** Su baile en frente de su tío abuelo Herodes Antipas provocó la decapitación de Juan el Bautista, de conformidad con los deseos de su madre Herodías. *Mt. 14:6-12; Mr. 6:22-29.*
      - **Mariamna**
      - **Herodes Agripa I de Judea**
        - Married: **Cipros**
        - **Herodes Agripa II de Cálcis**
        - **Berenice**
        - **Drusila**
          - Married: **Félix el Procurador** Procurador de Judea, 52-60 d. C.; Pablo compareció ante él en Cesarea. *Hch. 24.*
        - **Mariamna**
  - **José**
  - **Feroras**
  - **Salomé I**
    - **Berenice I**
    - **Antípatro**

BIBLIOGRAFÍA SELECCIONADA

ATLAS

Aharoni, Y., M. Avi-Yonah, A. Rainey, y Z. Safrai. *The Carta Bible Atlas*. 4.ª ed. Jerusalén: Carta, 2002.

Amiran, D., et al. *Atlas of Jerusalem*. Berlin: W. de Gruyter, 1973.

Bahat, D. *Carta's Historical Atlas of Jerusalem*. Jerusalén: Carta, 1986.

Bahat, D., y C. Rubinstein. *The Illustrated Atlas of Jerusalem*. Nueva York: Simon & Schuster, 1989.

Baines, J., y J. Malek. *Atlas of Ancient Egypt*. Nueva York: Facts on File, 1980.

Baly, D. *Atlas of the Biblical World*. Nueva York: World, 1971.

Beitzel, B. *The Moody Atlas of Bible Lands*. Chicago: Moody, 1985.

Brisco, T. *Holman Bible Atlas*. Nashville: Broadman & Holman, 1998.

Hunt, N. *Historical Atlas of Ancient Mesopotamia*. Nueva York: Thalamus, 2004.

May, H. G., ed. *Oxford Bible Atlas*. 3.ª ed. Oxford: Oxford University Press, 1984.

Notley, S., y A. Rainey. *Carta's New Century Handbook and Atlas of the Bible*. Jerusalén: Carta, 2007.

Pritchard, J. B., ed. *The Harper Atlas of the Bible*. Nueva York: Harper & Row, 1987.

Rainey, A., y S. Notley. *The Sacred Bridge: Carta's Atlas of the Biblical World*. Jerusalén: Carta, 2005.

Rasmussen, C. *NIV Atlas of the Bible*. Grand Rapids, MI: Zondervan, 1989.

Talbert, R., ed. *Barrington Atlas of the Greek and Roman World*. Princeton, N.J.: Princeton University Press, 2000.

GEOGRAFÍA

Atlas of Israel. Jerusalén: Survey of Israel/ Ministry of Labour, 1970.

Aharoni, Y. *The Land of the Bible*. Filadelfia: Westminster, 1979.

Avi-Yonah, M. *The Holy Land: From the Persian to the Arab Conquest. A Historical Geography (536 B.C.–A.D. 640)*. Grand Rapids, MI: Baker, 1977.

Kallai, Z. *Historical Geography of the Bible: The Tribal Territories of Israel*. Jerusalén: Magnes, 1986.

Karmon, Y. *Israel: A Regional Geography*. Nueva York: Wiley-Interscience, 1971.

Orni, E., and E. Efrat. *Geography of Israel*. 4.ª ed. Jerusalén: Israel University Press, 1980.

ARQUEOLOGÍA

Currid, J. *Doing Archaeology in the Land of the Bible*. Grand Rapids, MI: Baker, 1999.

Hoerth, A., and J. McRay. *Bible Archaeology: An Exploration of the History and Culture of Early Civilizations*. Grand Rapids, MI: Baker, 2005.

Mazar, A. *Archaeology of the Land of the Bible (10,000–586 B.C.)*. Nueva York: Doubleday, 1990.

Murphy-O'Connor, J. *The Holy Land: An Archaeological Guide from the Earliest Times to 1700*. 2.ª ed. Oxford: Oxford University Press, 1986.

Ritmeyer, L. *The Quest: Revealing the Temple Mount in Jerusalem*. Jerusalén: Carta and the Lamb Foundation, 2006.

Stern, E., et al., eds. *The New Encyclopedia of Archaeological Excavations in the Holy Land*. 4 vols. Nueva York: Simon & Schuster, 1993.

HISTORIA

Ahlstrom, G. W. *The History of Ancient Palestine*. Minneapolis: Fortress, 1993.

Currid, J. *Ancient Egypt and the Old Testament*. Grand Rapids, MI: Baker, 1997.

Ferguson, E. *Backgrounds of Early Christianity*. 2.ª ed. Grand Rapids, MI: Eerdmans, 1993.

Roux, G. *Ancient Iraq*. Baltimore: Pelican, 1976 reprint.

Schwantes, S. *A Short History of the Ancient Near East*. Grand Rapids, MI: Baker, 1965.

ÍNDICE DE NOMBRES DE LUGARES PARA MAPAS HISTÓRICOS

Este índice solo incluye aquellos lugares que aparecen en los mapas históricos de la Parte 2 (Capítulos 1-12) de este atlas. Los números se refieren al número del mapa, no al número de la página. (Los números de los mapas coinciden con los números de los capítulos en la Parte 2).

ÍNDICE DE NOMBRES DE LUGARES PARA MAPAS REGIONALES

Este índice solo incluye los lugares que aparecen en los Mapas Regionales de la Parte 3 de este atlas. La información incluye:

Nombre del lugar
Longitud (hacia el este) y latitud (hacia el norte)
Mapas regionales donde aparece el lugar

Para localizar estos lugares por sus coordenadas de longitud y latitud, ver los Mapas Regionales citados. Primero se incluye la longitud, para corresponder con el método utilizado en el Índice de Sitios Bíblicos Conocidos (ver la introducción a dicho índice).

ÍNDICE DE SITIOS BÍBLICOS CONOCIDOS

A continuación, incluímos sitios arqueológicos actuales cuya identificación con nombres de lugares bíblicos ha sido bastante decisiva. Muchos de los sitios incluídos en el mapa 0-12, «Estados políticos modernos y sitios arqueológicos de Palestina», también aparecen en esta lista. Sin embargo, dicho mapa también incluye sitios arqueológicos importantes que no se mencionan en la Biblia.

La información de este índice incluye:

Nombre del lugar bíblico
Nombre actual
Coordenadas de la Red 1923 de Palestina
Longitud (hacia el este) y latitud (hacia el norte)
Mapas regionales donde aparece el lugar

Para localizar estos sitios por sus coordenadas de longitud y latitud y de la Red 1923, ver los Mapas regionales (Parte 3). Si bien la lista siguiente ofrece la ubicación según la Red 1923 de Palestina para cada sitio, solo los Mapas regionales de Palestina muestran la red. Primero se incluye la longitud, para corresponder con el método tradicional de la Red Palestina, donde aparece primero la longitud.

Para muchos sitios bíblicos no se ofrece un nombre de lugar actual, a menudo porque el lugar no tiene ruinas identificables que se le pueda asociar, o porque dichas ruinas no tienen otro nombre más que el antiguo.

Por consistencia, donde sea aplicable, se ofrece primero el nombre árabe moderno.

Abreviaturas:
Kh. = Khirbet, «ruina»
T. = Tel (hebreo), Tall (árabe), «colina»

Abdón
Kh. 'Abda (T. 'Avdon)
165575.627, 272678.085
35.1619, 33.0489
R-14

Abel-bet-maaca
T. Abil al-Qamh (T. Avel Bet Ma'aka)
204629.636, 296249.181
35.5810, 33.2610
R-14

Abel-keramim
Kh. al-'Umeri
234197.189, 142013.845
35.8877, 31.8689
R-15, R-16

Abel-mehola
T. Abu Sus
203052.98, 197898.23
35.5606, 32.3742
R-13, R-15

Abel-sitim
T. al-Kafren
210568.583, 139354.665
35.6379, 31.8460
R-13, R-15, R-16

Abela
T. al-Kafren
210568.583, 139354.665
35.6379, 31.8460
R-13, R-16

Abila (Siria)
Suk Wadi Barada
253214.312, 336518.331
36.1060, 33.6214
R-2

Aco
T. al-Fuhhar (T. 'Akko)
158600.163, 258521.892
35.0874, 32.9213
R-2, R-11, R-14

Acsaf? *T. Kesan*
164443.325, 253271.209
35.1499, 32.8740
R-14

Aczib
az-Zib (T. Akhziv)
159971.302, 272682.355
35.1020, 33.0489
R-14

Aczib
Kh. T. al-Beda' (Kh. Lavnin)
145674.917, 116020.358
34.9530, 31.6359
R-12, R-18

Adam
T. ad-Damiya
201819.313, 167932.148
35.5465, 32.1039
R-13, R-15

Adami-neceb
Kh. ad-Damiya
194332.379, 239325.675
35.4690, 32.7479
R-13, R-14

Adasa
Kh. 'Adasa
170529.79, 139164.716
35.2150, 31.8449
R-12, R-13

Adma?
Feifa
195123.659, 38167.3714
35.4722, 30.9337
R-9, R-12, R-16, R-17

Adora
Dura
152860.975, 101702.86
35.0289, 31.5069
R-12

Adoraim
Dura
152860.975, 101702.86
35.0289, 31.5069
R-12

Adulam
Kh. ash-Sheikh Madkur (Kh. 'Adullam)
150232.018, 117784.584
35.0009, 31.6520
R-11, R-12, R-18

Afec
Ra's al-'Ain (T. Afeq)
143750.913, 168061.842
34.9313, 32.1053
R-10, R-11, R-13, R-18

Afec? (1 R. 20; 2 R. 13)
Fiq
216567.26, 242520.818
35.7064, 32.7761
R-14, R-15

Afec?
T. Kurdaneh (T. Afeq)
160696.521, 249947.178
35.1099, 32.8440
R-14

Ajalón
Yalu (Kh. Ayyalon)
152450.189, 138958.366
35.0240, 31.8430
R-12, R-13

Alamelec
Kh. Ra's 'Ali
164905.107, 241848.52
35.1550, 32.7710
R-13, R-14

Alejandría
al-Iskandariya
−335474.214, 79230.8108
29.9041, 31.1947
R-1, R-9

Alemet
Kh. 'Almit
176115.736, 136948.79
35.2740, 31.8249
R-12, R-13

Alepo
Halab
345643.97, 623948.804
37.1623, 36.1997
R-1, R-2, R-3

Anab
Kh. 'Anab as-Sagira
145901.746, 91294.6359
34.9560, 31.4130
R-12

Anaharat
T. al-Muharhash
(T. Rekesh)
193982.619, 228789.693
35.4650, 32.6529
R-13

Ananías
al-'Izariya
174347.667, 130982.643
35.2552, 31.7712
R-12, R-13

Anatot
'Anata
175169.506, 135839.5
35.2640, 31.8150
R-12, R-13

Anim
Kh. Guwena al-Foqa
(Kh. 'Anim)
157591.32, 85508.5968
35.0790, 31.3610
R-12

Antigua Pafos
Kukla
−71399.0443, 459823.791
32.5741, 34.7077
R-3

Antioquía (Pisidia)
Yalvac
−181370.526, 863378.666
31.1909, 38.3040
R-3

Antioquía (Siria)
Antakya
255811.982, 622760.145
36.1634, 36.2010
R-1, R-2, R-3

Antípatris
Ra's al-'Ain (T. Afeq)
143750.913, 168061.842
34.9313, 32.1053
R-10, R-11, R-13, R-18

Apolonia
Apollonia
−820162.676, 1180808.84
23.4710, 40.6300
R-5

Aqraba
'Aqraba
182796.177, 170773.925
35.3449, 32.1300
R-13

Ar?
al-Balu'a
225330.664, 86532.775
35.7909, 31.3690
R-16

Arad
T. 'Arad
162056.275, 76634.4957
35.1259, 31.2809
R-9, R-10, R-11, R-12

Arfad
T. Rif'at
339093.358, 654050.844
37.0960, 36.4720
R-2, R-3

Arimatea
Rantis
151824.127, 159250.886
35.0170, 32.0259
R-11, R-13

Aroer (Jos. 13:25)
Kh. Udena
235090.042, 153452.114
35.8979, 31.9720
R-15

Aroer
Kh. 'Ara'ir
228216.903, 97902.3259
35.8220, 31.4713
R-16

Aroer? (1 S. 30)
Kh. 'Ar'ara
148408.978, 62240.9505
34.9829, 31.1510
R-10, R-12

Arqa
T. 'Arqa
246860.522, 437369.115
36.0465, 34.5309
R-2, R-3

Arsacia
Ray
1634014.48, 678367.076
51.4380, 35.5919
R-1, R-2

Arubot?
Batn an-Nuri
167046.525, 199264.703
35.1779, 32.3870
R-13

Aruma
Kh. al-'Urma
180576.666, 172711.92
35.3215, 32.1475
R-13

Arvad
Arwad
229405.697, 473307.557
35.8588, 34.8560
R-2, R-3

Arwad
ar-Ruwad
229405.697, 473307.557
35.8588, 34.8560
R-2, R-3

Asán?
Kh. Muleh
116445.089, 77212.5656
34.6469, 31.2850
R-10

Ascalón
T. 'Asqalan
107083.46, 119399.381
34.5459, 31.6649
R-2, R-10, R-11, R-18

Ascalón
T. 'Asqalan
107083.46, 119399.381
34.5459, 31.6649
R-2, R-9, R-10, R-11, R-18

Asdod
Isdud (T. Ashdod)
117739.062, 129718.453
34.6578, 31.7586
R-2, R-9, R-10, R-11, R-18

Asón
Behramkale
−592012.172, 1025245.93
26.3371, 39.4906
R-4

Assur
Qal'at ash-Shirqat
900044.918, 569692.83
43.2599, 35.4570
R-1, R-2

Astarot
T. 'Ashtara
245512.235, 245881.325
36.0155, 32.8048
R-2, R-14, R-15

Atalia
Antalya
−231375.349, 707717.404
30.7053, 36.8849
R-3

Atarot-adar?
Kh. 'Atara
170718.94, 142712.886
35.2169, 31.8769
R-12, R-13

Atarot?
Kh. 'Ataruz
213438.492, 109428.46
35.6670, 31.5760
R-16

Atarot?
T. Sheikh ad-Di'ab
190930.106, 161583.764
35.4309, 32.0469
R-13

Atenas
Athens
−836371.376, 881562.891
23.7270, 37.9709
R-1, R-5

Ayla
al-'Aqaba
149792.052, −116902.457
35.0009, 29.5350
R-9, R-10

Azeca
T. Zakariya (T. 'Azeqa)
144080.39, 123231.332
34.9360, 31.7010
R-11, R-12, R-18

Aznot-tabor?
Kh. Um Jubeil (T. Aznot Tavor)
186538.427, 237058.633
35.3858, 32.7276
R-13, R-14

Azoto
Isdud (T. Ashdod)
117739.062, 129718.453
34.6578, 31.7586
R-2, R-10, R-11, R-18

Baal-hazor
T. 'Asur
176673.023, 154135.667
35.2800, 31.9800
R-13

Baalat
al-Magar
129598.39, 138635.25
34.7826, 31.8395
R-12, R-18

Baalat-beer?
Kh. Garra
148770.836, 71353.6547
34.9866, 31.2332
R-12

Babilonia
Babil
1034516.42, 254025.38
44.4239, 32.5409
R-1, R-2

Bamot-baal?
Kh. al-Quwegiya
220341.21, 126812.359
35.7406, 31.7325
R-16

Beer-lajai-roi?
65890.2587, 20043.5176
34.1220, 30.7659
R-2, R-9, R-10

Beerot?
Kh. al-Burg
167973.548, 136725.612
35.1880, 31.8230
R-12, R-13

Beerseba
T. as-Saba' (T. Beer-Shev'a)
134874.863, 72754.899
34.8406, 31.2455
R-2, R-9, R-10, R-11, R-12

Beirut
Beirut
197348.759, 366655.611
35.5050, 33.8960
R-2

Belén (Jos. 19; Jue. 12)
Bet Lahm
167996.202, 237744.181
35.1880, 32.7340
R-13, R-14

Belén
Bet Lahm
169677.018, 123530.848
35.2060, 31.7040
R-10, R-11, R-12

Bene-berac
Ibn Ibraq (Kh. Bene-Beraq)
133879.176, 160518.802
34.8269, 32.0369
R-18

Berea
Halab
345643.97, 623948.804
37.1623, 36.1997
R-1, R-2, R-3

Berea
Veria
−928048.287, 1184249.09
22.2040, 40.5230
R-5

Berea?
al-Bira
170425.553, 145994.944
35.2139, 31.9066
R-12, R-13

Berotai?
Gantur
348535.021, 424115.333
37.1509, 34.3990
R-2, R-3

Beser?
Umm al-'Amad
235504.585, 132829.491
35.9009, 31.7860
R-15, R-16

Bet-anat?
al-Bi'na
175764.335, 259259.574
35.2710, 32.9279
R-14

Bet-anot
Kh. Bet 'Ainun
162137.706, 107878.297
35.1265, 31.5627
R-12

Bet-arabá?
195830.051, 132044.746
35.4821, 31.7805
R-12, R-13, R-15, R-16

Bet-aram
T. ar-Rama
211192.795, 137106.21
35.6445, 31.8257
R-13, R-15, R-16

Bet-arbel
Irbid
230167.986, 218184.275
35.8500, 32.5559
R-15

Bet-avén?
Kh. at-Tall
174889.795, 147171.331
35.2610, 31.9172

Bet-azmavet
Hizma
175168.393, 138167.97
35.2640, 31.8359
R-12, R-13

Bet-baal-meón?
Ma'in
219648.25, 121098.598
35.7329, 31.6810
R-16

Bet-baal-peor
al-Mushaqqar
223658.405, 134091.876
35.7759, 31.7980
R-15, R-16

Bet-dagón?
Bet Dagan
134092.094, 156625.967
34.8294, 32.0018
R-18

Bet-diblataim?
Kh. Dulelat ash-Sharqiya
228776.61, 116633.279
35.8290, 31.6403
R-16

Bet-emec?
Tall Mimas
164636.285, 263418.368
35.1520, 32.9654
R-14

Bet-gamul?
Kh. al-Gumayyil
235620.751, 99343.2112
35.8999, 31.4840
R-16

Bet-haquerem
Kh. Salih (Ramat Rachel)
170672.25, 127500.26
35.2164, 31.7397
R-12

Bet-hogla
Kasr Hagla
197627.459, 136473.494
35.5011, 31.8203
R-12, R-13, R-15, R-16

Bet-horón (de arriba)
Bet 'Ur al-Foqa
160879.168, 143825.96
35.1130, 31.8870

Bet-horón
Bet 'Ur at-Tahta
158041.975, 144826.872
35.0829, 31.8960
R-10, R-11, R-12, R-13

Bet-jesimot
T. al-'Uzema
208881.851, 132284.997
35.6199, 31.7822
R-13, R-15, R-16

Bet-nimra
T. Nimrin
209031.625, 145303.177
35.6220, 31.8996
R-13, R-15, R-16

Bet-seán
T. al-Hisn (T. Beth Shean)
197592.688, 212386.58
35.5030, 32.5050
R-11, R-13, R-15

Bet-semes
'Ain Shams
147789.492, 128655.66
34.9750, 31.7500
R-11, R-12, R-18

Bet-semes (Jos. 19; Jue. 1)
al-'Ubediya
202976.295, 232807.455
35.5610, 32.6890
R-13, R-14, R-15

Bet-sita
T. al-Firr
188564.172, 216136.358
35.4069, 32.5390
R-13

Bet-sur/Betsura
Kh. at-Tubeqa
158950.917, 110897.082
35.0930, 31.5900
R-12

Bet-tapúa
Taffuh
154576.468, 105358.998
35.0469, 31.5399
R-12

Bet-Zacarías
Kh. Bet Sakariya
161776.54, 119021.609
35.1227, 31.6633
R-12

Betania
al-'Izariya
174347.667, 130982.643
35.2552, 31.7712
R-12, R-13

Betania? (más allá del Jordán)
Qasr al-Yahud
201418.261, 138424.704
35.5413, 31.8379
R-12, R-13, R-15, R-16

Betbasí
Kh. Bet Bassa
171317.184, 122200.36
35.2233, 31.6920
R-12

Bet-el
Betin
172799.294, 148146.353
35.2389, 31.9260
R-10, R-11, R-13

Betfagé?
at-Tur
173769.551, 131736.404
35.2492, 31.7779
R-12, R-13

Betonim?
Kh. Batneh
216366.225, 155124.731
35.7000, 31.9880
R-15

Betsaida
at-Tall
209378.236, 257417.071
35.6302, 32.9106
R-11, R-14

Bezec
Kh. Ibziq
187845.852, 197172.662
35.3990, 32.3680
R-13

Bosra
Busera
207802.982, 17350.8585
35.6041, 30.7456
R-2, R-9, R-11, R-17

Bubastis/Pibeset
az-Zaqaziq
–184675.155, 3922.11178
31.5116, 30.5724
R-9

Buenos Puertos
–779172.249, 531317.106
24.8020, 34.9309
R-6

Cabul
Kabul
170339.484, 252493.215
35.2130, 32.8669
R-14

Cadasa
Qadas
200253.796, 279876.125
35.5335, 33.1135
R-11, R-14

Cademot
as-Saliya
238780.457, 95704.4008
35.9330, 31.4510
R-16

Cades
T. an-Nabi Mandu
290212.126, 440557.941
36.5191, 34.5555
R-2, R-3

Cades-barnea
T. al-Quderat
93987.8354, 6125.41176
34.4164, 30.6426
R-2, R-9, R-10, R-11

Cafarsalama
Kh. 'Id
167359.132, 140251.742
35.1815, 31.8548
R-12, R-13

Cafira
Kh. Kafira (T. Kefira)
160305.482, 137617.205
35.1069, 31.8310
R-12

Caín
Kh. Yaqin
164659.296, 100647.628
35.1531, 31.4975
R-12

Cala
Nimrud
900278.909, 641660.084
43.3280, 36.0989
R-2

Calno?
Kullanköy
346445.892, 636766.271
37.1741, 36.3149
R-2, R-3

Cam?
Ham
226776.319, 213373.722
35.8136, 32.5127
R-15

Camón
Kh. Umm al-Gizlan
216525.957, 223179.833
35.7049, 32.6017
R-15

Caná
Kh. Qana
178767.421, 247617.378
35.3029, 32.8230
R-13, R-14

Caná
Qana
178450.785, 290313.969
35.2999, 33.2079
R-14

Capernaum
Talhum (Kefar Nahum)
204216.071, 254148.552
35.5750, 32.8813
R-11, R-14

Carcor?
Qarqar
391972.355, 88093.0599
37.5426, 31.3631
R-2

Carmelo
Kh. Kirmil
162734.166, 92377.7034
35.1330, 31.4230
R-12

Carquemis
Girablus
420421.632, 695688.69
38.0165, 36.8290
R-1, R-2, R-3

Cedes
T. Qadas
200253.796, 279876.125
35.5335, 33.1135
R-11, R-14

Cedes-Neftalí?
Kh. Kadish
202021.73, 238038.712
35.5510, 32.7361
R-13, R-14, R-15

Cedrón
T. Qatra
129108.436, 136840.898
34.7775, 31.8233
R-12, R-18

Céncreas
Kechries
−901684.601, 880074.435
22.9924, 37.8825
R-5

Cesarea de Filipo
Baniyas
215082.544, 294683.529
35.6931, 33.2464
R-11, R-14

Cesarea
Qesariya
140191.361, 211995.153
34.8922, 32.5014
R-2, R-11, R-13

Charachmoba
al-Karak
217144.66, 66092.1148
35.7040, 31.1849
R-2, R-16

Cina
Kh. Gazza
165918.796, 67662.8748
35.1666, 31.2000
R-12

Cineret
Kh. al-'Urema (T. Kinrot)
200935.565, 252784.834
35.5399, 32.8691
R-11, R-14

Cirene
Shahhat
−1076973.51, 327269.053
21.8577, 32.8185
R-1

Ciudad de Sal?
189503.673, 116230.851
35.4149, 31.6379
R-12, R-16

Colosas
Honaz
−353733.86, 815110.049
29.2596, 37.7873
R-4

Corazín
Kh. Karaza
203269.275, 257428.004
35.5649, 32.9110
R-14

Corinto
−911210.121, 884023.938
22.8792, 37.9059
R-1, R-5

Cun
Ra's Ba'labakk
281326.236, 407428.179
36.4179, 34.2580
R-2

Cuta
T. Ibrahim
1049919.43, 280123.098
44.6118, 32.7610
R-2

Daberat
Dabburiya
185250.411, 233319.418
35.3720, 32.6940
R-13, R-14

Damasco
Dimashq
272125.496, 324409.207
36.3085, 33.5105
R-1, R-2, R-11

Dan
T. al-Qadi (T. Dan)
211251.042, 294943.917
35.6520, 33.2490
R-2, R-11, R-14

Daphnae
T. Dafana
−120474.233, 34005.2015
32.1721, 30.8608
R-9, R-10

Debir? (Jos. 15:7; 18:17)
Thoghret ad-Debr/Khan al-hatrur
183416.647, 135868.922
35.3511, 31.8152
R-12, R-13

Debir?
Kh. Rabud
151612.123, 93943.8476
35.0159, 31.4370
R-12

Dedán
al-'Ula
440199.983, −438315.875
37.9226, 26.6088
R-1

Derbe
Kerti Huyuk
6324.17286, 751318.837
33.3618, 37.3489
R-2, R-3

Dibón
Diban
223885.026, 101249.867
35.7766, 31.5017
R-2, R-9, R-11, R-16

Dióspolis
Eskihisar
−366628.407, 821371.897
29.1090, 37.8359

Dok
Gabal Qarantal
190940.385, 142467.607
35.4307, 31.8746
R-12, R-13, R-16

Dora/Dor
Kh. al-Burg (T. Dor)
142651.728, 224918.32
34.9179, 32.6180
R-11, R-13

Dotán
T. Dutan
172672.891, 202147.617
35.2378, 32.4129
R-11, R-13

Duma
al-Gauf
621148.601, −77215.265
39.8774, 29.8107
R-1, R-2

Duma
Der ad-Duma
149138.744, 93172.4411
34.9900, 31.4300
R-12

Eben-ezer?
'Izbat Sarta
146865.533, 167965.498
34.9643, 32.1045
R-13, R-18

Ecbatana
Hamadan
1384124.68, 549357.039
48.5169, 34.8059
R-1, R-2

Ecdipa/Aczib
az-Zib (T. Akhziv)
159971.302, 272682.355
35.1020, 33.0489
R-14

Ecrón
Kh. al-Muqanna'
(T. Miqne)
135956.541, 132014.629
34.8500, 31.7800
R-10, R-11, R-12, R-18

Edrei
Dar'a
254146.247, 226120.179
36.1060, 32.6259
R-2, R-11, R-15

Edremit
−540714.25, 1021348.02
26.9349, 39.5000
R-4

Éfeso
Efes
−520892.301, 845228.658
27.3400, 37.9450
R-1, R-4

Efraín
at-Tayyiba
178660.442, 151032.409
35.3010, 31.9519
R-13

Eglón?
T. 'Etun
143308.857, 99893.7508
34.9285, 31.4905
R-12, R-18

Elasa?
Kh. al-'Ashi
169791.743, 145130.083
35.2072, 31.8988
R-12, R-13

Elasar?
T. as-Senkereh
1182007.64, 126467.052
45.8538, 31.2853
R-2

Elat
T. Hulefa
147787.566, −115845.652
34.9803, 29.5444
R-2, R-9, R-10, R-11

Eleale
al-'Al
228588.347, 136502.668
35.8282, 31.8194
R-15, R-16

Elim?
−49272.1667, −143288.721
32.9530, 29.2779
R-9, R-10

Elteque?
T. ash-Shallaf
129098.3, 146121.878
34.7770, 31.9070
R-12, R-18

Emaús
'Imwas
148284.17, 138456.373
34.9800, 31.8384
R-12, R-13, R-18

Emaús?
Abu Gosh
160321.912, 135022.608
35.1071, 31.8076
R-12, R-13

Emaús?
al-Qubeiba
162900.174, 138646.205
35.1343, 31.8402
R-12, R-13

Emaús?
Qaluniya
165415.573, 133178.362
35.1610, 31.7910
R-12, R-13

Emesa
Hims
307839.652, 459434.532
36.7141, 34.7235
R-2, R-3

En-eglaim?
al-Matraba
201238.997, 77730.2724
35.5375, 31.2905
R-12, R-16

En-ganim
Ginin
178519.725, 207473.469
35.2999, 32.4609
R-11, R-13

En-rimón?
T. al-Huwelifa
137616.837, 87547.5051
34.8690, 31.3789
R-12

En-rogel
Bi'r Ayyub
172500.499, 130593.999
35.2357, 31.7676
R-12, R-13

En-semes
'Ain al-Hod
175834.834, 131182.922
35.2710, 31.7730
R-12, R-13

Endor
Kh. as-Safsafa
187041.545, 227777.526
35.3909, 32.6439
R-11, R-13

Engadi
T. al-Gurn
187363.357, 96690.8928
35.3920, 31.4618
R-11, R-12, R-16

Enón?
Kh. Khisas ad-Der
200592.577, 199254.477
35.5345, 32.3864
R-13, R-15

Erec
Warka
1161315.92, 128908.954
45.6400, 31.3249
R-1, R-2

Esbus/Hesbón
Hisban
226772.526, 134396.8
35.8089, 31.8005
R-11, R-15, R-16

Escitópolis
Besan
197592.688, 212386.58
35.5030, 32.5050
R-11, R-13, R-15

Esdrelón
Zir'in (T. Yizre'el)
181234.662, 218121.696
35.3290, 32.5570
R-11, R-13

Esmirna
Izmir
−533866.062, 899475.003
27.1394, 38.4189
R-4

Esparta
−963444.579, 797571.761
22.4233, 37.0825
R-1, R-5

Estaol
Eshua (Eshtaol)
151112.41, 132197.093
35.0099, 31.7820
R-12, R-13, R-18

Estemoa
as-Samu'
156360.157, 89834.1646
35.0660, 31.3999
R-12

Etam
Kh. al-Hoh
168046.007, 121357.875
35.1888, 31.6844
R-12

Eter?
Kh. al-'Atar (T. 'Eter)
139027.809, 113931.576
34.8830, 31.6170
R-12, R-18

Europo
Ray
1634014.48, 678367.076
51.4380, 35.5919
R-1, R-2

Ezión-geber?
Gazirat Fir'aun
136099.872, −124849.841
34.8599, 29.4630
R-1, R-2, R-9, R-10, R-11

Fasayil
Kh. Fasa'il
192001.771, 159523.548
35.4423, 32.0283

Fénice
Loutros/Phineka
−841683.97, 568498.017
24.0769, 35.1989
R-6

Filadelfia
'Amman
238600.752, 151478.94
35.9350, 31.9540
R-2, R-11, R-15

Filadelfia
Ala-Shehr
−414150.566, 882082.085
28.5210, 38.3500
R-4

Filipos
Philippi
−746576.281, 1214324.91
24.2848, 41.0120
R-1, R-5

Foro de Apio
−1664576.56, 1452215.12
12.9979, 41.4667
R-8

Fuente de Harod '
Ain Galud ('En Harod)
183771.585, 217348.554
35.3560, 32.5499
R-13

Gabaón
al-Gib
167690.204, 139497.671
35.1850, 31.8479
R-10, R-11, R-12, R-13

Gadara
Umm Qes
213946.197, 229189.942
35.6777, 32.6559
R-2, R-11, R-15

Galaad? (Os. 6:8)
Kh. Gal'ad
224173.627, 169256.932
35.7834, 32.1150

Galim
Kh. Ka'kul
173938.545, 135949.865
35.2509, 31.8159
R-12, R-13

Gat
T. as-Safi
135643.387, 123367.016
34.8470, 31.7019
R-10, R-11, R-12, R-18

Gat-hefer
Kh. az-Zurra' (T. Gat Hefer)
180368.858, 238303.557
35.3200, 32.7389
R-13, R-14

Gat-rimón?
T. Garisha
131918.912, 166735.625
34.8059, 32.0930
R-18

Gaza
Gazza
99371.7393, 101153.355
34.4660, 31.5000
R-1, R-2, R-9, R-10, R-11

Geba
Gaba'
174902.258, 140540.676
35.2612, 31.8573
R-11, R-12, R-13

Geba?
T. Harbag
162737.085, 224661.185
35.1319, 32.6160
R-13

Gebal
Gubail
210295.602, 391481.336
35.6460, 34.1193
R-1, R-2

Gedera
Kh. Gudraya
149765.661, 121777.087
34.9960, 31.6879
R-12, R-18

Gedor
Kh. Gudur
158946.538, 115587.138
35.0929, 31.6323
R-12

Genesaret
Kh. al-'Urema (T. Kinrot)
200935.565, 252784.834
35.5399, 32.8691
R-11, R-14

Gerar?
T. Abu Hurera (T. Haror)
112666.871, 88009.8409
34.6067, 31.3822
R-11

Gerasa
Garash
234305.959, 187823.896
35.8920, 32.2819
R-2, R-11, R-15

Gezer
T. Gazar
142800.166, 140864.59
34.9219, 31.8599
R-9, R-10, R-11, R-12, R-13, R-18

Gibetón
Ra's Abu Hamid
139833.47, 145751.764
34.8905, 31.9040
R-12, R-13, R-18

Gilgal? (2 R. 2–4; Neh. 12:29)
Gilgilia
171190.507, 159566.944
35.2220, 32.0289
R-13

Gilgal? (Dt. 11)
Kh. Gulegil
179014.842, 178642.845
35.3050, 32.2010
R-13

Gilgal? (Jos. 15:7; 18:17)
Tal'at ed-Damm
184410.498, 136125.265
35.3616, 31.8174
R-12, R-13

Gilgal?
Kh. el-Mafjar
193663.541, 143371.596
35.4594, 31.8827
R-11, R-12, R-13, R-16

Gimzo
Gimzu
145184.325, 148287.581
34.9470, 31.9270
R-13, R-18

Ginae
Ginin
178519.725, 207473.469
35.2999, 32.4609
R-11, R-13

Gitaim?
al-Burg
151420.144, 145058.653
35.0129, 31.8980
R-12, R-13

Gnido
Tekir
−529502.659, 704957.134
27.3742, 36.6865
R-4

Golán
Bet Akkar
237980.525, 243298.306
35.9350, 32.7819
R-11, R-14, R-15

Gomorra?
Numeira
200785.964, 59900.9899
35.5322, 31.1297
R-9, R-11, R-12, R-16

Gortina
Gortyn
−764499.541, 544662.627
24.9468, 35.0630
R-6

Gozán
T. Halaf
600753.261, 702598.494
40.0394, 36.8262
R-2

Guibeá (Gabaa)
T. al-Ful
172044.686, 136836.396
35.2310, 31.8239
R-11, R-12, R-13

Hadid
al-Hadita (T. Hadid)
145572.769, 152500.184
34.9510, 31.9650
R-13, R-18

Hai? (Jer. 49)
al-Mudayyina
224140.706, 41855.7295
35.7761, 30.9661
R-16

Hai?
Kh. al-Maqatir
173698.109, 147037.804
35.2485, 31.9160
R-13

Hai?
Kh. at-Tall
174889.795, 147171.331
35.2610, 31.9172
R-13

Hai?
Kh. Nisya
172081.044, 145329.821
35.2314, 31.9006
R-13

Halhul
Halhul
160183.63, 109676.184
35.1060, 31.5790
R-12

Halicarnaso
Bodrum
−522073.615, 743692.85
27.4219, 37.0377
R-4

Hamat
al-Hammam (Hamei Teverya)
201625.886, 241685.996
35.5469, 32.7691
R-13, R-14, R-15

Hamat de Soba?
Hims
307839.652, 459434.532
36.7141, 34.7235
R-2, R-3

Hamat
Hamah
310378.995, 505228.143
36.7496, 35.1358
R-1, R-2, R-3

Hamón?
Umm al-'Amad
165020.052, 281772.345
35.1559, 33.1310
R-14

Hanatón
T. Badawiya (T. Hannaton)
174367.893, 243511.381
35.2560, 32.7860
R-13, R-14

Harán
Harrán
510724.12, 702382.706
39.0309, 36.8609
R-2

Hazar-enán?
al-Qaryatain
357331.05, 405529.705
37.2426, 34.2299

Hazerot?
'Ain Hudera
93324.2296, -187776.496
34.4234, 28.8934
R-9, R-10

Hazor (Neh. 11)
Kh. al-Bi'ar
169299.113, 137501.56
35.2019, 31.8299
R-12, R-13

Hazor
T. Waqqas (T. Hazor)
203509.815, 269295.328
35.5679, 33.0180
R-2, R-11, R-14

Hebrón
al-Halil (Hevron)
159931.078, 103888.764
35.1034, 31.5268
R-2, R-9, R-10, R-11, R-12

Hefer?
T. al-Muhaffar
170716.06, 205474.043
35.2169, 32.4429
R-13

Helam?
'Alma
266627.301, 239830.908
36.2404, 32.7485
R-15

Helbón
Halbun
266423.647, 341699.997
36.2490, 33.6670
R-2

Helcat
T. al-Qassis
160604.514, 232336.911
35.1092, 32.6852
R-13, R-14

Helef?
Kh. 'Arbita (Kh. 'Arpad)
188920.79, 236375.267
35.4112, 32.7214
R-13, R-14

Heliópolis
'Ain Shams
−206236.952, −44069.3545
31.3042, 30.1340
R-2, R-9

Hesbón
Hisban
226772.526, 134396.8
35.8089, 31.8005
R-9, R-11, R-15, R-16

Hetlón?
Heitla
254731.98, 445092.551
36.1330, 34.6000
R-3

Hierápolis
Pamukale
−364590.84, 831641.22
29.1245, 37.9292
R-4

Horma?
Kh. al-Mushash
147022.908, 69361.7083
34.9682, 31.2151
R-10, R-12

Horonaim?
ad-Der
215305.079, 72736.4467
35.6850, 31.2450
R-16

Husa?
Husan
162662.44, 124309.761
35.1319, 31.7109
R-12

Ibleam
Kh. Bal'ama
177928.333, 206242.111
35.2937, 32.4499
R-13

Iconio
Konya
−69046.6603, 811370.188
32.4919, 37.8729
R-1, R-2, R-3

Ije-abarim
al-Mudayyina
224140.706, 41855.7295
35.7761, 30.9661
R-16

Ijón
T. Dibbin
205434.92, 305457.457
35.5900, 33.3440
R-14

Irón
Yarun
189853.934, 276245.427
35.4219, 33.0810
R-14

Jabes-galaad
T. al-Maqlub
214332.743, 201024.121
35.6805, 32.4020
R-11, R-15

Jabneel
T. an-Na'am (T. Yin'am)
198373.298, 235488.168
35.5120, 32.7133
R-13, R-14, R-15

Jabnia
Yibna (Yavne)
126193.843, 141609.869
34.7464, 31.8661
R-10, R-11, R-18

Jafía?
Yafa
176529.307, 232866.511
35.2789, 32.6899
R-13, R-14

Jahaza?
Kh. ar-Rumel
232323.866, 110411.214
35.8660, 31.5840
R-11, R-16

Jamnia/Jabnia
Yibna (Yavne)
126193.843, 141609.869
34.7464, 31.8661
R-10, R-11, R-18

Janoa
Kh. 'Ain Yanun
184301.759, 173836.334
35.3609, 32.1576
R-13

Janoa
Kh. Niha
202768.99, 295355.53
35.5610, 33.2530
R-14

Jarmut
Kh. Yarmuk (T. Yarmut)
147315.356, 124221.552
34.9701, 31.7100
R-12, R-18

Jatir
Kh. 'Attir (Kh. Yatir)
151309.658, 84409.3539
35.0129, 31.3509
R-12

Jazer?
Kh. as-Sar
228641.68, 150419.282
35.8295, 31.9450
R-11, R-15

Jebús
al-Quds (Jerusalén)
172434.074, 131115.114
35.2351, 31.7724
R-1, R-2, R-10, R-11, R-12, R-13

Jehúd
al-Yahudiya
139733.948, 159945.184
34.8890, 32.0319
R-13, R-18

Jericó (NT)
Tulul Abu l-'Ala'iq
191314.265, 140106.602
35.4346, 31.8533
R-11, R-12, R-13, R-16

Jericó (AT)
T. as-Sultan
192209.168, 142093.246
35.4440, 31.8712
R-2, R-9, R-11, R-12, R-13, R-16

Jerusalén
al-Quds (Jerusalén)
172140.339, 131514.219
35.2319, 31.7760
R-1, R-2, R-9, R-10, R-11, R-12, R-13

Jesana
Kh. al-Burg
174970.735, 156241.506
35.2620, 31.9989
R-13

Jezreel
Zir'in (T. Yizre'el)
181234.662, 218121.696
35.3290, 32.5570
R-11, R-13

Jocneam
T. Qemun (T. Yoqneam)
160583.582, 230096.856
35.1090, 32.6649
R-13

Jocteel
as-Sil'
205916.759, 20149.2606
35.5846, 30.7710
R-9, R-17

Jogbeha
Rugm al-Gubeha
232027.72, 159642.989
35.8660, 32.0279
R-15

Jope
Yafa
126896.802, 162320.276
34.7530, 32.0529
R-2, R-10, R-18

Jotapata
Kh. Shifat
176238.316, 248835.398
35.2759, 32.8340
R-13, R-14

Jotbata?
'Ain Taba
139891.318, −121790.385
34.8990, 29.4907
R-9, R-10

Jotbata?
Kh. Shifat
176238.316, 248835.398
35.2759, 32.8340
R-13, R-14

Juta
Yatta
158268.276, 95042.8189
35.0859, 31.4469
R-10, R-12

Karnaim
ash-Sheikh Sa'd
247116.765, 249132.181
36.0330, 32.8340
R-14

Keila
Kh. Qila
150413.68, 113582.003
35.0030, 31.6141
R-12, R-18

Kenat/Kanatha
Qanawat
302003.195, 241058.42
36.6180, 32.7560
R-11

Kir-hareset
al-Karak
217144.66, 66092.1148
35.7040, 31.1849
R-2, R-9, R-11, R-16

Lais
al-'Isawiya
173939.181, 134175.798
35.2509, 31.8000
R-12, R-13

Lais
T. al-Qadi (T. Dan)
211251.042, 294943.917
35.6520, 33.2490
R-11, R-14

Laodicea
Eskihisar
−366628.407, 821371.897
29.1090, 37.8359
R-4

Laquis
T. ad-Duwer (T. Lakhish)
135782.505, 108176.221
34.8490, 31.5650
R-9, R-10, R-11, R-12, R-18

Lasea
−777375.687, 532073.654
24.8207, 34.9393
R-6

Las Tres Tabernas
Cisterna
−1674996.48, 1469613.28
12.8249, 41.5870
R-8

Lebo-hamat/entrada de Hamat
Labwa
275695.615, 400262.653
36.3560, 34.1940
R-2

Lebona
Lubban ash-Sharqiya
172889.713, 164224.348
35.2400, 32.0709
R-13

Legio
al-Laggun
167926.511, 220267.254
35.1873, 32.5764
R-13

Lehi?
Kh. as-Siagh
151248.666, 129036.785
35.0114, 31.7534
R-12

Libna?
T. Birnat
138463.245, 115485.581
34.8770, 31.6310
R-12, R-18

Lida
al-Ludd (Lod)
140748.411, 151404.123
34.8999, 31.9549
R-10, R-11, R-13, R-18

Listra
Khatum Serai
−83456.0716, 781576.22
32.3387, 37.6009
R-2, R-3

Lod
al-Ludd (Lod)
140748.411, 151404.123
34.8999, 31.9549
R-10, R-11, R-13, R-18

Lodebar?
Umm ed-Debar
207801.131, 219195.313
35.6118, 32.5660
R-11, R-13, R-15

Lugar alto de Gabaa/Guibeá?
an-Nebi Samwil
167311.118, 137834.576
35.1809, 31.8329
R-12, R-13

Luhit?
Katrabba
209252.551, 60738.1899
35.6210, 31.1370
R-16

Maceda
Kh. al-Kom
146407.145, 104376.638
34.9609, 31.5309
R-12, R-18

Madmana
Kh. Tatrit
143335.419, 84371.366
34.9292, 31.3505
R-12

Madmena?
Kh. al-Haraziya
216524.454, 77065.8083
35.6980, 31.2839
R-16

Madón?
Kh. Madyan
193475.376, 245090.302
35.4600, 32.7999
R-13, R-14

Magdala
al-Magdal
198562.398, 248064.528
35.5144, 32.8267
R-11, R-13, R-14, R-15

Mahanaim?
T. ad-Dahab ash-Sharqiya
215465.46, 177043.268
35.6914, 32.1856
R-11, R-15

Malo
Kiziltahta
198333.823, 680299.107
35.5264, 36.7229
R-2, R-3

Mamre
Ramat al-Halil
160095.802, 107225.929
35.1051, 31.5568
R-12

Maón
Kh. Ma'in
162828.179, 90869.7721
35.1340, 31.4093
R-12

Maqueronte
el-Mishnaqa
209379.143, 108458.825
35.6242, 31.5673
R-11, R-16

Mara?
'Uyun Musa
−77271.8294, −77430.0571
32.6499, 29.8663
R-9, R-10

Maresa
T. Sandahanna (T. Maresha)
140443.474, 111266.356
34.8979, 31.5930
R-11, R-12, R-18

Marisa
T. Sandahanna (T. Maresha)
140443.474, 111266.356
34.8979, 31.5930
R-11, R-12, R-18

Me-yarkon?
T. al-Qasileh
130818.246, 167726.725
34.7943, 32.1019
R-18

Medeba
Madaba
225505.842, 125120.017
35.7950, 31.7169
R-11, R-16

Mefaat?
Umm ar-Rasas
237490.708, 101129.219
35.9198, 31.5000
R-16

Meguido
T. al-Matusellim (T. Meggidó)
167710.781, 221220.986
35.1850, 32.5850
R-2, R-11, R-13

Menfis
Mit Rahina
−212324.105, −75426.1781
31.2522, 29.8498
R-1, R-9

Merom?
T. al-Hirba
191809.12, 278800.304
35.4429, 33.1039
R-14

Micmas
Muhmas
176491.282, 142149.282
35.2779, 31.8719
R-12, R-13

Micmetat
Kh. Ibn Nasir/Kh. Gulegil
179014.842, 178642.845
35.3050, 32.2010
R-13

Migdal-el?
Kh. al-Magdal
198604.481, 285360.986
35.5159, 33.1629
R-14

Migdal-gad?
Kh. Mugedilat (Kh. Migdal Gad)
135061.07, 91325.5088
34.8419, 31.4130
R-12

Migdol
T. al-Her
−89463.9257, 45080.6112
32.4934, 30.9678
R-9, R-10

Mileto
Milet
−530086.571, 799522.408
27.2796, 37.5300
R-1, R-4

Minit?
Umm al-Hanafish
232734.322, 136693.342
35.8720, 31.8209
R-15, R-16

Mira
Demre
−299196.539, 641459.41
29.9860, 36.2590
R-3

Miseal?
T. Bi'r al-Garbi
166129.236, 256375.521
35.1679, 32.9020
R-14

Ramá?
ar-Rama
184835.386, 260377.817
35.3680, 32.9380
R-14

Ramataim de Zofim?
Rantis
151824.127, 159250.886
35.0170, 32.0259
R-11, R-13

Ramot de galaad
T. ar-Ramit
245692.989, 212056.611
36.0148, 32.4998
R-11, R-15

Ramsés
T. ad-Dab'a
–154051.899, 26744.6759
31.8234, 30.7867
R-9, R-10

Rayy
Ray
1634014.48, 678367.076
51.4380, 35.5919
R-1, R-2

Refidim?
34537.4916, –214884.345
33.8239, 28.6439
R-9, R-10

Regio
Reggio Calabria
–1533205.5, 1018511.11
15.6440, 38.0979
R-1, R-8

Rehob?
T. ar-Rahib
180423.524, 276120.201
35.3209, 33.0799
R-11, R-13, R-14, R-15

Resef?
Rusafeh
491456.168, 564661.39
38.7586, 35.6289
R-2

Ribla
T. Zira'at
292860.205, 426989.139
36.5459, 34.4330
R-2, R-3

Rimón
Rummana (Kh. Rimona)
179520.199, 243736.653
35.3110, 32.7879
R-13, R-14

Rimón?
Rammun
178558.545, 148437.695
35.2999, 31.9285
R-13

Rodas
–455582.328, 671836.477
28.2259, 36.4420
R-1, R-4

Roma
Roma
–1694008.71, 1512514.64
12.4729, 41.8980
R-1, R-8

Saalbim
Salbit (T. Sha'alevim)
149001.338, 141936.524
34.9874, 31.8697
R-12, R-13, R-18

Saananim?
ash-Shagara
187677.167, 239866.244
35.3979, 32.7530
R-13, R-14

Safir?
Sawafir
122749.487, 123196.47
34.7109, 31.6999
R-18

Salamina
50974.2695, 510556.108
33.9025, 35.1865
R-2, R-3

Salca?
Salhad
311132.257, 211786.917
36.7109, 32.4910
R-11

Salim?
T. ar-Radga
199807.264, 200715.905
35.5262, 32.3997
R-13, R-15

Samaria
Sabastiya (Shomrón)
168644.266, 187177.473
35.1950, 32.2779
R-11, R-13

Samir?
Sabastiya (Shomrón)
168644.266, 187177.473
35.1950, 32.2779
R-11, R-13

Sansana?
Kh. ash-Shamsaniyat (Kh. Sansanna)
141030.927, 83767.7391
34.9050, 31.3449
R-12

Sardis
Sartmustafa
–455067.667, 900507.233
28.0380, 38.4870
R-1, R-4

Sarepta
Sarafand
176485.152, 316719.358
35.2791, 33.4461
R-11

Saretán?
T. as-Simadi
196289.558, 171021.303
35.4880, 32.1319
R-11, R-13, R-15

Sarid
T. Shadud
171371.591, 229981.332
35.2240, 32.6640
R-13

Saruhén?
T. al-Fari'a (sur)
100872.169, 76660.7727
34.4834, 31.2791
R-10

Sebaste
Sabastiya (Shomrón)
168644.266, 187177.473
35.1950, 32.2779
R-11, R-13

Secaca?
Kh. Qumran
193613.923, 127704.1
35.4585, 31.7413
R-11, R-12, R-16

Séforis
Saffuriya (Tsipori)
176618.611, 239852.989
35.2800, 32.7530
R-11, R-13, R-14

Sela
as-Sil'
205916.759, 20149.2606
35.5846, 30.7710
R-9, R-17

Seleucia
Cevlik
234294.662, 613420.817
35.9234, 36.1186
R-2, R-3

Sevene
Aswan
–65246.8623, –718369.17
32.8960, 24.0889
R-9

Sibma?
Kh. 'Uyun Musa
218853.739, 130741.582
35.7250, 31.7680
R-15, R-16

Sicar
'Askar
178080.032, 180371.908
35.2950, 32.2166
R-13

Siclag
T. ash-Shari'a (T. Ser'a)
119701.449, 88993.5626
34.6805, 31.3914
R-11

Sicrón
T. al-Ful
132099.039, 136507.813
34.8091, 31.8203
R-12, R-18

Sidón
Sayda
184917.666, 329693.864
35.3699, 33.5630
R-2, R-11

Siloh
Kh. Selun
177517.601, 162674.224
35.2890, 32.0570
R-10, R-11, R-13

Simrón
Kh. Sammuniya (T. Shimrón)
170152.11, 234527.957
35.2109, 32.7049
R-13, R-14

Sin
T. al-Farama
–84621.8133, 53309.4474
32.5420, 31.0429
R-9, R-10

Siquem
T. Balata
176826.387, 180060.535
35.2817, 32.2137
R-2, R-11, R-13

Siracusa
Siracusa
–1589018.4, 910432.53
15.2789, 37.0741
R-1, R-8

Soco (Jos. 15:48)
Kh. Shuweka
150750.083, 90508.3568
35.0069, 31.4059
R-12

Soco
Kh. 'Abbad (Kh. Sokho)
147678.271, 121116.165
34.9740, 31.6820
R-12, R-18

Soco
Kh. Shuwekat ar-Ra's
153618.974, 193711.279
35.0354, 32.3367
R-13

Sodoma?
Bab edh-Dhra
202580.764, 74895.9991
35.5514, 31.2649
R-9, R-11, R-12, R-16

Sucot?
T. al-Maskhuta
–127093.6, –573.623746
32.1128, 30.5476
R-9, R-10

Sucot?
T. Der 'Alla
208774.541, 178246.516
35.6205, 32.1967
R-11, R-13, R-15

Sunem
Sulam (Shunem)
181698.041, 223555.984
35.3340, 32.6060
R-13

Susa
Shush (Shushan)
1396349.47, 252738.151
48.2459, 32.1880
R-1, R-2

Taanac
T. Ti'innik
170959.944, 214234.462
35.2196, 32.5219
R-11, R-13

Taanat-silo
Kh. Tana l-Foqa
185430.893, 175767.376
35.3729, 32.1749
R-13

Tadmor
Tadmor
450490.235, 444621.261
38.2659, 34.5610
R-2, R-3

ÍNDICE GENERAL

ÍNDICE DE PASAJES BÍBLICOS

CONOZCA NUESTROS

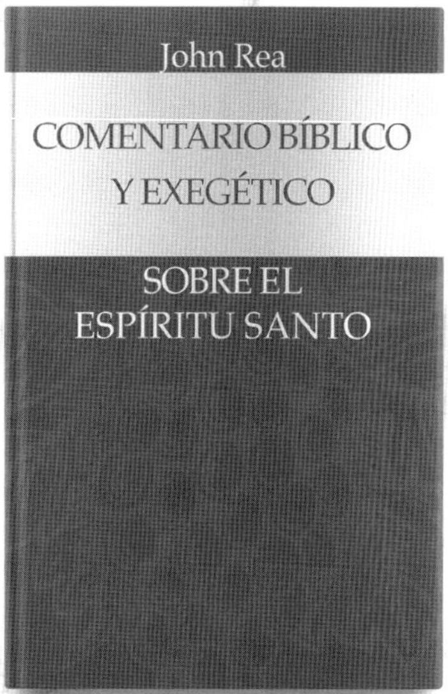

ISBN: 978-1-58802-651-4

Comentario bíblico y exegético sobre el Espíritu Santo

ISBN: 978-1-58802-704-7

Comentario Histórico-Cultural del Nuevo Testamento

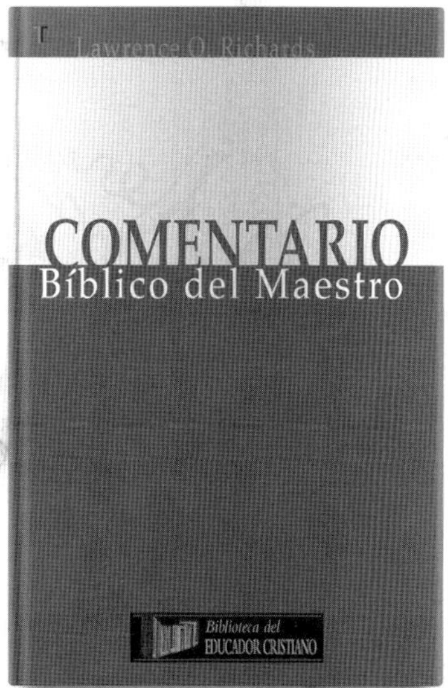

ISBN: 978-1-58802-270-7

Comentario bíblico del Maestro

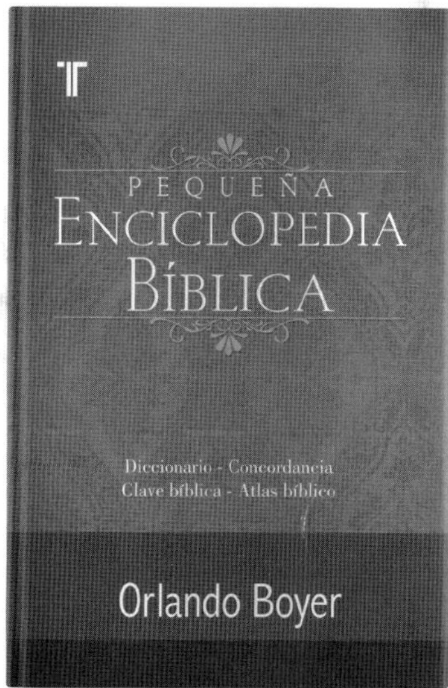

ISBN: 978-1-58802-170-0

Pequeña Enciclopedia Bíblica

ISBN: 978-1-58802-400-8

Guía del lector de la Biblia

ISBN: 978-1-58802-705-4

Comprendiendo las parábolas de Jesús

www.editorialpatmos.com

LIBROS ACADÉMICOS

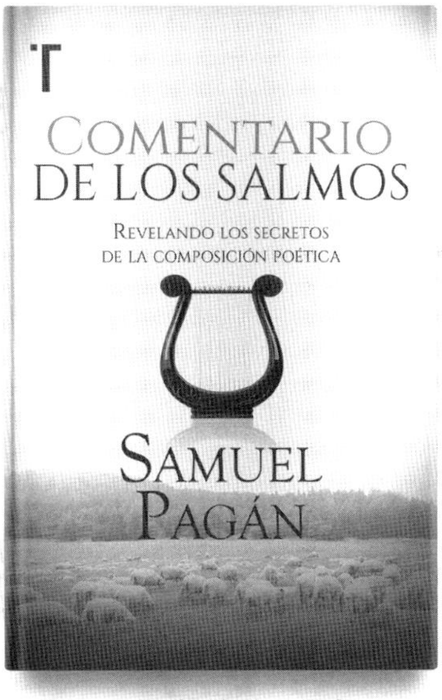

ISBN: 978-1-58802-727-6

Comentario de los Salmos

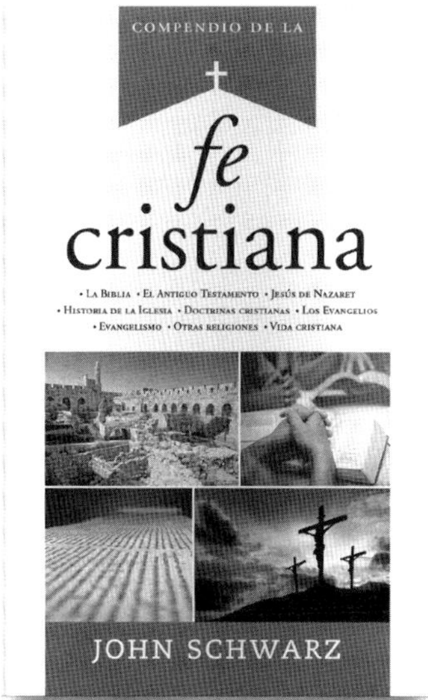

ISBN: 978-1-58802-122-9

Compendio de la fe cristiana

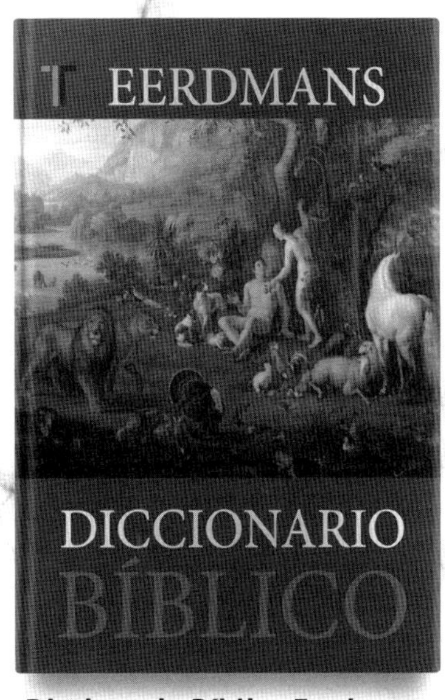

ISBN: 978-1-58802-749-8

Diccionario Bíblico Eerdmans

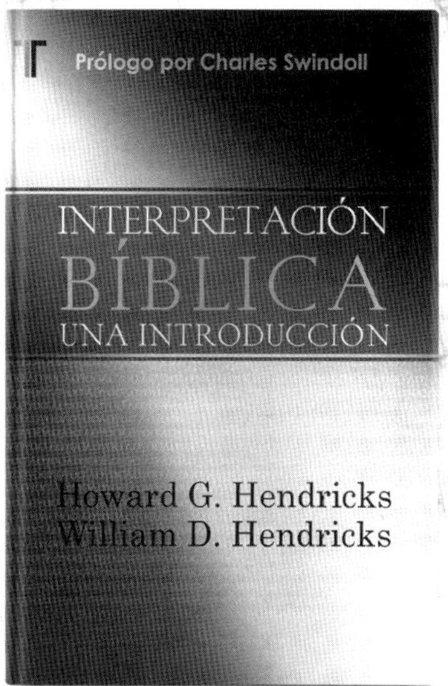

ISBN: 978-1-58802-440-4

Interpretación bíblica

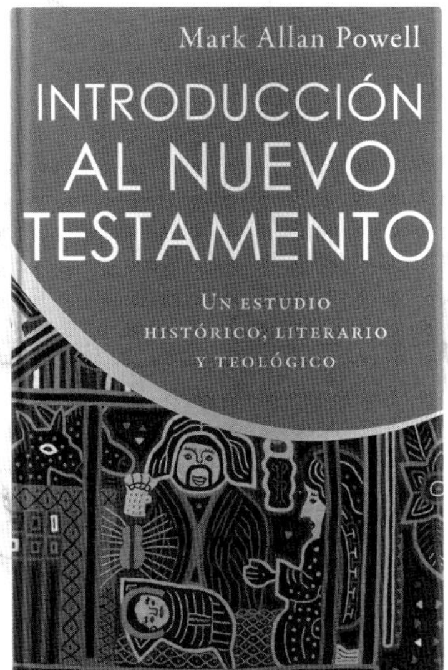

ISBN: 978-1-64691-050-2

Introducción al
Nuevo Testamento

ISBN: 978-1-58802-964-5

El Nuevo Testamento interlineal
Griego-Español